教师教育高校教材

ZhongXue JiaoYu JiChu

中学教育基础（第2版）

杨　跃◎主　编

刘　建◎副主编

北京师范大学出版集团

BEIJING NORMAL UNIVERSITY PUBLISHING GROUP

北京师范大学出版社

图书在版编目（CIP）数据

中学教育基础/杨跃主编. —北京：北京师范大学出版社，
2018.7（2020.8重印）
　（教师教育高校教材）
　ISBN 978-7-303-23885-9

Ⅰ. ①中… Ⅱ. ①杨… Ⅲ. ①中学教育－教育学－高等学
校－教材 Ⅳ. ①G630

中国版本图书馆 CIP 数据核字（2018）第 139795 号

营 销 中 心 电 话 010-58805072 58807651
北师大出版社高等教育与学术著作分社 http://xueda. bnup. com

出版发行：北京师范大学出版社 www. bnup. com
　　　　　北京市西城区新街口外大街12–3号
　　　　　邮政编码：100088
印 刷：天津中印联印务有限公司
经 销：全国新华书店
开 本：730 mm×980 mm 1/16
印 张：23.75
字 数：407 千字
版 次：2018 年 7 月第 1 版
印 次：2020 年 8 月第 2 次印刷
定 价：47.50 元

策划编辑：郭兴举　　　　责任编辑：周 鹏
美术编辑：李向昕　　　　装帧设计：李向昕
责任校对：段立超　　　　责任印制：马 洁

修订版前言

本教材是教师教育课程"中学教育基础"的配套教材。"中学教育基础"是中学教师教育系列课程中的一门重要的奠基性必修课程，旨在帮助本科师范生形成正确教育观念、养成教师专业情意、掌握教育理论知识、树立教育实践反思意识。

本教材遵循教育部《教师教育课程标准（试行）》的要求，秉持"育人为本、实践取向、终身学习"的课程理念，并参照教育部《中小学和幼儿园教师资格考试标准及大纲（试行）》的要求，突出教师教育专业启蒙性和现实针对性，内容涵括"教育""教育与学生发展""教育与社会发展""学校德育""教育制度""学校文化""教师发展""中学课程""中学教学""中学课堂管理""中学班级管理""教育研究基本方法"等主题，兼顾基础性与前沿性、学理性与研究性、科学性与权威性，力争视野开阔、内容系统、理论阐释清晰、概念表述准确，全面反映当代教育思想、教育变革的新成果，并且文字简洁、规范，体例合理、醒目，增强导学、助学功能，促进学习者阅读、思考，并在学习过程中循序渐进、融会贯通。

本教材是集体智慧的结晶。第一版各章节的分工如下：绪论"教师职业与教师教育发展"、第三章"教育与社会发展"、第四章"教育与学生发展"、第五章"教育与教师发展"的第一节"学校教育情境中的教师角色"、第六章"学校文化与教育生活"及第九章"中学教学（下）：课堂管理"为杨跃撰写；第一章"时代变迁与教育发展"、第五章"教育与教师发展"的第二节"教育发展视野中的教师素养"为王加强撰写；第二章

1

"教育制度与学校发展"为刘建撰写；第七章"中学课程"为周晓静撰写；第八章"中学教学（上）：概述"为许立新撰写。修订版中新增各章的作者如下：第四章"学生品德发展与学校德育"为杨跃撰写；第十一章"中学班级管理"为刘建撰写；第十二章"教育研究基本方法"为赵家荣、王加强合作撰写。各章中的新增内容为杨跃撰写。

衷心感谢南京师范大学教师教育学院历任领导及张杰书记、杨作东院长、周晓静副院长等诸位领导的鞭策、关心和帮助！感谢课程组同人们在课程建设和教学中贡献的聪明才智！感谢与我们共同建构了"中学教育基础"课程并为教材修改提供宝贵反馈意见的南京师范大学本科师范生！诚挚感谢北京师范大学出版社的信任、鼓励，以及陈红艳老师、郭兴举老师、周鹏老师的宝贵意见与辛勤付出！

微观意义上，教师教育课程改革是教师教育改革的关键所在，教材作为课程内容的重要载体和课程的"形象代言人"，其质量高低直接影响课程目标的实现。然而，面向本科师范生的教育学教材改革之艰难，可谓"众人皆知"。虽然艰难，虽然我们水平有限，但我们定将继续求索！

杨跃

2018 年 2 月 26 日

目 录

绪 论
教师职业与教师教育发展

[本章重点]

1. 了解不同的教师职业观。

2. 理解"教师职业是一种专门职业（专业）""教师是专业人员"的深刻内涵。

3. 了解教师专业化及教师养成教育的发展历程。

4. 理解教师职业的内在价值和幸福。

案例导入：师范生也要参加教师资格统一考试

2011 年秋季，教育部根据《国家中长期教育改革和发展规划纲要(2010—2020 年)》的精神，以及国家教育体制改革试点工作总体部署，在浙江、湖北两省启动了中小学和幼儿园教师资格证书国家统一考试（以下简称"国考"）改革试点工作。2013 年 8 月出台的《中小学教师资格考试暂行办法》《中小学教师资格定期注册暂行办法》明确指出，教师资格考试实行全国统一考试。这意味着师范生和非师范生同样需要参加统一的教师资格考试，而且教师职业的"终身制"也被打破，教师资格将定期重新注册认证，只有考核合格者才能予以重新注册。

这一决定引起师范院校教师及师范生的极大关注。有人认为："难道大学也要变成'应试教育'？""师范生也要参加教师资格统一考试，那师范院校的师范生培养工作岂不是就要围着考试的'指挥棒'转？"……也有人认为，提高教师的入职门槛是一件利国利民、促进教育发展的好事，特别是对师范生来说，改变过去那种"只要在校课程学习合格就可获得教师资格证书"的做法，既是压力，也是动力。

你知道为什么会出台教师资格认证的这些改革举措吗？你又是如何认识和看待这些新举措的呢？

第一节　教师职业观的历史嬗变

职业是依据人们参加社会劳动的性质与形式而划分的社会劳动集团。在人类社会发展初期，教育活动与其他社会活动融合在一起时，"教师"还不是一个独立职业，没有从其他行业中分离出来。① 世界各国教师职业的发展大致经历了"非职业化""职业化""专门化"② 和"专业化"等阶段，在这个发展过程中，人们对教师职业的认识（即教职观）也随着时代和社会的发展而发生变化。纵观古今中外，教师职业观至少经历了三次变化。

一、作为圣者的教职观

这种教职观认为，教师职业是无私奉献的天赋圣职，从事教育事业的教师是圣人。我国自古就有的理想教师形象（如"学而不厌，诲人不倦""安贫乐道，不隐其学"），以及"春蚕到死丝方尽，蜡炬成灰泪始干""甘为春蚕吐丝尽，愿为红烛照人寰"等诗词所颂扬的教师精神，正是这种圣者教职观的生动体现。

但是，这种圣者教职观忽视了教师职业的从业人员也有谋求报酬待遇、追求物质生活享受的世俗性，对明确规范的教师职务内容、客观评价的教师从业能力标准，以及教师通过劳动应获得的适当、合理工资待遇等，都显得"欲说还休"。诚然，"蜡烛"是对教师奉献精神的真实写照，正是在"蜡烛"精神的鼓舞下，教育战线涌现出许许多多具有崇高精神的优秀教师，为我国教育事业做出了巨大贡献，然而，"蜡烛"在照亮别人的同时只能燃烧自己。以"蜡烛"隐喻为代表的圣者教职观过多地呈现了教师职业悲壮、凄凉的命运，冷落了教师个体的存在价值和生命意义。教师投身教

---

① 据我国古籍记载的原始社会燧人氏"教民熟食"、伏羲氏"教民渔猎"、神农氏"教民农作"等传说，说明当时的氏族首领即承担着教师的职责；原始社会末期出现学校教育的萌芽后，则是"长者为师""能者为师"；奴隶社会是"学在官府""以吏为师"。西方国家的教师也大多由僧侣兼任。

② 教师职业的专门化发展以专门培养教师的教育机构的出现为标志。世界上最早的师范教育机构诞生于法国，1681 年法国"基督教兄弟会"神甫拉萨尔在兰斯创立了第一所师资训练学校。我国最早的师范教育机构诞生于清末，1897 年盛宣怀在上海开办的"南洋公学"分设了上院、中院、师范院和外院；我国高等师范教育则肇始于1902 年开办的京师大学堂师范馆。

育事业并不需要以燃烧和牺牲自己为前提和代价，教师职业应是教师个人生命力量的张扬与延伸、自我价值的生成与显现。

二、作为教育劳动者的教职观

随着义务教育的兴起和普及，不求报酬的奉献性圣者教职观被否定，人们开始认识到教师职业的劳动特点（比如，由教育任务的多方面性、学生成长影响因素的多样性、教育过程的不确定性等造成的教师劳动的复杂性、艰巨性、长期性等），重视教师工作的社会作用及其回报价值，教师逐渐被看作"普通劳动者"。

教师作为普通劳动者，为提高生活质量，自然也需要获得合理的劳动报酬。教师的职业身份、社会地位和生活水平等都需要得到一定的保障。在欧美国家，教师工会组织开始为改善教师待遇而开展各种运动，试图通过教师工会运动来实现政治性主张和经济性需求。有些国家还在法律上确认了教师作为"教育公务员"的法律地位。

三、作为专门性职业/专业（profession）的教职观

在世界各国劳工运动兴起、教职观迷茫、混乱的 20 世纪 60 年代，国际劳工组织和联合国教科文组织发表《关于教师地位的建议》，提倡"教育工作应作为专门性职业"。如今，"教师职业是一种专门职业（专业）""教师是专业人员"已成为大多数国家的普遍共识。[1] 这里，我们需要深入理解"专业"一词的意涵。

日常生活中我们常常会说到一个词——"各行各业"，这里的"业"主要指"行业"或"职业"，"职业"即个人在社会中所从事的作为主要生活来源的工作。[2] 而我们在说"教师职业是专业"时，是在英文 profession 的意义上说的。对应英语单词 profession 的"专业"是一个富有历史、文化含义的概念，主要指一部分知识含量极高的特殊职业，尤其是受过高层次

---

[1] 1986 年 6 月，国家统计局和国家标准局颁布的《职业分类与代码》中，各级各类教师即被列入"专业技术人员"这一类别。《中华人民共和国教师法》第三条也明确指出："教师是履行教育教学职责的专业人员，承担教书育人，培养社会主义事业建设者和接班人、提高民族素质的使命。教师应当忠诚于人民的教育事业。"

[2] 中国社会科学院语言研究所词典编辑室：《现代汉语词典》（第 7 版），1683 页，北京，商务印书馆，2016。

教育和专门训练的高级职业。① 社会由不同层级的职业群体构成，专业是其中占据较上层位置的职业，是通过为他人和社会服务而谋生的，不同于普通职业的一种专门化职业，具备独特性质，并承担不可替代的功能，以此保障社会的和谐、稳定。每个专业都拥有深奥的理论知识和复杂的技术及其物化的专业工具，都有由政府以某种方式特许和保护的市场从业权益，都需要进行相应的专业教育，都有相对自治的行业组织，也都有一套相应的职业道德规范。其中，由深奥知识、技能组成的专业知识体系是专业的根本标志；任何一种职业想成为专业，都必须具备一套系统的专业知识体系。②

以医生、律师等为理想模式，成熟专业应拥有的专业特质包括专门知识、专门教育、专业伦理和专业自主四个方面；而依据这些特质的拥有程度，又可将各种职业的专业化程度加以区分和排序，比如，医生、律师等是毫无争议的成熟专业（established profession），教师、护士、社会工作等则被看作介于专业与非专业之间的半专业（semi-profession）、准专业（quasi-profession）。专业化程度高的职业从业者的经济收入、社会地位、声望和权力等也相应地高；对照成熟专业特质，找出自身差距并设法使自己符合各项特质标准，便成为绝大多数职业的追求目标，期待尽早实现专业化。教师（教学）、护士（护理）、警察（执法）等都先后遵循专业特定内涵而掀起如火如荼的专业化运动。"采用医学界或法律界的专业化模式是否可以实现教师的专业化？至今许多人对此心存疑虑"，因为"至今教育家们还没有建立像直接为医学实践服务的生物化学那样的一种为教学实践服务的教育科学，或许它根本就不存在"③，但是，致力于教师人才培养活动日益走上专业化教育的轨道和自觉建设与提升教师职业的专业性，已是世界各国教师教育改革的共同追求。

将教师职业看作专业的教职观，充分展示了教师劳动的创造性。教师劳动对象的千差万别和教育情境的变幻莫测都要求教师具有教育智慧，特别是要有对突发性教育情境的教育敏捷和做出迅速、恰当处理的教育机智。

① ［美］约翰·S. 布鲁贝克：《高等教育哲学》，王承绪等译，3 页，杭州，浙江教育出版社，2001。

② 赵康：《专业、专业属性及判断成熟专业的六条标准——一个社会学角度的分析》，载《社会学研究》，2000（5）。

③ 陈永明：《现代教师论》，179～180 页，上海，上海教育出版社，1999。

教师必须因人、因地、因时制宜，善于敏锐地察觉细微的变化，机敏地调整和改变行动计划。"教育有法，而无定法，贵在得法"，其"运用之妙，存乎一心"。只有具备专业品质的教师，才能进行这种充满创造性的探索工作。

相关链接 0-1：我国教师资格制度改革

现代社会在发展进程中逐渐形成的职业资格制度，成为现代社会进步和发展的重要标志。教师资格制度是国家对教师职业从业者根据特定标准，通过法定程序，实行资格认定的一种职业准入制度。1986 年颁布、2006 年修订的《中华人民共和国义务教育法》第三十条第一款明确指出："教师应当取得国家规定的教师资格。"1994 年开始实施的《中华人民共和国教师法》（以下简称《教师法》）第三条规定"教师是履行教育教学职责的专业人员"，第一次从法律上确认了教师的专业地位，在教师教育和教师队伍建设史上具有划时代意义。1995 年的《中华人民共和国教育法》再次以国家法律的形式，明确规定国家实行教师资格制度。1995 年 12 月，原国家教委先后颁发《教师资格条例》《教师资格认定的过渡办法》，细化《教师法》中有关教师资格条款，提出实施教师资格制度的具体规则，详细规定了教师资格的分类与使用、申报条件、考试、认定等，要求各地严格依照国家规定，对符合条件的在职在岗教师进行资格认定。2000 年 9 月，教育部颁布《〈教师资格条例〉实施办法》，全面铺开教师资格认定工作，结束了我国中小学教师"无证上岗"的历史，标志着我国教师职业资格制度的建立，是依法管理教师队伍的重要手段。

教师资格制度的全面实行对我国教师队伍建设和教育事业长远发展具有重大作用，主要体现为：形成教师准入机制，使教师的任用走上科学化、规范化和法制化道路，是国家依法治教的表现；严把教师入职关口，提高教师队伍的整体素质和教师职业的社会地位；面向全体公民开放教师资格，拓宽教师来源，吸引优秀人才从教，丰富教师队伍的专业结构类型，优化教师队伍结构；既调动了更多社会资源用于教师教育，又调动了师范院校教师教育改革的积极性，推进我国教师专业化，提高教育质量。

当然，我国教师资格制度还存在一些不足，比如，对教师的学历条件要求较低，滞后于教育发展的需要；缺乏严格的考试制度，不利于从源头上保证教师队伍的质量；教师资格终身有效，不符合教师职业发展的规律和人事制度改革的要求；教师资格分类不完善，融通不科学；师范生直接认定具有教师资格，存在弊端；对教师的教育、教学能力要求未能真正落实。为此，2011年起，我国进一步推进教师资格制度改革，开始打破教师资格证书分省考试认证的局面，在湖北、浙江、河北、上海、浙江、湖北、海南、广西等省（自治区、直辖市）试点后，2013年教育部宣布，自2015年起，教师资格认证考试实行全国统考（即从2015级师范生开始，师范生也必须参加并通过全国统一考试才能获得教师资格证书），教师资格必须定期注册。我国教师资格制度还需要在提升教师资格学历标准、完善教师资格分类、强化对申请人教育教学能力的要求及改进教师资格认定办法等方面进一步完善。

第二节　教师专业化的发展历程与实质意涵

20世纪60年代中期以后，在西方国家，随着人口出生率的下降、政府对公共财政支出的削减，以及公众对基础教育质量的不满空前高涨等状况，人们对中小学教师素质的关注达到前所未有的高度。1966年，联合国教科文组织和国际劳工组织在《关于教师地位的建议》中首次以文件形式提出"教育工作应作为专门性职业"，在追求提高教师质量的背景下，"教师专业化"运动兴起并蓬勃发展。

一、教师专业化的发展历程

由于"专业"意义上的职业能够垄断性地从事具有重大社会职能的工作，其从业人员经过长期的专业培养和训练，达到基本从业素质要求后，能够为社会大众提供高质量的专业服务，从而能够体现出较高的劳动价值，并享有较高的报酬待遇和社会地位等。因此，教师专业化运动初期的目标直指教师职业的专业地位提升，并随着人们对教师专业化理解的深入，先后采取了群体和个体两种不同的专业化策略，经历了两个发展阶段。[①]

（一）面向教师群体的职业专业化阶段

在教师群体专业化策略实施中，西方国家的众多教师专业组织表现出"工会主义"和"专业主义"两种不同倾向。"工会主义"表现为通过罢工

---

① 教育部师范教育司：《教师专业化的理论与实践》（修订版），44～50页，北京，人民教育出版社，2003。

和集体谈判的途径来直接争取教师专业地位的认可和社会经济地位的提升，但是，由于教育作为国家机器的重要组成部件，始终被国家权力干预甚至垄断，"工会主义"路径难以实现预期目的。"专业主义"道路则力图将教师的社会经济地位和专业服务水平结合起来，通过制定严格、规范的资格许可和任职制度来达到专业化目的，间接地争取教师社会经济地位的提高。这种针对教师群体的外在的、忽视教师主体意志的强制措施，在使服务质量被动提高的同时，也强化了教师的"受雇者"角色意识，导致教师个体的被动专业化。

"工会主义"和"专业主义"都是从教师的受雇者角色来理解"教师专业化"的。受雇者角色的最大特征即被制约性，这种被制约性来自受雇者所处的经济地位，受雇者必须按照雇主（包括国家、社会、任教学校、学生及其家长等）的要求不断调整自己的工作，提高工作质量，才能保证自己的经济收入。虽然"专业主义"道路建构了专业制度的框架，但相对于教师个体职业生涯的艰辛和漫长来说，"专业主义"使教师个体感到巨大压力，又不得不屈从于压力，从而得不到教师个体的主动支持。教师队伍建设中，除了用规章制度淘汰不合格者外，并不能保证每一位教师入职后在专业知能、德行等方面不断自觉地提升。此外，在"工会主义"和"专业主义"之后采取的"临床指导（clinical supervision）""教师评价（teacher evaluation）"等教师个体专业化策略，也未能使教师真正摆脱被动状态。因为在教师们看来，他们仍然是受雇者，教育教学工作仅是谋生手段，谋求更高经济报酬、得到职位晋升等是其个人职业生涯的重要工作动力。出于这种作为受雇者的最基本行为定式，教师为了得到社会对其工作质量的认同，只能被动地执行外界订立的专业标准和评价规程。

总之，从教师"受雇者"角色出发的教师专业化实践，为教师争取到了一定的经济利益，所建构的专业制度也为教师教育的发展奠定了基础，但这一时期的教师专业化运动并没有显现出蓬勃的生命力。

（二）面向教师个体的专业发展阶段

20世纪80年代后，教师专业化实践进入关注教师个体主动专业化（即教师专业发展）的阶段。因为除了"受雇者"角色，教师还拥有"教育者"角色，而真正的教育者所具有的主动性、独立性则直接取决于教师权威，教育本质上是一种权威性活动。教育权威的现实表现就是教师作为教育者所具有的教师权威。教师权威源于教育制度和个人品质，包括法定权威、传统权威、感召权威、专业权威四个层面。教师对教育规律和工作对象的认识，以及对自我专业知能、伦理等的把握与运用等，都必须科学、正确，才能在教育教学工作中发挥影响力；学生及其家长在对国家法制和文化传统赋予教师的教育职能及教师专业素质等加以评判、产生认同后，才会信任教师，并自愿服从教师的教育、教学要求。这两方面的有机结合形成真正意义上的教师权威，这是教师自身的教育工作能够对学生产生实质性影响的重要力量。随着社会和时代的发展，教师的法定权威和传统权威的力量虽仍在发挥作用，但教师个人专业素质所决定的感召权威和专业权威越来越发挥着决定性作用。因此，教师专业地位的获得离不开教师自身所具有的权威力量，这使得教师专业化实践越来越重视教师的专业发展。

二、教师专业化的实质意涵

从上述西方国家教师专业化的发展历程不难发现：我们不仅需要提高教师职业的专业地位，更需要提升教师的专业素质，追求教师专业素养的可持续发展。

（一）提高教师社会地位：教师职业专业化的外部保障

推进教师职业的专业化，首先需要从外部保障条件入手，通过教师资格证书、专业技术职务等制度建设，以及提高教师经济收入、社会声望等，不断改善教师职业地位的外部条件，从而增进实现教师职业专业化的可能性与现实性。

在全社会共同努力下，我国教师职业的社会地位有了很大改善，教师队伍总体趋于稳定，教师职业的社会吸引力与竞争力明显提高。特别是2006年6月27日，全国中小学人事制度改革座谈会明确提出要建立教师绩效工资制度；根据国务院《关于义务教育学校实施绩效工资的指导意见》，教育部于2008年12月31日出台了《关于做好义务教育学校教师绩效考核工作的指导意见》，决定自2009年1月1日起首先在义务教育学校实施绩效工资分配政策。2018年1月，《中共中央 国务院关于全面深化新时代教师队伍建设改革的意见》进一步明确指出，要坚持"兴国必先强师"，大力振兴教师教育，深化教师管理综合改革，不断提高教师地位待遇，真正让教师成为令人羡慕的职业。这充分体现了党和国家对教育事业和教师的高度重视，为推进教师队伍的专业化建设提供了难得的历史性机遇。但是，我们必须清醒地看到，目前我国教师队伍处于相对稳定状态，并不是因为我国教师职业已经达到较高的专业化水平（事实上，在我国，"教师职业应该成为专门职业"远未形成社会共识），而是与其他社会职业相比，教师职业暂时具有一定的优势，部分师范生和在职青年教师仍是以"屈从性策略"看待或维系自己的教师职业活动。① 我国教师职业专业化的外部条件尚未完全形成，国家在推进教师职业专业化的过程中必须进一步加强制度建设，从根本上为提高教师职业的社会地位创造必要的外部条件。

（二）发展教师专业素养：教师职业专业化的本质内核

教师职业的专业化是一个需要全面努力的多内涵、多主体的复杂互动过程，不仅涉及教师职业的经济、社会地位改善，而且涉及教师专业技能的提高和社会关系的调整，需要社会、学校和教师个体的共同努力，不可能在短期内轻而易举地实现教师专业化的发展目标。特别是教师个体内在的专业发展，是教师职业专业化的核心。即使教师职业社会化的外部条件得到改善，也并不一定就能从根本上保证教师社会地位的提高。因为如果没有教师素质的提高和发展，要提高教师的社会地位几乎是不可能的。在我国，需要抓住当前教师经济收入、社会地位得以改善的有利条件，不失时机地从教师内在素养方面提高广大教师的教育责任意识、服务意识、教育教学专业素质等。

总之，教师专业化是一个内涵不断丰富的概念。首先，教师专业化是职业专业化的一种类型，即教师职业成为专门职业并获得应有的专业地位的过程。其次，从本质上说，教师专业化是教师个体通过不断学习、探究，提高专业素养和水平，从而达到专业成熟境界的过程，是教师个人成为教育教学专业成员并且在教育教学中具有越来越成熟作用的转变过程，即教师专业发展过程。追求教师专业化不仅需要重视教师群体的、外在的专业性提升，更需要关注和强调教师个体的、内在的专业素养提升和专业发展。

---

① 贝克对医学院校学生进行过一个著名的职业社会化研究，发现医学院校学生在职业社会化中会出现三种不同的调节策略：第一，内部化调节策略，即个体服从于学校的约束，并认为这些约束是出于好意。第二，屈从性策略，即个体屈从于权威人物对环境所确定的限制及对他们所施加的约束。第三，再定义性策略，即当学生发现环境与他们的利益和期望相悖时，会出现社会化调节方式。有关教师职业社会化的研究也表明，我国师范院校在校师范生的屈从性策略非常普遍，诸如"害怕当中小学教师""不愿意当中小学教师"等"求职不认同"的心态会影响其教师职业生涯的可持续发展；在岗青年教师中也普遍存在"无可奈何地从教"的心态。屈从性策略是许多年轻人从事教师工作的调节机制，一有机会，他们就会尝试做出别的选择。参见栗洪武：《论社会学视野中的教师职业地位问题》，载《陕西师范大学学报（哲学社会科学版）》，2002（3）。

如此，才可能真正提高教师的社会地位和职业声望。

相关链接 0-2：教师职业声望及其影响因素

一项职业的社会声望和地位不同，对从业者的吸引力亦不同。一般而言，有较高社会声望和地位的职业，对较高素质人才的吸引力也高；而较高的职业声望和地位也更有条件吸引高素质人才。人们往往将教师职业声望作为教师职业整体社会地位的一个层面加以研究。评价教师职业的社会地位主要有三个标准：财富（wealth）、声望（prestige）和权威（authority）。[①] 教师职业的社会地位是这三类因素共同作用的结果，分别代表教师职业的经济地位、文化地位和政治地位，这说明评价教师职业社会地位的标准是多元的，既包括工资待遇、福利、住房等经济性因素，又包括工作环境、晋级机会、社会威信、荣誉等非经济性因素。在不同国家、不同历史时期，这三方面因素对教师职业整体地位的影响程度不同，三者之间又紧密关联。

其中，教师职业声望是指社会成员对教师职业意义、价值、声誉的综合评价，表现为社会成员对教师职业从业者的尊重和信任程度。职业声望是与人们的社会性情感相伴随的普遍社会意识，是一种社会自发性的评价，而非行政性的价值定位和划分。职业声望与人们对该职业的实际向往程度可能一致，也可能不一致。衡量职业社会地位的标准，准确地说，应该是后者。[②] 教师职业声望与人们实际向往从事教师工作的一致性程度因历史发展阶段和文化传统不同而不同。在重文化和精神名誉的历史时期或文化传统中，它们的一致性程度相对高；而在重物质和权势的历史时期或文化传统中，它们的一致性程度就低。教师职业声望可能很高，而人们对教师职业的向往程度可能很低，中国就曾经有过这种情形。教师职业声望主要受文化传统、社会需求、教师职业的不可替代性、教师群体的道德素质等因素影响。

---

① 吴康宁：《教育社会学》，196～197 页，北京，人民教育出版社，1998。

② 教师社会学研究大多通过调查教师职业在社会公众择业取向中的位置来对教师职业的社会地位做出分析判断。比如，霍奇等人于 1947 年和 1963 年在美国全国民意研究中心分两次进行了一项职业等级排列研究。该研究列出 90 种职业，要求被试按照 5 个等级给职业声望打分，结果发现：1947 年排在第 1 位的是高等法院法官，大学教师为第 8 位，中小学教师为第 36 位；1963 年，高等法院法官仍排在第 1 位，大学教师仍为第 8 位，中小学教师则上升至第 29 位，与大企业的会计师相当。参见果洪武：《论社会学视野中的教师职业地位问题》，载《陕西师范大学学报（哲学社会科学版）》，2002（3）。

1. 文化传统

文化传统对教师职业声望的影响主要表现为社会主导的职业价值取向（即在某个社会主导价值观念中哪类职业享有最高声誉），这种主导价值观是传统文化长期积淀的结果。我国长期的封建社会中，由于"官本位"的社会形态和大众心理，从政一直被认为是理想职业，受教育进而科举成功则是从政的必经之路。教师在相当长的时间内是"官吏合一"的，这也是教师职业在我国一直保持较高声望的原因之一。文化传统中，社会对教师的期望也会对教师职业声望产生影响。不同社会对教师有不同的职业期望和要求，当教师的实际行为与期望一致时，就能获得较高的职业声望；相反，教师职业声望会下降。我国传统的教师职业形象要求教师具有很高的道德境界，但20世纪90年代后，市场经济改革大潮对教师队伍也产生一定的冲击，当广大教师开始关注自身物质需求和利益时，教师的社会声誉便有所下降，这让作为"社会人"的教师颇感委屈。

2. 社会需求

社会对职业价值的认识又是与某一职业对社会需求的满足程度相关联的。教师职业声望也与社会对教育及对教师职业的需求状况密切相关。在我国相当长的历史时期里，"万般皆下品，唯有读书高"的社会价值取向使得教育可以满足人们从社会阶层的低位流向高位的需要，教师职业因而享有较高声望。在社会流动日益开放的社会里，教育对个人地位的获得更具重要作用，教育成为个人向上层社会流动的关键因素，学校教育的分流作用空前凸显。教师正处在教育分流的关键位置，影响并引导着受教育者的分流，其声望地位也由此逐渐提高。

3. 教师职业的不可代替性

职业声望还与该职业是否具有不可替代性有密切关系，这种不可替代性取决于该职业的专业化程度，以及社会成员对该职业专业化的认同度。从应然角度说，教师是一种有着较高专业化要求的职业，但社会大众对教师职业的专业化是否认同，则又取决于教师从业人员在职业活动中究竟在多大程度上彰显出了教师职业的专业性。我国中小学教师职业的专业地位一直以来颇受争议，社会认同度并不高。造成这一现象的根本原因就在于受中小学教师队伍整体素质偏低的制约，中小学教师职业所要求的专业化程度未能有效彰显，从而影响了中小学教师职业的不可替代性程度。在我国封建社会，整个社会的文盲程度很高，即便一位蒙学教师也具有相当高的不可替代性，因而整体上教师职业声望较高，但随着社会成员文化水平的提高，中小学教师的职业价值如果还局限于传统意义上的知识传授、履行一种大部分社会成员都能完成的职责，那么，其职业声望何以能真正提高？

4. 教师群体的道德素质

职业声望不同于职业权威。职业权威是职业本身带有的法定支配力；职业声望则更多地表现为该职业的社会声誉，即社会成员对该职业从业人员的敬重程度，这在相当程度上取决于从业人员的整体素质及其影响力。在影响职业声望的从业者素质中，道德素质最重要，教师职业更是对从业者的道德素质（包括个人品德素质和职业道德素质）要求相当高。有些职业，影响其社会声望的从业者道德素质主要是职业道德素质，从业者的个人品德素质往往对该职业的社会声望影响不大；而教师职业的特殊性恰恰在于教师个体在非职业活动中表现出的道德状况对教师职业声望也会产生极大影响，教师群体的职业道德素质更是对教师职业声望影响深远。

总之，教师职业的社会地位和声望是动态变化的，伴随社会变迁、教育发展和教师管理体制改革等而发生演变；教师职业声望的提高也是渐进发展的过程，不可能在短时间内迅速实现。通过提高教师收入、待遇等经济地位来提高教师职业声望固然是需要的，但这只是一种外在的行政性策略，教师职业声望更源于内在的社会评价。教师经济地位会因政策性因素而在短时间内得到提高，但其社会声望未必能得到相应提高。教师职业声望的提高有赖于内、外部诸多因素共同作用，不仅需要国家严格教师从业资格，而且需要国家加强教师队伍建设，更需要每一位教师自觉提升自己的职业素质。唯此，才能真正提高教师职业声望。

第三节　教师养成教育的历史变迁

自从有了学校，教师这个职业就同时产生了。教师职业从业者所必须具备的品德、知识、能力、情意等素养都是后天习得的，即通过教师养成教育而形成的。纵观古今中外，教师养成教育主要经历了三个发展阶段。

一、经验—模仿阶段

最早的教师养成教育方式，是有一定文化知识的人在教育实践中模仿和学习前辈（师傅）的经验而习得相关教师的基本素养。这时还没有培养教师的专门机构，因为这时的教师职业还处于非职业化阶段。古代教师就是这样养成的。

二、封闭式定向培养（师范教育）阶段

教师职业进入职业化和专门化阶段后，就主要通过对有一定文化基础知识的人进行师范教育的专门训练来培养教师。现代学校教师主要是通过这种方式培养出来的。培养教师的师范教育方式是文艺复兴后市场经济的大发展与工业革命推动下的普及教育对大量合乎教师职业规范人才的社会需求的产物。市场经济和现代工业的发展，以及现代国家的形成，是普及教育的社会动力，而普及教育则是师范教育发展的直接社会动力：普及初等教育推动了中等师范教育的产生和发展，普及中等教育推动了高等师范教育的产生和发展。①

三、开放式非定向培养阶段

1966 年联合国教科文组织在《关于教师地位的建议》中提出，应该把"教学"视为一种专门职业，认为它是一种要求教师具备经过严格和持续不断的研究才能获得，并要维持专业知识及专门技能的公共业务。此后，教师职业作为一项专门性职业的教职观逐渐被接受和认同，教师养成教育也逐渐走向开放式非定向培养阶段，成为专业性教育。②

这个阶段主要采取教师职业资格证书考核和认证的方式，培养具有大学本科或本科以上学历的教师。当代发达国家的教师养成教育已基本进入

---

① 我们可以看美国高等师范教育发展的一组资料：美国在从 19 世纪末到 20 世纪中叶大规模发展和普及中等教育的半个多世纪里，师范学院依据中等教育发展的需求，每十年以 2~3 倍的速度发展。1893 年纽约州产生了第一所师范学院，其后各州普遍建立了师范学院，1910 年达 12 所，1920 年达 46 所，1930 年达 134 所，1948 年达 250 所。

② 对教师专业性的呼求给教师教育带来了重大影响。40 多年来，世界各国都十分重视教师教育，把它作为提高本国教育质量的重要举措。1986 年美国卡内基教育和经济论坛的主题即"教育作为一种专门职业"。《国家为培养 21 世纪的教师做准备》的工作报告在概要中就指出，美国人尚未认识到两个最本质的真理：第一，美国的成功取决于更高的教育质量，这一质量标准是迄今从未有人敢于提出和追求的一种高标准；第二，取得成功的关键是建立一支与此任务相适应的专业队伍，即一支经过良好教育的师资队伍。日本自 1984 年 8 月至 1987 年 8 月的三年间，首相府临时教育审议会相继发表了 4 次咨询报告，其中对教师教育改革提出了一系列建议：改革大学的教师培养课程、建立新任教师进修一年的制度、完善在职教师的进修体制等。法国于 1989 年通过《教育方向指导法》，要求把小学教师提高到大学的水平，废除培养小学教师的师范学校，包括地方教师培训中心，而在每个学区建立一所培养小学教师的"教师培训大学学院（IUFM）"，从而将小学教师的培养也纳入大学教育中。其他国家也都采取提高教师专业化水平的措施。

这个阶段。大学本科阶段在大学文理学院学习相应的科学文化知识，而后再去教育学院修习相应的教职课程，习得相应教育知识、技能等，通过教师职业资格证书考试和认证才能成为教师。

可见，一个国家的教师培养工作处于哪个阶段，要受到社会物质文化条件的制约，并不是随意的，而是有规律可循的。处于自然经济和手工劳动条件下的古代文明社会，低下的物质生活水平和落后的文化使绝大多数劳动人民处于文盲状态。这时虽已有古代学校和古代教师，但对教师数量和质量的需求都很低，更没有严格的教师职业规范，培养教师的方式只需实行"识字者为师"的办法。20世纪以前，我国的教师养成方式正处于这个阶段。手工劳动向机器劳动的发展，以及现代国家的形成，使科学文化知识日益成为生产、经济、政治和社会物质文化生活中的重要因素，要求教育由小学向中学普及，对教师的数量、质量（科学文化知识水平、职业规范等）提出更高要求，于是产生封闭式定向培养的方式。所有发达国家的教师培养工作都经历了这个阶段，我国在20世纪的教师培养工作基本处于这个阶段。20世纪中叶后的西方国家和21世纪以来的中国，面对现代科学技术的迅猛发展和现代社会的急剧变迁对人才素养和教师素养提出的新要求，纷纷致力于教师养成教育方式的变革，先后进入开放式非定向的专业化教育阶段。[①] 2018年1月，《中共中央 国务院关于全面深化新时代教师队伍建设改革的意见》明确提出"大力振兴教师教育，不断提升教师专业素质能力"，建立以师范院校为主体、高水平非师范院校参与的中国特色师范教育体系，开展师范类专业认证，支持高水平综合大学开展教师教育，造就学科知识扎实、专业能力突出、教育情怀深厚的高素质复合型教师。

相关链接 0-3：从"师范教育"到"教师教育"

"师者，人之模范也。"师范教育的诞生与变革标志着教师职业经验化、随意化的解冻，以及教师职业专业化的发端与进展。在我国，以《中国大百科全书·教育》为代表的各种教育工具书，大都把"师范教育"定义为"培养师资的专业教育""培养和提高基础教育师资的专门教育，包括职前教师培养、初任教师考核试用和在职培训"，但事实上，师范教育实践并非如定义所界说的那样，是专业的或专门的培养教师的教育。比如，形式上，师

---

① 发达国家教师养成教育改革的特点：一是提高和加深未来教师的自然科学和人文社会科学的学术水平；二是加强教育理论学习和教育实践能力训练，并提高到大学后水平，开展"学士后教师教育"。

范教育主要从事教师职前培养；内容上，师范教育主要侧重文理学科领域教育；办学模式上，师范教育主要采用独立、封闭的办学模式等。在教育普及程度不高、教师需求数量大、教师待遇较低、教师主要接受职前培养的时代，这种定向、封闭的教育是可行，甚至是必需的。但是，随着科学技术知识更新的加速、教育普及程度的提高、教师地位的不断提高，教师需要不断更新其知识结构和提高其教育教学水平，传统师范教育就难以适应时代发展的需要。20世纪30年代后，发达国家使用"教师教育"概念，逐步取代了"师范教育"概念，标志着教师培养进入新的历史阶段。

随着我国教育事业的发展和教育国际交流的日益增多，以"师范教育"为基础的话语系统也逐渐转换为"教师教育"。这不是简单的概念替换，而是标志着我国教师养成教育方式发生了巨大变革。"教师教育"的内涵更加丰富，指系统、完整的教师培养活动，包括职前培养、入职教育和在职培训三个连续、统一的阶段。21世纪以来，我国教师教育变革的核心特征即教师教育大学化、开放化、专业化，以及教师职前培养与职后培训一体化等。

相关链接 0-4：高等教育视野中作为"专业教育"的教师教育

在我国高等教育语境中言说"专业教育"时，"专业"一词往往对应的是俄文单词 специальность，是我国20世纪50年代仿效苏联进行院系调整和高等教育改革时从俄语翻译而成为培养专门人才的术语，其含义是指一种知识、课程的组织形式和高等教育培养学生的各个专门领域。① "专业，就是课程的一种组织形式，学生学完所包含的全部课程，就可以形成一定的知识与能力结构，获得该专业的毕业证书。《国际教育标准分类》称为课

---

① 《教育大辞典》的注解为："专业"译自俄文 специальность，指"中国、苏联等国高等教育培养学生的各个专门领域。大体相当于《国际教育标准分类》的课程计划或美国高等学校的主修"。[参见教育大辞典编纂委员会：《教育大辞典（第3卷）》，26页，上海，上海教育出版社，1991。]《现代汉语词典》对"专业"的解释是："高等学校的一个系里或中等专业学校里，根据科学分工或生产部门的分工把学业分成的门类。"[参见中国社会科学院语言研究所词典编辑室：《现代汉语词典》（第7版），1719页，北京，商务印书馆，2016。]在我国教育文献中，"专业"有"学业门类说""人才培养的基本单位说"（例如，"专业是根据学科分类和社会职业分工需要，分门别类进行高深专门知识教与学活动的基本单位""高等学校中的专业是依据确定的培养目标，设置于高等学校及其相应教育机构的教育基本单位或教育基本组织形式"）及"课程组织形式说"等，但都大体相当于《国际教育标准分类》的"课程计划（program）"或美国高校中的"主修（major、specialty）"。

程计划（program），美国高等学校称为主修（major）。原词译自俄文，曾指中国、苏联等国高等教育培养学生的各个专门领域。"① 这也是社会大众对"专业"一词约定俗成的理解。②

　　因分别对应英语 profession 和俄语 специальность 的两种不同"专业"内涵，高等教育中言说的"专业教育"有着不同的所指。虽然我国高等教育界强调高等教育的实质是专业教育，但此专业教育是指分专业进行的教育，③ 专业是高等学校进行人才培养的基本单位，而且我国高校的专业划分虽然也依据社会职业的发展和变化，但更多的还是根据学科进行，采取分科培养方式。在此意义上的专业教育与"通识教育（general education）"相对，不同于西方教育术语中的专业教育。

　　西方教育术语中的专业（性）教育是区别于学术性教育和职业性教育的一个概念。学术性高等教育（academic higher education）是对专业范围属人文科学、数学、自然科学及其他科类中的基础领域，旨在培养学生从事有关专业学术性工作的高等教育的称谓；专业性高等教育（professional higher education）是对专业范围属工科、农科、医药、师范、财经、法律、管理及其他应用性、技术性科类，旨在培养学生从事有关专业实际工作的高等教育的称谓。④ 这种划分是基于西方国家对专业的认知习惯，二者都强调理论基础和系统知识的学习与掌握，区别在于：前者偏重基础理论、学术性和研究性要素，后者偏重应用性、技术性和高技能性要素。⑤ 而专业性教育与职业性教育（vocational education）的人才培养针对性和教育层次又不同：专业教育针对的是需要专门训练的专业性工作职位，教育层次至少本科以上；

---

　　① 卢晓东、陈孝戴：《高等学校"专业"内涵研究》，载《教育研究》，2002（7）。
　　② 受这种认识的影响，为了强调教师既要懂得"教什么"又要懂得"怎么教"的职业特点，教师教育界认为教师应当具有双专业，教师教育具有双专业性。卢乃桂教授批评这一说法是想当然地用此专业代替彼专业，却与教师专业化、教师专业发展所说的专业内涵不同，指称对象也大相径庭。参见卢乃桂、王晓莉：《析教师专业发展理论之"专业"维度》，载《教师教育研究》，2008（6）。教师作为一种专门职业（专业）所要求的专业素养的独特性，准确地说是"双学科专业性"。
　　③ 张焕庭：《教育辞典》，67～68页，南京，江苏教育出版社，1989；张念宏：《中国教育百科全书》，117页，北京，海洋出版社，1991。
　　④ 顾明远：《教育大辞典（增订合编本）》，414、1811页，上海，上海教育出版社，1998。
　　⑤ ［西班牙］奥尔特加·加塞特：《大学的使命》，徐小洲等译，77～82页，杭州，浙江教育出版社，2001。

职业教育则最多为二年制社区学院的任务。① "专门职业的从业人员需要接受长期的专业训练，而且这种训练是在大学里进行的，是以是否接受过高等专门教育为标志；而普通职业的从业人员无须接受长期的专业训练，主要通过个人体验和个人工作经历而积累工作经验。"② 总之，专业教育区别于通识教育，在人才培养规格上与学术性和职业性高等教育既有联系又有区别。当然，这四种高等教育类型在某些要素上还存在交叉和重叠。

可见，在日常生活和高等教育实践中，两个"专业"的指称对象迥然殊异，但这并不妨碍我们在认识教师教育的性质时，将二者都纳入思维视野。大学化的教师专业教育，既包含分专业进行的教育之意涵，更指涉教师专业化背景下作为专业性高等教育的教师教育。教师职业应该成为一种专业，世界各国教师教育改革的核心要义之一便是推进教师教育成为专业性高等教育；而"教师教育专业"这一称谓本身又涉及学业门类意义上的专业。这是在教师教育语境中言说"专业"时的独特理解方式，因为中国高等教育发展路径的特殊性提醒我们，不能以西方概念孤立地比照中国实践情境。

相关链接 0-5：中华人民共和国成立以来教师培养的高校专业名称嬗变

"现代高等教育是专业教育，按照学科的发展和分类设置专业，按照专业选择教学内容。"③ 高校专业设置是人才培养规格的重要标志，专业目录是高等教育政策中的一个基本文件，它规定专业划分、名称及所属门类，反映培养人才的业务规格和工作方向，是设置、调整专业，实施人才培养，授予学位，安排招生，指导毕业生就业，进行教育统计、信息处理和人才需求预测等工作的重要依据，也是国家宏观管理高等教育的基本指导性文件。为了适应国家在各个历史阶段的社会、经济、科技、文化发展需要，一个国家的高等教育总会选择特定时机对专业目录进行修订。迄今为止，我国高校专业设置经历了多次较大规模的调整和修订，关涉教师培养的高

---

① 陈学飞：《美国、德国、法国、日本当代高等教育思想研究》，59～60页，上海，上海教育出版社，1998。

② 教育部师范教育司：《教师专业化的理论与实践》（修订版），37页，北京，人民教育出版社，2003。当然，随着职业教育在世界范围内都逐渐发展成为高等教育的重要组成部分，人们的理解也发生了变化。

③ 《中国大学学科专业设置研究》，17页，北京，中国人民大学出版社，2006。

校专业名称、地位也发生很大变化。

1. 1954—1987年："师范院校专业类"

1954年11月颁发的《高等学校专业目录分类设置（草案）》是中华人民共和国第一份专业分类目录，设立了"部门（大类）—类—专业"划分层级，共有11大"部门"（工业、建筑、运输、农业、林业、财政经济、保健、体育、法律、教育和艺术），各"部门"下又有若干数量不等的"类"（共计40个"类"），各"类"下又有数量不等的"专业"（共有257个"专业"）。在"教育部门"下分"甲　大学""乙　高等师范"，在"乙　高等师范"下设"师范院校专业类"，包括："229. 数学；230. 物理；231. 化学；232. 生物；233. 图画及制图；234. 地理；235. 历史；236. 汉语语言文学；237. 中国各少数民族语言；238. 俄文；239. 教育；240. 学前教育；241. 政治教育；242. 音乐；243. 美术；244. 体育"①。1963年9月，国务院批准发布了《高等学校通用专业目录》和《高等学校绝密和机密专业目录》，增列了一些国家建设急需的专业，也调整、归并了一些专业。共设置510种专业，在373种通用目录中，师范专业有17种。"文化大革命"中我国高等教育遭受巨大破坏，高校专业设置非常混乱。1982年开始进行文、理、工、农林、医药等各科类本科专业目录的修订，到1987年年底结束。这是国家第二次组织全面修订普通高校专业目录，推进了专业名称的科学化、规范化，专业口径得到一定程度的拓宽，专业数由1343种减少到671种，恢复和增设了文科、财经、政法类中一批长期较薄弱的专业，加强了新兴、交叉、边缘学科的专业。

2. 1988—1993年："××教育"

1988年4月国家颁布《普通高等师范教学本科专业目录》，修订了普通高等师范院校的22个专业目录，在原先专业名称后加上"教育"二字，进一步明确了师范院校的培养目标和办学指导思想。1993年7月正式颁布实施的《普通高等学校本科专业目录》与研究生目录一致，其中，以中学任教学科为依据的专业都在学科名称后加上"教育"二字（如"历史教育""数学教育""汉语言文学教育"等）作为专业名称，不仅师范教育特征明显，而且与综合大学相关专业的区别也十分醒目。

3. 1998年："××专业（师范方向）"

21世纪前夕，我国第四次对普通高校本科专业目录进行了全面修订。

---

① 纪宝成：《中国大学学科专业设置研究》，25～31页，北京，中国人民大学出版社，2006。

1998 年教育部颁布的《普通高等学校本科专业目录》，不仅大幅度合并了原先划分过细的专业，而且对师范类专业进行了大调整。培养教师的师范专业，除体育教育专业和教育学、学前教育、特殊教育等外，大部分并入综合大学的相关专业，在"××专业"后加括号注明"师范方向"，如"汉语言文学专业（师范方向）"。这次较大规模的专业目录修订工作发生在社会转型的深刻背景下，主要解决专业设置过细、偏窄的问题，以增强毕业生的适应能力。"××专业（师范方向）"便是这一时代背景的产物。教师培养工作不再作为一个独立专业，而是变成其他专业的附属品。虽然改变专业名称的初衷是增强适应能力，但名称改变也意味着教师教育专业属性被消解。大众心目中，教师又成为什么人都可以从事的职业。在这一具有规范性和权威性的本科专业目录中，找不到"教师教育"作为一个学科专业存在的依据，清楚地表明"教师教育"尚未成为独立的专业。虽然"师范专业"这一表达如今在日常生活中仍然为人们大量使用，但不是官方正式文本中使用的专业名称。

4. 21 世纪以来："教师教育专业"等

21 世纪以来，学术界开始探讨如何设置"教师教育专业"；高校人才培养工作中则出现多种表达形式的专业名称，比如，"××专业（教师教育类）""教师教育专业"等；而教育部师范司在 2004 年工作要点中亦出现"教师教育专业"[①] 一词。其实，这些称谓都还不是法定专业名称。

第四节　教师职业的内在价值

身居"职业社会"，职业与个人生活乃至人生不可分割的联系不言而喻。一项职业的专业化与该职业的社会地位提升之间有着十分密切的关系，专业化亦被视为提升现代社会众多职业声望的有效途径。很多新兴或从前不被认为是"专业"的行业、职业大多想方设法通过专业化运动来提高自身的社会地位，改善工作环境，提高职员素质。为了提高教师职业的竞争

---

① 工作要点原文为："会同有关部门研究制定有效可行的政策措施，鼓励优秀高中毕业生报考教师教育专业；鼓励优秀师范生到农村中小学任教；鼓励师范大学和其他综合大学本科毕业生到中小学任教。"参见教育部师范教育司：《师范教育司 2004 年工作要点》，载《基础教育外语教学研究》，2004（6）。

力和吸引力，西方国家多年来亦开展了如火如荼的"教师专业化"运动。然而，"教师专业化"的时代呼求究竟能给我们带来什么呢？仅仅是提高教师职业的社会地位、增加教师从业人员的经济收入吗？"教师"这一职业对于从业者究竟有何意义？教师职业区别于其他职业的内在价值何在？[①] 教师个人从职业生活中又能够收获些什么？一位真正具有专业品质的教师在自己的职业生活中能够体验和享受哪些非专业教师所难以体悟的自我价值和职业幸福？这些都需要我们深入思考。

一、教师职业饱含着成长的喜悦

人们常常把教师喻为用燃烧着的生命之光为别人带来光明的蜡烛，在照亮别人的同时毁灭了自己。这样的比喻也许赞颂了教师职业"无私奉献"的品格，却是片面的、消极的。甘当蜡烛、为他人牺牲的"蜡烛观"虽然崇高，却未免悲壮而凄凉，不仅没有给教师带来振奋和激励，反倒使教师产生委屈感和吃亏感。诚然，教育是一个特殊的生产部门，教师劳动是一种特殊的生产劳动。教师劳动的特殊性使得教师职业具有复杂性、长期性、艰巨性、示范性等特点，但从事教育工作并非注定教师只能是"为他人作嫁衣裳"的牺牲者，教师职业的内在价值还在于教师可以从自我成长中体验快乐和幸福。

首先，从教师的生命成长中体验自我完善的快乐。教师在学生的生命成长过程中，自身的生命也在成长；不仅自然生命的需求得到满足，精神生命也不断得到升华。要促进学生健康、主动、创造性地成长，教师自身首先需要健康、主动、创造性地成长。

相关链接 0-6：教师因学生而改变[②]

工作两年多来，自己慢慢地从一个少不更事的小伙子变得有"风度"了，这其实要归功于学生的"培养"。

因为面对学生，我每天早上起来要把胡子刮干净，把头发梳理整齐。如果穿西装的话，要让夫人选一条比较协调的领带。衬衫虽然不是名牌，但保证每天一换，保证不让污渍出现在领口和袖口。天暖时，争取每天洗

---

① 一份职业的外在价值即手段价值，体现为教师职业对社会而言的外在功用，以及教师职业工作本身能够为从业者提供衣、食、住、行的生活保障，以满足基本生活需要的功用；内在价值则是教师职业能够使从业者得到精神充实和自我发展的目的价值。

② 刘国营：《情到深处》，转引自齐学红、袁子意：《新编班主任工作技能训练》（第 2 版），3 页，上海，华东师范大学出版社，2011。

个澡，不让头皮屑落在肩膀上。脚上的皮鞋，每天保持黑亮。这样，每天都有一个好形象出现在学生面前。因为我心里清楚，自己是一个班56名学生的"头"。我整天给他们讲要注意自己的行为规范，要注意个人修养，要树立君子风度，自己总得做个样子吧！

慢慢地，我发现自己的脾气变得不那么火爆了，发现自己也可以娓娓而谈了，发现自己站在那里不会东摇西晃了。无怪乎学生说，对刘老师既喜欢又怕，但搞不懂为什么。

想想自己最初的本意是为人师表，为了不辜负学生的期待，为了不辱没教师的形象，没想到结果却改变了自己！

其次，从教师的专业发展中触摸自我实现的价值。以服务社会和完善自我为旨归的发展型教师，不同于以教师职业谋生和养家糊口的生存型教师。[1] 生存型教师是出于功利目的而从教的，教师职业是一种"异己的存在"，自己所做的一切工作都只是为薪金而做的"交换"，在职业中找不到快乐和幸福；发展型教师则怀着服务社会的崇高理想走进教师职场，相信学生成长、自我进步与社会发展三者能够在自己的职业生涯中融为一体，教师职业生活成为参与社会创造、实现自我理想的有意义活动，成为个人幸福生活和持续发展的不竭源泉。

发展型教师不是以外部世俗的功利事物而是以内在的情感体验为媒介，寻找职业生活的快乐；不是以当下的现实活动而是以超越现实的理想追求为目标；不是以外在的强制约束而是以内在的主动发展为动力。如果一位教师在职业生涯中，不满足于仅仅作为"知识的传声筒""教材的扬声器"，而是自觉追求终身学习并反思和研究自己的教育、教学言行，不断提升自己的教师专业素养，致力于成为发展型教师，使学习、反思和研究成为自己的专业生活方式，成为自我职业发展的内在需要，真正将自己的生命融入职业生活，那一定能够在服务社会、服务他人的教师职业生活中同时体验到自我成长的喜悦和感动，一定能够在自我成长和发展中体验和享受到人生和教师职业的双重幸福。

二、教师职业蕴藏着创造的幸福

教师职业对社会而言的外在价值与对从业者而言的内在生命价值之间

---

[1]　王枬：《论教师职业的内在价值》，载《教育研究》，2000（9）。

的统一基点是创造。教育教学活动充满了创造性，教师职业是一种极富创造性的职业。创造是教师可能从工作中获得外在与内在统一的尊严与欢乐的源泉，失去创造性的教育教学工作只能是低层次的简单劳作，缺乏对教育教学创造性追求的教师只会在飘洒的粉笔灰中自我淹没，而难以在日常工作中体验自我价值和教师职业的幸福。

首先，教师职业的创造性表现为教师对学生内心世界的不懈探索和在此基础上的不断创新。由于教师面对的教育对象千差万别，教师面临的教育情境千姿百态，教师面向的教育内容千变万化。因此，教师是特殊形式的艺术家，必须根据具体的教育对象、教育情境和教育内容因人而宜、因地而宜、因时而宜，创造出适宜的教育方法。当学生精神不振时，教师能否使其振作？当学生茫无头绪时，教师能否给其启迪？当学生没有信心时，教师能否唤起他的力量？教师能否从学生的眼睛里读出愿望？教师能否用不同的语言方式让学生感受到关注？教师能否使学生在课堂上学会合作、感受发现的惊喜？……这一切都在向教师的智慧与能力提出挑战，当教师内在的创造力被激发出来，就会在教育教学中体会创造的成功和快乐。

其次，教师职业的创造性表现为教师把握各种教育契机，巧妙运用各种教育影响。影响学生发展的因素错综复杂，教师必须依靠自己的判断力分辨和筛选各种影响因素，促进学生身心的健康发展。与灵魂和人的精神世界对话的工作，其伟大和神圣绝不亚于那些可见的物质产品创造。因材施教是创造，教育机智是创造，推陈出新也是创造。教师在教育中没有现成的模式可以套用，没有一成不变的方法可以照搬，每一位教师都需要用自己的聪明才智去工作。教师正是在主动创造的实践中深刻地体悟到生命的意义及职业的内在价值。

教师是教育事业和人类精神生命的重要创造者，只有创造才能唤起教师职业的内在尊严与欢乐。当代中国，教师完全可能富有时代精神，创造性地开展教育、教学活动。面对成长中的充满生命活力的儿童、青少年，教师若把"人"的培养而不是知识的传递看作教育的终极目标，那么，教师的职业工作就会不断地向教师的智慧、人格、能力发出挑战，成为推动教师不断学习、思考、探索、创造的力量，为其生命增添创造、发现的成功和欢乐。教师自己的生命和才智也就在为教育事业奉献的过程中不断获得更新和发展。

三、教师职业充盈着自由的快乐

马克思在论及职业选择时曾写过一句话："能给人以尊严的只有这样的职业，在从事这种职业时我们不是作为奴隶般的工具，而是在自己的领域内独立地进行创造。"① 这句话强调职业要能给人尊严，而能给人以尊严的职业，是与人的生命本质和高级需要满足直接相关的职业。"独立地创造"便是人的智慧发展、精神丰富和生命存在的本质方式。教师需要生存，但生存和生计只是教师职业生活的基础和低层次需要，而不是教师职业生活的全部，教师还有从职业中实现自我、感受自由的需要。教师的生命尊严和潜能正是在独立的创造活动中激活和展现的，教师也只有在"独立地创造"的教育教学工作中，才能实现自己生命的自由价值，体验和享受独立的创造性劳动带来的生命焕发的愉悦。

当教师超越了纯粹物质欲望的追求，将自己从事的平凡而又极具创造性的教书育人工作与年青一代的成长、人类生命的延续，以及自我价值的实现联系在一起时，便会收获精神的自由。教师内在的创造和自由的需要是建立在教师职业信念的基础上的。"教师是一种使人类和自己都会变得更加美好的职业"，这一教师职业信念能够使教师摆脱纯粹物质功利的诱惑、"教书匠"的困惑，以及漂浮无根的惶惑，使教师在平凡的日常工作感受创造的惊喜、精神的自由和生命的意义。

[复习与思考]

1. 调查自己就读学校及地区的教师教育现状、问题及发展趋势。

2. 以"教师职业的幸福"或"教师职业的价值"为主题，访问自己中小学时代的一位老师；结合访谈，阐述自己对教师职业特点及其价值的认识。

[推荐阅读]

1. 胡芳：《我国教师资格制度存在的四大问题及其完善》，载《当代教育科学》，2011（7）。

2. 王枬：《论教师职业的内在价值》，载《教育研究》，2000（9）。

3. 王娇、刘晓明：《教师的低职业认同感救赎与生命意义重建》，载《教育理论与实践》，2017（28）。

---

① 《马克思恩格斯全集》第40卷，6页，北京，人民出版社，1982。

第一章
时代变迁与教育发展

[本章重点]

1. 理解教育的内涵。

2. 了解教育的构成要素、基本形态及其发展脉络，以及中西方经典教育思想和教育学理论，并思考其现实意义。

3. 理解教育目的的意涵和素质教育的要义，以及全面发展教育的组成。

4. 了解我国当前的教育方针、教育目的及实现教育目的的要求，自觉树立素质教育观念。

案例导入：清华学生硫酸泼熊①和复旦大学研究生投毒害人②

2002 年 2 月 23 日下午 1 点 10 分，在北京动物园的熊山，两只黑熊突然口吐白沫倒在地上，来回翻滚，口中发出"嗷嗷"的惨叫。同时，水泥地上冒起一股股白烟。围观的人群一阵骚动，一名手拎食品袋、戴着眼镜的男青年急匆匆地挤出人群向熊山外溜去。在附近巡逻的动物园派出所民警、工作人员和在场群众的围追堵截下，这名男青年被抓住并带回了派出所。肇事者是年仅 21 岁，已通过研究生入学考试的清华大学电机系大四学生刘海洋。据交代，为了证实"熊的嗅觉敏感，分辨东西能力强"这句话是否正确，他先后两次把掺有火碱、硫酸的饮料，倒在北京动物园饲养的 5 只狗熊的身上或嘴里。人们对这种骇人听闻、严重触犯法律的行为感到非常震惊和愤怒。北京动物园副园长王保强十分气愤地对前来采访的媒体介绍，北京动物园先后有 3 只黑熊、1 只马熊和 1 只棕熊受到刘海洋所泼的火碱或硫酸的残害。这三种熊被《濒危野生动植物种国际贸易公约》列为国际一级保护动物。

2013 年 3 月 31 日中午，复旦大学 2010 级硕士研究生林森浩将做实验后剩余并存放在实验室内的剧毒化合物 N-二甲基亚硝胺带至寝室，注入饮水机槽。4 月 1 日早上，与林森浩同寝室的黄洋起床后接水喝，饮用后便出现干呕现象，入院后经抢救无效，于 4 月 16 日下午 3 点 23 分去世。庭审中，检方指控，被告人林森浩因琐事与被害人黄洋不和，竟采用投毒方法故意杀害黄洋并致其死亡，手段残忍，社会危害极大，其行为已构成故意杀人罪，提请法院对林森浩依法予以严惩。2014 年 2 月 18 日，上海市第二中级人民法院一审宣判，被告人林森浩犯故意杀人罪被判死刑，剥夺政治权利终身。2015 年 1 月 8 日，上海市高级人民法院终审维持原判。

---

① 新华网：《清华学生硫酸泼熊》，转引自 http://news.sohu.com/20051206/n24089 1473.shtml，2018-01-26。

② 百度百科：《复旦投毒案》，https://baike.baidu.com/item/％E5％A4％8D％E6％ 97％A6％E6％8A％95％E6％AF％92％E6％A1％88/2129522？fr＝aladdin，2018-01-26。

在绝大多数中国人看来属于"精英"的一个名校大学生，仅仅为了满足自己的好奇心，竟然三番五次地用烈性的火碱与硫酸残害动物；同样被视为"骄子"的一个名校研究生，仅仅为了琐事，竟然用投毒的方式害人性命。这些令普通人匪夷所思的行为举止折射出教育的什么问题呢？为什么他们能够在中国教育系统中顺利地接近"塔尖"，却又做出如此残忍的事情？我们的教育到底缺失了什么？

也许，我们过多地沉迷于知识与技能、考试与分数、晋级与筛选，而忘却了最根本的：到底什么是教育？教育要培养什么样的人？古今中外的思想家、教育家为我们思考教育提供了怎样的思想资源？我国当前教育界倡导的"素质教育"与现实盛行的"应试教育"之间又有什么关系？对这些问题的回答不仅是教育研究者的研究基础，而且是中小学教师的实践基础。教师从教伊始，头脑中的教育观念就开始发挥作用了，只是很多时候，教育观念"日用而不知"，甚至使自己的头脑成了别人思想的"跑马场"。

第一节 教育的意涵与形态

我们日常生活中常用的"教育"一词，在古代中西方有不同含义，当代学术研究也给出了不同界定。教育作为一种社会现象，随历史发展表现出不同形态。

一、"教育"的词源

"教育"是我们现代社会的常用语。无论是政府文件、大众传媒还是街谈巷议，都会谈到"教育"。不过，用"教育"这个词指称我们所说的对象，在中国广泛使用不过百余年。

"教育"两字连用，始见于《孟子·尽心上》："君子有三乐，而王天下不与存焉。父母俱存，兄弟无故，一乐也；仰不愧于天，俯不怍于人，二乐也；得天下英才而教育之，三乐也。"在这里，"教育"并不是作为一个词使用，而是"教之、育之"的简写。而且，两字连用在之后的文献中也非常少见。在古代，一般用"教""学""习""训""诲""养""育"等单音词指称教育机构和活动，例如，"有教无类"（《论语·卫灵公》）、"诲人不倦"（《论语·述而》）、"尊贤育才"（《孟子·告子章句下》）。专门论述"教育"的著作和与教育相关的行政机构与官员，也通常以"学"命名，如《学记》《大学》《进学解》《劝学篇》，直到清末，整个教育事业还称为"学务"，国家教育机关称为"学部"，下设"劝学司""劝学所"，学部中有"学臣"，劝学所中有"劝学员"。

"教育"两字不相连成词，在古代各有其义。在甲骨文中，"教""育"已经成字，且均为会意字。"教"由代表经典文化的"爻"，代表教育对象的"子"和代表教育者与教育手段的"手执教棍"构成。其意为：孩子在成人监督下学习经典文化。"育"由代表母亲的"女"和代表正出生的孩子的"子"（头朝下）构成，其意为"妇女生产"。在以后的字义演化过程中，"教""育"两字的伦理色彩被日益凸显，字义也开始趋近，例如，"修道之谓教"（《中庸》）、"以善先人者谓之教"（《荀子·修身》）、"教也者，长善而救其失者也"（《学记》）。战国时期，孟子已经将两字连用。东汉许慎的《说文解字》则将两字解释为"教，上所施，下所效也""育，养子使作善也"。

西方的"教育"一词，英文为 education，法文为 éducation，德文为erzichung。这些字都是由拉丁文 educare 演变而来。这些单字第一个字母均为"e"，其含义为"引出"（elicit）。从字源学上说，西方的教育就是"引出"。有一种哲学学说，主张人在生下来时，甚至出生之前，就被赋予了某种观念，这些观念非经验之产物，而是先天所赋予的，被称为"天赋观念"（innate ideas）。天赋观念人皆有之，是人具有基本学习能力的基础，也是人区别于其他动物之处，因此该学说认为教育就是将学童本来的能力"引出"来。苏格拉底就曾指出人人都有先天观念，因生产的痛苦，人把先天所赋予的能力忘记了，若人能接受适当的引出和刺激，即可回忆，故从此角度看，人们接受教育，就是在进行各种"回忆"。

考察"教育"的词源，我们对古代中西的教育观念有了一个基本的认识。第一，古代的"教育"带有浓厚的伦理色彩，将培养"善良的人"作为主要目的。"'教育'为褒义词，并且从一开始就同'善'相联系——'善'为'教育'原本之义。"[①] 第二，虽不能一概而论，但就词源而言，中西教育在基本理念方面存在区别：中国教育侧重由外而内的"外铄"；西方教育侧重由内而外的"内发"。

二、教育的内涵

"教育"是教育学的基本概念，但从赫尔巴特的《普通教育学》问世起，迄今两百多年来，尚未形成清晰而具有共识性的对"教育"的界定。

---

① 陈桂生：《常用教育概念辨析》，11 页，上海，华东师范大学出版社，2009。

顾明远教授指出："教育是什么？我无意为它下定义，也没有能力做出科学的界定。"① "可能世界上最普遍的事物，对它下定义最困难。教育这个活动再普遍也没有了，就像人吃饭一样，天天要遇到。但要对'吃饭'下个科学的定义恐怕也不是容易的事。"② 美国教育学者索尔蒂斯认为，要找出教育的"真正的"定义，无异于"误入歧途的捕 centaur（希腊神话中人首马身的怪物）的猎人"，是永远也找不到的。③

给"教育"下定义的困难，不仅源自教育是世界上最普遍的事物，还源自教育是在历史进程中不断发生形态变化的事物，也源自很多教育家往往出于改进教育实践的需要，以下定义的方式表达自己的教育理念。要找到一个所有人都认可的教育概念并非易事，不过，找到一个能够指称教育事实，从而能够为后继讨论奠定基础的教育概念却是可以尝试的。现代教育学把教育分为广义与狭义的两种概念。"从广义上说，凡是增进人们的知识和技能、影响人们的思想品德的活动，都是教育。狭义的教育主要指学校教育，是教育者根据一定社会（或阶级）的要求，有目的、有计划、有组织地对受教育者的身心施加影响，把他们培养成为一定社会（或阶级）所需要的人的活动。"④

三、教育的形态

教育活动在演化中表现出不同的形态，按时间顺序依次为：非形式化教育、形式化教育和制度化教育。"在非形式化教育中，教育主体不固定，教育对象也不固定，教育主体与客体的联系带有偶发性质，它同人们的社会生活（生产活动、宗教活动、消闲活动、娱乐活动等）浑然一体。"⑤ 非形式化教育是自人类产生以来普遍存在而且人人都接受的一种教育形态。

在这种教育形态中，野蛮人为把必需的倾向灌输给年轻人，主要依靠使成年人忠于他们群体的相同的联合。除了使青年成为完全的社会成员的入社仪式以外，他们没有特殊的教育方法、材料或制度。他们主要依靠儿童参与成年人的活动，学习成人的风俗习惯，获得他们的情感倾向和种种

---

① 顾明远：《对教育定义的思考》，载《北京大学教育评论》，2003（1）。

② 顾明远：《对教育定义的思考》，载《北京大学教育评论》，2003（1）。

③ ［美］索尔蒂斯：《教育的定义》，31～37页，见瞿葆奎：《教育学文集：教育与教育学》，北京，人民教育出版社，1993。

④ 顾明远等：《中国教育大百科全书》第1卷，669页，上海，上海教育出版社，2012。

⑤ 陈桂生：《教育原理》（第2版），34页，上海，华东师范出版社，2000。

观念。这种参与一部分是直接的，参与成人的各种职业活动，当他们的学徒；另一部分是间接的，通过演戏，儿童重复成人的行动，从而学会了解他们像什么。对野蛮人来说，要找到一个专供学习的地方，除学习以外别无他事，这是十分荒谬的事。①

在这种教育形态中，一个人是通过共同生活的过程来教育自己的，而不是被别人教育的。家庭生活或氏族生活、工作或游戏、仪式或典礼等都是每天遇到的学习机会；从家里母亲的照管到狩猎父亲的教导，从观察一年四季的变化到照管家畜或聆听长者讲故事和氏族巫士唱赞美诗，到处都是学习的机会。这种自然的、非制度化的学习方式在世界广大地区一直流行到今天；这种学习方式至今仍是为千百万人提供教育的唯一形式。②

这种形态的教育，源自社会延续的需要。社会群体每一个成员的生和死这些基本的不可避免的事实，决定教育的必要性。一方面，存在群体的新生成员——集体未来的唯一代表——的不成熟与掌握群体的知识和习惯的成年成员的成熟之间的对比；另一方面，这些未成熟的成员有必要不仅在形体方面保存足够的数量，而且要教给他们成年成员的兴趣、目的、知识、技能和实践，否则，群体就将停止它特有的生活。甚至在原始部落，成人的成就也远远超过未成熟的成员——如果听任他们自行其是地做所能做的事情。随着文明的发展，未成熟的人本来的能力与年长者的标准和习惯之间的距离扩大，仅仅身体的成长，仅仅掌握极少生存的必需品，还不能使群体的生活绵延下去，而是需要审慎的努力和周到的耐心。人生来不仅不了解而且十分不关心社会群体的目的和习惯，必须使他们认识它们，主动地感兴趣。教育，只有教育，能弥补这个缺陷。③

古代学校的出现是形式化教育形成的标志，而近代学校系统的出现则是制度化教育形成的标志。学校在人类社会中已经有四五千年的历史。"在教育中采用学校结构看来基本上是和书面文字运用的系统化与逐渐增加相联系的。要学会怎样去阅读，自然就需要有一个老师，许多青年人围在他

---

① ［美］约翰·杜威：《民主主义与教育》，王承绪译，8～9页，北京，人民教育出版社，1990。

② 联合国教科文组织国际教育发展委员会：《学会生存——教育世界的今天和明天》，华东师范大学比较教育研究所译，27页，北京，教育科学出版社，1996。

③ ［美］约翰·杜威：《民主主义与教育》，王承绪译，3～4页，北京，人民教育出版社，1990。

的周围，在一个'课堂'里，在一个学校里学习。"① 在学校出现以后的绝大多数时间内，学校与学校之间并非形成规范的相互衔接关系，学校教育属于形式化教育。形式化教育的特点是：第一，教育主体确定；第二，教育对象相对稳定；第三，形成一系列的文化传播活动，所传播的文化逐步规范化；第四，大抵有固定的活动场所和或多或少的设备；第五，由以上种种因素结合而成度量的社会活动形态。② 不过，"在近代，以班级教学代替个别教学，出现'制度化教育'的端倪，教育系统的形成，教育事业的普及，推动了教育'制度化'的进程，教育研究的进展与教育经验的积累，使'制度化教育'趋于成熟"③。"随着教育'制度化'的实现，在学校系统中，各级各类学校以及学校内部的教育活动，都形成一定标准与规范，并逐级实行规范管理，从而尽可能排除学校系统以外的因素，对学校系统及学校内部事务的干扰，尽可能排除人为因素干扰，使教育活动有序地开展。"④

形式化教育与制度化教育的出现，对于以文字符号为表征的抽象知识的保存和创新做出了不可磨灭的贡献。不过，这种"有目的、有计划、有组织"的教育形态也存在不少问题。

比如，在活动层面，从间接的教育转到正规的教育有着明显的危险。参与实际事务，不管是直接地还是间接地在游戏中参与，至少是亲切的，有生气的。在某种程度上，这些优点可以补偿所得机会的狭隘性。与此相反，正规的教学容易变得冷漠和死板——用通常的贬义词来说，变得抽象和书生气。低级社会所积累的知识，至少是付诸实践的。这种知识被转化为品性；这种知识由于它包含在紧迫的日常事务之中而具有深刻的意义。但是，在文化发达的社会，很多必须学习的东西都储存在符号里。它远没有变为习见的动作和对象。这种材料是比较专门的和肤浅的。用通常的现实标准来衡量，这种材料是人为的。因为通常的尺度和实际事务有联系。这种材料存在它自己的世界内，没有被通常的思想和表达习惯所溶化。总是有一种危险，正规教学的材料仅仅是学校中的教材，和生活经验的教材

---

① 联合国教科文组织国际教育发展委员会：《学会生存——教育世界的今天和明天》，华东师范大学比较教育研究所译，28 页，北京，教育科学出版社，1996。

② 陈桂生：《教育原理》（第 2 版），34 页，上海，华东师范出版社，2000。

③ 陈桂生：《普通教育学纲要》，99 页，上海，华东师范大学出版社，2009。

④ 陈桂生：《普通教育学纲要》，99～100 页，上海，华东师范大学出版社，2009。

脱节。[①]

又如，在制度层面，教育事业不免带有同其他"制度化"事业共有的特征，即划一性（标准化），导致正规教育"十分死板"；封闭性，它按自身特有的标准，以自身特有的规则、规范，构筑壁垒，成为对其他系统、其他实体、其他过程的排他性，导致正规教育"十分狭隘"；等等。[②]

总之，广义的教育和狭义的教育都"尺有所短、寸有所长"。如果我们囿于狭义教育，那么我们的文化知识水平可能很难超越常识；如果我们囿于广义教育，那么学生就面临学校生活与校外生活、科学世界与生活世界的脱节。在当今信息社会背景下，学校，特别是中小学的知识垄断地位已经被打破。社会成员可以用相对廉价的工具，以相当迅捷的方式获取各种各样的信息。同时，随着社会的发展，各种变化中的工作岗位对从业者的知识要求也在不断变化。原先社会那种通过接受一定年限的学校教育从而为一个人奠定一生工作所需知识的时代已经一去不复返了。在现代社会，我们需要在新的时代背景和理论视野中，树立终身教育和学习化社会的教育理念。

相关链接 1-1：终身教育与学习化社会

1. 终身教育概念的形成[③]

世界上许多民族早就形成带有终身教育意向的话语。例如，中国古代就有对孩子"及早管教"和人生"活到老，学到老"的说法。中东地区伊斯兰教义中也有"一生教育使自己完善"的教条。欧洲 17 世纪的夸美纽斯不但列举了 5 条理由证明"及早管教"的作用，而且提出了从生到死各个阶段的学习构想。不过，这些都同如今广泛流行的"终身教育"概念不是一回事。现代"终身教育"是一个全新的教育概念。

20 世纪 60 年代，联合国教科文组织终身教育局局长、法国活动家保罗·朗格朗积极倡导"终身教育"。他认为：数百年来，社会把个人的生活分成两半，前半生受教育，后半生工作，这是毫无科学根据的；教育应该是个人一生中连续不断地学习必要的知识和技能。1965 年，联合国教科文

---

① ［美］约翰·杜威：《民主主义与教育》，王承绪译，9～10 页，北京，人民教育出版社，1990。

② 陈桂生：《普通教育学纲要》，100 页，上海，华东师范大学出版社，2009。

③ 陈桂生：《常用教育概念辨析》，371～372 页，上海，华东师范大学出版社，2009。

组织国际成人教育促进委员会讨论朗格朗关于成人教育的提案。提案得到许多与会代表的赞同。国际成人教育促进委员会活动家，如朗格朗、多雷昂（南斯拉夫）、勒内·马厄（联合国教科文组织总干事）等，对终身教育呼吁甚力。朗格朗于1970年发表的《终身教育引论》奠定了终身教育的理论基础。

2. 终身教育概念的演变①

最初，"终身教育"不过是应用于一种较旧的教育实践，即成人教育（并不是指夜校）的一个新术语；后来，这种教育思想逐步应用于职业教育，随后又涉及在整个教育活动范围内发展个性的各方面，即智力的、情绪的、美感的、社会的和政治的修养；如今，从个人和社会的观点看，终身教育的概念已经包括整个教育过程。它首先关心儿童教育，帮助儿童过着他应有的生活；同时，它的主要使命是培养未来的成人，使他准备去从事各种形式的自治和自学。后一种学习要求为成人发展了许多范围广阔的教育结构和社会活动。这一切虽然是为了它们本身的目的而存在的，但也是改革初步教育的先决条件。可见，终身教育演变为由一切形式、一切表达方式和一切阶段的教学行动构成一个循环往复的关系时所使用的工具和表现方法。

3. 终身教育的四个支柱②

终身教育建立在四个支柱的基础上，即学会认知、学会做事、学会公共生活、学会生存。

学会认知，途径是将掌握足够广泛的普通知识与深入研究少数学科结合起来。也就是说学会学习，以便从终身教育提供的种种机会中受益。

学会做事，以便不仅获得专业资格，而且从更广泛的意义上说，获得能够应付许多情况和集体工作的能力。这还意味着要在青少年的各种社会经历或工作经历范围内学会做事。这类经历可能因地方或国家的具体情况而属于自发性的，也可能由于学习和工作交替进行的教育的发展而属于正式的。

学会公共生活，途径是本着尊重多元性、相互了解及平等价值观的精

① 联合国教科文组织国际教育发展委员会：《学会生存——教育世界的今天和明天》，华东师范大学比较教育研究所译，180页，北京，教育科学出版社，1996。

② 联合国教科文组织总部：《教育——财富蕴藏其中》，联合国教科文组织总部中文科译，87页，北京，教育科学出版社，1996。

神，在开展共同项目和学习管理冲突的过程中，增进对他人的了解和对相互依存问题的认识。

学会生存，以便充分发展自己的人格，并能以不断增强的自主性、判断力和个人责任感来行动。为此，教育不应忽视人的任何一种潜力，包括记忆力、推理能力、美感、体力和交往能力等。

4. 学习化社会概念的形成①

1968年，美国著名教育家、永恒主义教育思潮的代表人物哈钦斯在其著作《学习社会》（*The Learning Society*）中提出"学习化社会"的概念。1969年，美国卡内基高等教育委员会提交了题为《迈向学习社会》的报告，成为对哈钦斯建构学习化社会思想的有力响应。这一思想迅速波及世界许多国家与地区。1972年，在《学会生存——教育世界的今天和明天》的报告中，"终身教育"和"学习化社会"被确定为两个并行不悖的国际教育新理念，并且强调"终身教育是学习化社会的基石"，在发展阶段上表现为从教育社会向学习化社会前进。

基于《学会生存——教育世界的今天和明天》产生的广泛影响，建立学习化社会的思想不断深入人心。1990年，英国成人教育社会学专家彼得·贾维斯在《国际成人及继续教育辞典》中，将"学习化社会"表述为："在此社会中，提供所有社会成员在一生中的任何时间，均有充分的学习机会。因此，每个人均得通过学习，充分发展自己的潜能，达成自我的实现。"

5. 学习化社会的含义②

社会与教育的关系，在性质方面正发生变化。一个社会既然赋予教育这样重要的地位和这样崇高的价值，那么这个社会就应该有一个它应有的名称——我们称之为"学习化的社会"。这样一个社会的出现，只能把它理解为一个教育与社会、政治、经济组织（包括家庭单位和公民生活）密切交织的过程。这就是说，每一个公民享有在任何情况下都可以自由获得学习、训练和培养自己的各种手段，因此，从他自己的教育而言，这样的教育将基本上处于一个完全不同的地位。教育不再是一种义务，而是一种责任了。

---

① 杨晓、叶鹭：《"学习化社会"的教育学意蕴》，载《河北师范大学学报（教育科学版）》，2011（11）。

② 联合国教科文组织国际教育发展委员会：《学会生存——教育世界的今天和明天》，华东师范大学比较教育研究所译，203页，北京，教育科学出版社，1996。

第二节　教育思想与教育学科

教育，尤其学校教育，作为一种有目的、有计划、有组织的活动，其产生和发展离不开教育观念的支持。在历史发展中，教育实践与教育观念是相互启发、彼此验证和共同发展的双向建构关系。教育实践总是体现一定的教育观念，并随着教育观念的更新而逐渐变革；教育观念总是反映或指导一定的教育实践，并随着教育实践的发展而发展。正是在二者的双向建构中，教育实践形态越来越复杂：从与日常生产、生活融为一体的非形式化教育，到产生教育实体的形式化教育，再到教育实体系统化的制度化教育。教育观念的内涵也越来越丰富：从零散的关于教育的想法，到基于一定哲学观念的相对系统的教育思想，再到成为独立学科的教育学，以及当今由众多分支学科和交叉学科构成的教育学科群。

一、中国古代的教育思想

（一）孔子[①]的教育思想

1. 重视教育的价值

孔子认为教育对社会发展有重要作用，是立国治国的三大要素之一。《论语·子路》记载："子适卫，冉有仆。子曰：'庶矣哉。'冉有曰：'既庶矣，又何加焉？'曰：'富之。'曰：'既富矣，又何加焉？'曰：'教之。'"通过冉有之问，孔子扼要地阐明了他的"庶—富—教"的施政大纲。孔子肯定教育在人的发展过程中的关键作用，在中国历史上首次提出"性相近也，习相远也"（《论语·阳货》）。

2. 提倡"有教无类"的教育理念

孔子认为，不分贵贱、贫富和种族，人人都可以接受教育。在他自己的私学中，只要"自行束修以上"，他"未尝无诲焉"（《论语·述而》）。他的弟子来自各个诸侯国，有齐、鲁、宋、卫、秦、晋、陈、蔡、吴、楚等；来自不同的阶层或阶级，如平民阶层的颜回、仲由、曾参、原宪、冉雍，

---

① 孔子，名丘，字仲尼，鲁国人。生于公元前551年，逝于公元前479年。孔子是中国古代最伟大的教育家和教育思想家，他30岁左右即创办私学，聚徒讲学，除短暂入仕外，一生都在从事教育工作。据说他"弟子三千，贤人七十二"。

商人出身的端木赐（子贡），以及贵族出身的孟懿子、南宫敬叔和司马牛。鉴于当时官学主要招收贵族，有人对此产生疑问。南郭惠子问子贡："夫子之门，何其杂也？"子贡回答："君子正身以俟，欲来者不拒，欲去者不止。且夫良医之门多病人，檃栝之侧多枉木，是以杂也。"（《荀子·法行》）

3. 提出教育的目的在于"培养君子"

在孔子看来，君子是既能独善其身又能兼济天下的贤才。"子路问君子，子曰：'修己以敬。'曰：'如斯而已乎？'曰：'修己以安人。'曰：'如斯而已乎？'曰：'修己以安百姓。修己以安百姓，尧舜其犹病诸。'"（《论语·宪问》）

4. 丰富教育内容

人们可以根据《论语》，从不同角度概括孔子的教育内容。例如，"子以四教：文、行、忠、信"（《论语·述而》），以文学、品行、忠诚和信实教育学生，是指教学内容包括四个基本方面。又如，礼、乐、射、御、书、数"六艺"，是孔子教学的主要科目。

5. 创新教育原则

孔子在长期的教育实践过程中创造了一系列对今天教育具有启示意义的教育原则，包括：启发诱导，"不愤不启，不悱不发"（《论语·述而》）；因材施教，"夫子教人，各因其材"（朱熹：《四书集注》）；学思并重，"学而不思则罔，思而不学则殆"（《论语·为政》）；温故知新，"温故而知新，可以为师矣"（《论语·为政》）；谦虚诚实，"知之为知之，不知为不知，是知也"（《论语·为政》）；言传身教，"其身正，不令而行；其身不正，虽令不从"（《论语·子路》）等。

我们可以通过下面一段孔子与其弟子的"教育实录"，深化对孔子教育思想的理解。

> 子路、曾皙、冉有、公西华侍坐。子曰："以吾一日长乎尔，毋吾以也。居则曰：'不吾知也！'如或知尔，则何以哉？"子路率尔而对曰："千乘之国，摄乎大国之间，加之以师旅，因之以饥馑；由也为之，比及三年，可使有勇，且知方也。"夫子哂之。"求，尔何如？"对曰："方六七十，如五六十，求也为之，比及三年，可使足民。如其礼乐，以俟君子。""赤，尔何如？"对曰："非曰能之，愿学焉。宗庙之事，如会同，端章甫，愿为小相焉。"

"点！尔何如？"鼓瑟希，铿尔，舍瑟而作，对曰："异乎三子者之撰。"子曰："何伤乎？亦各言其志也。"曰："莫春者，春服既成，冠者五六人，童子六七人，浴乎沂，风乎舞雩，咏而归。"夫子喟然叹曰："吾与点也！"

三子者出，曾皙后。曾皙曰："夫三子者之言何如？"子曰："亦各言其志也已矣。"曰："夫子何哂由也？"曰："为国以礼，其言不让，是故哂之。""唯求则非邦也与？""安见方六七十如五六十而非邦也者？""唯赤则非邦也与？""宗庙会同，非诸侯而何？赤也为之小，孰能为之大？"①

（二）孟子②的教育思想

1. "性善"的人性假设

孟子认为人性本善，构成人性四维的"仁、义、礼、智"的基础是众人都有的。《孟子·告子上》曰："恻隐之心，人皆有之；羞恶之心，人皆有之；恭敬之心，人皆有之；是非之心，人皆有之。恻隐之心，仁也；羞恶之心，义也；恭敬之心，礼也；是非之心，智也。仁义礼智，非由外铄我也，我固有之也，弗思耳矣。"③

2. "明人伦"的教育目的

《孟子·滕文公上》说："设为庠序学校以教之。庠者，养也。校者，教也。序者，射也。夏曰校，殷曰序，周曰庠；学则三代共之，皆所以明人伦也。"④"人伦"即"人道"，人生中最重要的五对关系被称为"五伦"，即"父子有亲，君臣有义，夫妇有别，长幼有叙，朋友有信"⑤。

3. "大丈夫"的理想人格

孟子提出了"富贵不能淫，贫贱不能移，威武不能屈"的"大丈夫"

---

① 《论语》，鲍思陶译，105～107页，武汉，崇文书局，2003。

② 孟子（约前372—前289），名轲，字子舆，邹（今山东邹城）人，战国时期思想家、教育家，曾受业于子思之门人，成为儒家曾子、子思学派的继承者。孟子跟孔子一样，也带着学生周游列国。据考，《孟子·章句》有记载的学生达到17人，而《孟子·滕文公下》则记载他"后车数十乘，从者数百人，以传食于诸侯"，可见学生之多。

③ 《孟子》，万丽华、蓝旭译注，245页，北京，中华书局，2006。

④ 《孟子》，万丽华、蓝旭译注，105页，北京，中华书局，2006。

⑤ 《孟子》，万丽华、蓝旭译注，111页，北京，中华书局，2006。

理想人格，并提出持志养气、动心忍性、存心养性和反求诸己的修养方法，以成为"大丈夫"。

4．"求其放心"的教学思想

基于"性善"的人性假设，孟子认为教育与学习的过程是不断扩充内心善性的过程。"学问之道无他，求其放心而已矣。"① 他提出一系列反映这种思想的教学原则，包括：深造自得，"君子深造之以道，欲其自得之也。自得之，则居之安；居之安，则资之深；资之深，则取之左右逢其原"②；盈科而进，"流水之为物也，不盈科不行"③，"其进锐者，其退速"④；专心有恒，为学要专心致志，还要持之以恒，"山径之蹊，间介然用之而成路，为间不用，则茅塞之矣"⑤，"虽有天下易生之物也，一日暴之，十日寒之，未有能生者也"⑥；教亦多术，"君子之所以教者五：有如时雨化之者，有成德者，有达财者，有答问者，有私淑艾者。此五者，君子之所以教也"⑦，"教亦多术矣，予不屑之教诲也者，是亦教诲之而已矣"⑧。

（三）《学记》⑨的教育思想

《学记》是我国古代最早的专门论述教育、教学问题的论著。

1．重视教育在国家治理和个人发展中的作用

之所以"建国君民，教学为先""化民成俗，其必由学"，正是因为"玉不琢，不成器；人不学，不知道"。

---

① 《孟子》，万丽华、蓝旭译注，254 页，北京，中华书局，2006。
② 《孟子》，万丽华、蓝旭译注，176 页，北京，中华书局，2006。
③ 《孟子》，万丽华、蓝旭译注，301 页，北京，中华书局，2006。
④ 《孟子》，万丽华、蓝旭译注，315 页，北京，中华书局，2006。
⑤ 《孟子》，万丽华、蓝旭译注，328 页，北京，中华书局，2006。
⑥ 《孟子》，万丽华、蓝旭译注，251 页，北京，中华书局，2006。
⑦ 《孟子》，万丽华、蓝旭译注，312 页，北京，中华书局，2006。
⑧ 《孟子》，万丽华、蓝旭译注，286 页，北京，中华书局，2006。
⑨ 《学记》是《礼记》中的一篇，全文仅 1227 字，内容却十分广泛、深刻，不仅论述了我国古代教育的目的、意义、教育制度、教师的作用和标准，而且简练、精要地记载了古代学校设置、教育内容、课程开设、教育教学原则等事宜，并对教与学的成败原因，以及学生的学习方式、方法都有详尽的探讨与研究，思想深邃，针砭时弊，发人深省。写作年代约在战国晚期（据考证，作者为孟子的学生乐正克）。

2. 提出教育制度设计

《学记》以托古的方式提出了从中央到地方按行政建制建学的设想："家有塾，党有庠，术有序，国有学。"《学记》把大学教育的年限定为两段五级九年："比年入学，中年考校。一年视离经辨志；三年视敬业乐群；五年视博习亲师；七年视论学取友，谓之小成；九年知类通达，强立而不反，谓之大成。"

3. 提出多种教育教学原则

《学记》的教育教学主张主要有：教学相长原则（"学然后知不足，教然后知困。知不足，然后能自反也；知困，然后能自强也"）；藏息相辅原则（"大学之教也，时教必有正业，退息必有居学"）；"预时孙摩"原则（"禁于未发谓之豫；当其可之谓时；不陵节而施之谓孙；相观而善之谓摩。此四者，教之所由兴也"）；启发诱导原则（"道而弗牵，强而弗抑，开而弗达"）；长善救失原则（"人之学也，或失则多，或失则寡，或失则易，或失则止。此四者，心之莫同也。知其心，然后能救其失也。教也者，长善而救其失者也"）。

4. 倡导尊师重道

"凡学之道，严师为难。师严然后道尊，道尊然后民知敬学。是故君之所不臣于其臣者二：当其为尸，则弗臣也；当其为师，则弗臣也。大学之礼，虽诏于天子无北面，所以尊师也。"

二、西方古代的教育思想

(一) 苏格拉底[①]的教育思想

"苏格拉底从不给学生现成的答案，而让学生自己通过探索去做结论。他让那些自以为是的人意识到自己的无知，并让他发现真知，因此人们从内心深处得到那些自以为还不知道，实际上都早已具有的知识。"[②] 这种方法被称作"苏格拉底法"，其具体分为三步。第一步叫"苏格拉底讽刺"。

----

① 苏格拉底（前469—前399），希腊著名的哲学家和教育家，出生于伯里克利统治的雅典黄金时期。他的父亲是一名雕刻师，母亲为助产士。他被后人广泛认为是西方哲学的奠基者，与他的学生柏拉图，以及亚里士多德被并称为"古希腊三贤"。苏格拉底大约从30岁起开始聚徒讲学，一直到他被判死刑。

② ［德］雅斯贝尔斯：《什么是教育》，邹进译，10页，北京，生活·读书·新知三联书店，1991。

他认为这是使人变聪明的一个必要步骤，因为除非一个人"自知其无知"，否则不能获得真知。第二步叫定义，在问答中经过反复诘难和归纳，从而得出明确的定义和概念。第三步叫助产术，引导学生自己思索，得出结论。下面摘录一个讨论"正义"的问答法案例中的"苏格拉底法"的第一步"苏格拉底讽刺"。①

尤苏戴莫斯想做一名政治家，苏格拉底便向他提出了有关正义的问题，并且问尤苏戴莫斯是否能够举出什么是正义的作为和什么是非正义的作为。尤苏戴莫斯回答说："能够。"苏格拉底便建议他把正义的作为放入一边，非正义的作为放入另一边，接下来问道：

"虚伪是人们中间常有的事，是不是？"

"当然是。"尤苏戴莫斯回答。

"那么，我们把它放在两边的哪一边呢？"苏格拉底问。

"显然应该放在非正义的一边。"

"人们彼此之间也有欺骗，是不是？"苏格拉底问。

"肯定有。"尤苏戴莫斯回答。

"这应该放在两边的哪一边呢？"

"当然是非正义的一边。"

"是不是也有做坏事的？"

"也有。"尤苏戴莫斯回答。

"那么，奴役人怎么样呢？"

"也有。"

"尤苏戴莫斯，这些事都不能放在正义的一边了？"

"如果把它们放在正义的一边，那可就是怪事了。"

"如果一个被推选当将领的人奴役一个非正义的敌国人民，我们是不是也能说他是非正义呢？"

"当然不能。"

"那么，我们得说他的行为是正义的了？"

---

① ［古希腊］色诺芬：《回忆苏格拉底》，吴永泉译，155～157 页，北京，商务印书馆，1984，有改动。

"当然。"

"如果他在作战期间欺骗敌人，怎么样呢？"

"这也是正义的。"尤苏戴莫斯回答。

"如果他偷窃、抢劫他们的财物，他所做的不也是正义的吗？"

"当然是。不过，一起头，我还以为你所问的都是关于我们的朋友哩。"尤苏戴莫斯回答。

"那么，所有我们放在非正义一边的事，也都可以放在正义的一边了？"苏格拉底问。

"好像是这样。"

"既然我们已经这样放了，那么我们就应该再给它划个界线：这一类的事做在敌人身上是正义的，但做在朋友身上，是非正义的，对待朋友必须绝对忠诚坦白。你同意吗？"苏格拉底问。

"完全同意。"尤苏戴莫斯回答。

苏格拉底接下去又问道："如果一个将领看到他的军队士气消沉，就欺骗他们说援军就要来，因此，就制止了士气的消沉，我们应该把这种欺骗放在两边的哪一边呢？"

"我看应该放在正义的一边。"尤苏戴莫斯回答。

"又如，一个儿子需要服药，却不肯服，父亲就骗他，把药当饭给他吃，而由于用了这欺骗的方法，竟使儿子恢复了健康，这种欺骗的行为又应该放在哪一边呢？"

"我看这也应该放在同一边。"尤苏戴莫斯回答。

"又如，一个人因为朋友意志沮丧，怕他自杀，把他的剑或其他这一类的东西偷去或拿去。这种行为应该放在哪一边呢？"

"当然也应该放在同一边。"尤苏戴莫斯回答。

苏格拉底又问道："你是说，就连对朋友，也不是在无论什么情况下都应该坦率行事？"

"的确不是。"尤苏戴莫斯回答，"如果你准许的话，我宁愿收回我已经说过的话。"

（二）柏拉图①的教育思想

柏拉图的教育思想主要反映在《理想国》中。

柏拉图区分了可见的"现实世界"和抽象的"理念世界"，认为现实世界不过是"理念世界"的摹本和影子。对人，他认为肉体是灵魂的影子，灵魂分为理性、意志和情感三个部分。理性是灵魂的基础。理性表现为智慧，意志表现为勇敢，情感表现为节制。根据这三类品质在个体中所占的主导地位，他把人分为三个等级：哲学家、军人和劳动者。如果这三类人各司其职，所在的国家就有正义，就是一个"理想国"。当然，培养和识别智慧、勇敢与节制的品质，需要教育。

柏拉图反对"外铄"的教育观念："教育实际上并不像某些人在自己的职业中所宣称的那样。他们宣称，他们能把灵魂里原来没有的知识灌输到灵魂里去，好像他们能把视力放进瞎子的眼睛里去似的。"② 他认为："知识是每个人灵魂里都有的一种能力，而每个人用以学习的器官就像眼睛。"③ 教育的过程是一个"灵魂转向"的过程："一种使灵魂尽可能容易尽可能有效地转向的技巧。它不是要在灵魂中创造视力，而是肯定灵魂本身有视力，但认为它不能正确地把握方向，或不是在看该看的方向，因而想方设法努力促使它转向。"④

柏拉图的教育思想虽从理想的国家出发，但顾及受教育者的特征。对此，杜威曾评论说："没有谁能比柏拉图更好地表达这样一个事实：当社会中每个人都能按他的自然禀赋做有益于别人的事情时（或对他所属的整体有贡献的事情），社会就能稳固地组织起来；教育的任务就在于发现一个人的禀赋，循序渐进地加以训练，应用于社会。"⑤

---

① 柏拉图（前427—前347），古希腊伟大的哲学家和教育家。他出身于雅典的一个贵族家庭，母亲是政治家梭伦的后裔，父亲也出身于显贵家庭。柏拉图从小就受到了良好的教育。青少年时师从苏格拉底8年时间，在政治上与其老师一样，反对当时盛极而衰的民主政治而拥护贵族专政，曾参加过苏格拉底的哲学小集团。因此，苏格拉底被判死刑后，他被迫流亡国外，游说各国，希望能实现其政治理想。愿望得不到实现，他又回到雅典，致力于教育。公元前387年，他创办了一个学园，取名阿卡德米学园。从此，柏拉图在这里讲学达40年，一直到去世。

② ［古希腊］柏拉图：《理想国》，郭斌和等译，277页，北京，商务印书馆，1986。

③ ［古希腊］柏拉图：《理想国》，郭斌和等译，277页，北京，商务印书馆，1986。

④ ［古希腊］柏拉图：《理想国》，郭斌和等译，278页，北京，商务印书馆，1986。

⑤ ［美］约翰·杜威：《民主主义与教育》，王承绪译，93～94页，北京，人民教育出版社，1990。

（三）亚里士多德①的教育思想

1. 关于"三种灵魂"与"三种教育"

亚里士多德认为人的灵魂由营养的灵魂、感觉的灵魂和理性的灵魂构成。营养的灵魂是灵魂的植物部分，主要体现在有机体生长、营养、发育等生理方面。感觉的灵魂是灵魂的动物部分，主要表现在本能、情感、欲望等方面。理性的灵魂是灵魂的理智部分，主要表现在思维、理解、判断等方面。根据这种分类，他将教育分为体育（与营养的灵魂对应）、德育（与感觉的灵魂对应）和智育（与理性的灵魂对应）。其中，体育是基础，智育是最终目的。他认为，要使人的灵魂得到健康、完善的发展，必须在人的不同阶段施以恰当的教育和训练。

2. 关于儿童的年龄分期

亚里士多德不仅最早明确地提出了体育、德育和智育的划分，而且最早根据儿童身心发展的特点提出按年龄划分教育阶段的主张。他把一个人的教育阶段按每七年为一个阶段来划分：0～7岁为第一阶段，以体育训练为主；7～14岁为第二个阶段，以德育为主；14～21岁为第三个阶段，以理智培养为主。

3. 关于音乐与博雅教育（liberal education，也译为"自由教育"）

亚里士多德认为，实用学科为实际生活服务，具有功利性，是不高尚的；博雅学科则没有功利性，是专供自由民闲暇时间享受用的，是高尚的。音乐是自由和高贵的学科，可使人心灵娱乐，陶冶性情，且有助于理智的培养；除了通过音乐来实施道德教育外，还有专门的道德训练。

三、近代教育学科的萌芽与建立

（一）夸美纽斯与《大教学论》

教育学作为一门独立的学科萌芽于夸美纽斯（1592—1670）的《大教

---

①　亚里士多德（前384—前322），古希腊哲学家、思想家和教育家。他是一位"百科全书式"的思想家，其著述涉及哲学、政治学、物理学、伦理学、逻辑学、植物学、文学等。马克思称他为"古代最伟大的思想家"，恩格斯认为他是古希腊哲学家中"最博学的人物"，黑格尔则将其称为"人类的导师"。亚里士多德17岁开始到柏拉图所办的阿卡德米学园求学，达20年之久，是柏拉图的得意门生。柏拉图死后，他离开学园，后担任马其顿国王太子亚历山大的老师达十多年，最后回到雅典创办学园"吕克昂"，并主持学园13年。亚里士多德与他的学生常常在林荫道上一边散步，一边讨论哲学、伦理学问题，后人称他们为"逍遥学派"。

学论》。夸美纽斯在《大教学论》中提出了"把一切事物教给一切人们"的泛智教育思想。

1. 提出普及教育的思想

夸美纽斯主张"一切青年男女都应该进学校",十分强调学校的重要性。但他认为当时的学校低效、粗暴、片面、脱离实际,"变成了儿童恐怖的场所,变成了他们的才智的屠宰场,大部分学生对学习与书本都感到厌恶"①。

2. 主张以万物的严谨秩序改善学校

夸美纽斯认为学校应该以自然为鉴,先要根据学生的年龄阶段分类。他将人生的前24年以6年为期,分为婴儿期、儿童期、少年期和青年期四个阶段,并要求建立与之对应的学校。具体见图1-1。

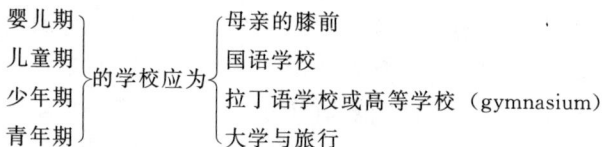

婴儿期 ⎫　　　母亲的膝前
儿童期 ⎪的学校应为　国语学校
少年期 ⎬　　　拉丁语学校或高等学校（gymnasium）
青年期 ⎭　　　大学与旅行

图 1-1　夸美纽斯对人生前期及对应学校的分类建构

他认为:"每个家庭应当有个母育学校（Mother-School）,每个村落应当有个国语学校,每个城市应当有个高等学校,每个王国或每个省应当有个大学。"②

3. 提出分班上课制度

夸美纽斯认为:"一个教师同时教几百个学生不仅是可能的,而且也是要紧的;因为,对教师,对学生,这都是一种最有利的制度。"③ 他认为,如果"把全体学生分成班级",如果"绝对不进行个别教学",如果再"利用一点点技巧"获取学生的注意,那么"一个教师是容易对付很大一群学生的"④。

4. 系统阐述教学原则

夸美纽斯"遵循自然",提出了一系列教学原则和规则,如教与学的便易性原则、彻底性原则、简明性与迅速性原则。

---

① ［捷］夸美纽斯:《大教学论》,傅任敢译,46 页,北京,教育科学出版社,1999。
② ［捷］夸美纽斯:《大教学论》,傅任敢译,204 页,北京,教育科学出版社,1999。
③ ［捷］夸美纽斯:《大教学论》,傅任敢译,124 页,北京,教育科学出版社,1999。
④ ［捷］夸美纽斯:《大教学论》,傅任敢译,125 页,北京,教育科学出版社,1999。

（二）赫尔巴特与《普通教育学》

德国教育学家赫尔巴特（1776—1841）的著作《普通教育学》是教育学作为一门规范学科建立的标志。赫尔巴特最早提出要使教育学成为科学，并把伦理学和心理学作为教育学的理论基础，在心理学基础上建立教学理论，在伦理学基础上建立道德教育理论。

1. 强调"道德是教育的最高目的"

赫尔巴特将教育目的分为"可能的目的"和"必要的目的"。"可能的目的"是指培养和发展儿童多方面的能力和兴趣，以便其将来选择职业，这固然重要，但仅居次位，最重要的是"必要的目的"。"道德普遍地被认为是人类的最高目的，因此，也是教育的最高目的。"教育的唯一工作和全部工作可以总结在这一概念——道德之中。①

2. 倡导"教育性教学"

赫尔巴特重视教学的道德教育价值，认为"不存在'无教学的教育'这个概念，正如反过来，我不承认有任何'无教育的教学'一样"②。

3. 重视儿童管理

赫尔巴特将儿童管理视为顺利开展教育教学的重要条件，他认为"只教不管"会使教育工作变成徒劳；"只管不教"则会导致对心智的压迫。"如果不紧紧而灵巧地抓住管理的缰绳，那么任何课都是无法进行的。"③

4. 划分教学的形式阶段

赫尔巴特基于统觉心理学，将教学的形式阶段划分为四段：明了、联想、系统、方法。在"明了"阶段，学生的观念活动处于静态的专心，需要集中注意，了解新知识；教师的任务是把新知识分成许多部分，并与学生已有的知识进行比较，教学主要采用讲述法，清楚、明白地讲清教材。在"联想"阶段，学生的观念活动处于动态的专心，需要集中精力进行思考，把上一阶段所获得的知识与已有的知识联系起来，形成新知识；教师的任务是采用无拘束的谈话方法，帮助学生分析问题，激发学生的思维，让学生尝试建立与新知识的联系。在"系统"阶段，学生的观念活动处于

① 张焕庭：《西方资产阶级教育论著选》，259～260 页，北京，人民教育出版社，1964。

② ［德］赫尔巴特：《赫尔巴特文集（3）》，李其龙等译，12 页，杭州，浙江教育出版社，2002。

③ ［德］赫尔巴特：《普通教育学·教育学讲授纲要》，李其龙译，25 页，杭州，浙江教育出版社，2002。

静态的理解阶段，要使新旧观念进行联系，形成新的知识系统；教师要采用综合的方法和抽出要点的方法，帮助学生分析所学的材料，最后做出概括和得出结论。在"方法"阶段，学生的观念活动处于动态的理解阶段，要把形成的概念或结论独立地运用到个别情况中去；教师应要求学生自己做作业，并检查学生对概念或结论理解得是否正确，能否应用这些概念。

（三）杜威及其《民主主义与教育》

作为现代教育的代言人，杜威（1859—1952）的教育思想与赫尔巴特的教育思想针锋相对。其代表作《民主主义与教育》"所阐明的哲学，把民主主义的发展和科学上的实验方法、生物科学上的进化论思想以及工业的改造联系起来，旨在指出这些发展所表明的教材和教育方法方面的变革"①。《民主主义与教育》全书共 26 章。杜威在该书第 24 章"简短的回顾"中，将前 23 章分为 3 部分，并将其主旨归纳如下。

"最初几章把教育看作社会的需要和社会的职能。这几章的目的在于勾画教育的一般特征，把教育看作社会群体赖以维持其继续生存的过程。教育就是通过传递过程使经验的意义得到更新的过程。这种传递过程，一部分是在成人和青少年之间通常的伙伴关系或交往过程中偶然产生的，一部分是深思熟虑建立的以实现社会的延续。这个过程既包含未成熟的个体的管理和成长，也包含个体所处的群体的管理和成长。"②

"以上这种考虑只是一般性的讨论，还没有专门研究有关社会群体的性质——既没有考虑社会通过教育使它自身得以永久存在的这个社会的性质。在这种一般性讨论之后，我们接着就具体地应用到有意识地求进步的社会群体，这种社会群体的目的，在于使群体成员具有广泛多样、相互参与的兴趣，以别于另一种社会群体，它们的目的仅仅在于保存已经建立的习俗。这种社会具有民主主义的性质，因为它们容许成员有更大的自由，并且意识到需要使每个人具有有意识的社会化的兴趣，而不是主要依靠在上等阶级控制下让习惯势力起作用。然后我们明确地把适合于发展民主社会的教育，作为进一步更加详细地对教育进行分析的标准。"③

---

① ［美］约翰·杜威：《民主主义与教育》，王承绪译，1 页，北京，人民教育出版社，1990。

② ［美］约翰·杜威：《民主主义与教育》，王承绪译，337 页，北京，人民教育出版社，1990。

③ ［美］约翰·杜威：《民主主义与教育》，王承绪译，337~338 页，北京，人民教育出版社，1990。

"这种以民主标准为基础的对教育的分析，包含经验的继续不断的改造或改组的理想，这种改造的性质一方面增加经验的被公认的意义或社会内容，同时增加个人的能力，成为指导这种改造的保护人（参见第6章至第7章）。然后根据教育的这种特性，分别概述教材和方法的性质。同时说明教材和方法的统一性，因为以此为根据，学习的方法正是有意识、有指导的改造经验的材料的运动。根据这个观点，阐明学习方法和学习材料的主要原则（第13章至14章）。"①

"这个阶段的讨论，除了为了通过对比以说明原则而偶然进行批评以外，都把民主的标准及其在目前社会生活中的应用视为当然的事。在后来的各章（第18章至23章），我们考虑了目前在实现民主的标准中所遇到的种种限制。这种限制来自把经验看作包括很多彼此分离的领域或事业，每个领域或事业都有它自己独立的价值、材料和方法，每个领域互相牵制，如果每个领域都受到其它领域正当的约束，这样就形成教育上的'均势'。于是我们进而分析构成这种分离的各种假设。在实践方面，这些分离现象的原因在于社会被分成多少截然分离的阶段和集团——换言之，原因在于充分的和灵活的社会相互作用和相互交往受到阻碍。这种社会上连续性的破裂现象在理智上的表述就是各种各样的二元论或对立，例如，劳动和休闲的对立，实践活动与智力活动的对立，人与自然的对立，个性与联合的对立，文化与职业的对立。"②

最后3章论及实用主义的理论基础。第24章在回顾前面讨论的基础上，"揭示其中所包含的哲学上的争论，然后把哲学解释为一般化的教育理论"③。第25章阐述实用主义认识论，认为形形色色的二元对立源自"阻碍自由和充分交往的社会阶级的划分"④，而"民主主义在原则上主张自由交换，保持社会的连续性，它就必须阐明一种认识理论，在认识中发现一种

---

① ［美］约翰·杜威：《民主主义与教育》，王承绪译，338页，北京，人民教育出版社，1990。

② ［美］约翰·杜威：《民主主义与教育》，王承绪译，338～339页，北京，人民教育出版社，1990。

③ ［美］约翰·杜威：《民主主义与教育》，王承绪译，348页，北京，人民教育出版社，1990。

④ ［美］约翰·杜威：《民主主义与教育》，王承绪译，360页，北京，人民教育出版社，1990。

方法，使一个经验能用来给予另一个经验以指导和意义"①。第 26 章阐述实用主义道德论，认为克服道德教育中的"知行脱离"问题，需要一种新的教育计划。"在这种教育计划中，学习是伴随继续不断的活动或作业而来的，这些活动或作业具有社会的目的，并利用典型的社会情境的题材。因为，在这种条件下，学校本身成为社会生活的一个形式，一个雏形的社会，并且与校外其他各种形式的共同经验彼此密切地相互影响。"②

第三节　教育目的与素质教育

在"教育"概念的狭义界定中，我们知道教育是"有目的"的，是"使受教育者发生预期变化的活动"。这些说法虽然把"教育"与"非教育"（例如，政治、经济、医疗等教育之外的人类活动，以及动物、植物与无机物等自然活动）区分开了，但仍然相当笼统。教育是"有目的"的，到底是什么样的目的呢？教育要"使受教育者发生预期变化"，到底是什么样的变化呢？如果我们不深入思考这些问题，我们的思考就停留在非常抽象的层面，无法认识到历史上和国际上形形色色的教育活动之间的差异，也无法思考一名教师的职能所在。因此，在了解"教育"概念的基础上，我们还要更进一步地思考教育目的。当代中国，"应试教育"愈演愈烈，成为全社会关注的话题，对应提出的"素质教育"也成为公众的日常概念。作为专业教育者的教师，对这两个概念的认识和理解是否能够超出公众的常识呢？

一、教育目的

（一）教育目的概述

在中文中，"目"即眼睛，"的"即靶心。"目"与"的"搭配，描述一种用眼睛瞄准靶心准备射箭的状态。由于这种状态强烈的聚焦特点，"目的"后来便被用于描述所有活动主体对活动结果的预期，即预想的行动结果。教育目的，就是预想的教育结果。

---

① ［美］约翰·杜威：《民主主义与教育》，王承绪译，361 页，北京，人民教育出版社，1990。

② ［美］约翰·杜威：《民主主义与教育》，王承绪译，377 页，北京，人民教育出版社，1990。

　　既然要"预想"，就必定有主体。预想教育结果的主体，可能不是一个人、一类人，而是包含与教育相关的所有人。政府会预想教育结果，提出自己的目的，例如，培养接班人；社会非政府组织会预想教育结果，提出自己的目的，例如，培养合格的工人；学校会预想教育结果，提出自己的目的，例如，培养学习成绩优异的学生；家庭会预想教育结果，提出自己的目的，例如，把自己的孩子送进某所大学。从广义上说，所有这些机构及其内部的具体个人提出的目的均属于教育目的。当然，绝大多数时候这些教育目的存在差异，甚至相互冲突。为了使全国的教育不至于被彼此差异甚大，甚至是相互冲突的教育目的引领，就有必要通过一定途径在国家层面就教育目的的达成共识，成为一种国家意志。在这种情况下，只有被国家认可的目的才算是教育目的。

　　狭义的教育目的的认可虽在国家层面，但具体落实是在以教师和学生为主体的具体教育活动中。从国家层面的教育目的到某个地区、某个学校、某个班级的某次教育活动，相差甚远。如何保证后者贯彻、体现了前者？国家层面的教育目的必须随着教育层次的基层化而不断具体化，即国家层面的教育目的要具体化为学校层面的培养目标，学校层面的培养目标要具体化为每门科目的课程目标，每门科目的课程目标要具体化为每个学期、每个课题甚至是每节课的教学目标。

　　教育目的是教育活动的出发点和归宿，对教育活动具有导向、选择、激励和评价等作用。所谓"出发点"，是指任何教育活动在开展之前应该明确自身的目的，应该与国家教育目的保持一致。所谓"归宿"，是指教育活动的结果与教育目的的重合，即教育活动达到了预想的结果，实现了教育目的。所谓"导向"，是指教育目的一经确立，就成为教育者与受教育者行动的方向。所谓"选择"，是指教育目的是教育制度、教育内容等选择的依据。所谓"激励"，是指教育目的一旦被人们认识和接受，就能激发人们实现它的动力。所谓"评价"，是指教育目的是衡量教育实践实施效果的根本依据和标准。

（二）我国教育目的

1. 我国教育目的的理论基础

　　我国教育目的的理论基础是马克思关于人的全面发展学说。马克思关于人的全面发展学说建立在历史唯物主义和剩余价值学说的理论基础上，把人的全面发展看成现代化大生产的客观要求，也是对共产主义新人的理想蓝图的描绘。其理论要点如下。①

第一，人的发展是与生产的发展相一致的。人的发展状况，取决于他们进行生产的物质条件。因此，讨论人的发展不能停留在抽象的"人"上，不能脱离具体的历史条件。

第二，分工导致人的发展片面化，私有制则加剧了这种变化。人类的分工最早出现在原始社会，仅是根据年龄和性别等自然因素产生的。随着生产力的发展，原始社会逐步解体，出现了农业、手工业、简单的商品交易等不同的社会分工，逐渐形成了私有制，划分出阶级和城乡差别，脑力劳动和体力劳动的分离与对立日益明显，造成了从事这两种劳动的人都片面发展。在资本主义工场手工业出现以后，脑力劳动和体力劳动的分离逐渐进入生产过程的内部，一种过去独立的手艺分成各种精细工序，每种工序又分给某一个工人，并可能将其作为终身职业，从而使工人的一生束缚于简单的操作过程和生产工具上。这种分工的结果使物质生产过程的智力只归少数人占有，并成为统治工人的力量。体力劳动者的智力得不到发展，体力和劳动技能也走向畸形。

第三，大工业生产和科学技术的进步是人的全面发展的物质基础。

第四，共产主义社会使人的全面发展得以实现。资本主义社会的基本矛盾是生产的社会化和生产资料私人占有，这种生产关系使少数人实现对多数人的剥削，迫使多数人奴隶般地服从社会分工。劳动者的全面发展必然受到这一限制，在努力提高生产技术之后，其成果主要转化为剩余价值和资本，从而使资本对劳动的统治进一步强化，甚至在技术进步后因同量资本对劳动力的需求减少，反而使劳动者丢了"饭碗"。要实现人的全面发展，就必须彻底消灭资本主义生产关系，方能消灭旧的劳动分工而代之以科学的合理分工。由此可见，实现人的全面发展是社会革命的重要动因，也是社会革命的必然结果。

第五，教育与生产劳动相结合是实现人的全面发展的唯一方法。马克思指出："生产劳动同智育和体育相结合，它不仅是提高社会生产的一种方法，而且是造就全面发展的人的惟一方法。"②

2. 我国教育目的的历史沿革

中华人民共和国成立以后，教育政策一直是国家政策的重要方面。在

---

① 森林：《马克思人的全面发展学说浅析》，载《教育研究》，2000（3）。

② ［德］马克思：《资本论》第 1 卷，557 页，北京，人民出版社，2004。

教育政策制定中，国家一直十分关注教育目的的制定。

1951 年 3 月，第一次全国中等教育会议上提出："普通中学的宗旨和培养目标是使青年一代在智育、德育、体育、美育各方面获得全面发展，使之成为新民主主义社会自觉的积极的成员。"虽然这个教育宗旨是针对中等学校提出的，但是在中华人民共和国成立之初，中学直接担负着为社会培养新成员的任务，所以这个表述可以视为对国家整个教育目的的表述。这一教育目的的表述，后来一直贯穿在国家的教育意志中。[①]

1957 年，毛泽东提出："我们的教育方针，应该使受教育者在德育、智育、体育几方面都得到发展，成为有社会主义觉悟的有文化的劳动者。"[②]

1982 年，全国人民代表大会修改 1954 年的宪法，规定"国家培养青年、少年、儿童在品德、智力、体质等方面全面发展"。

1995 年 3 月 18 日第八届全国人民代表大会第三次会议通过，1995 年 3 月 18 日中华人民共和国主席令第 45 号公布，自 1995 年 9 月 1 日起施行的《中华人民共和国教育法》（简称《教育法》）第五条提出，"教育必须为社会主义现代化建设服务，必须与生产劳动相结合，培养德、智、体等方面全面发展的社会主义事业的建设者和接班人"，确认了中华人民共和国成立以来对教育目的的基本表述。

1999 年 6 月，《中共中央国务院关于深化教育改革，全面推进素质教育的决定》提出，教育要"以培养学生的创新精神和实践能力为重点，造就'有理想、有道德、有文化、有纪律'的、德智体美等全面发展的社会主义事业建设者和接班人"。

2006 年 6 月 29 日修订的《中华人民共和国义务教育法》（简称《义务教育法》）第三条规定："义务教育必须贯彻国家的教育方针，实施素质教育，提高教育质量，使适龄儿童、少年在品德、智力、体质等方面全面发展，为培养有理想、有道德、有文化、有纪律的社会主义建设者和接班人奠定基础。"

2015 年 12 月 27 日第十二届全国人民代表大会常务委员会第十八次会议通过的修订的《教育法》第五条重申："教育必须为社会主义现代化建设

---

① 《中国教育年鉴》编辑部：《中国教育年鉴（1949—1981）》，147 页，北京，中国大百科全书出版社，1984。

② 毛泽东：《关于正确处理人民内部矛盾的问题》，载《人民日报》，1957-06-19。

服务、为人民服务，必须与生产劳动和社会实践相结合，培养德、智、体、美等方面全面发展的社会主义建设者和接班人。"第六条规定："教育应当坚持立德树人，对受教育者加强社会主义核心价值观教育，增强受教育者的社会责任感、创新精神和实践能力。国家在受教育者中进行爱国主义、集体主义、中国特色社会主义的教育，进行理想、道德、纪律、法治、国防和民族团结的教育。"

2015 年 12 月 27 日第十二届全国人民代表大会常务委员会第十八次会议通过的修订的《中华人民共和国高等教育法》（简称《高等教育法》）第四条规定："高等教育必须贯彻国家的教育方针，为社会主义现代化建设服务、为人民服务，与生产劳动和社会实践相结合，使受教育者成为德、智、体、美等方面全面发展的社会主义建设者和接班人。"第五条规定："高等教育的任务是培养具有社会责任感、创新精神和实践能力的高级专门人才，发展科学技术文化，促进社会主义现代化建设。"

二、素质教育

国家教育目的作为教育活动的出发点和归宿，所具有的导向、选择、激励和评价功能，只是一种理论的应然状态。在教育实践中，如果社会环境变化或制度设计不当，这种理论的应然状态就不会转化为现实。[①] 素质教育是以促进全体学生有个性的全面发展为目的，特别注重学生的创新精神和实践能力发展的教育形态，是我国教育改革和发展的根本方向。

（一）素质教育是面向全体学生的教育

近代义务教育虽然把越来越多，甚至是几乎所有的适龄儿童都送进学校，但是学校往往由于历史传统和社会环境而保留原先的"精英教育"模式。特别是在我国当前的高考制度下，学校为了自身的生存、发展，甚至是功利性目的，往往不惜一切代价提高升学率。在这种导向之下，我国的基础教育，特别是高中教育，经常会沦为面向少数学生的"精英教育"。很

---

① 我国从 1977 年恢复高考以来，特别是 20 世纪 90 年代以来，逐渐走向学历社会，以高考和中考为代表的选拔性考试开始影响到我国基础教育的方方面面，逐渐形成了以应对考试为主要目的，甚至是唯一目的的教育形态——"应试教育"。"应试教育"是一种仅仅追求升学率从而导致学生片面发展的畸形教育形态。"应试教育"虽然在短期内帮助地方、学校和学生个人实现了功利性目标，却是以忽视甚至是摧残个人和社会的全面和谐发展为代价的，是一种急功近利的短期行为，对社会和个人都不具有可持续的价值。

多学生被分流到升学无望的薄弱学校、普通班级，被贴上"后进生"的标签，被学校和教师视为"考不上大学"而没有发展前途的人。这些学生成了"应试教育"的最大牺牲品。因为他们在教育过程中不仅没有学会知识和技能，而且还很有可能认同学校教育对自己并不科学的消极评价，成为没有自信的人。

素质教育必须面向全体学生。首先，根据我国的法律，每个学生都有学习的权利。无论是《中华人民共和国宪法》（简称《宪法》）还是《义务教育法》，都规定适龄儿童具有接受教育的权利。接受教育的权利不能简单理解为进入学校的权利，而是在学校里面的学习权。其次，教育只有面向全体学生，才能提高全民素质。正如在体育领域拿到世界第一的奥运金牌数不能代表国民的身体素质，在教育领域培养少数精英也不能代表全民素质，何况我国教育在精英培养方面也乏善可陈，出现所谓"为什么我们的学校总是培养不出杰出人才"的"钱学森之问"。最后，学校教育依据单一的考试分数对学生做出的分类，其实是武断的和不科学的。联合国教科文组织国际教育发展委员会编著的《学会生存——教育世界的今天和明天》明确指出："几乎没有证据可以证明：选拔的程序能够正确地预测一个人是否具有某种特殊职业所需要的才能。一般讲来，这种选拔程序所测验的东西只限于与等级制课程有关的一个狭小的活动范围。这样的选拔方式很少考虑从社会和经济方面来的障碍，而往往把这种障碍说成是由于个人无能，作为拒绝使用的可靠理由。"①

（二）素质教育是学生全面发展的教育

素质教育是贯彻我国教育目的关于促进学生在德、智、体、美等方面全面发展理念的教育形态。实际上，注重培养全面发展的人已经是一个世界潮流。"把一个人在体力、智力、情绪、伦理各方面的因素综合起来，使他成为一个完善的人，这就是对教育基本目的的一个广义的界说。"② 在我国，全面发展教育通常分为德育、智育、体育、美育和劳动技术教育。

德育是培养学生正确的人生观、世界观、价值观，使学生具有良好的道德品质和正确的政治观念，形成学生正确的思想方法的教育。

---

① 联合国教科文组织国际教育发展委员会：《学会生存——教育世界的今天和明天》，华东师范大学比较教育研究所译，106 页，北京，教育科学出版社，1996。

② 联合国教科文组织国际教育发展委员会：《学会生存——教育世界的今天和明天》，华东师范大学比较教育研究所译，195 页，北京，教育科学出版社，1996。

智育是授予学生系统的科学文化知识、技能，发展他们的智力及与学习有关的非认知因素的教育。

体育是授予学生健康的知识、技能，发展他们的体力，增强他们的自我保健意识和体质，培养学生参加体育活动的需要和习惯，增强其意志力的教育。

美育是培养学生健康的审美观，发展他们鉴赏美、创造美的能力，培养他们的高尚情操与文明素养的教育。

劳动技术教育是引导学生掌握劳动技术知识和技能，形成劳动观点和习惯的教育。

需要注意的是，这五个方面的教育目的虽然都有其主要的课程形式和实施途径，但并非一一对应的关系。例如，智育不等于教学，教学只是智育实施的一个途径，智育也只是教学活动的一个目的；美育不等于美术课程，美术课程只是美育的主要途径，其他课程和学校文化的方方面面都可能发挥美育的功能。

在我国教育实践中，受到功利主义影响而产生的"应试教育"往往忽视学生的全面发展，只关注学生某个方面的发展，很容易造成学生的片面发展。片面发展是一种畸形的发展形态，也是一种不可持续的发展形态，最终导致的结果是发展停滞，给个人和社会都带来消极影响。

（三）素质教育是学生有个性发展的教育

"素质教育是面向全体学生，全面提高学生的思想道德、文化科学、劳动技能和身体、心理素质，促进学生生动活泼地发展的教育。教育对象的全体性和教育内容的全面性，是它的两个基本特征。全面发展是个性发展的基础，是第一位的。强调全面发展并不排斥个性发展，个性发展是在全面发展基础上的更高层次的飞跃。这是因为，学生是发展中的人，学生只能在个体经验中获得发展。任何教育如果离开了学生的个性发展就不能有效地发挥其功能作用，素质教育更注重学生的个体素质的提高，它符合辩证唯物主义共性和个性的客观规律，因而素质教育是促进学生个性发展的有效途径，这种全新的教育模式使学生的个性得到彻底解放，个人才华禀赋得到充分发挥。"[1]

个性，在传统社会中往往是被忽视、被嘲笑和被打击的对象，但是在我们当前这个迈向知识经济的社会成了被呼吁、被赞扬和被期待的对象。

---

[1] 庞玉锁、耿彦忠：《实施素质教育 促进学生个性发展》，载《人民教育》，1997 (4)。

因此，学校教育必须有一个转变：从让学生适应学校到让学校适应学生。学校教育不仅要在教学中"因材施教"，在课程规划中也可"量身定做"，在学校选择上更应具有灵活性。

（四）素质教育重点培养学生的社会责任感，发展学生的创新精神和实践能力

《中共中央国务院关于深化教育改革，全面推进素质教育的决定》提出，实施素质教育，以培养学生的创新精神和实践能力为重点。把创新精神和实践能力的培养作为素质教育的重点，是迎接知识经济挑战，促进经济、科技发展和提高综合国力的需要，也是针对我国教育长期以来不重视创新精神和实践能力培养的必然对策。

我们正面临科学技术突飞猛进、知识经济已见端倪、国力竞争日趋激烈的时代，知识经济的特点就是持续创新。增强创新能力已成为关系我国经济社会的稳定发展、综合国力的增强和国家安全的重要因素，受到了党和国家前所未有的重视。而我国的教育提倡死记硬背，实行"题海战术"，使用标准答案，压制学生的个性发展，把教学过程单纯理解为对现有知识的传授和积累，在教学方法和考试制度上也是重继承轻创新、重灌输轻发现，这显然不适合创新精神和实践能力的培养。

[复习与思考]

1. 学完本章内容后，你对"什么是教育"是否有了新的认识？请以"我对教育的新理解"为题，谈谈自己的认识。

2. 你如何认识素质教育和"应试教育"之间的关系？请结合你的中小学教育生活，谈谈自己的认识。

[推荐阅读]

1. ［德］雅斯贝尔斯：《什么是教育》，邹进译，北京，生活·读书·新知三联书店，1991.

2. 叶澜：《教育概论》，北京，人民教育出版社，1999。

3. 陈桂生：《教育原理》（第2版），上海，华东师范大学出版社，2000。

4. 袁振国：《当代教育学》（2004年修订版），北京，教育科学出版社，2004。

5. 王道俊、王汉澜：《教育学》（新编本），北京，人民教育出版社，1999。

6. 鲁洁：《实然与应然两重性：教育学的一种人性假设》，载《华东师范大学学报（教育科学版）》，1998（4）。

7. 扈中平：《教育目的应定位于培养"人"》，载《北京大学教育评论》，2004（3）。

8. 黎军、宋亚峰：《社会本位论与个人本位论教育目的之再审视》，载《教育理论与实践》，2017（10）。

第二章
教育与学生发展

[**本章重点**]

1. 了解人的发展的内涵、特点、内容、规律，以及影响人的发展的各种因素。

2. 结合实例分析和阐释教育与人的发展的辩证关系。

3. 理解学生的本质属性，结合实例分析教育现象和问题。

4. 结合实例，理解交往、对话的和谐师生关系所具有的发展性教育意蕴。

案例导入：有一种奇特的生物——叫"别人家的孩子"！

茫茫宇宙中，有一种神奇的生物。这种生物不玩游戏，不聊 QQ，天天就知道学习，回回年级第一。这种生物可以九门功课同步学，妈妈再也不用担心他的学习了。这种生物考清华，望北大，能考硕士、博士、圣斗士，还能升级黄金、白金和水晶级，他不看星座，不看漫画，看到电脑就想骂娘……这种生物琴棋书画样样精通，甚至会刀枪剑戟斧钺钩叉……这种生物叫作"别人家的孩子"……①

很快这篇文章引发众多网友共鸣。网友们纷纷表示，自己从小被父母拿来和"别人家的孩子"比，自己几乎一路就是被父母"比"着长大的：上学时，比的是成绩；毕业时，比的是证书；工作后比的则是职业、收入……"别人家的孩子"是自己的"宿敌"，大家对这个无处不在的攀比对象无比痛恨！

也许你也有过同样的经历和体验，如今，有志成为教师的你，认为父母和老师究竟应该如何看待和对待自己的孩子或学生呢？

---

① 曹宇：《有一种奇特的生物——叫"别人家的孩子"！》，载《文汇报》，2011-02-24。

个体发展是具有自身独特规律的客观过程，认识个体发展的规律是教育活动开展的基础。教育既要遵循社会发展的规律，又要遵循人的发展规律，这是教育的两大基本规律。正确认识教育与学生发展的关系是教师科学、有效地开展教育教学活动的重要前提。

第一节 人的发展及其影响因素

"人的发展"是指人类从胚胎、出生成熟、衰老直到死亡的整个生命进程中所发生的一系列身体和心理变化，这种变化是有顺序的、不可逆的。发展一般是向好的方向变化，并产生更有组织、更有效率和更高水平的行为。[①] 人的先天条件与后天成长、内在素质与外部环境等，都会制约和影响人的发展。

一、人的发展

要深刻理解人的发展的内涵，需要准确把握人的发展的特点、内容和规律等。

（一）人的发展的特点

科学的"发展"概念强调人的发展具有两个重要特点：一是积极性。发展是由低级向高级前进的积极变化，不是衰退、消亡的变化。二是整体性。发展是身心各方面在整体结构上出现的变化。就身体而言，发展指身体素质获得整体提高，而不是某种身体机能或局部的片面量变；就心理而言，发展是人的认知、情意、个性及社会性等各个方面的整体协调与进步。人作为一个身心有机统一的整体，某一方面（如智力）单向度地获得进步并不是真正的发展。四肢发达、头脑简单者或满腹经纶、弱不禁风者，其实都没能实现完整意义上的发展。

人的身心发展是对立统一的，二者既互相联系又相对独立。人的发展贯穿人的生命全程，在人的毕生发展中大致呈现两大阶段：从出生到成年

---

① 顾明远：《教育大辞典（增订合编本）》，962 页，上海，上海教育出版社，1998。需要指出的是，日常生活中，人们对"发展"内涵的认识存在分歧，甚至误识：有的侧重心理发展却忽视生理发展；有的将消极、衰退意义的变化也称为"发展"，将"发展"同"增长""变化""生长""成熟""扩大"等语词混用。

是身心都得到发展的阶段，从成年到老年则是虽然身体逐渐走向衰退（欠发展或不发展）但心理仍在继续发展的阶段。此外，人的身心发展在积极性和整体性上也都具有相对性，任何人的发展过程都是既有量变又有质变的矛盾运动过程，复杂而曲折，会表现出阶段性、不平衡性及个体差异性等身心发展特征。

（二）人的发展的内容

我们每个人都是独一无二的生命体，人的整个生命历程，即个体从出生经成熟到衰老的整个过程，就是个体的生理和心理由简单到复杂、由低级到高级、由旧质到新质的运动变化过程。人，既是自然人，又是社会人。因此，人的发展不仅是作为生物个体的生理发育，更是作为社会个体的心理发展。生理发展和心理发展构成个体发展的全部内容，二者又是有机统一的，所以，常用"身心发展"一词指称"人的发展"。具体来说，人的身心发展涉及生理、心理等各方面品质的发展，是相互联系的统一整体。

第一，生理发展。生理发展（physical development）是指生物体各部分及各种器官、组织的结构和机能的生长发育过程，[①] 是生命体正常发育和体质增强的过程。

生理发展是心理发展的物质前提，良好的身体素质为一生奠定基础。处于少年期的初中生和处于青年初期的高中生，正处在生理发育趋于成熟的青春期，其生理发展主要表现在身体形态剧变、生理机能增强、神经系统与内分泌系统发展、性生理成熟等方面。伴随生理发育而来的心理发展特点，以及身体发育提前与心理发展滞后这一矛盾所导致的各种心理烦恼，都极为特殊。比如，身体的发育、成熟会影响青少年的自我意识发展，会影响他们对自己体型、容貌、仪表、体力、智力、个性等的看法。青春期教育的重要性不言而喻。

第二，心理发展。心理发展（psychological development）即个体或种系的心理从发生、发展到死亡的持续的规律性变化过程。一般研究心理种系发展（phylogenetic development of mind）和心理个体发展（ontogenetic development of mind）两方面。前者指从动物到人类的种系演化过程中心理发生和发展的历史，是物质世界长期发展的结果；后者指人类个体从出

---

① 朱智贤：《心理学大词典》，594 页，北京，北京师范大学出版社，1989。

生到成熟，再到衰老的过程中心理发生、发展的历史，既是个体自身成熟的过程，又是一个社会化的过程。[①] 个体心理发展包括认知发展、个性发展和社会性发展。

认知是个体认识世界的复杂心理活动，是一个具有完整结构的动态的智慧体系，通常指人接受、贮存和运用信息（information）或知识（knowledge）的历程，包括感觉、知觉、注意、记忆、想象、思维和语言等相关的心理过程和心理状态。[②] 认知能力，即通常说的智能（intelligence），具体表现为注意力、记忆力、观察力、想象力、思维力、创造力等诸多方面在不同年龄阶段具有不同发展特点，不仅会影响学生的学业发展，而且对个性、社会性等心理发展会产生巨大影响。个性（personality）发展是个体对客观事物的主观态度和行为方式（如情感、意志、需要、兴趣、价值观、自我、性格等方面）的发展。社会性（sociality）是指由人的社会存在所获得的一切特性，包括由出生所处的既定历史条件和社会关系所获得的先赋社会性，以及通过自身活动继承、学习、创造而获得的后成社会性。[③] 通俗地说，社会性即与个体生活于其中的社会现象（如道德规范、交往规则）和社会关系（如亲子关系、同伴关系）等相关联的心理品质（如人际关系、道德品质等）。个体在与他人关系中表现出来的这些心理品质（观念、情感、态度和行为等）随年龄而发生的变化即社会性发展。[④]

（三）人的发展的规律

人的发展是主体在与周围环境的积极相互作用中，通过主体的各种活动不断使个体的多种潜在可能转化为现实个性的过程，[⑤] 是人不断自我建构、生成的过程。

第一，人的发展具有全面性和自由性。人追求全面而自由的发展。人的身心发展各个方面可以有发展程度上的差异，但缺一不可，否则就是片面发展，"可偏移而不可偏废"，而且人的各种基本素质中的要素和具体能

---

① 林崇德等：《心理学大辞典》，1390、1417、1392 页，上海，上海教育出版社，2003。

② 车文博：《西方心理学史》，580 页，杭州，浙江教育出版社，1998。

③ 朱智贤：《心理学大词典》，576 页，北京，北京师范大学出版社，1989。

④ 俞国良等：《社会性发展心理学》，9 页，合肥，安徽教育出版社，2004。

⑤ 叶澜：《教育概论》，201 页，北京，人民教育出版社，1996。

力在主、客观条件允许的范围内，应尽可能多方面地获得自主和富有个性的发展。

第二，人的发展具有连续性和顺序性。人的身心发展既是持续不断的，又是按照某种固定顺序展开的，一般遵循由低级到高级、由量变到质变的顺序。比如，身体的发展是从头部、躯干向四肢，从中心部位向全身边缘发展；行为的发展是先爬后行再跑；记忆的发展是从机械记忆到意义记忆；思维的发展是从动作思维到形象思维再到抽象思维；情绪情感的发展是先有喜怒哀乐等基本情绪，而后出现道德感、理智感等高级情感。人的发展的连续性和顺序性特点要求教育工作连贯和循序渐进，由浅入深，由易到难，由具体到抽象，既打好基础，又做好衔接。

第三，人的发展具有不平衡性和阶段性。人的发展在速度和程度上都是不平衡的，具有非等速、非直线性的特点。同一方面的发展在不同年龄阶段发展不均衡，不同方面的发展在同一年龄阶段也是不平衡的，有的"人小鬼大"，有的"大器晚成"。不平衡性及顺序性特点使人的发展呈现一定的阶段性，反映出量变与质变的统一。阶段性主要表现为年龄特征，即人在不同年龄阶段，身心发展所表现出的典型特征，比如，童年期（6～12岁）以形象思维为主，少年期（12～16岁）抽象思维开始有较大发展，青年初期（16～18岁）则以抽象思维为主。人生各个阶段对人的发展具有全程性意义，教育工作不仅需要了解学生在不同方面发展的成熟水平时期，与成熟程度相适应，抓住身心发展的关键期，提高其发展水平，而且需要了解各个年龄阶段的发展特征，根据各阶段的发展任务开展相应的教育活动，在现阶段基础上促进其更快、更好的发展。

第四，人的发展具有差异性和独特性。"每个人都是独一无二的。"学校、班级里没有两个完全相同的学生，他们各有自己的家庭背景、生活经历、兴趣爱好、情绪情感体验，以及千姿百态的个性，也具有各自个性潜能发展的独特领域和生长点。也许我们都知道必须因材施教，但在教育实践中，学生的差异性和独特性常常被忽视，学生往往成为一个抽象的人而存在于教师头脑中。事实上，每个人、每个群体都是独立且独特的物质和精神实体，认识并充分尊重学生个体和群体的差异性、独特性是因材施教的基础。学生差异性和独特性的具体表现如下。

一是学生群体的差异性。学校教育活动中，学生首先以群体活动方式存在，教师也首先通过对学生群体进行教育而对个体施加影响。准确认识学生群体的特点是教师开展工作的前提条件。一方面，学生群体与成人群体不同。学生群体由一群正处于成长过程中的个体组成，因而具有相对不成熟性和知识经验的相对欠缺性，需要成人加以指导。另一方面，学生群体之间也存在独特性。不同年龄阶段，来自不同家庭环境的学生群体，以及同一年龄段但知识水平、能力水平等不尽相同的学生群体之间，都具有差异，需要教师在教育教学中区别对待。

二是学生个体的独特性。每一个人都是作为个体独立存在的。个体的独特性主要表现在身体、认知、情感、意志、能力、性格、品德、态度等身心因素的差异上。学生的独特性是一种必然存在，每个学生都有自己与众不同的遗传素质、生活背景、教育背景等，也都具有自己独特的内心世界、精神生活和内在感受，有着不同于成人的观察、思考和解决问题的方式。教师面前活生生的每一个学生都没有相同的情意、智能、个性等，而是各具自己的智力强项，各有自己的学习风格，也各显自己的个性特长。任何教育原则都是有条件的，都不可能完全适合每一个具体的人。教师只有充分认识到这些差异，以最大程度的个别化方式开展教育，才会产生事半功倍的成效。

学生的差异是教育的起点和终极目标。真正的教育不是消除差异，不能过分强调共性要求、统一发展而忽视个性培养，更不宜用同一标准评价学生，而应承认和尊重差异，注重个性化教育、教学，为每个学生的发展提供有利条件，力图使每个学生都成为充满个性魅力的生命体，充分发挥出独特的个性优势，形成独立的人格。人的个性发展与全面发展并不矛盾。马克思主义个性观强调"在人的全面发展的基础上发展人的个性"；素质教育倡导"面对有差异的学生，实施有差异的教育，促进有差异的发展"。真正的理想个性是在全面发展的基础上形成的，而个人全面发展的真谛就是使每个人的个性都获得丰富全面的发展。

二、影响人的发展的主要因素

人们对影响人的身心发展的因素（特别是遗传、成熟、环境等在人的发展中的作用）的认识经历了由片面的"孤立静止论"到全面的各因素

"相互作用论"的过程。① 毋庸置疑，人的先天条件与后天成长、人的内在素质与外部环境等都会制约和影响人的发展，必须全面、动态地坚持内外因相互作用的观点来看待人的发展。具体地说，影响人的发展的因素包括遗传与成熟、外部环境及主观能动性。

（一）遗传与成熟

遗传是祖先的生物特征可以传递给后代的一种生物现象。遗传素质即个体与生俱来的，从上代继承下来的生理解剖特点。成熟是指通过基因来指导发展的机制。

第一，遗传素质是个体发展的物质前提，为人的发展提供多种潜在的可能性。遗传素质，特别是人的大脑神经系统，为人的身心发展提供了生物前提，任何类型和程度的遗传缺陷都会影响人的身心发展。人在体态、感觉器官、神经活动类型等方面的遗传素质差异也对人的发展产生一定程度的制约，比如，高级神经活动过程中强度、灵活度、平衡性等不同特征，就形成了人的不同气质类型和表现。

第二，遗传素质的成熟程度制约着身心发展的过程及年龄特征。遗传素质的成熟程度为一定年龄阶段的身心特点提供了可能，也为教育提供了

---

① 20世纪初的主流观点，无论英国高尔顿（F. Galton）的"遗传决定论"、格塞尔（A. Gessel）的"成熟决定论"，还是美国华生（J. B. Watson）的"环境决定论"，都是将遗传、成熟、环境等在人的发展中的作用进行非此即彼的绝对二分。20世纪中叶后，人们越来越注意到遗传和环境在人的发展中都是不可缺少的因素，例如，斯腾（L. W. Stern）等人提出了"会合论"，但这种观点仍然存在静止、孤立地理解遗传与环境作用的倾向。之后，研究者的注意焦点逐渐转向遗传和环境在发展中究竟如何起作用，更加关注二者在发展中的相互作用关系，代表人物主要有瑞士的皮亚杰（J. Piaget）、法国的瓦龙（H. Wallon）、德国的沃纳（H. Werner），以及苏联的"维列鲁（维果茨基、列昂节夫、鲁利亚等人）学派"，其中，皮亚杰的理论影响深广。皮亚杰认为，影响发展的因素有4个：成熟、物质环境的经验、社会环境的经验、平衡。成熟、物质环境的经验、社会环境的经验在人的发展中都是不可缺少的，都是基本因素，但都不是构成发展的充足因素，原因是离开了人自身的主动活动，这些因素都将毫无意义。为此，皮亚杰引入"平衡"概念来解释人的发展的机制，认为：平衡是主体自我调节的主动过程，是发展的根本因素，通过平衡，成熟、物质环境的经验、社会环境的经验才能共同促进发展。人是唯一具有自觉性、主动性的动物，人与客观世界相互作用时，必然会遇到种种困扰，引发各种不平衡状态，这时人就会做出求得补偿的某种反应，达到平衡。人正是在这个过程中获得发展。总之，皮亚杰的思想强调不应在各因素间分出高低，而应关注各因素究竟如何相互作用。这对教育实践的启迪和影响甚为深远。

可能。美国心理学家格塞尔通过"双生子爬梯实验"①等大量的长期观察和实验指出，不成熟就无从产生学习，在儿童生理成熟之前的早期训练对最终结果并没有显著作用，学习只是对成熟起一种促进作用；个体的发展由成熟决定，成熟的顺序取决于基因决定的时间表，而且个体出生后，成熟继续指导着个体的发展，成熟是推动个体发展的主要动力。②

需要指出的是，遗传和成熟对人的发展的影响是既定的和潜在的。一方面，虽然人出生后不可能更换自己的基因和已具有的天生特质，但遗传素质并非一成不变，在后天其他因素的影响下也会发生改变（比如，营养、日照、运动等都会使父母个子不高的孩子身高突破遗传限制，听力障碍儿童在教育训练下也能够学会发声、说话等）；另一方面，这些先天因素主要是一种具有组织能力的内源结构，在机体发展过程中起着内部调节的作用，先天素质上的差异只会影响人的发展方向，并不决定人的发展品质。

特别是人和动物相比，其生命成长的神奇或平凡正如美国哲学家赫舍尔（A. J. Heschel）所说："对动物而言，世界就是它现在的样子；对人来说，这是一个正在被创造的世界，而做人就意味着处在旅途中。"③ 人是一种非特定化、未完成的存在物，人的未特定化和未完成性是人与动物的最根本区别。动物的生长是被其先天机理定型化了的，其可塑性局限在动物种属所确定的范围内，动物后天的活动大多是刺激—反应的机械应答模式。

---

①　格塞尔在 1929 年对双生子 T 和 C 进行过实验研究：T 从第 48 周起每日进行 10 分钟爬梯训练，连续 6 周。在这 6 周时间里，前 4 周 C 不做爬梯训练，只从第 52 周起，开始进行 2 周的爬梯训练。实验结果发现，C 只接受 2 周的爬梯训练，就能赶上 T 的水平。

②　当然，这时除"成熟"外，支配个体发展的因素还有"学习"，但二者所起的作用不同。格塞尔强调：成熟是决定心理发展方向和模式的内部因素，学习只是外部因素，对个体发展不起决定作用。只有当发展成熟了，学习才起作用；如果发展没有成熟，学习不起任何作用。儿童在成熟前处于学习准备状态。所谓"准备"，即由不成熟到成熟的生理机制变化过程。只有准备好了，学习才会发生；而在未准备之前，成人应该等待儿童达到对未来学习产生接受能力的水平。在格塞尔的理论中，"准备"是解释"学习"的关键。格塞尔的理论并非完美无缺，但对如何认识成熟规律固有的智慧深有启发。认识到成熟的意义，并非否认环境的作用，也不是否认教育的价值，更不是主张对孩子放任自流，让他们为所欲为，而是提醒成人认真地思考如何根据孩子自身的发展规律来培养、引导他们，而不是强行将孩子嵌入成人设想的模式之中。当下中国社会的诸多教育场景（如"幼儿园小学化"等"抢跑"式的"智力开发"）不能不令人深思。

③　［美］赫舍尔：《人是谁》，隗仁莲译，38 页，贵阳，贵州人民出版社，1994。

这种特定化与完成性使它们受制于环境，导致生存空间与自由非常有限。人与动物发展的根本不同就在于"人类的发展总是以不屈地向前为价值指向"①，人在后天的创造性成长中每时每刻都在超越自己。人未被赋予相应的本能化、完善化的适应能力，人为了生存必须向世界开放。人的发展轨迹是连续、不可逆、不确定的，因而是充满生命活力的。人充满了发展的丰富性、多样性和微妙性。正是人的未完成性，为人的无限开放性提供了真正的可能。人类不断超越有限性的规定而逐渐走向自由和解放，始终向自己的完成性奋然前行，没有终结，直至生命结束。遗传决定论片面夸大了遗传的作用，是完全用生物学的观点来看待人的发展，贬低和否定家庭及社会环境、学校教育和人的主观能动性等对人的发展所产生的巨大影响，是错误的。

（二）外部环境

在个体生命历程中，围绕在个体周围并对其产生影响的外部世界的总和统称为环境，包括母体环境、自然环境和社会环境。母体环境是个体发展最初的基础环境，从生命形成伊始，个体就受其影响。例如，母亲在怀孕期间的营养、疾病及服用过的药物、从事的工作、文化水平等都对胎儿的发展有影响。自然环境对人的发展的影响主要表现在对人的形态构造和机体发展的影响。例如，身高、体重等个体生理特征就受到年平均气温等气候环境的影响，人的性格等心理特征也会受自然环境的影响。社会环境对人的发展的影响最为深远，离开社会环境，人就无法完成社会化。例如，历史上出现过的"狼孩"、中国古代"孟母三迁"的故事，都表明环境对人的成长的重要影响。现代社会，家庭、学校教育、同辈群体和大众传媒是影响儿童、青少年成长的最重要的社会环境。

第一，家庭。人们常说"父母是孩子的第一任老师"，每个人从出生伊始，就受到家庭物质条件的规约和家庭精神文化氛围的熏染，在家庭生活与人际交往中获得知识、经验、技能，养成道德品质、文明习惯。家庭教育是儿童接触最早的教育，在广义的教育体系中处于基础地位，是一切教育的根本，对人的一生发展有着重要的影响，在激趣、启智、育德等方面发挥着潜移默化、不可或缺的显著作用。家庭教育的时机、内容、方法等都具有较大的灵活性、连续性、针对性和广泛性，更加有利于有效地因材

---

① 于忠海：《教师教育新论：对象、原理、策略和发展》，76 页，北京，光明日报出版社，2007。

施教。特别是家庭文化氛围（父母自身是否热爱学习、积极进取），父母的儿童观（是否将孩子看作与自己平等的人）、教育观（是否尊重孩子的主体地位和权利，是否充分发展孩子的个性特长），以及家庭教养方式（是专制型、放任型还是民主型）等，对人的发展的影响至深。

第二，学校教育。学校是儿童、青少年成长历程中的一种极为特殊的环境，学校教育是将遗传、环境等众多因素的影响有效转化为人的发展素质的一种特殊活动。学校教育在人的身心发展中起着主导作用，原因如下：首先，学校教育是有目的、有计划、有组织的培养人的活动。这是其他环境因素产生的自发影响所不能比拟的。其次，教育在遵循人的身心发展规律时会有意识地对各种环境因素加以控制和利用，能够有意识地按照预定的目标选择和提炼有利于年青一代身心发展的因素，克服和排除那些不符合年青一代身心发展的因素。最后，在人的一生中，儿童、青少年时期是最需要受教育也最适宜受教育的时期，他们的成长有赖于正确的教育引导，教育可以促进先天的遗传素质向优势和有利的方向发展。当然，教育的主导作用也是有范围和条件的，教育既不能超越它所依存的社会条件，凌驾于社会之上发挥作用，也不能违背个体身心发展的客观规律任意地决定人的发展。而且，"十年树木，百年树人"，教育作用的发挥往往需要经过相当长的一个过程，其中不确定的因素又很多，教育既不是轻而易举的，也不是立竿见影的，甚至有时会是无可奈何的。教育只是人的发展的外部条件（即哲学上说的"外因"），外因要通过内因才能起作用。"教育万能论"是错误的，它过分地夸大了教育的影响，忽视了教育的复杂性和艰巨性，在某种程度上也加重了教育的负担。

第三，同辈群体。儿童、青少年学生在校内外会形成不同群体，这种由处于同等社会地位的同代人组成的小群体即"同辈群体"①。同辈群体内部具有较强的同质性，但不同群体间又具有较大异质性，表现出不同文化特征（又称"同辈群体亚文化"），对学生发展的影响力往往随着年龄的增长而逐渐增强，甚至会超过家庭和学校教育。很多中学生都表示，遇到困难和烦恼时往往并不是首先与父母商量，而是与同伴或好朋友商量，甚至闷在心里也不会告诉父母。这正是因为同辈群体中平等、非权威的气氛，以及相互间在经验、能力、兴趣、情感体验等方面相似或相通，使得儿童、青少年间愿意互相模仿、学习，形成共同行为模式。同辈群体对学生发展

---

① 教育社会学中常常用"同辈群体"一语来指儿童、青少年中的非正式群体。

的影响既可能是积极的，也可能是消极的。

积极影响主要表现为：首先，同辈群体有助于学生摆脱"自我中心"倾向，有利于形成良好的品质和行为习惯。同辈群体成员在交往过程中需要学会合作、共享、谦让、同情、助人、宽容等，有助于克服独生子女容易有的自私、独霸、骄纵、不合作、不友好等自我中心倾向。学生在同辈群体中经常需要面对其他同伴的不同愿望、需要、观点与行为，从而逐步学会站在他人的角度去思考问题。学生在同辈群体内会通过各种交往实践表现自我，实现自身价值，在此过程中需要自己动脑判断、动手操作，个体的积极性、主动性和创造性能得到较大激发。学生在与同伴的交往和相处中，还能感受到他人的作用和群体的力量，有助于他们逐渐养成互让互谅、团结协作、尊重他人、遵守规范等良好品德和行为习惯。其次，同辈群体有助于学生形成与同伴的友谊，并在此基础上形成一定的社会态度，这种友谊感和社会态度对学生进一步发展与他人的关系、形成社会责任感都会有较大影响。

反学校文化的同辈群体对学生的发展则会产生消极影响，因为"反学校群体"的亚文化往往不符合主流学校文化和教育目标，不仅不积极拥护学校、班集体提倡的行为，反而经常抵触甚至"唱反调"，这类学生群体又往往"重友情""讲义气"而不讲原则、轻视校纪校规，严重影响学校良好校风、学风的形成。有些"反学校群体"还与社会不良青年交往过密，影响学校秩序、社会治安，甚至违法犯罪。

第四，大众传媒。当今时代，迅猛发展的大众媒体在人类社会生活中越来越显得不可或缺，儿童、青少年又正处于精力旺盛、兴趣广泛、积极向上、富有朝气和理想、具有强烈好奇心、喜欢探求新事物、模仿能力特别强的年龄阶段，大众传媒所具有的快捷性、新奇性、丰富性、互动性等特点，与儿童、青少年充满新奇感、富于探知、热衷娱乐的天性更是相互契合，为儿童、青少年提供了崭新的娱乐和交流平台，满足了他们追逐时尚、情感交流和获取信息的需求，使学生的社会生活方式发生变迁。但是，儿童、青少年知识经验比较少，是非鉴别能力较弱，价值观念尚处于形成之中，可塑性强，更容易受到大众传媒的影响而成为重要的媒体受众和消费者。

大众传媒的发展是社会进步的表现，对人类社会的发展总体是有益的，在儿童、青少年成长与发展中能发挥积极作用。第一，大众传媒具有联系社会、传递社会文明成果的功能，对人们增长知识、更新观念等作用巨大。

人们在接触大众传媒的过程中，可以学习到很多科学文化知识，汲取很多先进的思想观念。对儿童、青少年学生来说，大众传媒提供了丰富的学习资源，能够帮助学生开阔视野、丰富知识和阅历、活跃思维，有助于他们更好地认识丰富多彩的外部世界，也有利于强化他们关注社会发展的意识。大众传媒开放的信息环境也激发、提高了学生自主、开拓、创新的意识和能力，有利于学生个性的张扬和发展。如今，大众传媒在儿童、青少年信息获取、知识增长等方面发挥着越来越重要的作用，甚至在亲子关系、师生关系中出现"文化反哺"现象。第二，大众传媒为学生提供了崭新的生活空间，能够以多媒体、即时交流、互动沟通等方式进行社会交往。第三，大众传媒为学生提供了全新的娱乐方式，如集动漫、音频、视频于一体的娱乐休闲活动极大地满足了儿童、青少年多样化的精神需求，有效地激发了他们的创造性、主动性和参与性。

大众传媒也会产生负面影响，特别是越来越注重娱乐功能和商业利益的发展趋势，使得当今各种大众传媒都不同程度地存在对学生成长、成才的消极作用，应引起教育工作者和全社会的高度重视。

总之，在人的发展中，家庭环境、学校环境和社会环境缺一不可。然而，随着科学技术和大众传媒的迅猛发展，以及社会价值取向的日渐多元，来自家庭、学校、社会的各种因素常常会出现相互干扰和排斥的现象，对青少年的成长产生负面影响。如何促进家庭、学校、街道、社区、传媒等各种社会力量相互补充、彼此配合、协同一致，共同创造有利于人类身心健康、全面发展的外部环境，在儿童、青少年身心发展中体现教育的互融性和共通性，是当代教育面临的巨大挑战。

（三）主观能动性

遗传、成熟、环境只是为人的身心发展提供了可能性或条件性，要使这种可能性因素变成现实性的因素，只有通过个体自身的身心发展活动才能最终实现。个体的实践活动是个体发展从潜在的可能状态向现实状态转变的决定性因素。

人不是消极、被动地接受外部环境的影响，而是通过自身的活动积极、能动地反映外部环境。个体的主观能动性是其身心发展的动力，个体身心发展的特点、广度和深度等都取决于个体自身的主观能动性的发挥。在个体的发展过程中，人不仅能正确认识外部世界，而且能主动地改造客观环境以促进发展；不仅环境可以改造人，而且人也可以改造环境，通过改造环境来更好地适应外部环境，从而使自己得到最大限度的发展。一个人对环境的依赖性越大，其取得成功的可能性和突破性就越小。因此，讨论所谓"顺境出人才还是逆境出人才"是毫无意义的，因为顺境和逆境都只是人对环境的认知，并不能决定一个人的成就，对人的发展并不起决定作用。"环境决定论"便是将人看作环境的消极适应者，片面地夸大了环境的作用，也是错误的。比如，荀子说的"蓬生麻中，不扶自直"，墨子说的"染于苍则苍，染于黄则黄，所入者变，其色亦变"，以及行为主义心理学创始人华生说的"给我一打健全的儿童，我可以用特殊的方法任意加以改变，或者使他们成为医生、律师，或者使他们成为乞丐、盗贼……"等，用于解释人的发展时都是片面的。

以上每一个因素对人的发展都必不可少。这些因素相互制约、相互渗透，[①] 相互间必须发生真实的联系并构成整体。已有身心发展水平与环境之间也会相互选择、相互影响，环境因素通过提出更高要求而与现有身心发展水平构成矛盾，产生继续发展的动力，促进身心由低向高发展。人的自觉性、主动性则是制约发展的本质因素，只有充分调动人的自觉性、主动性，制约发展的其他因素才会被消消解。总之，每一个因素所起的作用、所处的地位，都会随着个体的变化而变化，其自身的内容与结构也呈现变化状态，相互间的关系也不断变化。个体发展是一个充满希望、内容不断丰富、结构不断调整从而具有多种可能性的动态过程。因此，人在任何情况下都应当对自己的发展充满信心。

第二节　学生的本质属性

作为构成教育活动必不可少的要素之一的学生，作为教育实践活动对象的学生，与物质生产劳动的对象完全不同。学生在教育活动中也是主体的人，是具有认识需要和认识能力的认知主体，也是自身生理、心理发展的主体；不是被动接受知识和教育、刻板僵硬的"容器"，而是积极主动、创造性地参与教育过程，在教师指导下自觉、努力地实现教育和发展目标的主体。主体性是人作为活动主体所具有的根本属性和本质特征，是主体作用于客体而表现出的自主性、主动性和创造性，是人在积极能动的活动

---

① "相互制约"是指一个因素能否起作用、如何起作用、作用的大小等都受制于其他的一个或几个因素。"相互渗透"是指"遗传中有环境，环境中有遗传"，彼此可能相互转化。

中表现出来的本质特征和潜在的身心力量。[①] 我们不能孤立地看待学生，不适当地贬低或抬高学生的地位都是不科学的。

一、学生是发展主体

学生不仅是成长中的人，而且是具有完整性的人；不仅是独特的人，而且是具有多样性的人；不仅是具有能动性的人，而且是具有创造性的人。当然，学生也是以学习为主要任务的人。最重要的，学生是自主发展的人，但学生的自主发展是需要必要的和适时的价值引导的。

（一）学生是自主发展的人

人的发展既非外烁，也非单纯内发，而是一种生成性的开放、动态过程。学生具有自我发展的动力机能，能够在基本需要得到满足的前提下自觉地形成自我发展的高层次需要。教育实践表明，每一位学生都希望自己成为好学生，成为对社会有用的人才。这种求成性需要正是学生成长的内在动力。学生在教育过程中，任何知识、技能、品德及个性品质的形成，都要通过学生自己的思考和实践活动，依靠学生的自觉性、独立性、自主性和创造性，才能内化为个体的素质。在整个教育、教学过程中，教师的作用只是外因，外因必须通过内因起作用，教师不能越俎代庖、包办代替。因此，从这个意义上，我们说学生在教育过程中又始终是发展和自我教育的主体。

教育过程中一切外部影响都不是简单地输送或移植给学生，而是必须经过学生自身的主动吸收、转化。学生不是无条件地接受教育，也不是盲目模仿和依赖成人，而总是根据自身的愿望、态度、能力等主体条件来选择。当然，选择的最终结果如何，取决于学生已有的主体能力和环境提供的支持程度。随着中国社会的改革开放，每个人生存环境的不确定性和人生历程的复杂性都发生了巨大变化；每个人的发展都有了更多机遇和可能，也同时有了更多风险与危机。人在复杂背景下的自我选择的意识与能力，对人生尤为重要。教育应该促进学生的发展，尊重并张扬人之为人的自主、创造、学习等发展特性。

（二）学生的发展需要价值引导

虽然儿童、青少年学生具有丰富的成长和发展潜能，但这种潜力的挖掘并不能自发进行，需要成人的教育关怀和价值引导。学生的发展受到家

---

① 孙喜亭等：《人的主体性内涵与人的主体性教育》，载《教育研究》，1995（10）。

庭、社区、学校、同辈群体、大众传媒等众多因素的综合影响。其中，学校教育是重要的外部因素，教师又是学生成长中极具影响力的"互动性重要他人"，教师对每位学生拥有的持久的期望会给学生强大的发展动力。愿意并善于从"问题学生"日常的"问题行为"中挖掘出常人不容易发现的闪光点，是教师最宝贵的专业品质。"教会学生选择"也成为新时代教育的重要使命，培养学生主动发展的能力是基础教育开发人的生命潜能的重要任务。

有些教师在工作中不能容忍学生的幼稚和错误，"恨铁不成钢"。事实上，青少年学生终究不够成熟，会犯一些在成人看来"不可饶恕"的"错误"。其实，犯错误是学生的天性，教师要宽容地对待学生的"错误"，认识到学生依然需要获得师长的关爱、帮助和教诲，耐心地等待学生的成熟，而不是违背学生的成长规律，急功近利、拔苗助长。苏霍姆林斯基反复强调：教师要像对待荷叶上的露珠一样，小心翼翼地保护学生幼小的心灵。教育的作用就在于想方设法使每个人的智慧和潜能都得到最大限度的开发，使每位学生都能获得最充分的发展，都能达到其可能达到的至善境界；而教师对学生的关怀和教诲必不可少。

二、学生是权利主体

我们不仅要认识到学生在教育活动中是发展的主体、学习的主体、自我教育的主体，而且要充分尊重学生作为社会成员在社会生活中同样享有的权利主体地位。

（一）学生是具有人权的独立体

鲁迅先生曾说："小的时候，不把他当人；大了以后，也做不了人。"长期以来，学生被看作没有独立性、主体性的存在，处于从属和依赖的地位。成人社会并没有把青少年儿童看作有独立价值的生命存在，忽视儿童的兴趣和需要，侵害儿童身心健康的现象屡见不鲜。要确保青少年儿童的主体地位，关键是看他们的合法权利是否得到保障。1959 年，联合国通过了《儿童权利宣言》(*Child Right Statement*)；1989 年，第 44 届联合国大会又一致通过了《儿童权利公约》(*Convention on the Rights of the Child*)，中国政府于 1991 年批准了这一公约，1992 年 4 月 1 日该公约对中国生效，中国从此加入了承诺对儿童承担《儿童权利公约》所规定的义务的成员行列。《儿童权利公约》将"18 岁以下的任何人"界定为"儿童"，与我国《未成年人保护法》中所指的"未成年人"是同一含义。《儿童权利公约》明确指出：18 岁以下的任何人都是积极和创造性的权利主体，拥有包括生存、发展和充分参与社会、文化、教育、生活，以及他们个人成长与福利所必需的其他活动的权利。为了保护这些权利，必须遵守四项原则：儿童利益最佳原则、尊重儿童尊严原则、尊重儿童的观念与意见原则、无歧视原则。

认识"儿童"（未成年人）应把握两个要点：第一，儿童（未成年人）与成人一样，拥有平等的权利。从人的权利意义上讲，未成年人无异于成年人，他们是独立的个体，与成年人彼此平等，具有相同的价值和作为公民应有的权利。第二，儿童（未成年人）权利的享有需要成人特别的保护。从未成年人的特点来讲，他们与成年人最大的不同就在于他们的弱小和不成熟，即生理年龄决定了的他们与成年人在个体需求上的不同，以及由此而产生的认知、行为等方面的差距，需要成人社会在未成年人社会化的过程中从各个方面给予充分的保护和帮助，以实现未成年人的权利。因此，对"保护未成年人"的理解，应当是保护未成年人的权利，而不是如人们传统观念和行为习惯那样，把孩子当作被动的、受成年人支配的对象或附属物，单纯地对他们加以呵护，乃至过度保护。

中国作为《儿童权利公约》的缔约方之一，为履行《儿童权利公约》，在相关法规中对儿童权利及其保护做出了明确规定。比如，《宪法》第四十九条第三款规定"父母有抚养教育未成年子女的义务"，《教育法》第四条规定"教育是社会主义现代化建设的基础，国家保障教育事业优先发展。全社会应当关心和支持教育事业的发展。全社会应当尊重教师"。未成年人是公民的一部分，除法律规定只能由成年公民才能享有的某些权利（如选举权和被选举权、婚姻自由权等）外，成年公民的基本权利，未成年人都享有；此外，儿童、青少年（未成年人）作为一个特殊的群体，还享有法律规定的不同于成年公民的特殊权利。因此，我国 20 世纪 80 年代以来颁布的一系列法律法规对不满 18 周岁的中小学学生的身份和法律地位的定位是：第一，中小学生是国家公民；第二，中小学生是国家和社会未成年的公民；第三，中小学生是接受教育的未成年公民。可以说，除个别人年龄满 18 周岁外，绝大多数中小学生是在国家法律认可的各级各类中等或初等学校或其他教育机构中接受教育的未成年公民。

（二）中小学生享有的主要权利

我国中小学生享有的主要权利如下。

第一，生存权。生存权是儿童最基本的人权，也是儿童享有的最基本权利。儿童出生后便获得了作为自然人的生命权，享有生命安全不受剥夺和非法侵害的权利。生存权还包括生活保障权（即获得足够食物、栖身住所、医疗等生活保障的权利）和健康权，以及与父母分离后保持个人关系和直接联系的权利。此外，儿童与成年公民一样享有姓名权、肖像权、隐私权、名誉权、荣誉权和知识产权。

第二，发展权。发展权是指儿童拥有充分发展其全部体能和智能的权利，旨在保证儿童在身体、智力、精神、道德、个性和社会性等诸方面均得到充分的发展。发展权包括儿童有接受一切形式的教育的权利（即受教育权）、休息和闲暇的权利，以及信息权、娱乐权、思想和宗教自由权、个性发展权等。

第三，受保护权。受保护权是指儿童享有获得国家、社会、学校、家庭保护的权利，以减少生存和发展过程中的不利因素。受保护权包括受监护权、受抚养权，反对一切形式的儿童歧视，保护儿童免受身心摧残、伤害和凌辱、忽视或照料不周、虐待或剥削；当儿童处于某种困难或危险境地或有某种特殊情况时，有获得社会各方面援助的权利；在国家法律中，儿童的量刑、矫治等受到有别于成年人的法律保护。

第四，参与权。参与权是指儿童参与家庭、文化和社会生活的权利。儿童有自己的感情和对事物的意见，享有对影响他们的任何事项自由发表言论的权利。参与权包括通过口头、书面或印刷、艺术形式或儿童所选择的任何其他媒介，寻求、接受和传递各种信息和思想的自由。儿童的社会性参与不仅是他们的基本权利，而且是其成长和发展的基本需要。

《儿童权利公约》和我国《未成年人保护法》等相关法律所体现的是与传统儿童观有着根本区别的一种全新的儿童观。这种儿童观对未成年人保护的基本点是承认他们因其弱小和不成熟需要给予特殊的保护，但并不因此轻视他们，而是将其看作有能力的、积极主动的权利主体，他们拥有权利并可以行使自己的权利。说到底，学生是人，理所应当地享有人的一切权利。人生来是平等的，每位学生都应该受到应有的关注和尊重。学校、教师要平等地对待每位学生，"有教无类"，实现真正意义上的教育平等，而不是人为地把学生划分为"优等生""后进生"，不能只注意个别的优秀学生，而忽视甚至轻视那些暂时学习成绩平平或者落后的学生。学生个性、禀赋的差异应该受到充分尊重，学生对学习内容、学习进程和学习方式应该拥有足够的选择权。由于受中国传统文化和人权意识、法制意识淡薄等多种因素的影响，很多教师常常忽视"学生是权利主体"这个基本事实，有意或者无意地侵犯、剥夺学生的一些基本权利（如体罚）。

（三）中小学生的义务

未成年学生作为法律主体，在享有法律规定的各项权利的同时，也必须履行法律规定的各项义务。权利和义务是统一的，权利的享有以履行义务为前提。我国《教育法》规定受教育者应当履行的义务主要有：遵守法律、法规；遵守学生行为规范，尊敬师长，养成良好的思想品德和行为习惯；努力学习，完成规定的学习任务；遵守所在学校或其他教育机构的管理制度。

总之，中小学生既是一名普通的社会成员，又是处于特殊发展阶段的，以学习为主要任务的人。教师需正确认识学生的权利和义务。

第三节　教育与学生发展的关系

教育的出发点是学生的发展，教育的根本旨归是促进学生的发展。教育既要遵循学生身心发展的规律，又要促进学生的终身可持续发展，这是重要的教育原理。

一、教育要遵循学生身心发展的规律

格塞尔、洛伦兹、费歇尔、皮亚杰、维果茨基、赞科夫等心理学家的研究都提醒我们：教育首先要适应学生身心发展的规律。

（一）教育要尊重和敬畏人的发展规律

教育其实是依赖于儿童的成熟水平及其身心发展规律的。只有适应儿童身心发展水平和特点的教育才可能是有效的教育；若儿童尚未达到某种成熟便进行难度明显高于这一水平的教育活动，则不适宜，甚至会失败。格塞尔的"双生子爬梯实验"即很好地证实了这一点。虽然格塞尔的理论并非完美无缺，但"成熟势力说"及其建立在"准备"基础上的发展原则提醒我们，应该充分认识成熟规律固有的智慧。婴儿带着一个天然的"进度表"降生于世，"尊重儿童天性"作为教育的第一要义，其核心即尊重成熟的客观规律。强调这一点并非否认环境的作用，也不是否认教育的价值，更不是对孩子放任自流，让他们为所欲为。成人应根据儿童自身发展的规律去培养、教育他们，而不要强行将儿童嵌入成人设想的模式之中。比如，孩子的成长当然要学会控制自己的冲动和合乎文化的要求，但只有当我们注意到儿童成熟的克制能力时，他们才能控制自己。

（二）教育要及时抓住个体发展的关键期

习性学家康纳德·洛伦兹受其发现的"印刻（imprinting）"现象启发，提出"发展关键期"思想。关键期是指个体在某个发育、成长时期，对某种类型的环境影响特别敏感，而且该种类型的环境影响会对这一时期发展的方向及进程发挥重大作用；当这一时期结束后或者尚未到来之前，该种类型的影响可能不起作用，甚至会起相反的作用。发展关键期思想很快被引入人的发展（尤其儿童发展）的研究中。任何对发展关键期的向上或向下的偏离（即过早或过迟地实施教育），从发展关键期的观点看，都会对发展产生不良影响，也会造成教育投资的浪费。

（三）教育应适宜有度，促进人的身心整体协调发展

美国哈佛大学费歇尔等人提出的"成长与发展的非线性动态模式（Non-linear Dynamic Models of Growth and Development）"进一步揭示了教育与发展的关系。

费歇尔等人在利用计算机技术研究成长模式时，惊讶地发现了一个与皮亚杰曾经批评的加速儿童早期发展的问题极为相似的现象。皮亚杰认为，人为地推动儿童超越其自然的水平，无异于训练动物在马戏团中表演杂技，这种做法对儿童的成长并无益处，反而会导致长期发展中的阻滞。费歇尔等人的发现不仅支持皮亚杰的观点，而且进一步揭示出对某个发展领域或某种行为的不当刺激（如早熟刺激）所引起的短期变化（如成长速率过高），会对人的整体成长系统产生弥散性影响，使整体发展脱离平衡状态，导致系统成长的紊乱无序和发展水平低下；为了稳定、平衡、系统的身心发展，应保持均衡的成长速率，使成长过程呈现相对平衡的发展态势。

当下中国社会的教育场景中不乏"幼儿园小学化""小学教育初中化"等"抢跑"式的"提前教育"和"过度教育"现象。格塞尔、洛伦兹、费歇尔等人的思想提醒我们，教育对个体身心发展各领域提供的支持性影响应适宜有度，才能有利于个体身心系统的整体协调发展。比如，从智力发展的规律看，幼儿并不是识字越多、背诵诗词越多、计算越复杂，其智力发展就越好；采用各种适当的方法协调发展幼儿的注意力、观察力、记忆力、思维力、想象力等各种智能，才是全面的智力开发。如何将教育与儿童的准备状态及其特殊能力等配合起来，根据不同年龄儿童的身心发育规律和特点，制定合适的教育内容，采取恰当的教育措施，在成熟的力量与文化适应之间谋求适度、合理的平衡，真正把握好教育的"度"，使儿童心情舒畅地自由成长并促进其发展，是需要每一位教育者深刻思考和认真研究的。

二、教育要促进学生的终身可持续发展

"遗传决定论""成熟决定论"和"环境决定论"对教育与发展关系的认识都是错误的。皮亚杰、维果茨基和赞科夫等人对教育与发展关系的认识是我们应认真汲取的思想源泉。

皮亚杰对个体发展的认识，既不片面强调外部经验论，又不简单承认内在预成论，而是充分肯定人的发展是一种连续的不断超越的过程，强调教育必须适应儿童认知结构发展的特点，同时充分调动儿童的主动性，体现"教育具有发展性"。为此，他提倡"活动教学法"。

维果茨基在思考"教育"与"发展"的关系时创造性地提出了"最近发展区"的思想，强调教育、教学通过创造"最近发展区"而促进个体的发展。他认为，儿童有两种发展水平：一是儿童的现有水平，即由一定的已经完成的发展系统所形成的儿童心理机能的发展水平，如儿童已经完全掌握了某些概念和规则；二是儿童即将达到的发展水平。这两种水平之间的差异就是"最近发展区"，即儿童在有指导的情况下，借助成人帮助所能够达到的解决问题的水平与独自解决问题所达到的水平之间的差异，实际上也就是两个邻近发展阶段间的过渡状态。维果茨基强调，教学不能仅仅跟在发展的后面走，也不能仅仅和发展齐步走，而是必须走在发展的前面，推动发展前进。只有教学走在发展前面的时候，才是好的教学。

赞科夫又进一步深化维果茨基的理论思想，在教育实践中创造了"发展性教学"的新模式，不仅重视心理发展的内部规定性，而且重视儿童的能动性和主动性。

总之，教育要促进人的发展是当代教育的核心理念；适应并促进人的发展的教育才是真正的"发展性教育"。

三、教育与学生发展相互制约、相互影响

第一，学生的发展状况决定了教育所应当采取的内容和方式，教育应当跟着发展走，教育受发展的制约和决定，教育从属于发展。没有对现有发展水平的适应，就谈不上教育能够促进学生发展。第二，教育适应学生发展的根本目的是促进发展。教育实践中常常出现"消极的适应"（即教育只是奴性地跟在现有发展水平后面，或最多与现有发展水平齐步前进），对促进学生发展是不利的，应当警惕和摒弃。真正的教育需要"积极的适应"，即教育走在现有发展水平前面，激活现有发展水平，引导现有发展水

平前进，在现有发展水平中引发新的成长因子，并在教育过程中促进这些因子成熟、完善，从而使个体达到新的发展水平。

从根本上说，教育的积极适应过程就是个体身心的健康发展过程，就是在创造发展；而教育所创造的发展不是任意的，也不是无边无际的，必然遵循着儿童发展的自然进程。

第四节　师生关系及其当代建构

师生关系是教师和学生在教育教学过程中结成的相互关系，包括彼此所处的地位、作用和相互对待的态度等。[①] 不同社会、历史时代，人们对师生关系的认识，以及对理想师生关系的追求都存在差异。当代中国社会，我们应追求尊师爱生、民主平等、教学相长、和谐亲密的师生关系。

一、师生关系的特点

师生关系是一种特殊的社会关系和人际关系，是教师和学生为实现教育目标，以各自独特的身份和地位，通过教与学的直接交流活动而形成的多性质、多层次的复杂体系。师生关系包括为完成教育任务而发生的工作关系，以组织结构形式表现的组织关系，以满足交往需要而形成的人际关系，以认识、情感等交往为表现形式的心理关系等，具有社会性、教育性和心理性等特点。

（一）师生关系的社会性

在中小学，师生关系的社会性集中表现为师生关系是教师作为成人社会的代表与学生作为未成年的社会成员在教育教学过程中结成的，以年青一代成长为目标的代际关系。师生关系的性质总是受其所在社会的整体性质制约，教师的教育教学工作和学生的发展都离不开特定社会的政治需要及社会道德规范约束。

（二）师生关系的教育性

师生关系的教育性是指在制度化的学校教育情境中，师生关系是为了完成特定的教育教学任务，以"教"和"学"为中介而形成的工作关系。这种工作关系是客观存在的，不为教师和学生的主观意愿所左右，是教师

---

① 全国十二所重点师范大学：《教育学基础》，133 页，北京，教育科学出版社，2002。

和学生在教育教学活动中，为促进学生的全面、自主发展而结成的教育与被教育、引导与被引导的主体间关系。

（三）师生关系的心理性

师生关系不仅源于社会政治、法律、道德所提出的规范要求，也不仅来自教育教学情境所规约的工作性质，更源自人与人交往中自然形成的心理联结。师生关系的心理性是指教育过程中，教师和学生为了维持和发展教育关系，基于彼此心理沟通的需要而形成的认知、情感、个性等各个层面的内在心理联系，渗透于一切师生关系之中。融洽、和睦的心理关系能够使师生双方缩短心理距离，获得心理安全感、自由感，有助于提高教学效率和教育质量。

总之，师生关系是以年青一代成长为目标的社会关系，以促进学生发展为直接目的的教育关系，以人际认知、情感联系为纽带的心理关系。师生之间的社会关系是一种背景性关系，是教师和学生作为社会人的身份和角色在教育教学中的直接反映，具有规范性、稳定性等特点。师生之间的心理关系是一种伴随性关系，常常以感性和内隐的方式反映社会关系，并直接影响师生之间的教育关系，具有情境性、弥散性等特点。师生之间的教育关系则是一种根本性关系，社会关系、心理关系、组织关系等师生关系的其他表现都服务于教育关系。

二、师生关系理论的历史嬗变

对师生关系的认识，源自对教师和学生在教育活动中的地位的认识，这是中外教育发展史上长期争论的重大问题。

（一）"教师中心论"

"教师中心论"将学生看作可以随意涂抹的"白纸"、可以任意填充的"容器"，相对于教师，学生始终处于从属地位，教师则在教育过程中具有权威地位，强调教师对学生学习活动的绝对控制和学生对教师的绝对服从。德国教育学家赫尔巴特是"教师中心论"的代表人物之一，认为"把人交给'自然'，甚至于把人引向'想象'，并在'自然'中锻炼只是一件蠢事"；他将人的自然本性比作"一只大船"，将教师比作"舵手"，"大船"要经得起风吹雨打，达到彼岸，必须依靠"舵手"把握方向、指挥航行；师生关系在很大程度上是"给予与接受""上级与下级"，甚至"主人与奴隶"的关系。他提出的"四段教学法"（即把教学分为"明了""联想""系统""方法"四个阶段）也是以教师的"教"为中心和根本出发点的。

（二）"学生中心论"

"学生中心论"将学生视为教育过程的中心，"儿童变成了太阳，而教育的一切措施则围绕着他们转动，儿童是中心，教育的措施便围绕着他们而组织起来"，全部的教育、教学活动都要从学生的兴趣、需要出发，强调学生的自主性及其在教育过程中的中心地位，教师则处于辅助地位。法国思想家卢梭从自然主义教育观出发，强调教育要尊重儿童的天性，从儿童自身的兴趣出发，"把儿童当儿童看待"。在他设计的教育活动中，儿童一直被置于无任何外力强制的中心地位。美国教育家杜威将这种从"教师中心"向"学生中心"的"重心的转移"赞誉为"一种变革，一场革命，一场和哥白尼把天体的中心从地球转到太阳那样的革命"，"在这种情况下，儿童变成了太阳，教育的各种措施围绕着这个中心旋转，儿童是中心，教育的各种措施围绕着他们而组织起来"[1]。当代美国人本主义心理学家罗杰斯提出的"非指导性教学"也体现了"儿童中心论"的思想。以教师指导为中心的传统教学忽视了学生的自我意识，限制了学生情感的充分表达，而在以学生"自我指导的学习"为核心的"非指导性教学"中，教师只是一个"侍者"，帮助学生澄清自己的学习目的，安排适合自己的学习活动与材料，发现学习内容的个人意义等。

三、和谐师生关系的建构与意义

师生冲突是师生关系的一种特殊存在形态，不仅影响着师生双方的身心状态，而且对课堂教学的开展和学校教育的实效都有着不可低估的影响。在社会转型期，不同程度的师生冲突现象也愈发普遍，教师应正确认识师生冲突的特点、动因、作用等，逐步提高自己有效化解师生冲突的教育能力，并自觉建构交往、对话的和谐师生关系。

（一）冲突与碰撞：现实存在的师生关系

现实教育生活中客观存在不同程度的各种师生冲突。师生关系首先是一种教与学的工作关系，良好师生关系取决于教师的教育方式和水平。师生冲突的发生则与教师的教育手段不当密切相关，直接源自教育手段的失效。师生关系又是一种自然的人际关系，教师自身的个性特征，以及对待学生的态度，对师生关系至关重要。师生冲突源于师生双方心理需求的差

---

① ［美］约翰·杜威：《学校与社会·明日之学校》，赵祥麟、任钟印、吴志宏译，43～44页，北京，人民教育出版社，1994。

异，特别是教师的心理特征、人格品质等与师生冲突直接关联。师生关系也是一种特殊的社会关系，师生双方在社会地位、社会资本、社会角色等方面有着巨大差异，师生冲突往往便源自师生地位上的不对等，显示出师生背后两个社会的冲突。师生关系还是两个具有不同文化特质的群体间的关系，师生冲突源自师生间的异质文化矛盾，即青少年亚文化和成人世界主流文化的冲突。

对师生冲突本质的认识不同，对师生冲突的作用和功能的认识也就不同。传统教育学和心理学观点都认为师生冲突只有消极的负功能，社会学和文化学分析则指出师生冲突不可避免，在一定范围内还可能有利于师生双方通过反思相互理解，建立合理、有效的规章制度等。

（二）交往与对话：理想追求的师生关系

在构成教育教学活动的诸要素中，教师与学生是两个最基本、最活跃的要素。师生关系是维系课堂教学活动的基本关系，在一定程度上甚至决定着学校教育的面貌。因此，师生关系的理论建构一直是教育领域的热点问题之一，但在教师和学生之间的主客体问题上意见不一，见仁见智，可以归纳出十多种不同观点，如"教师唯一主体论""学生唯一主体论""师生双主体说""主体主导说""主体主动说""主客体转化说""复合主客体说""过程主客体说""层次主客体说""轮流主客体说""双主体主从说""同时主客体说"等。[①]

事实上，教育活动中，教师和学生都是作为活动者参与其中，教师、学生、教育教学活动构成一个不可分割的整体，三者交织在一起，师生发挥各自的主体性、能动性和创造性，共同建构教育教学活动，共同卷入、融合进教育教学情境，共同遵守教育教学规则并完成教育教学任务。因此，在交往和对话的教育情境中，教师与学生构成了"我与你"的关系，而不再是"我与他"的关系。[②]

共在的主体之间相互交流、沟通、理解，即交往，这是人的基本存在方式。人正是在与他人的交往、互动中生活，学习生存所需的知识、技能，形成积极的人生观、价值观，发展人之为人的一切方面。学生在学校的学习不仅是获得知识、发展能力的认识过程，也是谋求人与人之间相互交流、

---

①　李长吉等：《教学主客体研究：盘点与梳理》，载《教育理论与实践》，2001（5）。

②　金生鈜：《超越主客体：对师生关系的阐释》，载《西南师范大学学报（哲学社会科学版）》，1995（1）。

沟通、理解的交往过程。对话，即不同主体以开放的心态，通过观察、倾听、沟通等方式，真正理解自己和他者意义的互动过程；是不同主体间平等交往的过程，致力于建立人与人之间平等、真诚、开放、自由、民主的相互交往关系。

师生交往、对话是指师生在充分认识自己的社会角色、文化合理性等的基础上，以追求师生和谐相处为目的而进行的平等、开放的交流与沟通。① 在教育教学中，教师和学生都是作为独特而整全的人，通过语言和精神交往来传递信息、表达思想，而不是教师"一言堂"；在交往、对话中，教师和学生相互尊重和倾听，彼此接纳和理解，双方都获得精神的交流、意义的分享，最终实现共同发展。

首先，师生交往、对话的前提是教师保持开放的文化心态，尊重和理解学生。教师对学生的尊重和理解是平等、和谐师生关系的基石，是开展师生对话的前提条件。特别是面对已经发生的师生冲突，教师更需要了解并尊重学生的理由、基本要求及其行为方式、个性等，照顾学生的感受，悬置自身可能存在的文化偏见，乐意倾听来自学生文化的不同观点、旨趣等。

其次，师生交往、对话的关键是教师进行必要的文化反省，宽容和引导学生。教师对学生的价值引导是和谐师生关系的核心要义，是开展师生对话的终极目标。面对师生冲突时，教师不仅应悬置自身可能存在的文化偏见，而且应努力对学生亚文化和成人主流文化进行必要的文化反思，既宽容不同性质学生文化的存在，宽容与己相异的观点、价值观、思维方式等，坦然接受发生的师生冲突与碰撞，又注意宽容的限度。宽容不是纵容，不是不能批评学生，更不是对学生错误的无原则的姑息迁就、消极退让。教育永远是一项旨在促进学生发展的价值引导活动，这需要教师永葆一颗年轻的心，深入学生文化，理解社会转型期受社会环境（特别是大众传媒、青少年同辈群体等）影响而出现的各种学生亚文化，不轻易地贴"道德标签"，同时又给予学生必要而及时的价值指引，有针对性地对学生进行理性疏导，促使学生对自身文化和社会环境进行反思，并引导学生在自我反思中生成新文化。

总之，在新型"我与你"的师生关系中，双方并不把对方看作对象，而是看作正在与"我"言谈的、整体意义上的人，双方都作为个人全身心

---

① 林存华：《社会转型与师生文化冲突》，105～175 页，北京，北京大学出版社，2011。

地投入。教育教学活动中，学生通过与教师的"你"相遇而成长，教师通过与学生的"你"对话而开展教育工作，彼此通过交往、对话获得知识的意义及人生的智慧，呈现出"共生互学"的动态师生关系。①

（三）和谐师生关系的发展性教育意蕴

教师和学生都是真正意义上的"人"，师生之间只有价值的平等，而没有高低、强弱之分。在平等的师生关系中，学生作为有独立主体、人格尊严的人，积极地参与教学活动，自主学习、自主发展。一名中学教师是否具有正确的学生观，是否在日常教育教学活动中充分展现对中学生主体性的尊重，说到底，还是体现在与中学生的日常交往之中，体现在师生关系之中。师生关系的优劣直接影响教师的教育教学成效，进而在更深层次上影响学生的身心发展。民主、平等、温馨、和谐、融洽的师生关系蕴含着丰富而深刻的发展性教育意涵，是促进学生发展的关键性教育因素。

首先，和谐的师生关系有助于学生的心理健康发展。良好的心理状态是学生高质量学习和生活的保证，促进学生心理健康发展是学校教育的重要任务之一。在学生心理健康发展的条件中，良好的师生关系是学生心理健康不可或缺的维持因素。传统教学由于过分重视知识授受，重视考试成绩和升学率，师生之间形成了一种监控与被监控的关系，缺少良好的沟通，学生被抽象为"学习机器"，情感处于严重的压抑状态，心理可能被分数、竞争扭曲。在紧张的师生关系下，学生的心理问题会更加突出。近年来，中学生心理困扰、心理疾病的上升趋势引人关注。建立良好的师生关系对于促进学生心理健康发展具有重要意义。

其次，和谐的师生关系有助于学生的学业发展。掌握知识、发展能力是教学的基本目标。在学生掌握知识、发展能力的过程中，如果没有学生主体的积极参与，而只是以被动的方式和心态去接受现成的知识，学习的成效必然很低。心理学研究表明，师生之间和谐、融洽的状态与学生学习的兴趣、动机、积极性等都呈正相关。良好的师生关系之所以能提高学生学习的自觉性、主动性，是因为良好的师生关系不仅是一种理性关系，而且是一种能够使学生体验到心理愉悦的情感关系，从而提高学习成效。有些教师认为只要学生认识到学习的意义，就会自觉地学习，从而忽视了与学生在教学中的合作与互动，过分重视自己言语性的"告知""告诫"，过

---

① 吴康宁：《学生仅仅是"受教育者"吗？——兼谈师生关系观的转换》，载《教育研究》，2003（4）。

分相信学生理性的作用，从而使学生的学习陷于被动接受的境地，难以获得积极、愉快的心理体验，学习成绩、教育质量也就很难提高。

再次，和谐的师生关系有助于学生的创造力发展。创造性是现代社会对人才的基本要求，良好的师生关系为学生创造力的发展提供了丰厚的成长养分。温馨、和谐的师生关系能为学生创造性的发展营造良好氛围。学生的创造性是在一定的教学氛围中逐渐发展的。在一个人际关系紧张的氛围中，年幼的儿童、青少年将会处于恐惧和担心之中，思维会受到极大压抑。而在温馨、和谐的师生交往氛围中，学生处于一种自由、安全的心理环境之中，思维活跃，创造性的火花便会迸发。民主、平等的师生关系还能够保证学生创造性个性品质的发展。好奇心、求知欲、成就动机、自信心、敢为心等，都是与创造性密切相关的个性品质。在传统强调教师权威的师生关系氛围中，教师往往以单纯的知识传播者与监控者的角色出现，而缺乏对学生的信任，学生从教师那里也就很难获得心理上的支持，从而导致学生的好奇心、求知欲等不得不处于抑制状态，甚至在对分数的恐惧中丧失殆尽。

最后，和谐的师生关系有助于学生身心全面发展。现代教育强调"以人为本"，促进学生"全人发展"。"全人发展"是指学生不仅在知识、技能、智慧方面获得发展，而且在身体、心理、精神等层面获得充分发展。日本教育家小原国芳认为，为升学考试做准备的教育是一种片面的教育，学生应该在学校受到学问、道德、艺术、宗教、身体和生活六个方面均衡、和谐的"全人教育"。他认为，教育不仅是传授知识和学问，更重要的是培养学生追求真理的欲望和热情，教给他们探求知识的方法。良好的师生关系是促进学生全面发展的基本保证。试想，在控制型或权威型的师生关系中，处于服从、监管、畏惧中的学生很难对自身及更广泛的存在意义进行探索，学生的精神面貌只能按成人社会的规定发展，很难真正成为他自己。良好的师生关系则可使学生从教师的身上感悟到更多的对人的关心和尊重，这种感悟经验会内化为学生自身的成长需要，提升学生的精神境界。

总之，良好的师生关系是学生认知、情感、道德、创造性等身心各方面发展的重要源泉，是促进学生发展的重要教育资源。师生交往本身就是一种全新的教育资源，是教材、设备、环境等原生态资源的升华。[1] 作为一种再生教育资源，师生关系的发展性教育价值是由师生在交往中共同构建的。

---

① 于忠海：《教师教育新论：对象、原理、策略和发展》，228页，北京，光明日报出版社，2007。

[复习与思考]

案例分析："可以让我课后补做吗？"①

上课铃声打过，一个女生满头大汗跑到我面前，说："老师，我迟到了。"我只说了句："8个俯卧撑！"她恳求道："可以让我课后补做吗？"我板着脸孔说："大家都一样，迟到都要立即做俯卧撑。"她无可奈何，一边流着眼泪，一边在全班同学面前做完了俯卧撑。这件事处理平静花了很长时间，而且这个女学生也由原先的合群、开朗变得孤僻、怕见老师、怕上体育课。

请结合本案例，分析要建立和谐的师生关系，教师应该深刻理解和认同哪些教育观念（包括学生观、教师观、教育观等）。

[推荐阅读]

1. 吴康宁：《学生仅仅是"受教育者"吗？——兼谈师生关系观的转换》，载《教育研究》，2003（4）。

2. 丛立新：《平等与主导：师生关系的两个视角》，载《教育学报》，2005（1）。

3. 郭华：《儿童·孩子·学生》，载《人民教育》，2006（11）。

4. 刘晓东：《解放儿童》（第2版），南京，江苏教育出版社，2008。

5. 刘晓东：《论教育学的"哥白尼式革命"》，载《教育研究与实验》，2017（4）。

6. 钟芳芳、朱小蔓：《教师关切情感的逻辑及其实践路径——兼论当代师生关系危机》，载《中国教育学刊》，2016（11）。

7. 龙宝新：《走向教学共生体的师生关系重建——与教师主导作用批判及反批判争鸣观点商榷》，载《中国教育学刊》，2017（10）。

8. 徐蕾：《"我与你"：知识视域中的师生关系及其构建》，载《中国教育学刊》，2017（10）。

---

① 丁静：《关于师生冲突中教师行为的案例研究》，载《教育研究》，2004（5）。

第三章
教育与社会发展

[**本章重点**]

1. 理解教育与社会发展的基本关系。

2. 结合实例分析教育与社会生产力、政治经济制度、人口、精神文化等的相互作用。

3. 理解社会结构与教育的关系，以及社会变迁与教育变革的关系。

4. 结合实例分析当前中国社会的教育现象和教育公平问题。

案例导入：究竟什么原因导致"大学生就业难"？

近几年来，"大学生就业难"成为举国上下高度关注的话题。有人认为，由于我国连续多年的高校扩招造成大学文凭贬值、大学生就业困难，因此，高校应停止扩招或减缓扩招速度。也有人认为，不能把"大学生就业难"简单地与"高校扩招"画等号，造成大学生就业困难的原因是高校专业结构调整和经济产业结构调整都尚不到位，现阶段高校人才供给与产业需求出现程度不同的供需矛盾，只是因需求暂时吸纳不足出现的时段性人才相对过剩，因此，需要从供、需两方面进行调整：一方面，高校专业设置应贴近社会经济发展的"脉动"；另一方面，应加快调整社会产业结构和经济增长方式。此外，还有人认为，社会"唯文凭是瞻"，只看重高学历（文凭）的象征价值，而忽视对文凭持有者真才实学的考察，这才是造成文凭贬值的原因之一，并不是高校扩招必然导致文凭贬值。

究竟应该如何认识"高校扩招""高等教育大众化发展""大学生就业难"等近年来我国社会出现的教育现象和问题呢？如何从这些现象和问题出发，理解教育与社会发展的关系？

教育系统作为社会①整体系统的一个组成部分，受到社会整体系统中其他组成部分的制约和影响，反映和再现一定社会生活的特点和要求。同时，教育作为培养人的社会活动，是人类特有的社会实践活动，具有自身的能动性，对社会的存在和发展有着重要影响。

第一节　教育与社会发展的基本关系

教育一方面受到社会发展的制约，教育的发展难以超出特定社会发展所提供的可能范围，必须遵循社会发展的规律，适应社会发展的要求；另一方面，教育又具有自身的相对独立性、自主能动性和超越性，对社会发展起着至关重要的作用，需要保持适度的超前发展。

一、教育的社会制约性：教育受社会发展的制约

社会制度是一定历史条件下形成的，体现着一定共同价值与共同规范的社会关系的体系，这些共同价值与共同规范是一定历史条件下的社会关系的反映，它们的形成与变化受到一定社会生产力发展水平和人类文化发展水平的影响。② 社会制度可分为：宏观层次的社会形态（如资本主义制度、社会主义制度等）；中观层次的社会不同领域里的制度（如政治制度、经济制度等）；微观层次的社会不同部门、组织内部的具体规章（如人事制度、奖惩制度等）。这里探讨的是中观层次的社会生产力发展水平与经济制度、政治制度、人口与教育的互动关系。

（一）社会生产力发展水平与经济制度对教育的制约

教育始终和人类物质资料的生产过程联系在一起，生产力水平是教育发展的物质基础。经济制度是为了满足人们在经济活动领域生产、交换、消费与分配社会财富的需要而逐步建立起来的一套规范体系，是人类社会

---

① "社会"既是一个人们再熟悉不过的日常语词，也是社会学的研究对象。在日常生活语言里，人们对"社会"的理解基本上属于无所不包的"大社会"，涵盖人类生活的一切领域；而在社会学的科学范畴中，"社会"则是区别于政治、经济、法律、文化的"小社会"。这里，我们暂且沿用人们日常语言中约定俗成的语义，分析作为社会系统组成部分之一的"教育"与社会系统中其他子系统（如政治、经济、生产力、人口、科学技术、文化等）的关系。

② 董泽芳：《教育社会学（修订本）》，40页，武汉，华中师范大学出版社，2009。

发展到一定历史阶段的生产关系的总和。

1. 社会生产力与经济发展水平为教育发展提供物质基础，并制约教育发展

生产力是人类社会生存和发展的基础，是引起一切人类社会生活发展变化的决定因素，也是影响教育发展和变革的决定性因素。这是因为任何形式的教育都需要一定的人力、物力和财力投入，社会能够为教育提供什么样的投入水平，与一定的经济发展水平直接相关。经济发展是衡量经济制度是否优越的重要标准，它是指一个国家经济实力的提高程度和增长速度。测量经济发展的指标有国民生产总值、工农业总产值、社会总产值、国民收入等。

第一，社会生产力与经济发展水平制约教育发展的规模和速度。社会生产力与经济发展的规模、速度不仅决定着社会能为教育提供的人力、物力、财力投入水平，而且决定着各种规格、类型劳动力的培养数量，制约着各级各类教育的普及程度和发展速度。世界教育发展史表明，在不同经济发展水平上，教育经历了从扫除文盲、普及初等教育到普及中等教育再到实现大众化高等教育的发展历程。

第二，社会生产力与经济发展水平对人才培养规格、类型、数量等提出相应要求。近代社会以前，世界各国的教育结构主要体现为单一的普通教育；随着大工业的发展，各国教育结构开始发生变化，除传统的普通教育外，各种形式的职业技术教育相继出现；20世纪后，经济的产业结构、行业结构、技术结构、消费和分配结构等都日趋复杂多样，相应地，学校教育结构也日趋多样，各国先后建立了多层次、多类型的教育制度。

第三，社会生产力与经济发展水平制约教育内容的选择和方法、手段的更新。生产力的发展为丰富和更新学校教育的内容、调整课程设置等提供了可能的客观条件，也提出了要求。不同生产力发展水平的社会和时代对人才规格的要求不同，学校教育的课程门类、结构、数量、内容等都各不相同。比如，近代社会中，学校教育便在古典人文教育之外，又增加了自然科学等教育内容，设置了数学、物理、自然、历史、地理、外国语等课程。现代社会，许多新兴学科（如生物工程、光电纤维、电子计算机等）知识逐渐进入学校课程。教育手段和技术也是一定生产工具和科学技术在教育领域的应用，并在很大程度上反映了一定历史时期生产力和科学技术的发展水平。幻灯、投影、录音、录像、广播、电视、多媒体网络等现代技术广泛应用于教育，便是得益于生产力和科学技术的发展，使得教育活

动范围大为扩展，教育教学效果得到改善，教育效率和质量也得到提高。

2. 经济结构决定教育结构

经济结构是经济制度的表现形式，是社会的基础结构，在各种社会结构中居于支配地位。它主要是指国民经济各部门、社会再生产各方面的比例与构成形式，包括所有制结构、产业结构、技术结构、经济组织结构、分配结构、交换与消费结构等。经济结构随着经济制度的变化而变化，即使在同一社会制度下，由于历史发展的阶段不同，经济结构也不尽相同。

第一，生产资料的所有制结构决定教育的管理体制结构。生产资料私有制社会中，支配物质生产资料的阶级支配着教育的管理权。社会主义社会在不同历史时期，所有制结构中全民所有制、集体所有制、个体所有制的构成比例也不一样，对教育管理体制会产生直接的影响。随着改革开放的深入，所有制结构的变化（尤其是集体经济和个体经济的比例增大）便要求教育管理体制结构做出相应调整，如鼓励多种形式办学、教育管理权下放等。

第二，经济部门的技术结构决定教育的程度结构。技术结构是指劳动者技术装备后达到的水平。教育的程度结构是指劳动者所受教育的水平。比如，在大工业生产初期，劳动者只需具备初等文化技术水平，因此，初等教育在教育体系中的比例最大；电气化时期，要求劳动者具有中等教育水平，于是中等职业技术教育得到较大发展；信息化时代，要求劳动者具有高中以上的教育水平，需要更多的工程技术人员，高等教育的比重便越来越大。

第三，国民经济的产业结构决定教育的专业结构。社会产业结构变化的总趋势表现为：第一产业的比重越来越小；第二产业的比重相对减小；第三产业蓬勃发展，比重越来越大。教育的专业结构也必须根据产业结构的变化趋势做出相应调整。

3. 经济体制改革推动教育体制改革

经济体制是经济制度的组织形式和经济活动的决策机制，主要包括管理机构的设置，决策权与管理权在不同形式、不同层次组织中的分配，执行决策所采取的方法、手段等。一定时期的教育体制总是与一定时期的经济体制相适应。随着经济体制改革的逐步深化，经济发展与教育发展之间的矛盾也会逐渐暴露。为了促进教育与经济的协调发展，经济体制改革的同时必然要求改革旧的教育体制。经济体制改革使得原有教育体制的弊端充分暴露，也为教育体制改革提供了理论和实践的指导，为教育体制改革注入新的活力。中华人民共和国成立以来，大体经历了三次经济体制改革，以及与此相应的教育体制改革：中华人民共和国成立初期、20 世纪 50 年代末 60 年代初，以及始于 80 年代，至今仍在继续的改革。1992 年以来，我国社会主义市场经济体制的逐步建立，有力推动了我国教育体制改革，在办学体制、管理体制、投资体制、招生分配指导等方面都取得了重大进展。

（二）政治制度对教育的制约

政治是人类历史发展到一定时期产生的一种重要的社会现象，是上层建筑领域中各种权力主体维护自身利益的特定行为，以及由此结成的特定关系。政治制度是特定社会中统治阶级通过组织政权以实现其统治的原则和方式的总和，包括一个国家的阶级本质、国家政权的组织形式和管理形式、国家结构形式和公民在国家生活中的地位等。教育直接受政治的制约，并体现出一定社会的政治特征。

1. 政治制度决定教育的性质、领导权，以及受教育的权利和机会

政治制度包括基本政治制度和具体政治制度，前者包括国体和政体，后者即政治体制。国体即国家的阶级性质，政体指国家政权的构成形式。在阶级社会，教育是阶级统治的重要工具，教育必然体现出统治阶级的意志，为阶级统治服务。

教育的领导权是一个国家政权的重要组成部分，直接关涉教育为谁服务和怎样服务的问题。在阶级社会，统治阶级掌握国家政权，控制教育的领导权，使教育反映本阶级的利益和意志。政治控制教育领导权的途径主要有：通过组织手段和某种体制直接对教育机构行使领导职能；任免教育机构的领导者和教育者；颁布与教育有关的各种方针、政策、法律、法规；教育资源的组合和分配等。

政治实践的基本职能就是利用公共权力对社会资源进行分配，这关系到社会生活中谁应该得到什么，以及如何得到的问题。一个人能否接受教育、接受什么样的教育，都与国家的政治制度有着密切联系，政治直接制约着受教育权利的分配和获得。统治阶级利用自己拥有的政治自由，通过制定教育政策法规，尽可能地获得更多的受教育权利，同时剥夺、排斥或削减被统治阶级的受教育权，最终人为地造成不同阶级或利益集团在占有教育资源上的差异。

2. 政治意识形态钳制教育思想、观念

政治意识形态是指用来维护一定政治制度的一套比较完整而系统的思想信条，通过政治文化、政治价值、政治观点与政治信仰等形式表现出来，

是政治制度的灵魂和核心，对教育的钳制作用更复杂、更深刻。比如，我国封建社会儒家伦理思想深受封建政治意识形态的影响，封建统治阶级借助儒家思想办教育，对维护封建政治制度起了不可低估的作用。

3. 政治制度制约教育目的、内容、方法、组织形式等

教育目的是特定社会的政治制度对教育要求的集中体现，直接反映统治阶级的利益和需要。社会的政治制度不同，教育目的也会有所不同，统治阶级总是制定出他们所需要的人的规格、标准，使教育为特定社会关系服务。为实现教育目的，任何时代、任何国家的政治权力还会渗透在教育内容、方法、原则等之中。不同国家中，不同类型的教育组织形式与该国的政治组织形式（如中央集权型、地方分权型或二者兼具的混合型）也有着直接的对应关系。一定社会中的学校师生关系往往也反映着该社会的政治特点。

4. 政治体制变革推动教育体制改革

政治体制变革始终是推动教育改革的最活跃力量。法国的大革命、日本的明治维新、俄国的十月革命等都曾对本国的教育体制改革产生过强大的动力；中国历史上，汉武帝为了建立政治大一统的封建帝国，在教育上采取了"兴太学""重选举""独尊儒术"三大改革；清朝末年，"废科举""兴学校"及新学制的颁布等都是"戊戌新政"推动的结果。改革开放30多年来，教育体制改革也是在一系列政治体制改革的背景下进行的。

（三）人口对教育的影响

人口是生活在一定社会、地区的个体的总和，其状况包括人口数量、人口质量和人口结构等方面。人口增长速度的快慢、数量的多寡、质量的优劣，以及人口的年龄构成、行业与职业构成、分布状况与发展趋向等，都对教育产生直接而深刻的影响。

1. 人口数量制约教育发展的规模和速度

人口数量决定着教育事业的可能规模，人口增长速度决定着教育事业发展的应有速度。人口增长过快，对教育的需求也急剧增加，要满足这些人口的受教育需求，就需要扩大教育规模，加大教育投资，增加学校设施，大量补充合格教师及管理人员等。相反，学龄人口减少时，也会影响教育发展的规模和速度。

2. 人口质量制约教育质量

人口质量是指社会人口总体所反映的身体素质、科学文化素质及道德素质等方面的状况。人口质量通常通过文盲率、义务教育的普及率、高中

和大学的入学率、每万人中大学生的比例和每万人中科技人员的比例等统计指标来表现。人口质量对教育质量的影响表现为直接和间接两个方面。入学者已有的水平对教育质量的影响为直接影响；因年长一代的素质会影响其对子女的早期教育、教育期望、非智力因素的熏陶等而使得儿童在入学前的素质状况不同，从而影响学校教育质量，此为间接影响。人口素质还会通过影响师资队伍的素质来影响教育质量和教育发展水平。

3. 人口结构影响教育结构和教育布局

人口结构是指人口按照某一性质划分的集合及其不同性质的人口集合之间的比例关系，包括人口自然结构（如性别结构、年龄结构等）和社会结构（如阶层结构、地区结构等）。人口的年龄结构影响教育的纵向结构，人口的职业结构则会影响教育的横向结构。比如，老龄化社会的出现就要求大力发展老年教育事业，开展适合老年人需要的文化教育活动；产业结构的变化则因其劳动力需求的变化，而引起教育结构的变化，要求教育的类别结构、专业结构等与之相适应，否则，学校教育未能培养出适应社会需要的各级各类合格人才，导致人才结构性失业。人口的地区分布则影响教育的布局。一般来说，人口分布均衡，办学规模适度，教育效益就高；人口分布过于集中或过于分散，就会给教育事业的发展带来不利影响。

（四）文化传统与变迁对教育的影响

文化是人类社会实践过程中创造的物质财富和精神财富的总和，包括思想道德、科技、文学、艺术、社会习俗、规章制度等。教育本身是文化的表现形式，是文化整体中的重要组成部分。文化与教育之间存在一种共生关系。人是文化的产物，文化本身又是一种强大的教育力量。特定社会的文化环境深刻地影响着人的思维方式、价值观念、行为方式等，也影响着教育的目标、内容、方法等。

1. 文化模式制约教育的环境和目的

每个社会、民族都有自己特定的文化模式，一种文化的历史越悠久、时间持续越漫长，其文化模式便越稳定，个性越突出，对教育的制约也越大。文化模式为教育提供了特定的制度环境，不同类型的文化也形成了各具特点的教育目标，即使政治、经济制度及生产力发展水平基本相同的国家，由于其文化模式和传统的不同，教育目标也有所不同。

2. 文化观念制约教育的观念和方式

文化观念是指长期生活在特定文化环境中的人们逐步形成的对自然、社会、人的基本观点和信念。文化模式的差异主要反映在文化观念的差别上。文化观念的差异则深刻地影响着人们的教育观念，具体表现为人才观、教育观、教学观、教师观、学生观、教育质量观等。不同的教育思想和观念又支配着人们对教育的态度和行为。除了社会政治、经济、科技与生产力发展水平等因素外，文化观念也明显地制约着教育观念的形成、教育方式的选择等。

3. 文化知识制约教育的内容和水平

教育"以文化人"，通过传承和创新文化来培养新人、创造新社会。文化内容是教育内容的重要组成部分，教育内容则集中体现在课程上，课程本身即各种文化知识的载体，也是一种特定的文化形式。文化知识始终是教育的主要资源，文化知识的发展水平和丰富程度制约着教育的发展水平和丰富程度。

此外，文化传统和价值取向也会深刻影响到学校教育中的师生关系、教学方法等。中西方国家学校教育在师生关系和教学方法等方面表现出的巨大差异无不与其各自的文化传统有着直接的关联。文化传统还会制约教育的传统与变革。

二、教育的自主能动性与超越性：教育促进社会发展

教育不仅受到社会的制约，而且通过培养人而推动和促进社会发展，表现出教育的社会功能（即教育对社会的存在与发展所具有的功用和效能）。

（一）教育的政治功能

教育通过传播和宣传一定社会的政治理念、意识形态，调控和主导一定社会的政治舆论和规范而影响人、引导人，尤其是通过培养年青一代的政治理念、德能素质等，从而保障和促进一定社会政治制度的巩固与发展。

1. 教育有利于促进社会成员的政治社会化

政治社会化是人的社会化的重要内容，是个体逐渐学会现有政治体系所倡导或认可的政治规范和政治行为方式的过程，包括传播政治知识、形成特定社会的政治价值观、提高社会成员参与政治活动的能力等。社会成员的政治社会化程度直接关系到一定社会政治制度和政治秩序的稳定。政治社会化是学校教育工作的重要方面。学校教育在国家、政党的教育方针、政策指导下，通过开设各种政治课、思想品德课，开展各种政治活动，组织学生参加政治团体，并通过教师的言传身教等，向学生传递特定阶级的政治思想、文化，促使其实现政治社会化。

2. 教育有利于推动社会政治生活的民主化

民主化是当代社会的发展趋势。政治民主化不仅取决于统治阶级的政治管理水平，以及科学化、法制化的实现程度，而且取决于全体国民能否关心、参与国家政事，是否享有管理政治、经济、文化生活的平等权利等。这些都与国民的文化水平和政治意识、能力等密切相关。教育促进政治民主化主要表现为：教育通过传播科学真理，启迪人的思想意识和民主观念；教育通过培养政治领域的管理人才，提高领导阶层的文化素质，促进社会管理的科学化、民主化；更重要的是，教育自身的民主化实践是推动社会政治变革的重要力量，是政治民主化的"加速器"，民主的教育实践影响和培育每位学生的心灵，使他们在民主教育中增强民主意识，学会过民主的生活，从而提高国民的政治素质，推动国民参与政治的热情和能力。

（二）教育的经济功能

教育的经济功能是指教育对一定社会经济发展所起的作用，主要表现在为经济活动再生产劳动者、促进科学技术创新，以及直接调节经济运行方面。当代社会，教育发展模式发生巨大转变，由依靠物质、资金的增长模式转变为依靠人才和知识资本的增长模式，教育也越来越成为经济发展的重要因素。

1. 教育是实现劳动力再生产的根本途径

在社会发展进程中，能够从事劳动的人是生产力要素中最重要和最活跃的因素。劳动者基本劳动素质的优劣、技术人员科技水平的高低、管理人员管理能力的强弱，都主要取决于他们所受教育的程度和质量。教育培养人的劳动能力，使潜在的生产力转化为现实的生产力，教育担当着再生产劳动力的重任。教育能够将可能的劳动者转化为现实的劳动者，将低水平的劳动者提升为较高水平的劳动者。教育可以提高劳动力的质量和素质，改变劳动力的形态，使劳动力得到全面发展，也是提高劳动生产率的重要因素。

2. 教育是实现科学技术转化为生产力的重要手段

"科学技术是第一生产力"，但科学知识在用于生产之前只是一种潜在的生产力，必须依靠教育来实现科学知识的再生产。教育是实现科学知识再生产的重要手段，并且通过教育可以高效能地扩大科学知识的再生产，使原来为少数人所掌握的科学知识在较短时间内为更多人所掌握，使科学知识得到普及，先进的生产经验得到推广，从而提高劳动生产效率，促进生产力的发展。教育能传播科学技术知识，提高国民科学素养，培养科学技术人才，推动科学技术创新。比如，学校教育有利于培养儿童、青少年对科学的兴趣和爱好，引导学生相信科学、尊重科学、学习科学、运用科学。又如，面向社会大众的科普教育有助于提升全民的科学素养，营造尊重科学的良好社会风气，帮助人们树立科学的立场、观点，形成科学的思维方式，弘扬科学精神。

3. 教育对经济运行具有一定的直接调节作用

这主要表现为：教育作为消费系统，能够直接拉动经济增长，教育消费（包括公共教育消费和家庭教育消费）正在成为新的经济增长点；教育还直接参与和服务于经济建设，尤其是高等教育中逐步形成的以大学为中心的高新技术产业群，加快科技创新成果向现实的转化，产生直接经济效益，推动经济发展。

（三）教育的人口功能

教育在控制人口数量、提高人口质量、调整人口结构、促进人口迁移等方面发挥着重要作用。

1. 教育有利于实现人口控制

教育可以通过影响社会风气、提高人口受教育程度等影响人口出生率，进而实现对人口数量的控制。不同受教育程度的人有着不同的生育观，受教育水平越高，越倾向于有所节制的比较合理的生育，拥有较为丰富的精神和理智生活。

2. 教育有利于提高人口质量

教育是提高人口质量的基本手段，通过有目的、有计划、有组织地向年青一代传授科学文化知识和劳动技能、发展智力和体力、培养思想品德的活动，从而提高人的整体素质。

3. 教育有利于调整人口结构，促进人口迁移

教育可以通过影响人的生育观及人口出生率、死亡率等来调整人口的性别结构、年龄结构、职业结构等，促使人口在空间位置上移动（即人口迁移）。受教育水平较高者一般不易受本土观念束缚，更渴望到最适合发挥自己才能的地方工作、生活，而且发达地区往往也要求迁入者具有一定的文化知识水平。

（四）教育的文化功能

教育作为文化的一个组成部分，必然受到文化的制约，但教育又具有相对独立性，对文化发展起着特殊作用。

1. 教育促进文化保存和传承

文化是教育的内容，教育是传承文化的重要手段。社会通过教育将人类的文化遗产一代一代地传下去，文化借助于教育得以延续和发展。

2. 教育促进文化传播和交流

文化传播和交流是文化发展的主要动力，人口迁移、战争、旅游、体育竞赛等都是文化传播和交流的途径，教育则是最积极有效的手段，具有深刻性、系统性等特点。

3. 教育促进文化选择和整理

文化的选择与整理是文化在内容上的择优劣汰和结构上的优化组合。文化构成教育的背景和内容，但并非所有的人类文化都能够进入教育的视野，教育对文化的传递和传播是有选择的。学校教育本质上是一种文化价值引导，按照社会和受教育者的发展需要，吸取文化精华，提供适应社会发展需要的观念、态度、知识、技能等，并通过教育评价手段进一步保证和强化这种选择的方向性。

4. 教育促进文化更新和创造

教育通过对文化的积淀、传播和优化，通过对创造性人才的培养，通过倡导现代文化观念，促进文化在碰撞、交流和融合中不断更新、创造。

总之，教育不仅受制于社会发展水平，而且对社会发展发挥着能动与超越作用。我们在认识教育的制约性、能动性与超越性时还需要把握以下三点。

第一，教育的社会功能具有间接性、隐含性、潜在性、迟效性、有限性等特点。教育主要通过培养人来实现其社会功能，教育的社会功能是教育的个体发展功能的结果；教育的个体发展功能是教育的本体性功能，教育的社会功能则属于教育的派生性功能。任何社会的教育都不可能成为决定一个社会的生产方式性质、政治、经济制度及文化传统的直接和根本的力量。教育也并不总是对社会发展发挥积极、正向的作用，教育的滞后性、保守性、封闭性等也会对社会发展产生消极、负面的影响，更不能期望教育能够解决所有的社会问题。

第二，教育具有相对的独立性。教育的相对独立性是指教育具有自身相对独立的活动主体、活动范围、活动规律、活动内容等，其地位和作用具有不可替代性，教育问题的解决必须考虑教育内在特有的规律。教育与社会政治、经济、文化等的发展也并不总是同步，常常表现出不平衡性。比如，有的国家虽然经济富裕，但教育并不发达；有的国家虽然经济并不发达，但教育并不落后。

第三，理想的教育应该具有社会超越性。教育是指向未来的，理想的教育的着眼点不在于使人适应和接受已有的现实，而在于改造和超越现实世界。社会和教育之间不仅存在制约与被制约的主从关系，而且存在改造与被改造的实践关系。因此，理想的教育对社会现实应该表现出批判性和引领性。理想的教育应该引导人去建构一种更美好的生活，教育在社会的变革与进步中应该肩负起引领的使命，而不是被动地适应和追随。

正确理解教育与社会政治、经济、文化、人口、科技等的关系，有助于我们认识和评价中外历史上出现过的有关教育与社会关系的各种观点，例如，"教育救国论""教育独立论""教育万能论"及"人力资本理论"等。

第二节　教育与社会结构

社会结构是指社会中人群共同体的构成。现代社会的结构主要表现为阶级结构、阶层结构、职业结构等。[①] 社会结构既相对稳定，又随着时代发展而不断变化。传统社会的结构具有明显的等级性、封闭性、凝固性，现代社会的结构则具有明显的层次性、开放性、流动性。

社会结构有两种主要形态：从静态角度看，任何社会都是由一些相对稳定的阶级或阶层所构成，这是社会分层；从动态角度看，社会结构中的成员又是不断变动的，这是社会流动。教育与社会分层和社会流动都有着密切的关联。

一、教育与社会分层

教育受社会分层的影响，同时，教育活动自身的层化现象也对社会分层产生影响。

（一）社会分层对教育的影响

社会分层是依据一定的标准来区分社会成员在整个社会活动与社会关系中的位置状况，是社会群体之间出现的一种层化现象。在社会生活中，有处于优势的阶层群体，也有处于劣势的阶层群体。社会分层是随着社会分工的发展和阶级、阶层的分化而出现的一种普遍社会现象，对社会生活

---

① 董泽芳：《教育社会学（修订本）》，74 页，武汉，华中师范大学出版社，2009。

有着广泛而深刻的影响；影响社会分层的因素有财富、声誉、权力等。

社会分层对教育的影响主要表现为对个体受教育机会的影响。传统社会中，父母的身份地位决定着子女的先赋地位，也决定着他们享受教育的机会；现代社会中，这种父母身份地位的影响虽然在逐步减小，但依然在一定程度上存在。比如，父母的职业、经济收入、学历、文化水平和价值观念等会影响其对子女的教育期望，进而影响子女的受教育机会，甚至会影响子女在基础教育中的学业成绩、在高等教育中的专业选择等。

（二）教育对社会分层的影响

社会分层会影响个体的受教育机会及结果等，而个体的受教育状况也会对其在社会分层中的位置产生影响。传统社会中，教育对社会分层的影响主要是通过教育活动的外部特征（如受教育者的经济条件、社会身份和家庭背景等方面的要求，以及整个教育结构的特点等）而产生的。现代社会中，一个人的受教育程度直接影响其将来的社会地位，同时也在一定程度上影响着社会分层，这一影响过程被称为"教育成层"（又叫"教育分层"或"教育层化"）。它是指教育因其制度、结构、评价、分流等具有筛滤和选拔作用，能够将经由教育培养的各种不同类型、不同层次和规格的人才输送到社会的不同位置，从而在客观上对社会地位、社会财富、权力、文化和职业进行再分配，使原有的阶级和阶层不断得到补充、再生，使新的阶级和阶层得以形成，进而对社会分层产生影响。① 教育成层对社会分层的影响主要体现在以下方面。

1. 教育选择通过将学校分门别类，直接导致受教育者学历高低和层次的差别，为社会分层提供基础

教育选择即学校教育系统按照一定标准对学生进行考核、评价和分类，通过安排升学机会、授予某种教育资格而将学生分配到不同的教育层次和类型中，进而输送到不同的社会岗位上去。也就是说，教育通过制度化的规定，按照不同阶段、类型、学历结构、专业水平等标准通过考试筛滤，把教育人口分流到正规的普通教育、专业技能教育、技术教育，非正规的职能教育、学历教育等学校中，培养不同层次和规格的人才，满足社会不同岗位的需求。现代社会，教育系统充满了"分层"，学校成为进行考试分级和授予某种教育资格的最大场所，教育成层成为强化和持续社会分层的

---

① ［美］兰德尔·柯林斯：《教育成层的功能理论和冲突理论》，见张人杰：《国外教育社会学基本文选》，42 页，上海，华东师范大学出版社，1989。

重要方式。

2. 受教育者通过教育活动中学业成就的分化和分层而获得不同的教育资格证书或文凭，直接影响其在社会分层结构中的地位

教育资格证书和文凭往往被人们看作其拥有者不同受教育水平、结果或成就的象征，被作为特殊的一般等价物，在整个社会交换过程中与其他各种反映人们社会地位的具体因素（如经济地位、政治地位和特定权力等）进行交换，从而使其拥有者获得特定的社会地位。

3. 教育活动通过赋予受教育者一定的社会身份及其差异影响社会分层

社会由一个个具有不同身份文化的团体组成，教育通过培养具有不同身份文化的人，使人们获得不同的职业，进入不同的社会位置。身份文化不同的团体内部具有基本一致的认同感，但团体之间则因存在财富、权力和声望的争夺而产生竞争和冲突，教育的作用就是帮助学生掌握一定的知识和技能，接受特殊的身份文化，进入不同身份文化团体之中，最终获取一定的社会地位。

二、教育与社会流动

现代社会是"不再由'等级、身份'来构成层次森严的停滞社会"，而是由"习惯、习俗和教育水平"之间的差异所构成的流动社会。[①] 教育与社会流动的相互关系也日益明显。

（一）社会流动对教育的影响

社会流动是指在社会分层结构中，各个阶级或阶层内部，以及不同阶级或阶层之间，个人或者群体的社会地位升降与职业转换的现象。[②] 它也是存在于任何社会、任何时代的普遍现象。

在传统社会，社会流动的速度、数量、频率等都较低，主要依据赞助性流动，教育机构数量较少，教育只是少数人的特权，教育的价值主要体

---

① ［美］华勒斯坦等：《学科·知识·权力》，刘健芝等编译，73 页，北京，生活·读书·新知三联书店，1999。

② 依据不同标准，社会流动可分为不同类型。比如，垂直流动与水平流动。垂直流动又称"上下流动"，是指个人或群体在不同社会阶层之间的流动；水平流动是指同一社会地位的社会阶层之间的流动。又如，代际流动与代内流动。代际流动是指两代人之间的社会地位变动情况；代内流动是指个人在其一生中的社会地位变动情况。再如，竞争性流动与赞助性流动。竞争性流动是指在公开、公平竞争的条件下，通过个体的努力而获得的流动；赞助性流动则是利用其他社会资源而获得的流动。

现为象征性价值。现代社会，社会流动的速度、数量、频度等都较高，主要依据竞争性流动，教育的价值主要体现为功用性价值。（当然，象征性价值依然存在。）社会流动的方式影响个体社会地位的获取途径，进而影响到教育的价值、功能，使教育的目标、内容等发生变化；社会流动的数量、频度等也与教育的价值和功能存在密切关系。此外，一个社会的用人制度、人才选拔模式等往往也反映出社会流动的总体趋势，而这又将强烈地影响到学校教育改革的方向、内容、进程等。

现代社会，社会流动频率的不断提高，社会流动形式的逐渐多样，促进了教育的发展，也促使教育改革不断拓展。特别是随着社会的发展，社会流动的规模越来越大，速度越来越快，竞争也越来越激烈；而希望得到较好的自我发展和自我实现的机会（所谓"人往高处走，水往低处流"），是支配人们努力争取向上流动的普遍社会心理，这使得人们对自身及其子女接受更多优质教育的需求也越来越强烈。

（二）教育对社会流动的影响

社会结构、家庭背景、个体特征（如个体的能力、成就动机、抱负水平、主观努力），以及自然因素等，都会影响个体的社会流动。现代社会，教育对个人的社会流动具有重要影响，学校教育越来越成为一种重要的流动资源。

伴随现代社会经济结构的变化，职业被视为社会流动的重要阶梯，而教育在个体谋取职业方面发挥越来越大的作用。个体受教育程度也会影响其寻求社会流动及迁移的心理倾向。比如，在户籍制和城乡二元结构制约我国农村人口向上层社会流动的根本性制度壁垒面前，通过考上大学而实现"跳农门"的人生理想一直是我国农家子弟奋发读书的巨大动力。学历和文凭成为大多数国家人才选拔的最主要标准，从而使得教育成层所体现出来的学历层次、文化程度和技能水平等成为竞争性社会中个人流动的重要筹码。个体的经济收入、社会声望等的高低往往与其受教育程度呈正相关。教育也成为影响代际流动的重要因素。有个案研究发现：教育影响着个人的职业流向、工资水平、初职和现职的选择，并在很大程度上决定着个人社会流动的方向和类型，这些影响又是通过进入不同的职业链而体现出来的。[1]

---

① 陈振中、陈良：《教育成层对农村成员社会流动影响的个案分析》，载《当代教育科学》，2010（11）。

当然，教育成为影响社会流动的重要因素也是有前提的，比如，社会需要确认竞争性的人才选拔模式，教育资格成为高社会地位的必要条件，竞争性的人才选拔及社会流动不会受到外在的阻力，学校所提供的教育资格（学历、文凭等）具有与之相应的资格标志（而不是存在大量的文凭贬值、滥发文凭、文凭与才能不相应的状况），社会等级制的标准整合一致（即一定的教育资格能够获取与之相应的权力、财富、声望等社会资源）。[①]

改革开放以来，随着经济发展，我国的社会流动全面复苏，并表现出一些特征。比如，水平流动速度加快，但教育落后仍然是制约农村人口向城市流动的重要因素；垂直流动比例增大，但向上流动机会仍然不均；竞争性流动加强，但教育选择功能的发挥仍然不足；代内流动率有所提高，但代际继承性仍然十分明显，处于较低社会地位的群体成员的子女进入较高社会地位群体的门槛依然偏高，社会分层出现"板结化"迹象。

合理的社会分层和公平竞争的社会流动是社会发展的必然趋势。实现社会分层的合理化及社会流动竞争的公平性，都是长期、复杂的社会历程，有赖于全社会共同努力。正是因为教育对社会分层和社会流动的重要影响，教育更需要在促进合理的社会分层与公平的流动竞争中发挥应有的作用，教育公平便是必不可少的前提。

相关链接 3-1：教育成层的实现途径[②]

美国教育社会学家巴兰坦曾说："教育系统充满了分层过程，这种过程既反映了社会的学校分层，又说明学校是强化和持续社会分层的一种途径。"教育成层的实现途径主要由庞大的学校教育体系的各个层面设计和执行，具体有以下几种途径。

1. 通过一定的教育结构来实现教育成层

第一，教育的层次结构：从初等教育到中等教育再到高等教育，各层次教育的就学人数呈现递减。第二，教育的类别结构：普通教育、职业教育、各种专业教育，各类别教育有各自不同的培养目标。第三，教育的形式结构：正规教育和非正规教育，分别适应社会的不同需求。第四，从教育资源的规划上注重学校的规模和空间位置的布局结构，以确保教育与社会发展的协调一致。其中，教育的层次结构反映出在社会及自然资源相对

---

① 马和民：《新编教育社会学》，409 页，上海，华东师范大学出版社，2002。

② 李敏：《论教育成层的功能及其实现途径》，载《当代教育科学》，2003（13）。

稀缺的情况下，教育发挥过滤和筛选的作用，个体依据自身不同的内、外部条件，通过激烈的竞争达到不同的教育层次，进而取得不同的社会地位。教育的类别结构则体现教育的"标签"作用，通过普通教育、职业教育及各种专业教育赋予人们不同的文化身份和进行流动的资本、凭证，使人们在达到基础教育水平的基础上，通过不同类别的教育形式进行分流，再凭借获得的不同知识和技能，最终进入各种预定的社会位置。可见，教育结构配合教育成层，发挥出教育的选拔和分流作用，成为教育成层的一条有效的实现途径。

2. 通过考评等具有社会选拔功能的教育活动来实现教育成层

考评等教育活动本身就具有筛选、淘汰的性质，直接与学历的高低挂钩，而学历高低又与职业优劣高度相关。在我国，小学、中学、大学、硕士、博士，每两个阶段的相互衔接都是通过考试制度完成的，使具有不同文化知识和技能的人进入不同类型的学校，使在同类知识的掌握上有质和量的区别的人进入声誉不同的学校，使另一部分（甚至相当一部分）人从学校教育中淘汰，这些人最终将获得不同的社会地位。

3. 通过教育质量、内容、评价等推动教育成层的进程

第一，教育质量影响教育成层。不同学校、不同班级、不同教师的教育质量都不一样。这种差异不仅使学生掌握知识的程度不同、学习成绩优劣不同，而且会无形中对学生的人生观、价值观、职业思想等产生影响，使学生在升学就业及其他机遇面前做出不同的选择。

第二，教育知识的成层过程影响教育成层。教育内容虽然主要以法定知识的形式进入教育过程，但不同教师在具体组织课堂教学时会对教育内容进行不同程度的选择和重组，会根据学生的不同知识准备状况进行有差别的讲授，从而使不同学生在学校教育中接受和掌握不同层次的知识；而知识在现实社会中被人们赋予不同的价值，这使得个体具有的文化资本在价值上存在差异，进而影响社会地位的获得。

第三，教育评价影响教育成层。教育评价系统在学校教育中通过预测、总结、测评等方式指引着学校办学和学生发展的方向。不同国家、不同学校，教育评价的侧重点不同，会通过影响学生的素质结构、校园文化氛围及学生性格等，影响学生的未来发展。

第四，教育历程的综合影响。人的发展一般要经过多次的学校、专业等选择，每次选择都会使人面临新的挑战与机遇，而多次的选择和积累会产生综合作用。人在教育历程的综合影响下形成自己的语言、行为方式、

价值观等，这些有形的和无形的符号会对人可能获得怎样的社会地位产生微妙的影响。

第三节　社会变迁与教育变革

社会变迁（social change）是人类社会永恒而普遍的现象，是社会的发展、进步、停滞、倒退等一切现象和过程的总和；内容涉及社会生产、生活的一切领域，包括自然环境、人口、社会价值观、制度结构、经济、文化、生活方式等的变迁；表现形式多样，有社会整体变迁和局部变迁、社会的渐变和突变、社会的进步和退步等。① 社会变迁与教育变革有着极为密切的关系，当代中国社会正经历着巨大的社会转型和变迁，遭遇由社会转型和变迁而产生的教育冲突和问题，进行着长期而艰巨的教育改革。

一、社会转型与教育冲突

社会转型（social transformation）是不同于社会渐变和社会剧变②的一种特殊的社会变迁方式，是社会发展进程中社会结构系统的整体变革。我国自 1840 年以后的整个近现代史始终处于社会转型期，即从传统社会向现代社会的过渡和转变时期；当代中国社会更是经历着从以计划经济为主向以市场经济为主、从农业社会向工业社会、从封闭社会向开放社会、从单一性社会向多元化社会、从伦理型社会向法制型社会的整体性和根本性变迁。当前我国正处于社会大转型时期，政治、经济、文化和社会生活的巨大变化使传统的价值观念、道德意识、思维方式、行为准则和社会秩序等受到全面冲击，这也是我国当代教育冲突和失范频发的整体背景。当代中国社会转型中，观念转型和体制转型对教育的影响尤为深刻。

---

① 董泽芳：《教育社会学（修订本）》，119～121 页，武汉，华中师范大学出版社，2009。

② 社会渐变是指社会在较为长久的自然发展过程中逐渐出现的量变，社会进化和社会改良属于社会渐变；社会剧变是指社会发生急剧的、具有根本意义的变迁，对教育常常产生突发而具冲击性的影响。参见吴康宁：《教育社会学》，155～180 页，北京，人民教育出版社，1998。

（一）观念转型诱发教育冲突

观念转型既是社会转型的必然结果，又是社会转型的基本前提和精神动力。观念转型既涉及新旧观念的冲突，又涉及不同新观念或不同旧观念之间的冲突，是远比体制转型更为复杂也更为艰难的过程。当代中国社会的观念转型最突出地表现为价值观的多元化，即性质不同的价值观并存。例如，集体主义价值观与极端个人主义价值观并存，"为人民服务"的社会主义道德观与享乐主义、拜金主义的价值观并存等。在价值目标上还表现为多层次利益价值目标并存，以及错误的价值目标的存在等，例如，"一切向钱看""自由是人的一切"等。多种价值观和不同价值目标的并存，使社会主导价值观层面产生"价值真空"，出现"主流价值缺失、无所适从"等现象，导致不良社会风气蔓延、社会道德观衰微、公民责任意识淡薄、功利性竞争加剧等。

观念转型对教育的影响是巨大而深刻的，常常直接或间接地诱发了各种教育目标、结构、内容、方法等方面出现的冲突和失范。比如，多元化、开放、教育先行等一些新观念在解放思想、鼓励人们追求富裕生活的同时，与"大一统"、封闭、教育滞后等旧观念之间的冲突引发诸如社会目标与个人目标、效率目标与公平目标、个性目标与共性目标等教育目标的冲突。又如，观念转型在激发社会对多层次、多类型、多形式教育产生新需求的同时，也引发了层次结构、科类结构、形式结构、布局结构等教育结构的冲突。再如，观念转型在促进人们的思维方式由"关注现在"转向"关注未来"，思考教育应该"传授什么样的知识""培养什么样的人才"等的同时，又引发了教育知识在人文知识与科技知识、专业知识与通识知识、书本知识与生活知识等内容选择上的冲突。[1] 观念转型导致的最根本的教育失范是教育者自身利益意识过于膨胀、个人主义观念增强，利他意识、奉献精神、自律情怀等严重削减，"当教育者自身利益意识极度膨胀，也就意味着受教育者利益极易受到伤害……此时，受教育者个体价值与社会价值均已被异化……"[2]

（二）体制转型催生教育失范

社会转型是包括物质、制度、思想、文化等各个层面的全方位变革，

① 董泽芳：《教育社会学（修订本）》，149～152页，武汉，华中师范大学出版社，2009。

② 吴康宁：《教育社会学》，192页，北京，人民教育出版社，1998。

其基础首先是经济体制转型。当代中国社会以经济体制转型为中心，带动其他社会领域的转型。体制转型包括三种状况：第一，旧体制尚未完全打破，新体制尚未完全建立，新体制取代不了旧体制；第二，旧体制虽然已经在形式上被基本打破，但新体制仍未完全建立，从而导致实际上仍然依循旧体制在运行；第三，旧体制虽然已经在形式上被完全打破，新体制也基本上或完全建立，但新体制仍然存在诸多不完善之处，导致旧体制在实际运行中仍然大发其威。①

体制转型必然要求教育变迁迅速跟进，但教育变迁过程中难免存在新旧体制的冲突，这对教育系统成员的行为影响也是非常明显的，导致教育工作中有直接或间接的反教育的、反文化的或违规型甚至违法型的失范行为。比如，由于教育准备不足、不当导致的毕业生"学非所用""高才低用""文凭贬值""知识性失业"等；又如，因教育经费紧张导致的"乱收费""乱罚款""乱摊派"的"三乱现象"大举入侵校园；再如，因经济发展的强烈需求和教育投入的严重不足，导致一些地方出现违反教育法规的现象。

以培养社会责任感和创新精神、实践能力为核心的素质教育既是社会变迁引发的最深刻的教育观念变革，又是涉及教育体制、机制、结构、目标、内容、师资及管理等几乎所有要素的整体性、全局性改革。这注定是一场长期而艰巨的改革。

二、社会问题与教育问题

社会问题是社会变迁过程中文化失调、结构失衡、行为失序的必然产物。教育问题属于社会问题，特指教育的病态或失调现象。

（一）社会转型期的教育问题

每个社会在一定时期内都会出现特定的教育问题。社会转型期，社会发展中的失衡因素增多，社会结构重组与社会调适中的矛盾加剧，社会问题的交织性、突发性和多面性特点更加明显。教育系统在自主且适应社会的运行中更加容易和社会大系统或其他子系统不协调，从而出现教育问题。②

---

① 吴康宁：《教育社会学》，183页，北京，人民教育出版社，1998。

② 马和民：《新编教育社会学（第2版）》，276～283页，上海，华东师范大学出版社，2009。

1. 在社会转型和剧变过程中，社会结构失衡会引发结构性教育问题

比如，由于经济结构的转型，培养人才的教育系统必须同时实现双重跨越：既要完成普及教育的任务，又必须解决高学历、高层次人才的培养任务。二者之间必然会出现矛盾，这是教育发展过程中始终难以把握好的"效率优先还是公平优先"的问题。又如，人口结构失衡而导致的教育结构失衡、教育浪费、教育滞后、"'择校热'居高不下"等问题，亦属此类问题。

2. 社会转型过程中伴随社会发展，会出现伴生性教育问题

比如，经济发展的差异带来贫富差距的扩大，从而形成教育机会不均等的问题；就业制度的改革会冲击原有专业设置；社会流动加快会引发"流动人口随迁子女上学难""农村留守儿童教育"等问题；社会转型中越来越明显的阶层分化、利益分化等，使得教育需求及选择越来越多元化，使得教育公平的诉求越来越强烈，而力求兼顾教育选择与教育公平的教育改革越来越艰难。

3. 在社会急剧转型过程中会出现失范性、失误性等教育问题

比如，"片面追求升学率""中小学生课业负担过重""中小学校乱收费"等现象就是社会转型时期特有的失范性教育问题。又如，学校教育若不能及时顺应社会的变化，采取有效的教育措施，则极易导致儿童、青少年在成长中出现心理危机等问题。

总之，社会结构、利益格局等方面的变迁都会在教育领域得到反映，会对教育改革提出新的要求。当代中国教育改革必然要直面社会转型带来的挑战。

（二）社会问题对教育的制约

教育不良是产生或加剧社会问题的原因之一，教育制约也是防止和解决社会问题的重要途径。教育制约即通过教育的引导和规范，从微观层面提高社会成员的文化与道德修养水平，使其能够自觉地约束自己的行为；从宏观层面促进教育整体的和谐发展，使之能够主动地适应社会变革的要求。[①] 教育问题的社会成因的复杂性，使得教育问题的解决和治理需要全社会共同努力，但教育自身的观念、行为亦至关重要。

比如，学校教育中"片面追求升学率"的问题就是一个盘根错节的社会与教育问题，危害甚大，但又屡禁不止。从社会成因看，二元社会结构

---

① 董泽芳：《教育社会学（修订本）》，158页，武汉，华中师范大学出版社，2009。

及城乡差别的客观存在、教育资源和优质教育资源的稀缺与激烈竞争、传统价值观念、通过升学寻求理想职业出路的大众心态，以及不恰当的社会舆论和评价等，都是导致和加剧这一问题的经济、社会、文化和大众心理等层面的主要根源和直接诱因。与此同时，教育自身也存在一些导致此问题的重要因素，例如，片面的"为升学而教育"的目的观，狭隘的"只有高学历者才是有用之人"的人才观，偏颇的"智育至上、分数至上"的质量观等，都是诱发片面追求升学率现象的教育思想根源。合理教育分流路径的缺乏、课程体系和教育内容的封闭、教育评估制度的偏狭、高考"指挥棒"的误导、重点学校制度等学校差异的人为拉大，则是导致片面追求升学率现象的教育制度根源。这些原因交织成一股巨大的合力，驱使着人们在片面追求升学率的道路上欲罢不能。

又如，造成近年来社会大众极为关注的"大学生找工作难""知识性失业"等就业问题的原因中，既有客观因素，又有主观因素。在客观因素中，既有自然因素，又有社会因素；在社会因素中，既有政治、经济因素，又有教育因素。合理教育结构的缺失便是重要的教育因素之一。合理的教育结构是形成合理的职业结构的基础，但我国长期以来受"重普通教育轻职业教育""重高等教育轻基础教育""重正规教育轻非正规教育"等思想的影响，教育结构不能很好地适应社会经济结构、职业结构和人口结构等变化的要求，由此加剧了结构性失业，导致人才浪费、文凭贬值等问题。因此，就业问题的解决固然需要依靠促进经济增长、调整产业结构、扩展就业空间、增加就业机会，以及改变大众的职业观、就业观，但更需要教育系统自身采取有效措施，如调整教育结构，创新人才培养模式，扭转偏狭的人才观、质量观及评价方法，完善就业指导系统等，加强教育制约。

三、社会公平与教育公平

利益分化伴随利益整合，这必然要求社会公平，对教育公平的诉求也就随之而来。

（一）社会公平及其对教育公平的诉求

作为一种道德要求和品质，公平是"作为伦理学范畴，含有从公正的角度出发平等地对待每一个与之相关的对象的意义。在经济伦理学中，指社会成员的财富分配相对均衡化"[1]。社会公平是在遵循社会公正价值原则

---

[1]　《辞海（第六版缩印本）》，596 页，上海，上海辞书出版社，2010。

的基础上，致力于实现社会平等的过程中，协调社会各种利益关系时所体现的价值取向或判断标准，指人们在利益关系上的无差别性，以及参与社会活动的平等权利和机会。

社会公平是一个历史的、相对的概念，不同历史时期、不同地区的人们对公平的认识和理解都会不同，甚至在同一时期、同一地区，每个社会成员也会因各自文化水平、社会经济地位等背景差异而形成对社会公平的不同理解。按照公平发生的阶段不同，公平可分为起点公平、过程公平和结果公平。起点公平意味着人们在一个共同认可的合理规则之内平等地拥有相应的权利，不排除任何人享有这些权利的可能性。过程公平是在社会生活过程中，个体能够得到平等地对待，形式上的公平原则得到了事实上的实现。结果公平则是起点公平和过程公平的逻辑结果，每个个体都得到了合理性平等的利益。

社会公平体现在政治、经济、文化等各个方面，体现在教育方面即教育公平。由于教育在社会流动和分层中的作用越来越大，人们对接受优质教育的欲求越来越强，对拥有接受优质教育的平等机会的期望越来越高，对教育公平的诉求也越来越激烈。

（二）教育公平及其与社会公平的关系

教育公平表现在三个层面：第一，起点公平，即不论性别、种族、出身、经济地位、居住条件等，人人都享有平等的受教育的权利和义务；第二，过程公平，即为受教育者提供相对平等的受教育的机会和条件；第三，结果公平，即使每个学生都能有效利用社会提供的教育机会，取得符合其个性、智力、能力的学业成就。其中，起点公平是教育公平的前提和基础，涉及每个公民的生存权和发展权，需要由国家以法律的形式加以确定；过程公平体现在整个教育活动过程中，是教育公平的进一步要求，须通过相应的制度、政策加以体现和维护；结果公平是起点公平、过程公平的归宿，是教育公平的最高阶段，教育不能保证每个人都取得同样的成就水平，但必须保证每个人都拥有平等的成功机会。

1. 教育公平是社会公平的重要内容，也是建立社会公平的重要基础，更是推动社会公平的有效途径

教育公平作为社会公平的重要组成部分，是社会公平在教育领域的独特体现；与此同时，由于教育在社会、经济发展中的基础性、全局性、先导性作用，教育公平又是实现社会公平的重要基础，也是促进社会公平的重要途径和构建和谐社会的根本保证。公平、正义作为和谐社会的重要原

则和目标，目的在于使社会各个领域的利益关系得到妥善协调，使社会成员能够公平分享现代社会的发展成果。给予各种生存状态下的群体以公平地获得社会发展成果的机会，是每个人发展的基本前提，也是现代社会和现代教育的基本价值。

2. 社会公平是实现教育公平的重要基础

我国社会主义制度的确立为实现教育公平提供了必要的制度条件，但在社会主义初级阶段，生产力发展水平的限制，以及历史形成的城乡差别、地域差别、阶层差别等难以在短时间内消除，甚至伴随市场经济的发展还出现固化、激化现象，还将在一定时期内存在不同程度的教育不公平现象。

（三）我国现阶段的教育公平实践

教育公平是社会发展的重要影响变量，是教育的核心价值和"绝对命令"。教育公平是一种理念，更是一种实践。教育公平的实践需要决心和信念。

世界各国在现代化进程中普遍重视教育公平。21世纪以来，很多国家都将推进教育公平、提高教育质量作为重要的社会政策和教育政策。我国政府也一直将实现教育机会均等①、实现教育公平作为促进教育事业发展、推进社会公平的重要目标。

当前影响我国教育发展不均衡的主要因素，以及出现各种教育不公平现象的主要原因有：经济发展不平衡导致教育资源分配不均衡，地区间、学校间教育有效供给存在极大差距；教育政策不合理（例如，"城市中心"的价值取向、凭户籍制度就近入学、高考录取中的区域定额与独立划线、重点学校制度等）；社会分层日益明显，阶层差距日趋加剧；法律制度不完善；长期形成的错误观念（例如，精英教育观、单纯效率观、阶梯式个体发展观、等第观、片面教育公平观）等。这些因素都对教育公平理想的实现构成巨大阻碍，实现教育公平和社会公平依然任重而道远。为此，我国政府近年来特别重视义务教育均衡发展：第一，坚持教育公平的价值取向。基础教育均衡发展的出发点和落脚点都在于实现教育公平。第二，强调教育资源的公平配置。实现基础教育均衡发展的关键在于各种教育资源（包括

---

① 根据《教育法》及其他相关政策规定，教育机会均等在我国主要有两层含义：一是指所有人不因民族、种族、性别、职业、财产状况、宗教信仰等差异而平等享有受教育的权利；二是指在自然、社会或文化方面处于不利条件的个体可以通过教育获得国家的必要补偿和改善。

人力资源、物力资源、财力资源、信息资源等）的配置真正实现均衡。第三，均衡发展的外延包括地区间、城乡间、学校间的均衡发展。此外，教育均衡发展是以质量为导向的，教育公平绝不排斥教育质量，二者并不矛盾。当前我国教育改革与发展在追求教育公平、实现教育机会均等和教育均衡发展等方面，需要在教育规模总量不断扩大的情况下，保证城乡之间、阶层之间平等的入学机会，然后再追求相对平等的教育过程和教育结果。

1. 树立教育优先发展的战略意识，坚持教育公共性原则

教育经济学研究表明，基础教育是最具有公共产品属性的教育类型，应该由政府承担促进基础教育均衡发展的重任。要真正实现基础教育均衡发展，需要加强教育立法，明确政府教育职责，彻底打破城乡二元教育投资体制，加大政府对基础教育事业的投入。

2. 取消名校政策，大力扶持薄弱学校

我国在特定历史时期执行的重点学校政策在新的社会背景下加剧了基础教育发展的不均衡。为此，一方面，在配置教育资源时应不再向重点学校倾斜，转为扶持薄弱学校；另一方面，应努力发挥名校的示范性和辐射作用，以其先进的教育理念、管理措施等带动薄弱学校发展。可采取城乡校际结对帮扶、搭建教育资源共享平台、加强薄弱学校教师队伍建设（如教师轮岗、为薄弱学校教师提供更多学习培训机会、加强薄弱学校教师的对外交流）等措施。

3. 加大对弱势群体和地区的补偿

"弱势补偿"是社会公平的重要原则，我国基础教育均衡发展中，尤其需要树立弱势地区和群体优先的原则，通过公平、公正的制度安排和政策调适，采取差异策略，扶持弱势阶层，消除性别歧视，保障和促进各地区、各阶层、各民族和性别之间的平等受教育权。

当然，我们也需要辩证地看待教育发展过程中出现的不公平现象。教育公平问题与教育发展始终相连，当前我国社会的教育不公平问题是改革开放 30 多年来教育事业在义务教育普及、基础教育优化、教育结构调整、教育法制建设、高等教育大众化等方面取得明显的进步和发展背景下产生的，进而出现了较高层次的教育公平诉求。

[复习与思考]

义务教育阶段的择校问题是当前备受我国教育界和社会各界关注与争

议的问题，也是影响义务教育公平性和均衡性而亟待解决的教育难点问题。请你运用本章学到的知识，对择校问题产生的深层原因进行分析，并对如何规范择校行为、促进义务教育公平、推动教育均衡发展提出策略建议。

[推荐阅读]

1. 吴康宁：《制约中国教育改革的特殊场域》，载《教育研究》，2008 (12)。

2. 高杭、薛二勇：《教育公平的涵义变迁、发展困境及释义——基于制度转换与法理思潮的分析》，载《教育理论与实践》，2010 (7)。

3. 陈振中、陈良：《教育成层对农村成员社会流动影响的个案分析》，载《当代教育科学》，2010 (11)。

4. 陈·巴特尔：《我国"择校"现象的教育社会学阐释》，载《中国教育学刊》，2011 (5)。

5. 朱德全、李鹏、宋乃庆：《中国义务教育均衡发展报告——基于〈教育规划纲要〉第三方评估的证据》，载《华东师范大学学报（教育科学版）》，2017 (1)。

6. 吴俊蓉：《农村义务教育均衡发展研究——基于马克思主义公平理论的分析》，载《人民论坛·学术前沿》，2017 (11)。

第四章
学生品德发展与学校德育

[本章重点]

1. 理解品德结构，以及学生品德发展的特点、影响因素。

2. 理解德育过程的基本规律，以及学校德育的内容、原则、途径、方法与模式。

3. 了解我国学校德育改革情况。

案例导入：今天，我们如何开展学校德育工作？

面对"泡在蜜罐里长大"的"00后"儿童、青少年的诸多令成年人不解，乃至惊恐的言行举止，人们在反思学校德育工作存在的不足。有人认为，我国学校德育宣传的都是真、善、美，对生活世界中的矛盾与丑恶现象却避而不谈，目的就是让学生无条件地接受某种固定的价值、标准或具体的道德规则和纪律条文，德育目标空洞、抽象，而且过于理想化，缺乏针对性和循序渐进性。也有人认为，学生品德培养光靠学校德育是远远不够的。当前我国社会中，学校、家庭、社区之间缺乏有效协作是导致学校德育效果低下的重要原因——家长眼里只有"分数"，而我国又缺少社区参与儿童、青少年德育工作的传统和资源。还有人认为，德育的基础和深层内核在于人的情感，而长期以来，我国学校德育主要局限于课堂教学，情感体验荒芜，道德实践匮乏，也就难怪学生"说起来一套一套，做起来一概不知道"。

确实，如今我国学校德育面临巨大挑战，德育工作者时常有力不从心之感。如何让学校德育与学生的心灵产生共鸣，如何使学校德育能够真正促进学生品德发展，这是摆在每一位教育工作者面前的难题。

第一节 学生品德发展

一、品德与品德结构

品德即道德品质，是个体依据一定社会道德准则和规范行动时，对社会、对他人、对周围事物所表现出来的稳定的思想行为倾向。品德不是天生的，它是儿童在社会生活的人际交往中通过模仿、顺从、认同和内化等心理机制，产生道德观念，并在其支配下表现出特定的行为，经舆论或自我强化而逐渐形成道德习惯的结果。

在品德的形成与表现过程中涉及的一系列心理成分及其活动，即品德结构，它主要由道德认识、道德情感、道德意志和道德行为四种心理成分构成。

（一）道德认识

道德认识（又称"道德观念"）是对道德行为的是非、善恶、美丑及其执行意义的认识，包括道德概念与道德信念的形成，以及运用这些观念分析道德行为，对人或事做出符合自己认识水平的道德评价。

（二）道德情感

道德情感是伴随道德认识产生的一种内心体验，如义务感、同情心、荣辱感、内疚感等。它不仅是对客观事物的一种反映，而且是人们对客观事物的一种态度，是人们对道德需要是否得到满足而引起的内心体验。一般地说，在现实生活中的各种事件或者他人、自我的行为，凡是符合自己所认同和维护的道德观念并受到众人赞许时，会引起个体的积极情绪体验，激励个体效法或持续行动；否则，会引起个体的消极情绪体验，促使个体否定或制止这类行动。某些道德观念和道德情感成为经常驱使或支配个体做出一定道德行为的内部动力时，就成为个体的道德需要或道德动机。

（三）道德意志

道德意志是人们自觉地确定道德行为的目的，克服各种困难，积极调节自己的活动，以实现既定目的的心理过程。道德意志也受道德认识的支配，是人们利用自己意识的控制和理智的权衡作用来解决道德生活中的内心矛盾（如动机间的冲突及行动过程中坚持与动摇的斗争等）与支配行为的力量。道德意志通常表现为一个人的信心、决心和恒心。

（四）道德行为

道德行为是指一个人遵照道德规范所采取的言论和行动。它是实现道德动机的手段，是道德认识和道德情感的具体表现和外部标志。道德行为的培养主要通过道德行为方式的训练和道德行为习惯的养成等途径来实现。只有学生具有良好道德行为，学校的品德教育才具有社会价值。

在个体品德形成的过程中，上述四种心理成分互相联系、互相制约、互相促进。道德认识是学生品德形成的开端，是道德情感、道德意志和道德行为产生的基础；道德情感和道德意志是品德形成的中间环节，不仅影响着道德认识的倾向，而且对道德行为可以起到一种激励和定向的作用；道德行为是在道德认识的指导下，在道德情感和道德意志的推动下，通过训练形成的，同时它又对巩固和发展道德认识、丰富道德情感起促进作用。道德认识和道德情感可以唤起人的道德动机，从而推动人们产生道德意志和相应的道德行为。品德的形成是一个极其复杂的动态变化系统，培养学生优良品德需要家庭、社会和学校综合教育、综合管理，是一项十分艰苦、细致而又复杂的工作。

二、中学生品德发展的特点

与小学生相比，[①] 中学生品德心理发展的特点主要表现在以下几个方面。

（一）伦理道德发展具有自律性，品德心理中自我意识成分明显

在整个中学阶段，学生的品德迅速发展，处于伦理形成时期。伦理是人与人之间维持关系必须遵守的行为准则。它是道德关系的概括，伦理道德是道德发展的最高阶段。同时，中学生的自我意识发展迅速，从仿效他人的评价发展到独立进行道德评价，品德心理中自我意识成分明显。

---

① 小学生品德发展的特点表现为：在道德认识上，逐渐从肤浅、表面的理解向准确、本质的理解发展。例如，小学生在理解"勇敢"时往往会和"冒险""胆怯""谨慎"等相混淆，会认为"别人不敢做的事，自己敢做"就是"勇敢"，因而把爬树、爬墙、从高处跳下，甚至故意对抗老师等行为都视为勇敢行为。在道德判断上，他们逐渐从仅仅注重行为效果向比较全面地考虑动机与效果的统一关系发展，从单纯依赖社会、他人制定的道德原则出发进行判断向依据自我内心的道德原则进行判断发展。在道德行为上，随着年龄的增长，他们会出现言行脱节、"能说不会做"的现象。小学生品德发展的关键期一般出现在三年级下学期前后，这是加强辅导和促进发展的关键时期。小学阶段是儿童和谐发展个性、德行和社会性的良好时期。

首先，中学生开始形成道德信念与道德理想，道德信念在道德动机中占据相当地位。人的道德信念的形成要经历一个长期的过程，表现出阶段性，包括：道德信念准备期（大约在 10 岁以前）、道德信念萌发期（10～15 岁）、道德信念确定期（大约在 15 岁以后）。从品德心理形成的过程来看，中学生对道德知识的理解水平逐步深化，道德观念也向稳定性发展，逐步形成比较明确的道德信念与道德理想。

其次，中学生的道德行为习惯逐步巩固。中学阶段是人一生中道德行为习惯形成的关键时期。中学生已经基本形成了与道德伦理相一致、较稳定的道德习惯。

最后，中学生的品德结构更加完善。中学生的道德认识、道德情感、道德意志与道德行为之间相互协调，形成了一个较完善的动态结构，使他们不仅按照自己的道德准则行动，而且品德结构逐渐成为稳定的个性心理结构的一部分。

（二）中学生的品德发展由动荡向成熟过渡

第一，初中生的品德发展表现出明显的动荡性。初中生道德动机的多变性与稳定性交织在一起，以多变性为主，随年龄增长，总的趋势是向稳定性发展，多变性减少。初中生在活动中容易被各种诱因引起的欲望驱使，情境性动机、情绪性动机、兴奋性动机突出，道德动机简单而易变。随着社会化水平提高，理智性动机发展，兴趣趋向稳定，道德动机向稳定性发展。品德不良、违法犯罪多发生在这个时期。研究发现，八年级是品德发展的关键期。

第二，高中生的品德发展渐趋成熟。高中阶段或青年初期的品德发展进入以自律为主要形式，应用道德信念来调节道德行为的成熟时期，表现在能自觉地应用一定的道德观点、信念来调节行为，并初步形成人生观和世界观。

三、影响学生品德发展的因素

影响学生品德发展的因素包括外部因素和内部因素。

（一）外部因素

1. 家庭教养方式

研究表明，学生的态度和品德特征与家庭的教养方式有密切关系。若家庭教养方式是民主、信任、容忍的，则有助于儿童的优良态度与品德的形成与发展。若家长对待子女过分严格或放任，则儿童更容易产生不良的、敌对的行为。

2. 社会风气

社会风气由社会舆论、大众媒介传播的信息、各种榜样的作用等构成。作为社会的成员，学生不可能与社会隔绝，也无力控制、净化社会环境，再加上自身的选择、判断能力有限。因此，社会风气会影响学生道德信念与道德价值观的形成。

3. 同辈群体

群体归属的需要是个体的一种基本需要。为了得到同辈群体的接纳和认可，中学生往往会努力使自己的言行态度与同伴保持一致，他们的态度与道德行为常常受到其所属同辈群体（包括正式的班集体和非正式的小团体等）的行为准则和风气的影响。

（二）内部因素

1. 认知失调

人类具有一种维持平衡和一致性的需要，即力求维持自己的观点、信念一致，以保持心理平衡。当认知不平衡或不协调时，比如，新出现的事物与自己原有的经验不一致，或者自己的观点与他人的、社会的观点或风气不一致等，内心就会有不愉快或紧张的感受，个体就试图通过改变自己的观点或信念达到新的平衡。认知失调是态度改变的先决条件。

2. 态度定式

个体由于过去的经验，对所面临的人或事可能会具有某种肯定或否定、趋向或回避、喜好或厌恶等内心倾向性。这种事先的心理准备或态度定式常常支配着人对事物的预期与评价，进而影响人是否接受有关的信息和接受的量。

3. 道德认识

态度、品德的形成与改变取决于个体头脑中已有的道德准则和规范的理解水平及掌握程度，取决于已有的道德判断水平。根据皮亚杰和柯尔伯格（又译作"科尔伯格"）的研究，要改变或提高个体的道德水平，必须考虑其接受能力，遵循先他律后自律的循序渐进原则。

此外，个体的智力水平、受教育程度、年龄等因素也对态度与品德的形成和改变有不同程度的影响。

第二节　学校德育实践

为了实现学校德育的目标，教育者必须在遵循德育规律和原则的基础上，确定德育内容，采取恰当的德育方法、途径及模式，有效开展学校德育活动。

一、学校德育的主要内容

学校德育是教育者依据特定社会要求和品德发展规律，对受教育者实施有目的、有计划的影响，培养他们特定的政治思想意识和道德品质的活动。学校德育是思想教育、政治教育和道德教育的总称，而不是"道德教育"的简称或"政治教育"的代名词。

学校德育的主要内容包括：爱国主义和国际主义教育；理想和传统教育；集体主义教育；劳动教育；纪律和法制教育；辩证唯物主义世界观和人生观教育。

二、学校德育过程的基本规律

教育要遵循人的身心发展规律，同样，德育要遵循学生的思想品德发展规律。德育过程的基本规律是德育原理的基本理论问题。教育者认识并掌握德育过程的基本规律，才能科学地开展德育活动、组织德育过程，从而有效地培养学生的思想品德。德育过程的基本规律如下。

（一）学校德育是对学生知、情、意、行的培养和提高的过程，具有统一性和多端性

学生的思想品德由思想、政治、法纪、道德等方面的认识（知）、情感（情）、意志（意）、行为（行）构成。德育过程中，知、情、意、行这四个因素既相对独立，又相互联系、相互渗透、相互促进、相互补充。其中，知是基础，行是关键。德育过程一般可以按照提高道德认识、陶冶道德情感、磨炼道德意志、养成道德行为习惯的顺序进行，晓之以理（提高道德认知），动之以情（陶冶道德情感），训之以意（磨炼道德意志），导之以行（养成道德行为习惯）。当然，学生在这些因素的发展方向和水平上又会表现出不平衡性（比如，通情不达理、达理不通情、口是心非、言行不一等），因而在具体德育过程中又可以具有多种开端，或从培养道德行为开始，或从陶冶道德情感开始，抑或从磨炼道德意志开始，最终促进学生知、

情、意、行全面和谐发展。

（二）学校德育是学生在活动和交往中接受多方面教育影响的过程，具有社会性和实践性

活动和交往是学生思想品德形成的基础和源泉。学生在活动和交往中必定受到多方面因素的影响。德育过程中的活动和交往是教育者根据学生思想品德形成和发展的规律来组织和指导的，德育工作即通过组织德育活动对学生施加有计划、有目的、有组织的影响，从而促进学生在活动和交往中发展品德。德育过程必须适应社会实践的客观状况和客观要求，德育过程中必须引导学生履行一定的社会道德义务。只有在社会实践中，才能够衡量和检验学生是否形成了良好的道德品质。

（三）学校德育是促使学生思想内部矛盾运动的过程，具有主动性和自觉性

学生思想品德的任何变化都必须依赖学生个体的心理活动。学生思想品德的达成过程是内、外部因素相互作用的结果。个体品德发展需要与现有品德发展水平之间的矛盾是品德发展的根本动力。要推动学生思想品德矛盾运动朝着德育目标的方向发展，就必须发挥道德成长主体——学生自身的主动性、自觉性、积极性。所以，德育工作要注重引导学生能动地进行道德活动，培养自我教育意识及能力。

（四）学校德育是一个长期的、反复的、不断前进的过程，具有反复性和渐进性

学生思想品德的培养和提高不是一朝一夕就能够实现的，更不是一蹴而就的，而是反复教育、培养和锻炼的结果。这种长期性、反复性和渐进性是德育工作中的正常现象，也是符合学生思想品德形成与发展的规律。因此，德育过程是一个长期、反复、不断螺旋式提高和前进的过程，德育工作需要"反复抓、抓反复"。

三、学校德育原则

学校德育原则是教师在开展德育工作时应该遵循的基本要求，它反映了德育过程的规律性，是对德育实践经验的概括和总结。德育原则不是人们凭主观愿望任意制定的，而是依据学校教育目的、任务和思想品德教育的任务，以及思想品德教育过程的规律确定的，也是长期教育实践经验的总结和概括。

（一）导向原则（共产主义方向性原则）

导向原则，或称"共产主义方向性原则"，是指对学生进行思想品德教育时应该将无产阶级政治方向放在首位，同实现共产主义理想联系起来。

这一原则体现了我国德育的社会主义性质，是我国学校德育工作的根本原则，集中反映了社会主义思想品德教育的阶级性质和培养年青一代的根本要求，是学校进行德育的政治方向和根本保证。

（二）知行统一原则（理论与实践相结合原则）

知行统一原则，或称"理论与实践相结合原则"，是指开展德育工作时应该将思想政治观念和道德规范的教育与参加社会生活的实际锻炼结合起来，把提高学生的思想认识与培养道德行为习惯结合起来，培养学生言行一致的良好品德。贯彻这一原则的要求是：组织学生系统地学习社会主义理论和道德规范，使学生掌握明辨是非的标准，以指导和评价自己的行为；组织学生参加各种社会实践活动（包括学习实践、生产劳动、社会公益活动、文体活动、科技活动等），训练道德行为，养成良好的行为习惯，使学生在这些实践活动中深化认识，加强情感体验，磨炼意志，养成社会所需要的道德行为习惯；教师要以身作则，言行一致，以自己的模范行动去影响、教育学生。

（三）在集体中进行教育的原则（集体教育与个别教育相结合的原则）

在集体中进行教育的原则，或称"集体教育与个别教育相结合的原则"，是指进行德育要注意依靠学生集体，通过集体进行教育，以便充分发挥学生集体在教育中的巨大作用。

（四）严格要求和尊重（信任）学生相结合的原则

严格要求和尊重（信任）学生相结合的原则是指进行德育要把学生的思想和行为的严格要求与对他们个人的尊重和信赖结合起来，使教育者对学生的影响与要求易于转化为学生的品德。

（五）正面教育与纪律约束相结合的原则

正面教育与纪律约束相结合的原则是指对学生进行思想品德教育，要以说服教育为主，积极疏导，启发自觉，指明方向，从提高认识入手，做深入细致的思想工作；在对学生进行说理教育的同时，也要给予必要的纪律约束。贯彻这一原则的要求是：坚持正面启发，积极疏导；以正面的榜样和事例教育学生；建立合理的规章制度。

（六）发扬（依靠）积极因素，克服消极因素的原则

发扬（依靠）积极因素，克服消极因素的原则是指进行德育要调动学生自我教育的积极性，依靠和发扬他们自身的积极因素去克服他们品德上的消极因素，实现品德发展内部矛盾的转化。

（七）教育影响的一致性和连贯性原则

教育影响一致性和连贯性原则是指进行德育应当有目的、有计划地把来自各方面对学生的教育影响加以组织、调节，使其互相配合、协调一致、前后连贯地进行，以保障学生的品德能按教育目的的要求发展。

此外，德育工作中还需要遵循因材施教、注重疏导等原则。因材施教原则是指德育要从学生的思想认识和品德发展的实际出发，根据他们的年龄特征和个性差异进行不同的教育，使每个学生的品德都能得到最好的发展。疏导原则是指德育要循循善诱、以理服人，从提高学生的认识入手，调动学生的主动性，使他们积极向上。

四、学校德育途径

学校德育途径是指学校教育工作者对学生进行思想品德教育时所利用的渠道。

（一）包括政治课在内的各科教学

教学是实施多方面教育的基本途径，也是德育的主要途径。通过教学对学生进行品德教育，要求各科教师教书育人、为人师表，结合各学科的性质、任务和特点，寓德育于各科教学内容和教学过程中，将思想性和科学性统一起来，培养学生的辩证唯物主义世界观和共产主义道德品质的科学基础。各门学科内容性质不同，在思想品德教育中发挥不同的作用。政治课是向学生较系统地进行思想品德教育、马克思列宁主义、毛泽东思想基本常识，以及中国特色社会主义理论教育的一门课程；社会科学学科主要培养学生的爱国主义、集体主义情感和历史唯物主义观及基本道德观；自然科学学科主要培养学生实事求是的精神及辩证唯物主义世界观；艺术学科主要陶冶学生情操，培养学生鉴赏美、创造美的能力。

（二）班级德育工作

班级是学校进行德育的基层单位。班级德育工作是培养学生良好思想品德和指导学生健康成长的重要途径。班主任必须联系各种教育影响力量，结合本班实际情况，有计划地开展各种教育活动，加强班级管理，形成良好的班风；要注意发挥学生的主观能动性，培养他们自我教育和自我管理的能力。

（三）课外活动和校外活动

课外活动和校外活动是生动、活泼地向学生进行德育的一个重要途径。根据学生的兴趣、爱好、特点等，指导学生开展丰富多彩的科技、文娱、体育等活动（包括课外兴趣小组和各种社团活动），发展学生的个性特长，培养学生良好的道德情操、意志品质和生活情趣，提高他们的审美能力。

（四）劳动与社会实践

学生品德是在活动和交往中发展形成的，劳动与社会实践是进行德育不可缺少的一个途径。在德育工作中，可根据学生不同的年龄层次，组织学生参加一定的生产劳动和公益劳动，在劳动中培养学生热爱劳动、热爱劳动人民、珍惜劳动成果的思想感情、行为习惯和艰苦奋斗的作风；积极组织学生进行参观、访问、社会调查、参加社会服务和军训等实践活动，开阔眼界，认识国情，了解社会，增长才干，把理论和实践结合起来，增强辨别是非的能力。

（五）共青团、少先队、学生会工作

共青团、少先队、学生会是学生自我教育的重要组织形式，是学校德育中一支最有生气的力量。共青团、少先队、学生会应根据各自的任务和工作特点，充分发挥组织作用，开展各种健康、有益、生动、活泼的活动，把广大青少年吸引到自己的周围，帮助他们树立远大的理想和培养良好的道德风尚，继承革命传统，学会自我教育、自我管理。

（六）校园环境建设

整洁、优美、富有教育意义的校园环境能使学生受到良好的熏陶和影响，提高学生的道德素质和修养。学校要积极进行校园环境建设，加强校园环境管理，充分发挥校歌、校训和校风对学生的激励和约束作用；利用黑板报、橱窗、广播、图书馆、壁报、影视作品、荣誉室等多种形式或专用场所，创造良好的教育环境。

五、学校德育方法

学校德育方法是教师与学生在德育过程中为达成德育目标而展开的有秩序和相互联系的活动方式和手段的组合。它受德育内容、任务所制约，以德育规律、德育原则为依据。德育方法是提高德育实效的关键，在具体德育工作中必须根据实际情况，选择行之有效的方法。

（一）说服教育法

说服教育法是通过摆事实、讲道理，使受教育者明辨是非、善恶，掌握行为规范标准，提高品德水平的一种方法，是德育的基本方法。说服的形式多种多样，包括讲解、报告、谈话、讨论、参观、访问、阅读书籍报刊等。说服教育法的基本要求是：第一，内容有针对性，这是提高说服教

育实效性的前提和条件。第二，情感要充沛，做到通情达理。教育者要善于以自己充沛的热情和坚定的信念唤起学生情感上的共鸣，激起学生思想上的波澜，从而使道德转化为他们内心的信念，达到良好的教育效果。第三，态度要民主。说服教育要坚持民主、平等、和蔼、诚恳的待人态度，循循善诱，坦诚相见，不"扣帽子""揪辫子""小题大做"，也不讽刺、挖苦、以权压人，要让学生在一种和谐的良好氛围中心悦诚服地接受意见。第四，讲究教育时机。说服的成效往往不取决于花了多少时间、讲了多少道理，而取决于是否善于捕捉教育的时机，拨动学生的心弦，引起他们的情感共鸣，为他们所接受。

（二）榜样示范法

榜样示范法是以正面人物的优良品质、模范行为和卓越成就来影响受教育者品德的一种方法。这种方法的特点在于它是通过榜样的言行，把高深的思想、良好的道德具体化、人格化，使青少年从形象的、可信和富于感染性的范例中得到启迪，提高品德认识，陶冶品德情感，形成正确的观点、信念，增强学习的自觉性。此之谓"榜样的力量是无穷的"。榜样示范法的形式主要有：伟人的典范、教育者的示范、优秀同龄人的示范。基本要求是：第一，选择学习的榜样。教师在选择榜样时要注意青少年的年龄特征、接受能力、社会氛围和时代特点，使榜样能有效地影响学生。第二，树立榜样的威信。榜样的威信直接影响德育的效果，选择的榜样应该具有真实性、可信性、可行性，能以他们高尚的情操和感人的事迹赢得人们发自肺腑的敬仰和爱慕，让学生产生自觉性；不能任意拔高榜样，"神"化的做法只能让学生产生怀疑和反感。第三，激发学习榜样的动机并见诸行动。榜样的教育效果不仅依赖于外部条件，而且依赖于受教育者自身的内部条件，激发受教育者的学习动机是非常重要的。

（三）情感陶冶法

情感陶冶法是教育者通过创设良好的情境，潜移默化地培养学生品德的方法。情感陶冶法包括：第一，人格感化，即教育者靠自己高尚的品德、人格，以及对学生的深切期望和真诚的爱来触动、感化学生，促进学生思想转变，积极进取；第二，环境陶冶，即通过学校的物质文化环境和精神文化环境使学生受到熏陶和感染；第三，艺术熏陶，即通过音乐、美术、舞蹈、诗歌、影视等文化艺术活动，使学生潜移默化地接受影响。其基本要求是：第一，提高教育者自身修养。教师必须加强道德修养，恪守教师道德，处处以身作则，言传身教，以自己优良的品德、高尚的风格和崇高的情操来感染和陶冶学生，使学生在教师的言传身教中受到熏陶和教育。第二，创设良好的教育情境。良好的情境是陶冶的条件和工具，要有效地陶冶学生，必先创设良好的情境，营造良好的氛围。可通过校园文化建设，丰富校园文化生活，开展丰富多彩的积极、健康的文化娱乐活动来熏陶、感染学生。第三，与说理相结合。为了更有效地发挥情境的陶冶作用，不能只让创设的情境自发影响学生，还需要教师配合以启发、说服，引导学生喜爱其学习与生活的美好环境，自觉接受有益影响。第四，引导学生参与情境建设。学生在积极创建美好情境的活动中，会感到自豪、有自尊，会更加严格要求自己，因此，他们的品德也必将得到深化、提高。

（四）自我教育法

自我教育法是在教育者指导下，受教育者在自我意识基础上产生积极进取心，为形成良好的思想品德而向自己提出任务，进行自觉的思想转化和行为控制的方法。自我教育法是一个人在品德修养上自觉能动性的表现，是学生思想进步的内部动力。品德教育的目的，不仅是培养学生具有一定的品德，更重要的是提高他们自我教育的能力，使他们成为能够独立进行自我修养的人。基本要求是：从帮助学生明确意识到社会、家庭、学校对自己提出的道德要求，以及引导学生从自己仰慕的英雄人物中找到自己学习的榜样出发，激发学生自我教育的愿望；鼓励和帮助学生制订程度适当、具体可行的修养目标与计划；指导学生监控和评价自己的道德表现，鼓励学生在道德实践中不断反思自己，自我监控、自我评价、自我激励，更准确、恰当地认识自我，形成道德修养的连续动力，形成自我教育习惯；引导学生在社会实践中进行自我修养，帮助学生在道德实践中实现和欣赏自己在情感体验、意志磨炼及行为策略上的提升。

（五）实践锻炼法

实践锻炼法是指教育者根据学生身心发展和社会的需要，让学生在日常生活和社会活动中亲自参加实践，从中受到教育和锻炼，以形成良好思想品德和能力的方法。实践锻炼法包括：第一，执行制度，即让学生按照学生守则、课堂纪律、作息制度等必要的规章制度进行锻炼；第二，委托任务，指教育者或学生集体委托学生完成一定的工作任务；第三，组织活动，即组织学生参加各种实际活动，如学习活动、课外活动、劳动和一定的社会实践活动等。其基本要求是：调动学生参加实践的积极性，使学生充分认识实际锻炼的意义，有自觉锻炼的要求；与尊重、信任和爱相结合，严格要求学生的品德实践锻炼；不放松对学生的督促、检查，鼓励学生克服困难、持之以恒；及时评价反馈，这是提高认识、增强信心、激发热情、鼓舞斗志所必需的。

（六）品德评价法

品德评价的主要形式有：第一，奖励。这是对学生思想品德给予肯定评价的一种鼓励方法，有赞许、表扬和奖赏三种形式。第二，惩罚。这是对学生不良思想行为的否定评价，其教育意义在于使学生认识某些思想品德的不当，促使其克服、纠正和彻底根除这些思想与行为，包括批评、谴责和处分三种。第三，操行评定。包括写评语和等级评定两种形式，是在一定时期内对学生思想品德所做的比较全面的评价，以对学生品德方面的要求为指导思想，以学生守则为基本内容来考查学生平时在课内外对待学习、社会生活、劳动，以及对待集体和同学等各方面的表现，做出概括性总结。品德评价法的基本要求是：第一，明确"评价只是手段而不是目的"，评价要从调动受教育者内在积极因素出发，充分肯定成绩，诚恳地、适当地指出缺点，提出改进意见，最终达到长善救失、激励学生进步的目的。第二，客观、慎重、实事求是。评价学生时坚持从实际出发，灵活掌握评价时机和分寸，做到公平合理、恰如其分，防止主观臆断、感情用事、滥用评价。第三，充分发扬民主。品德评价应发扬民主，广泛征求各方面的意见，并取得集体舆论的支持与赞同。第四，关注和尊重学生的个体差异。品德评价要考虑学生的年龄特征、个性差异，灵活、实事求是地进行。

六、学校德育模式

（一）当代西方德育理论与模式

1. 学会判断：道德认知发展理论与模式

道德认知发展理论与模式从认知心理学的角度研究品德发展及德育的成果，代表人物是瑞士心理学家皮亚杰和美国心理学家柯尔伯格，他们在当代西方学校德育流派中最负盛名。

皮亚杰早在20世纪30年代就采用"对偶故事法"，系统研究了儿童道德判断发展的特点和水平，总结出儿童道德认知发展的基本规律：儿童品德发展经历了一个从"他律"（指儿童的道德判断只注意行为的客观效果，不关心主观动机，是受自身以外的价值标准所支配的道德判断，具有客体性）到"自律"（指儿童自己的主观价值标准所支配的道德判断，具有主体性）的认识、转化过程，主要表现出三个不同阶段的特点。

第一，无律阶段（0～4岁，又称"前道德阶段"或"单纯的个人规则阶段")。此时儿童还没有道德意识，不会把自己和外面的世界分开，没有自我意识，还不理解成人或周围环境对他们的要求，游戏规则或成人的要求对他们还没有约束力，他们只按照自己的意愿去执行游戏规则。皮亚杰认为，促进儿童和同伴之间形成合作关系是使儿童摆脱自我中心的唯一方法。

第二，他律阶段（4～8岁，又称"权威阶段"）。处于该阶段的儿童能够遵从成人的规则，但是从行为结果去判断行为好坏而不考虑行为动机。皮亚杰把儿童绝对地服从规则要求的倾向称为"道德实在论"，认为成人的约束和滥用权威对该阶段儿童的道德发展极其有害。

第三，自律阶段（8～10岁，又称"可逆性阶段"）。处于该阶段的儿童不再盲目遵守成人的权威，而是自主地用自己的道德认识去判断；有一定的规则意识，有自己内在的判断标准，会从行为动机出发进行道德判断；也不再认为成人的命令应该绝对服从、道德规则是固定不变的等，而是认为道德行为的准则不过是同伴之间共同约定的用来保障共同利益的一种社会产物。可见，规则已经具有一种保证相互行动和相互给予的可逆特征，规则面前、同伴之间是一种可逆关系；儿童的道德判断已经开始摆脱外界的约束，并具有自律道德水平的初步萌芽。

第四，公正阶段（10～12岁）。这时儿童的道德观念开始倾向于公正。公正观念不是一种判断是或非的单纯的规则关系，而是一种出于关心与同情的真正的道德关系，是一种高级的平等关系。这种道德观念已经能够从内部对儿童的道德判断起着决定性的作用。儿童不再刻板地按固定的规则判断，在依据规则判断时隐含考虑同伴的一些具体情况，从关心和同情出发判断。

皮亚杰认为儿童的品德发展阶段不是绝对孤立的，而是连续的，即儿童品德发展是一个连续的统一体，10岁则是儿童从他律道德向自律道德转化的分水岭（即10岁前儿童对道德行为的思维判断主要依据他人设定的外在标准，10岁后儿童对道德行为的思维判断则大多依据自己的内在标准）；应根据儿童各个年龄阶段的特点教育孩子。比如，对处于无律阶段的儿童的活动不应多加干涉，而应耐心地具体指导；对处于他律阶段的儿童，要靠成人的具体指导，这时成人的示范和表率特别重要，不必强求同伴之间的互助；对处于自律阶段的儿童，在教育中应注意正面引导和讲明道理，平等地对待每一个儿童；对处于公正阶段的儿童，要尊重他们的思想，必要时给予他们一定的指导。

柯尔伯格历经 16 年的研究，考察、比较了近 10 个国家和地区的儿童品德发展和德育工作，取得大量实证材料，创立了完整的道德认知发展理论及模式。它被广泛应用于现代学校的德育工作和研究。

柯尔伯格在继承皮亚杰研究路线的同时，创造性地运用"道德两难故事法"，对儿童道德判断进行了大量的追踪研究和跨文化研究，提出"道德发展阶段理论"，将儿童的道德判断分为三个水平、六个阶段。即前习俗水平，这一水平的道德判断着眼于人物行为的具体结果和自身的利害关系，包括"服从与惩罚的道德定向"和"相对的功利主义的道德定向"两个阶段；习俗水平，这一水平的儿童能了解、认识社会行为规范，意识到人的行为要符合社会舆论的希望和规范的要求，并遵守、执行这些规范，包括"人际和谐或好孩子的道德定向"和"维护权威或秩序的道德定向"两个阶段；后习俗水平，处于该水平的人的道德判断超出世俗的法律与权威的标准，而以普遍的道德原则和良心为行为的基本依据，包括"社会契约的道德定向"和"普遍原则的道德定向"两个阶段。

柯尔伯格在实施了一系列实验研究的基础上，先后提出了两个著名的德育模式。一是"新苏格拉底德育模式"。该模式因根据苏格拉底"产婆术"式教学原则实施德育而得名，其核心是在教育过程中应用各种问题和情境，激发学生的兴趣，引发学生思考，在自主探究中提高学生的道德水平。该模式的目标是通过课堂讨论，激发学生对道德两难问题的思考，促进学生道德认知力的发展，培养具有至高德行的人。二是"新柏拉图德育模式"。该模式是柯尔伯格在认识到团体公正水平对个人道德发展具有重要意义后提出的，以公正团体来培养绝大多数健康公民为重点，致力于培养社会需要的绝大多数习俗水平的公民，课堂讨论方法只是作为一种德育教学方法来使用。这些德育模式采用的德育方法多种多样，最主要的方法是"课堂道德讨论法"（旨在促使学生产生认知冲突，以便更主动地接受新的推理方式）和"公正团体法"（利用公正机制，在创设公正团体中培养学生的公正观，促使其达到更高的道德发展水平，突出集体教育的力量和民主机构的教育作用）。

道德认知发展理论为当代学校德育提供了丰富的营养，但并非完美无缺。对该理论模式的批评主要集中于三点：一是过于强调认知力的作用，忽视了对道德行动的研究，而后者对德育来说才是最重要的；二是只强调了道德判断的形式而忽视了内容的作用；三是阶段划分本身存在缺陷。该理论模式对改革我国德育仍是有启迪价值的，比如，学校德育需要加强对学生道德判断能力的培养；可以大胆吸收、运用"道德两难故事法"来改造我国学校德育"重知识轻能力"的课堂教学；应注重确立学生在德育中的主体地位和发挥公正团体的作用，为学生提供更多参与和承担社会责任的机会；学校德育还应注意"隐蔽课程"的影响等。

2. 学会关心：道德情感发展理论与模式

英国德育学家彼得·麦克菲尔开创的"学会关心：道德情感发展理论与模式"（又称"体谅模式"）形成于 20 世纪 70 年代初。虽说当代任何一个德育理论都不会否认道德情感的作用，但体谅模式对以道德情感为主线的学校德育的深刻探讨影响最为深远。该模式认为，与人友好相处是人类的基本需要，满足这种需要是教育的首要职责。因此，从一系列人际与社会情境问题出发，启发学生的人际意识与社会意识，引导学生学会关心、学会体谅，将道德情感的培养置于中心地位，强调道德教育的任务应当建立在体谅的基本核心之上，是体谅模式的核心主旨。

体谅模式坚持性善论，坚持人具有一种天赋的自我实现趋向，把培养健全人格作为德育目标，大力倡导民主的德育观。

3. 学会行动：社会学习理论与道德教育模式

美国当代著名社会心理学家班杜拉提出的"学会行动：社会学习理论与道德教育模式"认为，人既不是单向地受内在力量的驱使，也不是单向地受环境条件的控制；人的内部因素、行为及外部环境三者之间双向地相互影响、相互决定。人的行为会在一定程度上改变或创造环境，而改变或创造的环境又在一定程度上影响着人的行为。班杜拉以此解释个体的社会学习过程，指出社会学习有两条主要途径：直接经验的学习和通过观察榜样而进行的示范学习。

班杜拉从社会学习交互论原理出发，将个体品德的形成与发展看作个人在与环境相互作用中的社会化过程，特别强调社会环境因素和社会学习及个人内部因素这三者在儿童品德形成中的作用。他认为，儿童可以通过言语教导、榜样示范等方式来学习道德法则，进行道德判断。在这一过程中，父母的教育作用巨大，其他成人、同伴、大众媒体及象征榜样等，都发挥着重要的影响作用；人们所教的、强化的东西依儿童年龄的不同而变化，随着年龄发展，个体经验和变化的社会要求不断影响着机能的分化。

班杜拉的社会学习交互论道德教育观突出强调社会环境和内部因素的双向影响作用，以及重视榜样示范在道德教育中的作用等，为道德教育实践指明了方向。在班杜拉看来，社会环境对儿童品德形成和发展的作用主要通过对榜样的示范学习进行，父母、教师、同伴和其他成人等在儿童生活中无处不在，其表现出的一举一动都可以成为示范动作，对儿童产生直接或间接的强化作用，从而影响儿童。因此，父母、教师、同伴、大众媒体等都应发挥良好的示范作用，共同为儿童创造良好的学习环境。

班杜拉的社会学习理论还特别强调自我调节在道德教育中的作用，因为儿童习得的道德知识只有真正被儿童内化以后，才能真正地转化为儿童的道德行为，儿童自我调节能力的高低决定着道德教育的成效。他认为，道德教育的最终目的就是要使儿童形成一定道德信念支配下的自觉的道德行为习惯，只有当儿童把社会、家长、学校、教师的标准要求内化为自己的标准，并利用这些标准进行自我评价、自我监督、自我调节时，儿童才能形成较稳定的道德行为。因此，教育者应重视儿童内部标准的建立及通过自我评价反应，加强行为动机在道德教育中的重要意义，鼓励并促进儿童通过实践，将外部标准内化为他们的内部标准，即积极发展儿童的自我评价、自我反省能力，自觉调节道德行为。

（二）当代中国德育思想与模式

1. 情感德育

情感德育思想是基于中国传统道德教育思想的独特价值取向和思维方式。它是将情感和人性视为道德人格的最基本因素而提出的德育思想，又称"情感性道德教育"，即重视情感在道德教育中的地位与价值，提倡在道德教育中关心人的情感发展，并且以情感品质的道德化来表征人的德行的德育范式。[1]

道德教育旨在将人引向幸福和希望，本质上是人格、生命、完整生活质量的教育，是整个教育的灵魂，统摄并渗透在全部教育过程之中。"如果教师是一个能够创造生命的教师，那么每门课的教师就是道德教育的教师。教师的创造就是去发现学生生命内在的德行潜质，探索这种德行潜质的丰富性与独特性，为之创生各种有利的教育情境，促进其成长。"学校德育中严重的情感缺失现象，以及概念化、浅表化、教条化的德育实践，呼唤广大教师重视学生生命的内在情感。德育若要真正成为抵达心灵的教育，就必须诉诸情感，必须关心教育中人的生命和生活质量。情感德育思想主张，对3～8岁的幼小儿童，应以快乐—兴趣的享受色调为中心构建教育目标；对9～14岁的少年儿童，应以自尊—荣誉感和顺遂体验为中心构建教育目

---

① 朱小蔓：《情感德育论》，北京，人民教育出版社，2005。

标；对 15～22 岁的青年，应以理想自我与现实自我的同一感或一体感为中心建构教育目标。当代学校德育改革应着力于课程、教师和学校文化，激发教师成为有道德教育意识和能力的人，并创设育人为本的学校制度和文化精神氛围。

2. 生活德育

生活德育思想是旨在超越"知性德育"而提出的德育思想。[①] 知性德育缺少对个人整体生活和内含于整体生活的整体德行的关注，生活德育则重在关注生活、德行，以及德育的整体性，"生活德育本身就是一种整体性德育"，生活德育是整体性、社会性、实践性、真实性、有效性的德育。首先，生活德育与整体性的生活血脉相连，从生活出发、在生活中进行而又回到生活，不是撇开生活"另立门户"的割裂的德育。其次，生活德育所培养的德行不是知性的德行，而是由德行确认并体现在德行之中、生活中具体可感的德行。再次，生活德育贯穿于人的所有生活之中，通过"过道德的生活"而学习道德。最后，生活德育是教育者和受教育者都接受教育的德育，两者在生活交往中共同接受教育，两者都受"一套道德原则"制约，不是那种受教育者接受教育而教育者超然于道德之外的"割裂的德育"。

3. 欣赏型德育

欣赏型德育理论是基于德育美学思想而提出的，旨在探索一种既避免强制灌输又坚持正面价值教育的可操作的德育模式。[②] 该模式的核心主旨即"让德育成为最美丽的风景"。该模式主张，德育过程是对学习主体道德自主建构的帮助过程，教育工作者必须承认儿童具有先天的道德禀赋，德育过程实质上不是由外而内的转化过程，而是由内而外掌握或生成的过程。德育过程的本质是道德学习主体在教育工作者创设的特定价值情境中不断主动和自主地改造自己的品德心理图式，不断实现道德人格的提升。为此，师生关系、德育课程和德育过程这几个方面就成为该模式关注的重心。在师生关系中，教师应该成为"参谋"或"伙伴"；德育课程应成为德育情境审美化的载体；德育过程应在"欣赏"中完成价值选择能力和创造力的培养。欣赏型德育模式的具体操作步骤包括：第一阶段"建立与发现欣赏的视角"，第二阶段"展现道德智慧与积极人生的美丽"，第三阶段"践行审美化的人生法则"。

---

① 高德胜：《生活德育论》，北京，人民出版社，2005。
② 檀传宝：《德育美学观》，北京，教育科学出版社，2006。

第三节　我国学校德育改革

当前我国学校德育改革主要针对学校德育实践中存在的课程化与知识化、灌输化与工具化，忽视学生的生活体验和陶冶，道德养成教育和体验教育严重不足等缺陷，应积极探索有效措施改进德育工作，促进德育有效性的实现。

一、我国学校德育实践存在的主要问题

(一)德育内容知识化，忽视生活体验

现代德育以道德知识及其学科为载体，把道德内容形成课程，这种重视道德知识的德育本身并没有错误，但是，由于单纯强调道德是以知识为基础，而知识是可以教的，于是，德育变成了知识德育，知识又编成课程，使学校德育变成了把社会公认的美德通过课堂教学的形式让学生理解和记忆，单纯强调知识而忽视行动，导致知行分离的教育。事实上，道德是人的一种品质，只有内化为人的社会素质才有意义。因此，只是教给学生知识性的道德概念，学生只是把道德理论、规范、准则作为知识掌握，获得的只能是"关于道德的观念"而非内在的"道德品质"。

(二)德育方式灌输化，忽略道德养成

过于理想化、单一化的德育目标使得学校德育变成了空洞的理论说教，违背了青少年身心发展规律，忽视了对青少年的文明素养教育、行为习惯训练和道德情操培养，更多的是从工具主义立场出发，将学校德育窄化为思想政治教育或道德知识灌输，忽视了道德主体的差异性和个体性、道德内容的多样性和层次性、道德方法的灵活性和针对性，甚至把德育当作政治、经济等社会发展的工具，以政治尺度来认识道德问题，把一些本属于德育的问题当作政治问题来解决，把个人的道德品质与其政治立场相联系；过于重视德育的工具作用而忽视了育人的本质要求，使德育无法实现真正的育人功能，德育课程也因此成为不受学生欢迎的课程。正是灌输、说教的工具化、功利化德育，使得学校德育过分强调制度化、规范化而忽视多样化、人性化，过于强调德育的外在社会价值而忽视德育的本体育人价值。

二、我国学校德育问题的解决对策

解决当代学校德育存在的问题、提高学校德育的实效，是当前我国教

育改革的重心。提高学校德育实效的基本对策是使德育回归生活世界，将知识德育与生活德育有机结合起来，注重生活体验，促进道德内化，引导知行合一，净化德育环境，促进德育作用的真正发挥。

（一）注重生活体验，促进道德内化

道德品质的内化是学生认同、筛选与接纳特定社会道德，使之成为自己的信念，并纳入道德品质结构中，成为支配自己思想、情感、行为的内在力量。学校德育只有摆脱空洞的理论说教，注重生活体验，积极开展生存教育、生活教育、生命教育、安全教育、升学就业指导等对学生终身发展有积极意义的德育活动，才能有效地内化为学生的道德品质。

1. 丰富生活体验

体验是个体的自身经验，即个体对事物直截了当的整体性领悟，在个体亲历过程中对人与人之间、人与物之间关系的瞬间性觉察，对社会生活的整体性参与。体验教育是建立在学生自身体验的基础上，注重学生自身的情感体验，不是让学生被动地接受道德知识。生活是道德规范的起点，是道德践行的土壤；生活体验是道德知识内化为道德品质的重要基础。学校德育应该关注、指导和引导学生的现实生活，创造让学生体验社会生活的条件，构建富有道德价值的生活目标，加强体验教育。

2. 促进道德内化

在个体心理发展的意义上，道德最初是一种外在于个体的精神存在，个体接受这种外在的道德并将之变为自己道德品质的一部分，即道德内化。道德内化是个体品德发展的核心机制，开展道德教育需要促使外在的各种道德规范内化成为学生自身的道德品质。因此，体验教育作为道德教育的一种重要方法和手段，通过关注、引导和创造丰富的生活体验，设计形式多样的实践活动，让学生在体验中学习，从而促进学生将道德知识内化为道德品质。

（二）引导知行合一，净化德育环境

1. 引导知行合一

学校德育应该以知识为基础，把知识付诸行动，以行动为关键，把学习做人的知识和学习做人的行动有机结合起来，同时考虑情、意等因素在德育中的重要作用，做到知、情、意、行的有机统一。教学生学会道德知识，初步形成道德观念、理想信念和评价能力；教学生学会道德调节，指导学生形成对客观事物的是非、善恶的有效判断，激发内心体验，有效地调节道德情感；教学生学会道德控制，形成坚强的意志，为调节和控制自己的行为打下坚实的精神基础；教学生学会道德行动，引导学生走上正确的人生道路……都是学校德育的重要任务。在整个德育过程中，教师要"晓之以理，动之以情，导之以行"，把握知、情、意、行的相互联系、相互促进及相互转化作用；在掌握学生思想动态的基础上，进行有针对性的心灵沟通和交流；在严格制度管理的基础上，做到以理服人、以情感人，促使学生做到知行合一。

2. 净化德育环境

一是要净化校园环境。学校全体教师身体力行、言行一致、以身作则，教师有道德地对待学生，有道德地进行教学、管理、服务，做到教书育人、管理育人、服务育人，并将教书育人、管理育人、服务育人有机结合起来，促使学生在良好校园环境中自觉地养成良好品德。二是要净化社会环境。全社会要共同关心青少年的成长与教育。政府在净化社会环境中应当负首要责任，要把加强对网络、网吧等文化娱乐场所的管理作为净化社会环境的重点，制定严格的法律法规，依法从严打击危害青少年成长的违法行为，坚决取缔危害青少年成长的场所和设施，从严管理不利于青少年成长的娱乐场所，加强建设有利于青少年成长的文化设施，为青少年成长创造良好的社会环境。

[复习与思考]

你认为怎样才能提高我国学校德育的实效性？请结合实际谈谈自己的观点。

[推荐阅读]

1. ［美］L. 科尔伯格：《道德发展心理学：道德阶段的本质与确证》，郭本禹等译，上海，华东师范大学出版社，2004。

2. 檀传宝等：《学校德育诊断案例研究》，北京，教育科学出版社，2012。

3. 班建武：《学校德育问题诊断的策略》，上海，华东师范大学出版社，2014。

第五章
教育制度与学校发展

[**本章重点**]

1. 了解教育制度的含义、特点与形成。

2. 了解我国现代学制的沿革，熟悉我国当前的学制，掌握学制的主要类型。

3. 了解各类学校，特别是中学校的产生与发展过程；了解发达国家学制改革发展的主要趋势。

4. 理解义务教育的内涵、特点与发展趋势。

案例导入：深圳义务教育拟延至 15 年
学前教育与高中阶段教育均纳入

2011 年 10 月，深圳市第五届人大常委会第十一次会议提请审议了《深圳经济特区社会建设创新促进条例（草案）》议案，议案中提出：深圳将探索把学前教育及普通高中阶段教育纳入义务教育。从当前深圳的教育数据看，若实行 15 年义务教育，受惠人数将超过 40 万。

虽然提倡 12 年义务教育的声音早已出现，但深圳市将义务教育的时间一步到位，延长至 15 年，在全国尚属罕见。根据这一议案，深圳市、区政府优先发展教育，财政性教育经费增长将高于财政经常性收入增长幅度；同时，健全财政资助制度，扶助经济困难家庭学生完成学业。深圳市还将逐步扩大义务教育范围，对缴纳社会保险达到一定年限的非户籍常住人口子女探索实施免费义务教育。①

深圳义务教育拟从幼儿园实施至高中，你觉得可行吗？你认为最大的困难在哪些方面？

---

① 《深圳义务教育拟延至 15 年　学前教育高中均纳入》，http://news. gd. sina. com. cn/news/20111028/1192099. html，2018-03-18。

第一节　教育制度概述

一、教育制度的含义与特点

汉语中，"制度"一词有两种含义：一是"要求大家共同遵守的办事规程或行动准则"，如工作制度、财政制度等；二是"在一定历史条件下形成的政治、经济、文化等方面的体系"，如社会主义制度、封建宗法制度等。[①] 英语中，表示"制度"的词有两个："system"和"institution"。"system"有"系统""体系""制度""体制"等含义；"institution"有"建立""制定""设立""制度""惯例""风俗"及"公共机构"等含义。

可见，无论从汉语词源还是从英语词源来看，"制度"一词都包括两方面内容：一是机构或组织的系统；二是机构或组织系统运行的规则。这两方面不可分割，一个机构或组织系统之所以能够成为一个机构或组织系统，就是因为它具有一套明确的、有约束力的运行和协调规则。

教育制度是指一个国家各级各类教育机构与组织的体系及其管理规则。它包括相互联系的两个基本方面：各级各类教育机构与组织的体系，以及教育机构与组织体系赖以存在和运行的一整套规则（如各种各样的教育法律、规则、条例等）。就教育机构与组织的体系而言，教育制度不仅包括教育的各种施教机构与组织，而且包括教育的各种管理机构与组织。教育的施教机构与组织既包括学校教育机构与组织，也包括幼儿教育机构与组织、校外儿童教育机构与组织、成人教育机构与组织等。从逻辑上讲，教育的各种施教机构与组织和教育的各种管理机构与组织都是"教育制度"论述的范围，但在教育学中，教育制度通常只论述教育的各种施教机构与组织构成的系统。

教育制度既有与其他类型的社会制度相类似的特点，又有其自身独特的特点。

（一）客观性

教育制度的制定虽然反映人们的主观愿望和特殊的价值需求，但是，人们并不是也不可能随心所欲地制定或废止教育制度。某项教育制度的制

---

① 中国社会科学院语言研究所词典编辑室：《现代汉语词典》（第 7 版），1689 页，北京，商务印书馆，2016。

定或废止有其客观基础，也有规律可循。这个客观基础和规律主要是由社会生产力发展水平决定的。例如，近代以来普及义务教育的提出，虽然与个别机构或个别人的提倡有关，在不同国家提出的时间和普及的年限也有所不同，但归根结底反映了现代大机器生产对劳动者文化素质的要求和大工业时代初期体力劳动和脑力劳动由分离走向结合的趋势。这些都是客观而不依个人意志为转移的。

(二) 规范性

任何教育制度都是其制定者根据自己的需要制定的，具有一定的规范性。这种规范性主要表现为入学条件（即受教育权的限定）和各级各类学校培养目标的日益标准化。阶级社会中，教育制度的规范性主要表现为阶级性，即教育制度总是体现统治阶级的价值取向，总是为统治阶级的利益服务。社会主义教育制度应该为广大人民的利益服务，应该最大限度地满足广大人民日益增长的文化教育需要，从而体现社会主义教育的性质。

(三) 强迫性

教育制度作为教育系统活动的规范，是面向整个教育系统的。从某种意义上说，它独立于个体之外，对个体的行为具有一定的强制作用。只要是制度，在没有被废除之前，都不管个人的好恶，无条件地要求个体遵守，违反制度就要受到不同形式的惩罚。例如，学校的考试制度规定任何学生和教师在考试过程中不得有舞弊行为，否则，一经查实，就要给予相应的处分。考试制度对学生和教师都具有强制性。

(四) 历史性

教育制度既是对客观现实的反映，具有一定的客观性，又要满足其制定者的需要，体现一定的规范性。而客观性和规范性的具体内容又是随着社会的变化而变化的，不同的社会历史时期和不同的文化背景下会有不同的教育制度，就需要建立不同的教育制度。教育制度也是随着时代和文化背景的变化而不断创新的，教育制度的创新是教育改革的重要内容和任务，也是教育实践深化的重要保障。

二、制度化教育的形成

教育制度由于受到各种社会因素的制约，所以它必然随着社会的发展变化而发展变化，在不同的社会历史发展阶段表现出不同的发展状况。从教育形式看，教育发展经历了从"非正式教育"到"正式而非正规教育"，再到"正规教育"的演变。正规教育的主要标志即近代以学校系统为核心的教育制度，又称"制度化教育"。以制度化教育为参照，之前的非正式、非正规教育都可归为前制度化教育，而之后的非正式、非正规化教育则都归为非制度化教育。因此，教育制度的发展经历了从前制度化教育到制度化教育，再到非制度化教育的过程。

（一）前制度化教育

前制度化教育始于人类早期教育，终于定型的形式化教育（即实体化教育）。教育实体的产生是人类文明的一大进步，意味着教育形态已趋于定型，属于形式化的教育形态。它具有以下特点：教育主体确定，教育对象相对稳定，形成一系列的文化传播活动，有相对稳定的活动场所和设施等，是由以上因素结合而形成的、独立的社会活动形态。当这些形式化的教育实体的特点趋于稳定并成为教育要素时，教育初步定型。可以说，教育实体化的过程即形式化教育从不定型发展为定型的过程。定型的教育组织形式包括古代的前学校与前社会教育机构、近代的学校与社会教育机构。前制度化教育是人类教育史上的一个重要阶段，为制度化教育提供了必不可少的发展基础，并对教育发展产生重大影响。

（二）制度化教育

近代学校系统的出现开启了制度化教育的新阶段。从17世纪到19世纪末，各资本主义国家纷纷建立起近代学校教育系统；严格意义上的学校教育系统在19世纪下半期已经基本形成。教育实体从简单到复杂、从游离状态到形成系统的过程，即教育制度化的过程。学校教育系统的形成即意味着教育制度化的形成。制度化教育主要是指正规教育，即具有层次结构，按年龄分级的教育制度。它从初等学校延伸到大学，并且除了普通的学术性学习以外，还包括适合于全日制职业技术训练的专业课程和机构。从这一定义中，我们可以发现，制度化的教育指向形成系统的各级各类学校。制度化教育的发展越来越成为社会发展的重要因素，制度化教育的影响也渗透到社会各个角落、各个方面，甚至可以用"学历社会"来描述制度化教育对整个社会的深刻影响。制度化教育对经济发展的贡献，以及对社会、政治、文化乃至个人发展的影响，已为全社会普遍接受，但也逐渐暴露出一些弊端。

（三）非制度化教育

非制度化教育相对于制度化教育而言，改变的不仅是教育形式，更重要的是教育理念。非制度化教育针对制度化教育的弊端，但又不是对制度化教育的全盘否定。它推崇"教育不应再限于学校的围城之内"，每个人都应能在一个比较灵活的范围内，比较自由地选择自己的发展道路，若离开教育体系也不至于终身放弃利用各种教育设施的权利。库姆斯、伊里奇等是非制度化教育思潮的代表。提出构建学习化社会的理想，正是非制度化教育的重要体现。

第二节　现代学校教育制度

一、现代学校教育制度的形成

学校教育制度简称"学制"，是指一个国家各级各类学校的系统。它规定着各级各类学校的性质、任务、入学条件、学习年限，以及彼此之间的关系。学校教育制度是现代教育制度的核心。

现代学校教育制度的形成与现代学校的产生和发展联系在一起。在古代，无论东方还是西方，学校都没有严格的大、中、小学之分，更没有幼儿园。即使被称作"大学""小学"（如我国西周的大学和小学、欧洲中世纪的大学），也与如今的大学、小学有着极大的差别。近代以来，随着商品经济和资本主义的发展，现代大学和现代中学逐步产生了，特别是随着劳动人民子女设立的国民学校的产生与发展，公共教育制度逐步产生，形成了大、中、小学有着严格区分的现代学校教育系统。

（一）大学和高等学校

在欧洲，随着商业、手工业和城市的发展，12世纪最早在意大利、法国和英国出现了中世纪大学，14世纪时欧洲已有几十所大学。这些大学一般设文学科、神学科、医学科和法学科。其中，文学科教授"七艺"，属普通教育性质，相当于大学预科。当时大学的四科，入学年龄和修业年限都没有严格规定。文学科一般为6～7年，其他三科为5～6年。在文学科学完文法、修辞和辩证法后可当助教，成为学士，再学完算术、几何、天文、音乐（即学完全部"七艺"）成为硕士，可获得文学科任教许可证；文学科修业期满，即可进入大学其他三科中的某一科学习，毕业合格并获得任教许可证则成为博士。

现代大学和现代高等学校是经过两条途径发展起来的：一条是通过增强人文学科和自然学科，把这些中世纪大学逐步改造成为现代大学（如牛津大学、剑桥大学、巴黎大学等）；另一条是创办新的大学和新的高等学校（如伦敦大学、洪堡大学、巴黎高等师范学校等）。18—20世纪，现代大学和现代高等学校伴随市场经济、现代生产和科技的发展而发展、完善起来。

（二）中学

世界各国的各级学校一般沿着两条相反路线发展："一是从高级学校向低级学校下延而发生的系统；一是从低级学校向高级学校上升而发生的系统。前者称为'下延型学校系统'，后者为'上伸型学校系统'。"[1] 中等教育最初是附属于下延型学校系统的教育，初等教育普及后，逐渐成为初等教育之后的第二阶段教育。

在西方，中等学校（简称"中学"）出现于文艺复兴后。欧洲近代史上最早出现的中等教育机构是实施古典人文教育的文科中学。一般认为，中学始于 1538 年德国斯图谟创设的文科中学，属于贵族私立学校，以古代语言、古希腊罗马的学术、历史和文化为基本课程，强调人文教育，主要培养高级僧侣和政府官吏，为升学服务（具有大学预科性质）。[2] 其后出现了新型中等学校——实科中学。实科中学是为适应资产阶级需要发展起来的，以现代语、现代数学和自然科学为主要课程，强调实际应用。实科中学出现后，在近两个世纪的时间内，欧洲各国都出现了古典中学与实科中学之争（"文实之争"）。随着义务教育普及并不断上延，现代中等教育逐步实现了文实融合，"文实之争"也演变为古典人文教育与现代科学技术教育的关系问题，成为"古典与现代之争""人文与科学之争"。

（三）小学

文艺复兴以前，西欧已有行会学校和基尔特学校，学习本族语的读、写、算和宗教，这些学校是欧洲城市最早的初等学校。文艺复兴时期，教会又兴办了许多小学。从 18 世纪末到 19 世纪中叶，这一百多年里欧洲发生了以蒸汽机发明和广泛使用为标志的第一次工业革命。这场革命要求劳动者具有初步读、写、算的能力和一定的自然与社会常识，推动了以劳动人民子女为教育对象的小学教育的广泛发展。到 19 世纪后半叶，英、德、法、美、日等国家都通过了普及初等教育的义务教育法，先后普及了初等教育。

（四）职业学校

适应现代生产的劳动者不但应具有初等文化水平，而且应具有一定的职业技能。传统学徒制已不能满足这个要求，许多发达国家遂先后通过了

---

①　陈桂生：《教育原理》，67 页，上海，华东师范大学出版社，1993。

②　戴本博：《外国教育史》上册，332 页，北京，人民教育出版社，1989。

各种职业教育法令，大力发展中等职业教育。第一次世界大战对发展职业教育起了很大的推动作用。1919 年，德国决定对 14～18 岁青少年继续实施义务职业教育；同年，法国通过了《阿斯蒂埃法案》。该法案规定每个市镇设立一所职业学校，对 18 岁以下的青少年实施免费义务职业教育；英国也采取类似措施；美国 1917 年通过了《史密斯—休斯法案》，在全国范围内建立中等职业学校，影响更为深远的是把普通中学办成综合中学，设立职业科，开设各种职业选修课程；俄国十月革命后，也建立起完善的中等职业学校，形成初等（或初中）教育后的职业教育系统。

（五）研究生教育机构

现代生产和现代科技的发展引发社会对高级科技人才和教育人才的需求，要求部分大学生毕业后进一步攻读高级学位。19 世纪初，德国产生了现代学位制度后，又产生了现代研究生教育机构。在其后一百多年里，研究生教育在发达国家得到广泛发展。到 20 世纪，研究生教育已成为发达国家学校教育系统的重要组成部分。20 世纪中期以来，研究生教育得到长足发展，甚至以本科生增长速度的 2～4 倍迅猛发展。

（六）幼儿教育机构

作为实施公共教育的现代幼儿教育机构，最早出现于第一次工业革命后的 18 世纪下半叶。19 世纪，发达资本主义国家都出现了幼儿教育机构。20 世纪上半叶，随着第二次工业革命的发展，发达国家的幼儿教育机构得到更快发展。第二次世界大战后，发达国家的幼儿教育逐步走向普及；幼儿教育性质也发生变化，从以保育为主走向以教育为主。不少国家已将幼儿教育机构列入学校教育系统，成为国民教育体系的组成部分，并使其逐渐成为终身教育的有机组成部分。

（七）成人教育机构

"活到老，学到老"的成人教育，即所谓自学、向生活和实践学习、自我修养，以及手艺上的精益求精等，古已有之，而现代成人教育超出上述含义，它是现代社会的产物。一方面，现代科学技术的创造周期和陈旧周期越来越短，每个人从学校毕业后，在劳动生活中如果不多次更新知识，就无法适应人员流动、改行转业的需要，成人教育由此蓬勃发展，并成为现代学校教育制度的重要组成部分；另一方面，科技和社会的进步，劳动者闲暇时间的增多，以及个性多方面发展的需要等，使得成人接受多方面教育成为精神追求。现代社会已显示出学习化社会的若干特征，未来社会必将成为学习化社会。因为现代学校教育制度正在向终身教育制度发展，完善的终身教育制度终将形成。

二、现代学校教育制度的主要类型

一般来说，现代学制主要有三种类型：双轨学制、单轨学制和分支型学制。原来的西欧学制属于双轨学制，美国的学制属单轨学制，苏联的学制则属于分支型学制。

（一）双轨学制

18、19世纪的西欧，在社会政治、经济发展及特定的历史文化条件影响下，由古代学校演变来的，带有等级特权痕迹的学术性现代学校和新产生的劳动人民子女入学的群众性现代学校都得到了比较充分的发展，形成了欧洲现代教育的双轨学制。自上而下的一轨，其结构是大学（后来也包括其他高等学校）、中学（包括中学预备班）；自下而上的另一轨，其结构则是小学（后来是小学和初中）及其后的职业学校（先是与小学相连的初等职业教育，后发展为包括与初中连接的中等职业教育）。双轨学制有两个平行的系列，两轨既不相通也不相接，也就剥夺了在国民教育学校上学的劳动人民子女升入中学和大学的权利。后来，国民教育学校一轨从小学发展到中学时，有了"初中"这个相对应的部分，一轨是文法中学（英国）、国立中学（法国）和文科中学（德国）的第一阶段，另一轨相应的是现代中学（英国）、市立中等学校（法国）和初级中学（德国）。欧洲国家的学制都曾采用过双轨学制。19世纪末20世纪初在欧洲形成的这种双轨学制和第二次工业革命及第三次工业革命时代大生产性质的矛盾越来越尖锐，与工业革命推动的普及教育由初等教育向初中，甚至高中教育的发展相矛盾，因而引发了双轨学制的变革。

（二）单轨学制

北美多数地区最初都曾沿用欧洲的双轨学制。哈佛大学、耶鲁大学等是牛津大学、剑桥大学的缩影，拉丁语学校是文法学校的翻版，后来拉丁语学校又演变为兼重文、实的学校。18世纪末，美国北部各州都有了在城镇设立初等学校的法令。1830年后，小学得到蓬勃发展。由于产业革命和电气化的推动，美国由农业社会向工业社会急剧发展，继小学大发展后，1870年起，中学也得到迅猛发展。在这些急剧发展的经济条件和美国没有特权传统的文化历史背景下，美国原先的双轨学制中的学术性一轨没有得到充分发育，却被短期内迅速发展起来的群众性小学和群众性中学淹没，从而形成了美国的单轨学制。美国单轨学制自下而上的结构是：小学、中学，而后可以升入大学；其特点是"一个系列、多种分段"（即"六三三""五三四""四四四""八四""六六"等不同分段形式）。单轨学制最早产生于美国，后被世界许多国家采纳，有力地推动了教育的普及。

（三）分支型学制

沙皇俄国时期的学制属于欧洲双轨学制。十月革命后，苏联制定了单轨的社会主义统一劳动学校系统。后来，在发展过程中又恢复了原文科中学的某些传统和职业学校单设的做法，逐渐形成既有单轨学制特点又有双轨学制某些因素的苏联型学制，既不同于双轨制也不同于单轨制。它一开始并不分轨，职业学校毕业生也有权进入对口的高等学校学习。毕业后少数优秀生可直接升入对口的高等学校，其余人工作三年后也可升学，但它进入中学阶段时又开始分叉。苏联型学制前段（小学、初中阶段）是单轨，后段分叉，是介于双轨学制和单轨学制之间的分支型学制。苏联型学制的中学"上通（高等学校）下达（初等学校）""左（中等专业学校）右（中等职业技术学校）畅通"，这是苏联型学制的优点和特点。

直到 20 世纪初，西欧双轨学制一轨只有小学，另一轨则只有中学和大学。后来，随着义务教育的上延、教育机会均等原则的实施，双轨学制从小学开始向上与中等教育衔接。20 世纪以前，初等教育是专为劳动人民子女设立的。那时，社会中上层人士的子女是在家庭或在中学预备班里接受初等教育的。经过两次世界大战，通过劳动人民及其政党、进步人士的努力和争取，德、法、英等国终于先后实行了统一的初等教育，初等教育终于并轨了。第二次世界大战后，西欧各国普及教育逐步延长到了 10 年左右，已到了中学的第一阶段。过去，欧洲的中学本来是不分段的；现在，同是接受义务教育，有的在高学术水平的完全中学的第一阶段进行，有的则在新发展起来的低学术水平的初级中学进行，机会很不均等。于是，德、法、英等国采用了综合中学的形式，把初中的两轨并在一起。英国发展最快，20 世纪 80 年代初，综合中学的学生数已超过学生总数的 90%，西欧双轨学制事实上也已变为分支型学制。如今，英国高中正在通过综合中学实行并轨。

从双轨学制的并轨情况可以得出如下两个结论：第一，义务教育延长到哪里，双轨学制就要并轨到哪里，单轨学制是机会均等地普及教育的好形式；第二，综合中学是双轨学制并轨的一种理想形式，它成为现代中等教育发展的一种趋势。

三、中国现代学校教育制度

(一) 中国学制的演变与发展

中国现代学校教育制度的建立肇始于 20 世纪初。1902 年，清政府实施教育新政，颁布由学务大臣张百熙负责制定的《钦定学堂章程》(壬寅学制)，但由于种种原因，该学制没有实施。1904 年 1 月 13 日，另颁经由张之洞修订的《奏定学堂章程》(癸卯学制)，以日本学制为蓝本，以洋务派"中学为体，西学为用"的思想为指导，以"读经尊孔"为教育宗旨，是中国第一个全面实施的学制。该学制规定学校教育 (除蒙养院、通儒院) 分为 3 段 5 级：①初等教育段 (9 年)：分初等小学堂 (5 年) 和高等小学堂 (4 年) 2 级。②中等教育段 (5 年)：为中学堂，不分级。③高等教育段 (7 年)：分高等学堂 (即大学预科，3 年) 和大学堂 (3～4 年) 2 级。学生自 7 岁入学，28 岁大学毕业，共需学习 20～21 年。另外，与高等小学堂平行的有初等实业学堂、实业补习学堂、艺徒学堂等；与中学堂平行的有初级师范学堂、中等实业学堂等；与高等学堂平行的有优级师范学堂、高等实业学堂等。[①] 具体见图 5-1。

癸卯学制实现了学校系统与行政系统相分离，课程设置以讲经、读经为重，教师多是书院、乡塾生员，各级学堂毕业生均给予科举通过者出身 (如高等学堂毕业生给予举人出身，大学堂毕业生给予进士出身) 并授予官职。另外，受封建思想的影响，该学制中女子教育无地位，规定女子只可在家接受教育。

中华民国成立后，民国政府教育部于 1912 年至 1913 年进行学制改革，此时期的学制总称为"壬子癸丑学制"。壬子癸丑学制规定全部学校教育年限为 18 年，分 3 段 4 级：①初等教育段 (7 年)：分初等小学堂 (4 年) 和高等小学堂 (3 年) 2 级；各级同设补习科，均 2 年毕业。②中等教育段 (4 年)：不分级，补习科为 3 年。③高等教育段 (6 年或 7 年)：废止高等学堂，分设预科和本科。大学院不设立年限。学生自 7 岁入学，25 岁大学毕业。这个学制比癸卯学制的进步之处在于：挣脱了科举制度的束缚；缩短了普通教育年限 3 年；在实业教育外，增加了初等和中等补习教育；开

---

① 朱有瓛：《中国近代学制史料》第二辑上册，101 页，上海，华东师范大学出版社，1987。

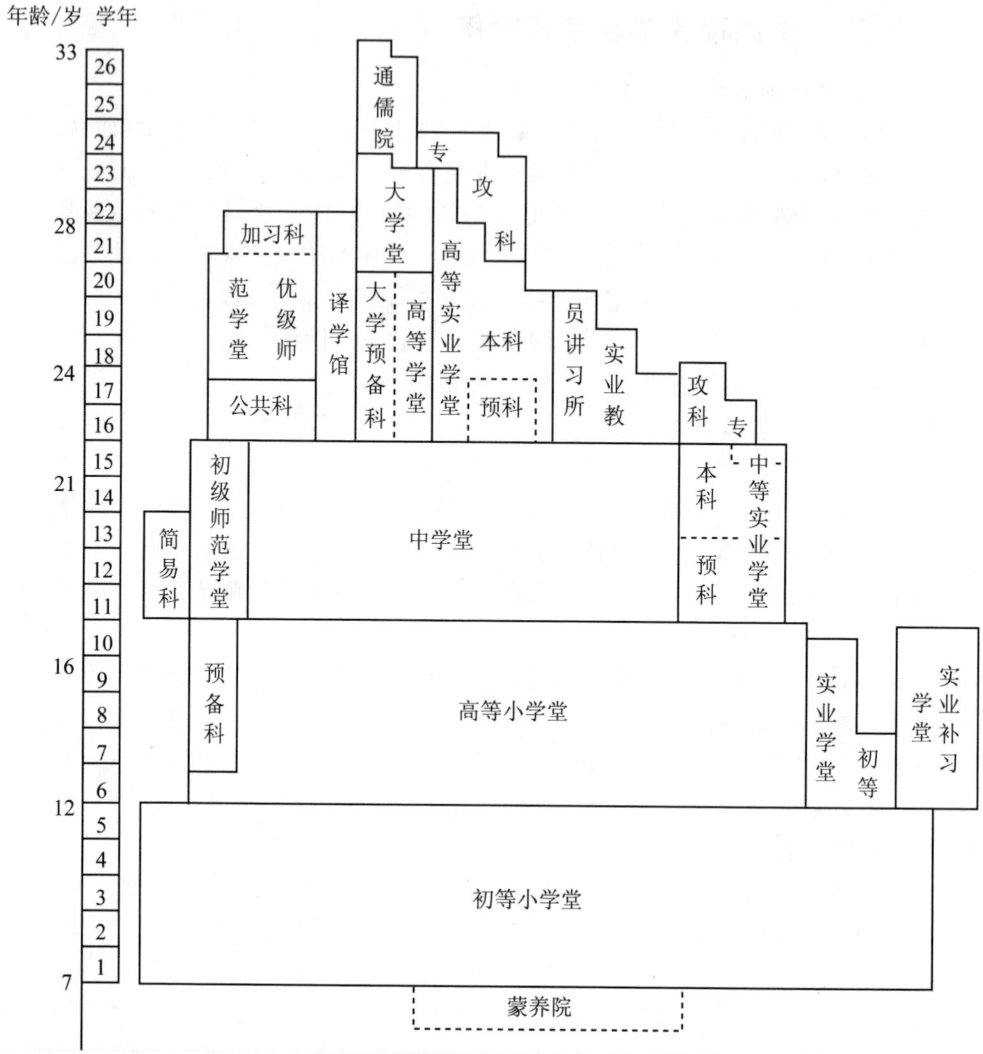
年龄/岁 学年
33
28
24
21
16
12
7
1 2 3 4 5 6 7 8 9 10 11 12 13 14 15 16 17 18 19 20 21 22 23 24 25 26
通儒院
专攻科
大学堂
加习科
优级师范学堂
公共科
译学馆
大学预备科
高等学堂
高等实业学堂
本科
预科
实业教员讲习所
专攻科
初级师范学堂
简易科
中学堂
中等实业学堂
本科
预科
预备科
高等小学堂
初等实业学堂
实业补习学堂
初等小学堂
蒙养院

图 5-1　癸卯学制系统（1904 年）

始承认女子受教育的权利。①

第一次世界大战后，受美国教育思想的影响，1922 年中华民国教育部公布“新学制系统”（壬戌学制）。该学制类似美国“六三三”学制，规定

① 璩鑫圭、唐良炎：《中国近代教育史资料汇编：学制演变》，651～652 页，上海，上海教育出版社，1991。

全部学校教育时间为 16～18 年，分 3 段 5 级：①初等教育段（6 年）：分初级小学校（4 年）与高级小学校（2 年）2 级。②中等教育段（6 年）：分初级中学（3 年）和高级中学（3 年）2 级。③高等教育段（4～6 年）：不分级。学生自 6 岁入小学，22～24 岁大学毕业。这个学制与壬子癸丑学制相比，变化有：高级小学校由 3 年改为 2 年，中学由 4 年改为高级中学、初级中学各 3 年；废止大学预科，高级中学毕业可直接升入大学；不单设职业学校，初级中学附设职业科；大学采用选科制。[1] 见图 5-2。

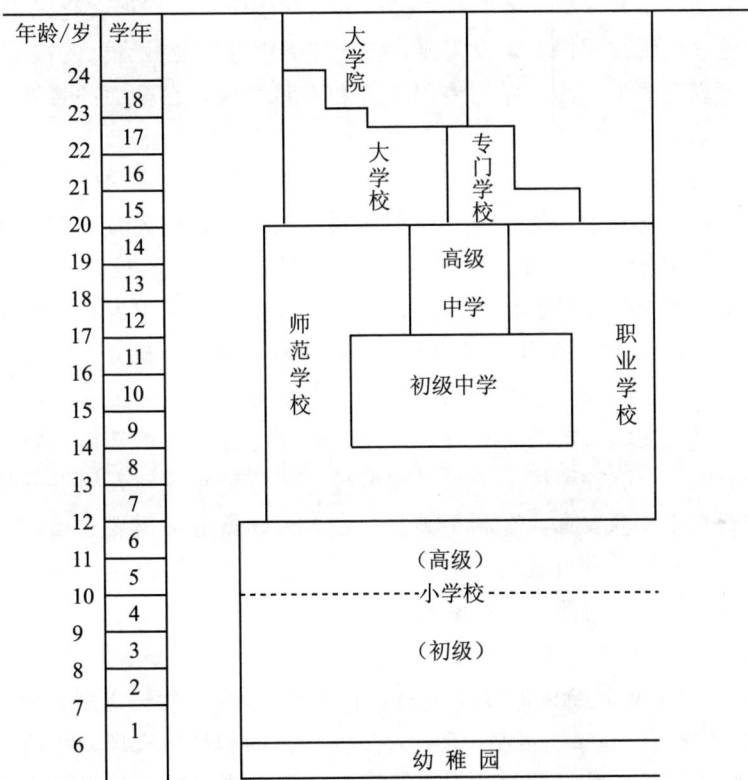

图 5-2 壬戌学制系统（1922 年）

自壬戌学制建立一直到 1949 年，在国民党统治区，该学制虽几经修改，先后提出诸如《小学规程》《中学法》《中学规程》《大学组织法》《大学规程》《师范学校规程》及《职业补习学校规程》等，但基本上沿用壬戌

---

[1] 璩鑫圭、唐良炎：《中国近代教育史资料汇编：学制演变》，989～993 页，上海，上海教育出版社，1991。

学制，未再公布过新的学制系统。

中华人民共和国成立后，政务院于 1951 年 10 月颁布了《关于改革学制的决定》，主要内容如下：①幼儿教育：实施幼儿教育的机构为幼儿园，收 3～7 周岁幼儿，使其身心在入小学前获得健全发展。②初等教育：对儿童实施初等教育的学校为小学，给儿童以全面发展的基础教育；对青年和成人实施初等教育的学校为工农速成初等学校、业余初等学校，实施相当于小学程度的教育。③中等教育：实施中等教育的学校为中学、工农速成中学、业余中学和中等专业学校，前三者给学生全面的普通文化知识教育，中等专业学校则按照国家建设需要，实施各类中等专业教育。④高等教育：实施高等教育的学校为大学、专门学院和专科学校，在全面的普通文化知识教育基础上给学生高级的专门教育。⑤各级政治学校和政治训练班：实施革命的政治教育。此外，各级人民政府为适应广泛的政治学习和业务学习的需要，设立各级各类补习学校和函授学校。⑥特殊教育：对生理有缺陷的儿童、少年、青年和成年设立盲、聋、哑等特殊学校，施以特殊教育。[①] 这个学制具有以下几个特点：第一，从中国实际出发，突出了"教育为国家建设服务""学校向工农开门"的方针。第二，确立了各种形式的干部学校、业余学校应有的地位，保证了工农劳动人民和工农干部受教育的机会，以及在职人员的再教育。第三，确立了各种技术学校在整个学校体系中的地位，使各种技术学校互相衔接，使青年和成年人能够通过各种途径受到专业技术教育，有利于满足社会对劳动就业的需要。第四，重视对知识分子的革命政治教育。第五，高等学校的学制多样化，有利于各种人才的培养。学制的部分内容见图 5-3。

根据 1959 年 3 月中共中央、国务院制定的《关于试验改革学制的规定》，1960 年开始，全国部分地区和学校进行了小学 5 年一贯制、中学 5 年一贯制、中小学 10 年一贯制、中小学 9 年一贯制和高中文理分科的初步实验。我国学制基本形成了两种教育制度、三类主要学校、多种形式办学的系统：①全日制学校：除少数实验学校外，修业年限为小学 6 年、初中 3 年、高中 3 年；全日制中等专业学校招收初中毕业生或小学毕业生，修业年限分别为 2 年、3 年、4 年不等；全日制高等学校修业年限一般为 4～5 年。②半工（农）半读学校：包括半工（农）半读的各种职业（技术）学

---

① 李国钧、王炳照：《中国教育制度通史（第 8 卷）》，90～91 页，济南，山东教育出版社，2000。

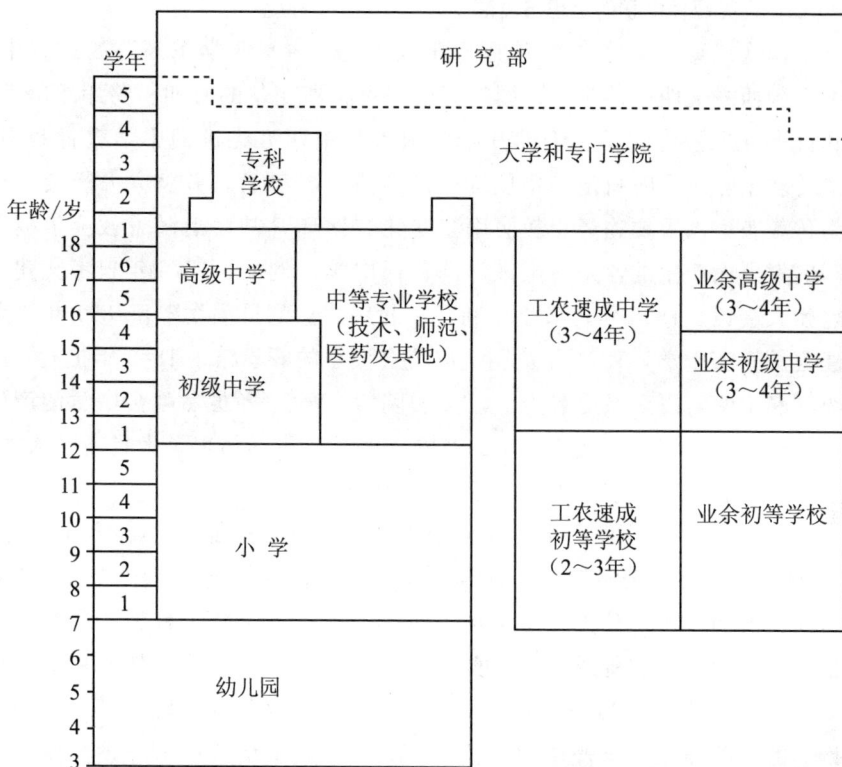

图 5-3　中华人民共和国学制系统（1951 年）

校、农业中学、简易小学等，这类学校主要由工厂、企业和人民公社举办，
修业年限为 1～3 年不等，便于学生就近入学、参加劳动、减轻家庭负担，
有利于普及教育。③业余学校：主要利用业余时间对在职人员，包括干部、
工人、农民、战士等进行政治、文化和科学技术教育，这类学校主要由生
产单位、企业、机关团体和全日制学校举办。其实施机构为识字（扫盲）
学校、业余初等学校、业余中等学校、业余高等学校及短训班等；教学形
式有面授、函授、广播、电视等；修业期限比较灵活，依不同学级和要求，
从几周到几年不等。

　　"文化大革命"中我国的学制遭受严重破坏，存在大、中、小学修业年
限过短和中等教育结构单一等极端化倾向。1978 年，中国共产党十一届三
中全会后，各级各类学校逐步得到整顿恢复，学制进一步调整，逐步回归
理性，并为确立与国民经济体制和现代化建设相适应的学校教育制度不断
改革。

(二) 我国现代中学的出现与发展

中国现代意义上的中学出现于清朝末期。在"西学东渐"的过程中，中国受到西方文明的冲击，中国教育也进入激烈变革的时期。鸦片战争后，清廷许多驻外公使和游历士绅开始向国人介绍西方先进的中学教育制度，在华传教士也不失时机地向中国人介绍西方学校教育，并将兴办教会学校作为传教布道的重要途径。教会中学是第二次鸦片战争后随着教会学校在中国的发展而产生的，是中国最早的普通中学，例如，1876 年狄考文建立的登州文会馆，1895 年传教士以利莎在北京建立的贝满女塾，1891 年丁韪良建立的崇实中学，1871 年美国美以美会设立的蒙学馆于 1885 年扩充了高等小学和中学，以后又更名为"汇文书院"，等等。[①] 虽然教会中学的产生是近代列强对中国进行文化侵略的产物，但教会中学培养了大批新型人才，展示了新式教育，促进了中学在近代中国的产生和发展。

在中外教育人士的呼吁及教会中学的推动下，普通中学在我国萌芽。1895 年，盛宣怀在天津创办天津中西学堂，这是甲午战争后中国创办的第一所新型普通学校，分头等学堂和二等学堂，二等学堂虽称为"小学堂"，但根据其入学年龄和所授课程，实为中学堂。1896 年，盛宣怀又在上海设立南洋公学。该学校共分四院：师范院、外院、中院和上院，其中，1898 年设立的中院即相当于普通中学校。[②] 1896 年，王维泰在上海设立南洋中学，南洋中学分正馆和备馆二级，正馆相当于中学程度。[③] 其他诸如安徽二等学堂、陕西中学堂、绍兴中西学堂、北京顺天府中学堂、杭州养正书塾、上海澄衷学堂、北京五城中学等，都是当时新成立的著名中学校。[④] 1901 年，清政府明令各府及直隶州所有书院均改设中学堂，为中学教育的制度化奠定了基础。

中学教育制度的引入开始由浅入深，由零散介绍转为对整个中学教育制度的全面引入。我国中学教育制度的建立是"西制东渐"的结果，清末中学教育制度从萌芽到确立，无不是在学习西方与借鉴日本的基础上发展起来的。1902 年，清政府颁布《钦定学堂章程》（壬寅学制），我国在近代

---

① 朱有瓛：《中国近代学制史料》第一辑下册，上海，华东师范大学出版社，1986。

② 陈景磐：《中国近代教育史》，112～113 页，北京，人民教育出版社，1983。

③ 李桂林、戚名琇、钱曼倩：《中国近代教育史资料汇编：普通教育》，392 页，上海，上海教育出版社，1995。

④ 谢长法：《中国中学教育史》，16～19 页，太原，山西教育出版社，2009。

第一次从法律上确立了中学教育制度，其规定：中学堂以府治设立为原则，称为"官立中学堂"，由私人捐资设立的称为"民立中学堂"；中学修业年限为 4 年，第 3 年、第 4 年设实业科，以教授毕业之后准备就业的学生，入学年龄为 16 岁，资格为高等小学毕业生及有同等学力者；对关于中学堂的其他事宜做了明确的规定。1904 年，清政府颁行《奏定学堂章程》（癸卯学制），规定：中学修业年限为 5 年，文、实不分科，中学堂除官立与私立外，凡由地方公款设立的称为"公立中学"；中学教育制度确立后，有关教育宗旨、课程、教学、教科书、教师等方面均有新的变化。因癸卯学制规定各府必设 1 所中学，全国中学数量迅速增加，到 1909 年，全国的中学校数量达 460 所，在校学生达 40468 人。[①]

中华民国成立后，1912 年南京临时政府教育部先后颁发了《普通教育暂行办法》和《普通教育暂行课程标准》，对清朝封建教育进行彻底改革。《普通教育暂行办法》共 14 条，涉及中学方面的规定有：从前各项学堂均改称"学校"，监督、堂长应一律改称"校长"；各州、县小学校，应于元年三月初四一律开学，中学校、师范学校视地方财力，亦以能开学为主；中学校为普通教育，文、实不分科；中学校、师范学校均改为 4 年毕业；中学校、师范学校毕业者，称中学校、师范学校毕业生。[②]《普通教育暂行课程标准》共 11 条，规定了中学校开设的课程和统一的课程表。课程主要有：修身、国文、外国语、历史、地理、数学、博物、理化、图画、手工、法制、经济、音乐、体操，女子加家政裁缝。[③] 教育部还重新制定和颁布了一系列新的学校法令规程，合称"壬子癸丑学制"，关于普通中学校的都体现在《中学校令》《中学校令施行规则》《中学校课程标准》等文件中。这些法令对中学校的宗旨、设置、修业年限、入学资格、学习科目、教职员任用、学校设备、经费管理及组织领导等做了详细规定。主要内容有：中学校以完足普通教育，造成健全国民为宗旨；中学校定为省立，省立中学校外，一县或数县可设立县立中学校；中学校之设立、变更、废止须经教育总长认可；中学校修业年限为 4 年，开设科目为修身、国文、外国语、

---

① 李桂林、戚名琇、钱曼倩：《中国近代教育史资料汇编·普通教育》，305 页，上海，上海教育出版社，1995。

② 璩鑫圭、唐良炎：《中国近代教育史资料汇编·学制演变》，596～597 页，上海，上海教育出版社，1991。

③ 璩鑫圭、唐良炎：《中国近代教育史资料汇编·学制演变》，599～600 页，上海，上海教育出版社，1991。

历史、地理、数学、博物等；中学校之学生数，须在 400 人以下，但有特别情况可增至 600 人；校长由所属行政长官任用，教员由校长任用；中学校入学资格为高小毕业生及同等学力者。①

1922 年颁布的壬戌学制中，中等教育改革是最具特色之处。该学制规定："中学校修业年限为 6 年，分初高两级（各 3 年），但依设科性质，得定为初级 4 年，高级 2 年，或初级 2 年，高级 4 年；初级中学单独设置，高级中学应与初级中学并设，但特别情形得单设之，初级中学施行普通教育，但得视地方需要，兼设各种职业科，高级中学分普通、农、工、高、师范、家事等科，但得酌量地方情形，单设一科或兼设数科。"② 可见，壬戌学制受美国中学教育制度影响，中学改革主要体现在确立了中学的"三三"分段制和综合中学制度两个方面。

南京国民政府成立后又先后颁布了一系列中学教育法令法规，对壬戌学制进行了相应调整，在《中学法》《中学规程》中规定了中学教育的目标、修业年限、入学限制、设置管理、课程教学、经费管理、教师资格等，基本涵括了中学教育各方面内容。这期间还废除了综合中学制度，使中学教育制度更加符合我国国情，更加趋于规范化和制度化。抗战期间，秉持国民党"战时须作平时看"的教育政策，中学教育也得到一定的发展。总之，整个国民政府期间，在政府重视及教育界不懈探索、努力下，我国中学教育进入了定型和稳步发展时期。

中华人民共和国成立后，为了提高国人文化水平，国家特别重视发展中等教育。1951 年和 1958 年两次较大的学制改革，确立了中等教育在教育体系中的重要位置。"文化大革命"期间，中学教育制度遭到严重破坏。改革开放后，我国中学教育制度重建体系，走上科学化、现代化的正规发展之路。目前我国已经建立了比较完整的学制，1995 年颁布的《中华人民共和国教育法》规定：我国学校教育制度包括学前教育、初等教育、中等教育、高等教育四个层次；中等教育包括全日制普通中学、各类中等职业学校和业余中学。全日制中学修业年限为 6 年（初中 3 年，高中 3 年），职业高中 2～3 年，中等专业学校 3～4 年，技工学校 2～3 年；属于成人教育的

---

① 朱有瓛：《中国近代学制史料》第三辑上册，351～361 页，上海，华东师范大学出版社，1990。

② 转引自璩鑫圭、唐良炎：《中国近代教育史资料汇编：学制演变》，991 页，上海，上海教育出版社，1991。

各类业余中学可适当延长修业年限。我国中等教育结构从单一化逐步走向多样化，这也是世界中等教育发展的共同特点。

（三）我国现行学制的形态与构成

改革开放至 20 世纪末，我国学制的情况如下。

1. 初等教育

初等教育分为两类：①普通小学：招收 6～7 周岁的儿童入学，实行普及初等义务教育，修业年限 5 年或 6 年，实行一贯制。②成人初等学校主要学习语文、算术两科；扫盲识字班，吸收文盲、半文盲入学，以学会1500～2000 个常用字为扫盲标准。

2. 中等教育

中等教育分为六类：①普通中学：分初级中学和高级中学两个阶段，修业年限为 5 年或 6 年（初中 3 年，高中 2～3 年）。②农业中学：一般招收初中毕业生，修业年限为 2～3 年。③职业学校或职业高中：招收初中毕业生，修业年限一般为 3 年。④技工学校：一般招收初中毕业生，修业年限为 2～3 年。⑤中等专业学校：招收初中毕业生，修业年限一般为 3～4年，招收高中毕业生的为 2 年。⑥成人中等学校：成人业余初中或高中分别招收具有小学或初中程度的青壮年入学，修业年限 2～3 年；成人中等专业技术学校实行脱产或半脱产学习，修业年限一般为 2～3 年。

3. 高等教育

高等教育分为四类：①大学和专门学院：招收具有高中毕业文化程度的青年入学，修业年限一般为 4 年，部分专业和少数重点学校为 5 年；部分大专院校附设短训班、专修班。②属于成人教育的高等学校：广播电视大学招收具有相当于高中毕业文化程度者入学，修业年限为 4～5 年；职工、农民大学修业年限一般为 3～4 年；高等学校举办的函授和夜大学或独立函授学院，实行学年制的，修业年限一般为 5～6 年，实行学分制的，修业年限不限。③高等教育自学考试制度：按学科考试合格者，发给单科成绩证明书，累积分达到专业毕业要求者，发给毕业证书。④研究生制度：由各高等院校和有关科研单位招收攻读硕士学位或博士学位的研究生，修业年限均为 2～3 年；部分高等院校设有研究生院（部）。[1] 具体见图 5-4。

---

[1] 百度百科：《中华人民共和国学制》，http://baike.baidu.com/view/123027.html，2018-01-25。

年龄/岁（成人教育年龄不限）

高等教育				

25 24 23 22 21 20 19 18 — 高等教育

（博士研究生）

（硕士研究生）

普通高等学校

（专科） （本科）

成人高等学校（函授学校、广播电视大学、管理干部学院、教育学院、农民大学、职工大学）

17 16 15 — 中等教育

农业中学 职业中学 技工学校 中等专业 普通中学（高中） 成人中等专业学校 成人中等学校（高中）

14 13 12 — 普通中学（初中） 成人中等学校（初中）

11 10 9 8 7 — 初等教育 — 小学 成人初等学校

6 5 4 3 — 学前教育 — 幼儿园

义务教育阶段

年级：4 3 2 1 / 3 2 1 / 3 2 1 / 6 5 4 3 2 1

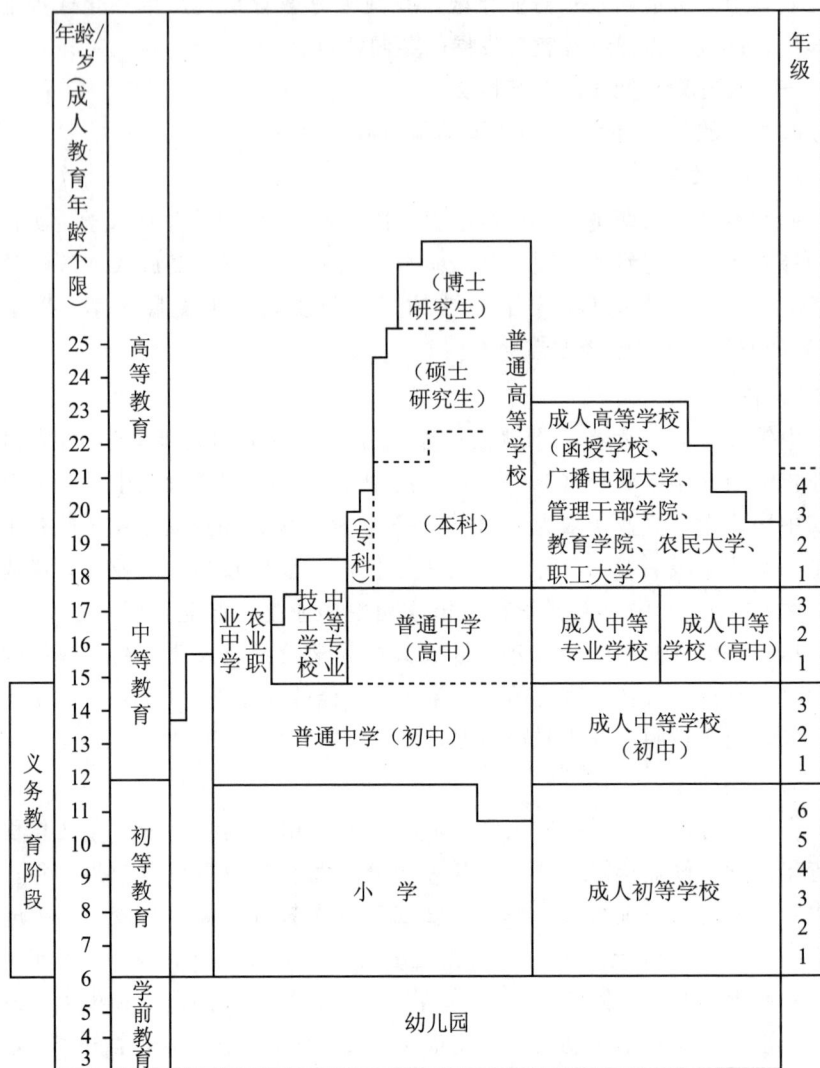

图 5-4　我国现行学制系统

　　从形态上看，我国现行学制是从单轨学制发展而来的分支型学制。我国 20 世纪初从西方引入的现代学制总体上属于单轨学制，那是因为我国现代生产、现代科技和商品经济还很不发达，学校的主要任务还是培养政治人才、管理人才和提高部分人口的科学文化水平，而不是培养大批为生产和经济服务的各级各类人才。因此，这种单轨学制不像美国单轨学制那样是由于现代生产的急剧发展，群众性一轨淹没了另一轨的那种单轨学制。

换句话说，这种单轨学制是现代生产和现代社会生活还未充分发展条件下的单轨学制，而不是现代生产和现代社会生活充分发展条件下形成的单轨学制。这种单轨学制中的中学阶段的职业教育极其薄弱就是明证。

随着生产和社会的发展，对有文化的劳动者的需求越来越大和越来越迫切，我国的单轨学制必然走向分支型学制。1951 年参考苏联分支型学制制定的新学制总体上是正确的、进步的，"文化大革命"对这一学制的破坏是反动的、倒退的。改革开放以来，我国学制改革和发展的基本方向就是重建和完善分支型学制，正在走的道路是通过发展基础教育后的职业教育走向分支型学制，下一步要走的道路将是通过高中综合化走向单轨学制。这是现代学制发展的大趋势。

第三节　义务教育的内涵、特点与发展趋势

一、义务教育的内涵

义务教育，也称"强迫教育（compulsory education）"，是指依照法律规定，适龄儿童和少年都必须接受的，国家、社会、学校和家庭必须予以保证的带有强制性的国民教育。[①] 在实行义务教育的国家，不论民族、地区、性别等，适龄儿童一律强迫入学，接受教育。"义务"的具体内容包括：达到一定年龄的儿童有入学接受国家规定年限教育的权利和义务；父母或监护人有使其适龄儿童按时就学的义务；国家、社会、学校有提供条件使适龄儿童得到法律规定年限教育的义务。义务教育是现代社会的客观要求和现代文明的重要标志。

16 世纪欧洲宗教改革运动中，新教国家为推行宗教教育，提倡广设教育。1619 年，德意志魏玛邦公布的学校法令规定，父母应送其 6～12 岁的子女入学，否则，政府将强迫其履行义务。此乃义务教育的开端。英、法、美等资本主义国家大多在 19 世纪 70 年代后实行义务教育；到 20 世纪 70 年代末 80 年代初，在全世界 200 个国家和地区中，已有近 60 个国家颁布、实施了《义务教育法》，有 170 个国家和地区实行了普及义务教育。各国实施义务教育的年限长短不一，取决于该国经济发展水平和文化教育程度等

---

　　① "义务"是指公民应尽的责任。把"教育"与"义务"联系在一起，就使教育的发展和普及得到国家法律的保证。

因素。

清政府 1904 年即将小学教育规定为义务教育。中华人民共和国成立后，初期起临时宪法作用的《中国人民政治协商会议共同纲领》及以后正式颁布施行的国家宪法中，都明确规定公民有受教育的权利和义务。1985年 5 月 27 日，《中共中央关于教育体制改革的决定》指出，义务教育是现代生产发展和现代生活所必需的，是现代文明的标志。1986 年 4 月 12 日，第六届全国人民代表大会第四次会议通过的《义务教育法》规定，国家实行 9 年制义务教育，要求省、自治区、直辖市根据该地区经济、文化发展状况，确定推行义务教育的步骤。这是中华人民共和国成立以来最重要的一项教育法，标志着中国已确立了义务教育制度。2005 年 12 月，《国务院关于深化农村义务教育经费保障机制改革的通知》逐步将农村义务教育全面纳入公共财政保障范围，建立中央和地方分项目、按比例分担的农村义务教育经费保障新机制。2015 年，《义务教育法》做了新的修订。新修订的《义务教育法》最终明确"国家将义务教育全面纳入财政保障范围，义务教育经费由国务院和地方各级人民政府依照本法规定予以保障"，真正实现了"人民教育人民办"向"义务教育政府办"的转变。

二、义务教育的特点

虽然每个国家不同时期实施义务教育的内容与方式不同，但是义务教育的性质决定其具有一些共同的特点。

(一) 强制性

义务教育是建立在法律基础上的，要求适龄儿童、青少年依照法律规定接受一定年限的学校教育。义务教育同时要求国家、社会和家庭保证适龄儿童和少年具有受教育的权利和义务，凡不能享受权利、履行义务者，按法律应受到惩罚。《义务教育法》第十一条规定："凡年满六周岁的儿童，其父母或者其他法定监护人应当送其入学接受并完成义务教育；条件不具备的地区的儿童，可以推迟到七周岁。适龄儿童、少年因身体状况需要延缓入学或者休学的，其父母或者其他法定监护人应当提出申请，由当地乡镇人民政府或者县级人民政府教育行政部门批准。"第五十八条规定："适龄儿童、少年的父母或者其他法定监护人无正当理由未依照本法规定送适龄儿童、少年入学接受义务教育的，由当地乡镇人民政府或者县级人民政府教育行政部门给予批评教育，责令限期改正。"第五十九条规定："有下列情形之一的，依照有关法律、行政法规的规定予以处罚：（一）胁迫或者诱骗应当接受义务教育的适龄儿童、少年失学、辍学的；（二）非法招用应当接受义务教育的适龄儿童、少年的；（三）出版未经依法审定的教科书的。"《义务教育法》还对妨碍或破坏义务教育的行为做了明确的处罚规定，例如，第五十四条规定："有下列情形之一的，由上级人民政府或者上级人民政府教育行政部门、财政部门、价格行政部门和审计机关根据职责分工责令限期改正；情节严重的，对直接负责的主管人员和其他直接责任人员依法给予处分：（一）侵占、挪用义务教育经费的；（二）向学校非法收取或者摊派费用的。"这些规定有利于督促广大人民自觉遵守《义务教育法》。

（二）民主性

义务教育是面向一切人的教育，从它一开始产生的时候起，就具有为争取人类教育机会和权利的均等而奋斗的目的。它要求全社会所有适龄儿童不论贵贱、等级，不分男女，不管种族和民族，都有权利进学校受教育，显示着强烈的民主性。几百年来，正是在民主思想的指导下，人类普及义务教育的实践取得了巨大的成就。

（三）基础性

义务教育在整个国家教育体系中的地位属于基础教育，是基础性教育，基本职能是培养青少年儿童的基础性文明，进行公民基本品德素质的教育，以及提高青少年儿童身体素质，根本目的是为青少年儿童的未来发展奠定良好基础，促进其德、智、体、美、劳全面发展。

（四）免费性

免费是义务教育的又一重要特征。从教育史上看，早在宗教改革运动时，马丁·路德于 1530 年在《关于送子女入学义务之讲演》中就呼吁："教育机关应由公费设立。"19 世纪 70 年代后，美、日、英、德、法等发达资本主义国家先后实施了免费义务教育。苏联、南斯拉夫、罗马尼亚、朝鲜等社会主义国家也实施了免费义务教育。至于免费的范围，各国不尽相同，并随着社会经济的发展而不断变化。联邦德国各州都实行免费义务教育制度，一部分州还免收学习用品费。法国免收学费，还提供书籍，家离学校远的学生免收交通费。日本自 20 世纪 60 年代以来还实行教科书免费，偏僻地区学生用品和交通费减免。近年来，印度、肯尼亚等一些发展中国家也实行了免费义务教育。当然，需要指出的是，免费性不是义务教育的根本特征，也有少数国家在义务教育实施中没有采取免费措施，仍然取得了一定的成就。

（五）世俗性

义务教育是公共的社会事业，不是教派或私人的事业。义务教育从产生之日起就带有鲜明的世俗性，反对宗教的影响，主张教育内容、方法及形式的非宗教性原则。法国早在 1882 年即颁布有关法律，规定中小学履行非宗教性原则，坚持国家教育不能为任何一种宗教服务。为了避免宗教思想对年青一代的影响，1886 年 10 月，德国颁布法律，禁止圣职人员任小学教师，当教师违背非宗教性原则时，父母可依法要求教师赔偿损失。法国还规定，教科书必须保持非宗教性。美国法律规定在公立中小学校中排除宗教教育，宗教教育在美国公立学校中没有地位。在南卡罗来纳州、南达科他州，教派学校必须经公立学校行政当局的批准才能开办，其他许多州对教派小学的课程设置和教学技术也规定了一定的标准。我国《教育法》第八条规定："教育活动必须符合国家和社会公共利益。国家实行教育与宗教相分离。任何组织和个人不得利用宗教进行妨碍国家教育制度的活动。"

（六）阶级性

从面向少数人、造就少数人的学校教育转变成为面向全体、造就全体的义务教育，这在教育价值上是巨大的转变和进步，但这并没有抹杀义务教育所具有的阶级性。这是因为：第一，资产阶级在实施义务教育时，虽然认识到国家和民族的兴衰不仅取决于少数精英人物，而且取决于劳动者和全民族的素质，但是指导他们实施义务教育的依然是"英雄造时势"的唯心史观。只有社会主义的义务教育才把劳动者、把人民群众作为历史的主人来对待，实施义务教育的指导思想是"人民，只有人民，才是创造世界历史的动力"的唯物史观。第二，义务教育在根本上是以培养国民精神为重点的基本教育，借以养成拥护本国的社会制度和对国家、民族的领导集团忠诚的思想。义务教育如果不把培养少年儿童拥护中国共产党的领导和坚信社会主义制度的思想观念放在突出位置，却迷恋于考试、分数、升学率等，那么就丢掉了灵魂，从根本上迷失了方向。第三，所有国家和地区在义务教育中无不十分重视通过民族文化的熏陶，培养年青一代的民族自尊心、民族自豪感等民族意识和爱国主义情感。我国在实施义务教育的过程中，应始终坚持培养年青一代的自尊心、自豪感与自信心，使他们了解中华民族的优良文化传统，并对他们进行爱国主义教育。

三、义务教育的发展趋势

第二次世界大战后，随着全球经济发展和各国人民争取民主权利运动向纵深发展，世界各国普遍进行了程度不同的普及义务教育改革，呈现以下发展趋势。

（一）普遍延长义务教育年限

日本从 1947 年开始，将义务教育年限由第二次世界大战前的六年延长为九年。德国 1964 年 10 月签订的《汉堡协定》规定实施九年制义务教育，1973 年 6 月的《教育结构计划》又将义务教育年限延长为十年。法国在 1959 年 1 月将义务教育年限延长为十年，并取消中学入学考试。英国则从 1963 年开始，确定了十一年制义务教育。1989 年，意大利政府宣布实施九年制义务教育。苏联于 1952 年开始普及十年制义务教育，1984 年又开始实行十一年制义务教育。1972 年，朝鲜将义务教育年限由九年延长至十一年。

（二）重视义务学前教育

发达国家大都实行 1～2 年不等的义务学前教育。波兰从 1973 年开始，对城市和农村实行义务学前教育。朝鲜从 1976 年开始对 4～5 岁儿童实行 1 年义务学前教育。

（三）重视义务特殊教育

苏联在 20 世纪 30 年代初即提出对有生理缺陷、语言障碍和智力落后的少年儿童实施初等义务教育。美国于 1975 年颁布了《全体残疾儿童教育法》。日本从 1973 年开始延长对残疾儿童实行义务教育的年限。南斯拉夫已实现盲童十年制义务教育、聋童十二年制义务教育。

（四）发展少数民族与边远地区义务教育

美国 20 世纪 50 年代废除了黑人与白人分校隔离政策，1986 年卡耐基教育基金会《关于美国 21 世纪的教师》研究报告强调大力发展少数民族基础教育。日本于 1954 年颁布了《偏僻地区教育振兴法》。苏联在 20 世纪 30 年代初就开始加强少数民族义务教育，有 35 所专门培养少数民族教师的师范院校。

相关链接 5-1：义务教育发展新动向①

20 世纪 80 年代以来，世界范围内，义务教育发展又出现一些新的动向。

首先，义务教育中出现允许选择学校教育的倾向。强制性是义务教育的基本特征。国家为维护社会福利和社会秩序，避免社会分化和儿童受教育机会不均等，规定了适龄儿童"就近入学，不许择校"的原则。20 世纪 80 年代后，国际政治、经济形势发生根本变化，传统义务教育由于其质量无法满足各方面需求，选择学校成为发达国家基础教育改革的一个热点。从目前西方国家教育改革的实践看，教育选择主要有三种形式：第一种是允许人们在不同公立学校之间进行选择，以改变长期以来学生及其家长在教育方面始终处于被动接受地位的不利状况，赋予他们主动选择的权利，如英国的"开放入学"新政策。第二种是允许人们在公立学校和私立学校之间进行选择。如美国的一些州在改革中采取了为学生家庭发放教育证券的方式，允许学生自由选择学校（所需经费的不足部分由学生家长自行支付）；英国近年来也实施了"公助学额计划"，对选择私立学校就读的学生予以补助。第三种是出现"在家上学（home schooling）"现象，而且呈现出方兴未艾、蓬勃发展的态势，引起大众、媒体、学界及法律界的强烈关注和热议。

其次，出现了公立学校私有化的趋势。20 世纪 80 年代以来，私有化浪潮席卷全球，人们注意到，一些私有公司较之国有企业效率更高、效益更好，而且，原来属于公共部门的某些领域（如医疗、卫生、住房）的私有化也获得了很大成功。于是，人们认为学校也可以私有化。发达国家公立学校私有化的形式主要有两种：一是公立学校由私营公司承包经营。20 世纪 90 年代以前，企业办教育主要是在企业内办培训或进修之类的学校，或者是企业在财力、人才等方面间接资助学校办学；而 20 世纪 90 年代以后，企业则采取直接介入的方式，将企业的资源和有效的管理方法引入学校，如 1991 年美国的"爱迪生计划"。二是对公立学校进行改革，但仍保持其原有的性质和地位。如美国的"特许学校"（允许个人开办和管理学校，有法律保障，学校可以雇用员工和拥有财产，但学校的公立性质和地位保持不变，学校不属于任何宗教派别，也不收费，经费仍来源于政府按学生人

---

① 李庆丰：《西方义务教育改革新动向》，载《教师博览》，2002（2）。

数发给的资金）。英国教育部在 20 世纪 90 年代创设了一种"直接拨款学校"，中央教育部拨款委员会将教学经费直接拨付给办学质量好的学校，使这些学校摆脱了地方教育当局的控制，促进了学校教学质量和办学效率的提高。

再次，免费性原则受到了挑战。对义务教育的性质，人们看法不一。从公共经济学观点看，一项物品或服务由政府出资还是由个人出资，是由该物品或服务的属性所决定的。纯公共产品应由政府出资，纯私人产品应由个人出资，介于二者之间的准公共产品则应由政府和个人共同出资。传统上义务教育被看作公共产品，由于公共产品的私人提供量普遍不足，所以政府必须负责提供公共产品。但也有人认为，实行义务教育既有利于国家的稳定和发展，也有助于个人日后的发展，义务教育应属于准公共产品，应由政府和个人共同出资。从发达国家教育改革的实践看，"选择学校运动""教育证券计划""公立学校私有化运动"等都对义务教育的免费原则（至少是全部免费原则）提出了挑战。如美国时任总统老布什提出的"教育证券计划"，政府将教育费用以证券的形式发给家长，家长可以带着孩子选择学校（不足部分由自己补充）。这些观点和改革实践的影响仅是小范围、局部的，远未被大多数人认同。

最后，管理体制由封闭走向开放。开放性是 20 世纪 80 年代以来许多发达国家义务教育改革的重要特征，其主要表现是：第一，扩大学校的管理自主权。在传统的义务教育管理体制中，学校几乎完全隶属于教育行政部门，只对上级教育行政部门负责。20 世纪 80 年代以来，许多国家都将扩大学校的管理自主权作为义务教育改革的一项重要任务。如英国《1988 年教育改革法》引进了"学校的地方管理制度"，将管理学校的主要权力与责任由地方教育当局转移到校一级董事会和学校本身的管理人员手中，有效地扩大了学校的管理自主权。第二，学校向家长开放，变家长无法选择、无权参与的管理为有权选择与参与。以前，家长只有送孩子上学的义务，而无权选择适合孩子个性发展需要的学校。20 世纪 80 年代后，家长参与学校教育的作用日益受到重视，人们认识到家长是纳税人，纳税人有权监督其税款的使用情况，家长有参与孩子教育的必要性，美、英等发达国家纷纷颁布法律，对家长的选择权予以保护，并进一步扩大家长参与学校管理的权限。第三，学校向社会开放，吸引社会各界参与学校的管理。美国教育部提出，所有的成人集体（包括企业、公司、机关、医院、大学、社团、俱乐部、老年公民联合会、居民联合会等）都应为改善儿童的教育做出贡献。在此背景下，"企事业办学校"的新现象出现，公立学校建立了由当地企业、社团和地方政府代表组成的理事会，理事会直接参与学校大政方针的制定。在英国，社会各界代表通过学校董事会，直接参加各地议会的教育辩论，还出现了一种新的学校形式——社区学校。

第四节　当代世界学校教育制度的改革与发展

一、发达国家学制改革与发展的主要趋势

（一）进一步完善终身教育体系

终身教育是当今各国教育改革的共同指导思想，建立终身教育体系是各国学制改革的共同目标。终身教育的内涵非常丰富，建基于民主化、普及化的教育理念，具有整体性、综合性、开放性、多样性和生活化等特征。终身教育是持续的，包括各种年龄阶段，贯穿人一生的整个过程；包括各种形式的教育，谋求正规教育与非正规教育、学校教育与社会教育等各种教育之间的联系和统一；面向全体人民，以全民为对象，向每个人提供学习和丰富知识的可能性；对人们施予多方面的教育，既包括专业性的教育，也包括社会、文化、生活等各方面的教育。总之，终身教育是一种大教育观，目标是组织一个提供终身学习的完善体系，提高人的素质和生活质量，促进社会的发展。

1965 年，在法国巴黎召开的第三届联合国教科文组织成人教育会议上，时任联合国教科文组织教育局继续教育部部长的法国教育家保罗·朗格朗首次正式提出"终身教育"。他认为，教育应该是每个人一生的过程，在每个人需要的时候，随时以最好的方式提供必要的知识。1972 年，联合国教科文组织国际教育发展委员会发表的报告《学会生存——教育世界的今天和明天》将朗格朗的主张进一步系统化，提倡"每一个人必须终身不断地学习，终身教育是学习化社会的基石"，建议将终身教育作为发达国家和发展中国家制定教育政策的主导思想。三十多年来，终身教育思想已为不同社会制度、不同发展水平的国家所接受，成为一种有国际影响的教育思潮。许多国家都以立法的形式明确了终身教育在教育改革中的重要指导地位。日本文部省 1971 年即指出，"有必要从终身教育的观点出发，全面调整教育体制"；1981 年日本中央教育审议会在咨询报告《关于终身教育》

中，具体提出了促进终身教育体系形成的教育发展原则；1990 年 6 月制定了《终身学习振兴法》，将建立终身教育体系置于法律的保障范围内。美国 1976 年通过了《终身学习法》，并在联邦政府内设立了专职机构，负责终身教育的规划、协调、监督和评估工作；1994 年克林顿总统签署了教育改革法令，将终身学习作为美国教育发展的八大目标之一。韩国等其他国家也先后提出建设学习化社会的国家计划。

在终身教育思想的指导下，许多国家的教育制度发生了重大变化。成人教育形成体系，规模扩大，与正规教育体系沟通。正规教育体系变得越来越开放、灵活。目前，在许多国家出现的远距离教育、开放大学、社区教育、网络学校等，都是终身教育思想在传统学校教育之外的范围广泛的教育实践。

（二）义务教育的范围逐渐扩展，年限不断延长

各国义务教育年限不一，大多在 9 年左右，包括小学和初中教育阶段。随着知识社会的到来，为了提高人才素质，大多数国家的义务教育年限进一步延长，主要表现在义务教育的一端逐渐向学前教育方向扩展，另一端则向高中教育阶段延伸。

世界各国更加关注学前教育，提倡及早开发儿童智力，强调培养儿童创造力，发展儿童个性，为儿童接受小学教育及其以后的全面发展做好准备。学前教育在国民教育体系中的地位进一步提高。许多国家将学前教育列为义务教育范围，以提前实施义务教育，重视和加强幼小衔接。例如，英国规定，幼儿学校是义务教育的第一阶段，招收 5～7 岁儿童。在法国，学前教育是初等教育的组成部分，学前教育虽不是强迫的，但免费实施，所有 2～5 岁儿童均可就近上幼儿学校。荷兰的幼儿园属于义务教育，招收 4～6 岁儿童。以色列的幼儿园招收 3～6 岁儿童，5 岁起即属于义务教育阶段。

此外，许多国家（特别是发达国家）的义务教育正继续向后延伸，既普及高中又普及职业技术教育，甚至高等教育。日本义务教育年限为 9 年，高中虽不在义务教育之列，但已达到普及程度（1996 年日本高中教育的入学率已达 96.8%）。法国义务教育年限包括小学 5 年、初中 4 年和高中第 1 年（共 10 年）。英国 1986 年开始对 16 岁的中学毕业生提供 2 年职业培训。荷兰所有 16 岁就业青年每周必须接受 2 天的义务职业教育。

（三）普通教育和职业教育向综合、统一的方向发展

促进普通教育和职业技术教育的结合是当前各国学制改革的一个重要

方面。职业技术教育对发展社会生产力具有巨大作用，因此，许多国家都强调普及职业技术教育，使全民普遍接受职业技术教育，措施之一是在普通学校中加强职业技术教育。1971年，美国联邦教育总署署长马兰提出"生计教育"理论后，生计教育在美国蓬勃开展。德国近年来也要求过去不设职业技术课的普通中学开设职业技术课程，在青少年中普及职业技术教育。美国、德国、瑞典等国家还开办综合高中（即把普通高中和职业学校合在一起），担负就业和升学的任务。

在职业技术学校中加强普通教育也是各国采取的改革措施之一。法国在职业中学设置了一种新的文凭——职业业士文凭，招收初中毕业生，学制4年，目的在于提高熟练技工的普通教育水平。德国职业教育长期以来实行由企业和职业学校合作进行的双元制培训体系，这种体系比较注重实践，而普通教育的时间太少。随着科技的进步，职业素养要求不断提高，德国为此重新调整了学校教育与企业训练之间的关系，在职业学校中增设普通教育课程内容，以使职业学校毕业生能更好地适应市场需要。日本通过推迟分专业的时间来加强职业高中的普通教育，即高中一年级不分专业，学习普通文化课，二年级才开始分专业。

（四）高等教育大众化、普及化

在当前各国学制改革中，高等教育大众化、普及化的趋势非常明显。一个国家的高校入学率（即在校大学生人数占同龄人的比例）在15％以下，为精英教育；15％～50％为大众化教育；50％以上达到普及化程度。目前，西方发达国家的高等教育已实现大众化，正在向普及化发展，美国等国家已经进入高等教育普及化阶段，大多数发展中国家正在为高等教育的大众化而努力。高等教育大众化和普及化的主要表现如下。

第一，高等教育机构日益多样化。针对传统高等学校脱离社会、周期长、不能适应非正规学习学生的要求等弱点，越来越多的国家采取灵活多样的办学形式、授课制度和学籍管理制度。例如，大学设置夜间部、函授部，举办公开讲座，建立注册听生制度、校外生学位授予制度、跨校学习制度、非选拔升学制度；开办开放大学、无墙大学、通信大学等。丹麦、瑞典等国的高等学校中，部分时间制学生越来越多，许多大学采取灵活的半工半读、远距离学习等形式。随着计算机通信网络的普及和远距离视像教育技术的日臻完善，学生通过计算机互联网进行学习的没有校园的"虚拟大学"逐渐形成。很多国家建立了"全国网上大学"，主要向那些由于种种原因受到限制、不能进入高校学习的人开放。在信息技术的支持下，高等职业技术学院、民办高等院校和现代远程教育机构等新型非正规高等教育机构逐渐多样化并发展强劲。

第二，高等教育机构中成人大学生比重越来越大。近年来，丹麦、挪威、瑞典等国家中一半以上首次进入大学的学生，其年龄超过了 22 岁，20 岁以下首次入学者不到 20％。美国社区学院采取开放招生政策，学生年龄平均 38 岁。大学生成分的变化也导致了学生求学动机的多元化，谋职仍然是青年学生追求高等教育的主要动机，但对成人大学生来说，为适应现有职业的新需求或转换职业而更新知识，或提高自己的文化素质、充实自己的闲暇生活等，则是他们走进大学课堂的主要目的。

二、我国学制改革与发展的主要任务

20 世纪 80 年代初期，随着我国社会主义现代化建设事业的飞速发展，教育事业也走上快速发展的道路，但总体而言，教育事业还不能适应社会主义现代化建设的需要，尤其是面对国内经济体制改革全面展开和世界范围新技术革命迅猛兴起的形势，我国教育体制的弊端更加突出。主要存在的问题有：基础教育薄弱，学校数量不足，质量不高；经济建设大量急需的职业教育和技术教育未得到应有的发展；对高等教育统得过死，学校缺乏活力，高等教育内部科系之间、层次之间比例失调等。为此，1985 年《中共中央关于教育体制改革的决定》明确指出，要根本改变这种状况，必须从教育体制入手，有系统地进行改革。教育体制改革的主要内容包括：加强基础教育，有步骤地实施九年制义务教育；调整中等教育结构，大力发展职业技术教育；改革高等教育招生与分配制度，扩大高等学校办学的自主权；对学校教育实行分级管理。

中共中央、国务院 1993 年 2 月 13 日印发的《中国教育改革和发展纲要》确定了 20 世纪末教育发展的总目标：基本普及九年义务教育，基本扫除青壮年文盲；要全面贯彻党的教育方针，全面提高教育质量；要建设好一批重点学校和一批重点学科（简称"两基""两全""两重"）。1999 年 1 月 13 日国务院批准的《面向 21 世纪教育振兴行动计划》是在《中国教育改革和发展纲要》的基础上提出的跨世纪教育改革发展的蓝图，主要目标是：到 2000 年，全国基本普及九年义务教育，基本扫除青壮年文盲，大力推进素质教育，高等教育毛入学率达到 11％左右；深化改革，建立起教育新体制的基本框架，主动适应经济社会发展；到 2010 年，城市和经济发达地区有步骤地普及高中阶段的教育，全国人口受教育年限达到发展中国家先进水平，高等教育规模有较大扩展，入学率接近 15％，基本建立起终身学习体系。《国家中长期教育改革和发展规划纲要（2010—2020 年）》提出，到 2020 年，要实现更高水平的普及教育；形成惠及全民的公平教育；提供更加丰富的优质教育；构建体系完备的终身教育。

为适应社会发展对教育的要求，我国现行学制仍需继续改革，主要任务如下。

（一）基本普及学前教育，实现学前教育普惠化

学前教育对幼儿身心健康、习惯养成、智力发展具有重要意义。近年来，世界各国学前教育发展迅速。发达国家学前教育有学年缩短、由大班到小班逐步普及、使学前教育和小学低年级联系与结合起来的趋势。《国家中长期教育改革和发展规划纲要（2010—2020 年）》指出，经过一段时间的努力，我国将逐渐普及学前一年教育，基本普及学前两年教育，有条件的地区普及学前三年教育。需要注意的是，根据我国的国情，我国当前学前教育发展要量力而行。西方发达国家都是在普及了小学、初中甚至高中教育之后，学前教育才由高班至低班分段逐级普及的。

（二）巩固、提高九年义务教育水平，实现义务教育均衡化

为适应我国基础教育从追求数量增长的外延式发展向追求质量提升的内涵式发展的新形势，2015 年修订通过的《义务教育法》在指明义务教育均衡发展的根本方向、明确实施素质教育的重大使命、回归义务教育免费本质、强化省级统筹实施、确立基础教育经费保障机制、保障接受义务教育的平等权利、规范义务教育的办学行为、建立义务教育新的教师职务制度等方面，都比 1986 年通过的《义务教育法》有了更大突破。《义务教育法》第四条规定："凡具有中华人民共和国国籍的适龄儿童、少年，不分性别、民族、种族、家庭财产状况、宗教信仰等，依法享有平等接受义务教育的权利，并履行接受义务教育的义务。"第五条规定："各级人民政府及其有关部门应当履行本法规定的各项职责，保障适龄儿童、少年接受义务教育的权利。适龄儿童、少年的父母或者其他法定监护人应当依法保证其按时入学接受并完成义务教育。依法实施义务教育的学校应当按照规定标准完成教育教学任务，保证教育教学质量。社会组织和个人应当为适龄儿童、少年接受义务教育创造良好的环境。"2010 年年初《教育部关于贯彻落实科学发展观　进一步推进义务教育均衡发展的意见》制定了实现义务教育均衡发展的路线图和时间表，力争 2012 年实现区域内义务教育初步均衡，到 2020 年实现区域内义务教育基本均衡。《国家中长期教育改革和发

展规划纲要（2010—2020 年）》也将推进义务教育均衡发展作为今后一段时期内我国义务教育的战略性任务。当然，我国普及义务教育的工作也存在不足，必须继续巩固、提高九年义务教育水平。

（三）继续调整中等教育结构，实现高中教育普及化、多样化、特色化

高中阶段是学生个性形成、自主发展的关键时期，对提高国民素质和培养创新人才具有特殊意义。要注重培养学生自主学习、自强自立和适应社会的能力，克服"应试教育"倾向。到 2020 年，要普及高中阶段教育，满足初中毕业生接受高中阶段教育的需求。

目前，学生完成九年义务教育后，有些已经达到法定就业年龄（16 周岁）。为了适应学生的选择方向和满足社会的需要，义务教育后的学制应该多样化，应有普通高中、职业高中、中等专业学校和技工学校等不同类型的学校供学生选择；还应当扩大普通高中阶段所占比例，以满足我国近年来高等学校不断扩大招生的需要，但对那些没能进入高等学校的学生，则应给予一定时间的职业培训，帮助其顺利走向社会。中等教育的多样化和普通教育后的职业教育可以保证不能继续升学的学生接受就业前的职业培训，弥补我国学制在这方面的缺陷，使我国学制在这个重要环节上更加完善。

高中阶段学校类型的多样化是解决青年选择未来方向的办法之一，这也是分支型学制的优点。目前还存在另一种办法，即综合中学的形式，这是单轨学制的方式。当普及教育达到高中阶段时，高中综合化就更加成为优先选择的方式。当然，当前我国高中阶段学制的主流还应是分支型学制结构，但针对我国大城市和发达地区普及高中为时不远的现实状况，可以借鉴世界中等教育发展的趋势，即由双轨向分支型转变，再通过综合高中达到单轨。当前，在普通高中进行综合中学实验已受到关注。

（四）大力发展高等教育，实现高等教育大众化、多元化

随着高等学校与社会生产、生活、科学技术等各方面的联系日益密切，高中逐步普及，也使越来越多的人要求接受高等教育，大学走出"象牙塔"，日益走向开放和大众化。2016 年我国普通高校本专科共招生 748.61 万人，高等学校在校生 2695.84 万人，2016 年全国各类高等教育在学总规模达到 3699 万人，高等教育毛入学率达到 42.7%。[①] 我国高等教育的规模

---

① 参见教育部：《2016 年全国教育事业发展统计公报》，http://www.moe.edu.cn/jyb_sjzl/sjzl_fztjgb/201707/t20170710_309042.html，2018-03-18。

已是世界第一。经过短短数年的艰苦努力，我国高等教育的发展实现了从精英教育到大众化教育的跨越式发展。当然，高等教育开放的重要条件是新成立的，与社会生产及社会生活密切联系的高等学校越来越多，特别是短期大学和社区学院，以及开放大学的出现。

高等教育走向开放和大众化的表现主要在三个方面：第一，高等教育的多层次性，包括本专科和研究生（硕士、博士）等不同层次；第二，高等教育的多类型，包括理、工、林、医、师、文法、财经、军事、管理等多种类型的院校、科系、专业等；第三，高等教育通过函授教育、广播电视教育、网络教育和自学考试等形式，向在职人员开放，为他们提供学习方便，使其有机会进修高等学校的课程和学位。

［复习与思考］

1. 调查自己家乡所在县市学制构成的现状、问题及发展趋势。

2. 以"中学的组织构成与发展"为主题，调查自己曾就读的一所中学；结合访谈，阐述自己中学校的初步认识。

［推荐阅读］

1. 黄济、王策三：《现代教育论》，第六章，北京，人民教育出版社，2004。

2. 南京师范大学教育系：《教育学》，第十九章，北京，人民教育出版社，1984。

3. 瞿葆奎：《教育学文集：教育制度》，北京，人民教育出版社，1990。

4. 吴德刚：《中国义务教育研究》，北京，教育科学出版社，2011。

5. 谈松华：《教育管理制度创新与建立现代学校制度》，载《中国高等教育》，2003（7）。

6. 褚宏启：《我们需要什么样的现代学校制度》，载《教育研究》，2004（12）。

7. 徐建平：《现代学校制度研究述评》，载《上海教育科研》，2005（7）。

8. 曲铁华：《中国农村义务教育投入体制变迁及改革路径》，载《社会科学战线》，2017（2）。

第六章
学校文化与教育生活

[本章重点]

1. 了解学校作为教育机构所承担的任务。

2. 理解学校作为生活存在的主要表现。

3. 运用实例，分析学校生活区别于家庭生活、社会文化生活等的独特性。

4. 运用实例，分析学校生活的教育性。

案例导入：学校对学生而言，意味着什么？①

背景：高中生在高一学年末都会面临文理分科的问题。学校为保证分班后教学的顺利开展，会一再强调分班选科要慎重，一旦确定，不可以再改。但是，总有一些学生过后，甚至过了很久之后要求换科。

事件：2010年10月，一名高二年级理科班的男生在"小高考"前突然提出转到文科班的要求。"小高考"报名当天下午，他妈妈带着他在我办公室等领导，我告诉她领导当天不会来了（因是周末），他妈妈很无奈，但坚持"再等等"。她告诉我，当初做分班决定时，孩子并不喜欢理科，但也没有很排斥，文、理科的成绩都不是很好。她和孩子爸爸觉得理科读出来总能学门技术，就让孩子报了理科，但分班后，孩子表现出越来越强烈的厌学态度，他们实在没办法了，就想让孩子转文科。于是，我和孩子聊起来。

我问他："你喜欢文科么？"他说："还好，但很不喜欢学理科，听不懂。""那你学了文科，长大以后想从事什么职业，想过吗？"他说："没想过。"我感觉这孩子并不清楚自己想要什么，也并不是真正地喜欢文科，于是又问他："你有没有努力学呢？听不懂，会不会是因为你没有用心听呢？你老是给自己心理暗示，说你不喜欢学理科。你有没有去试试看，到底是不是努力也学不好呢？有没有想过，万一转到文科班，发现文科也不好学，那你又该怎么办？难道再转回来学理科？"男生告诉我，他在班里待得不开心，老师总是骂他什么也不会，他就越来越不想学了。我又试着告诉他："老师面对的是全班几十名学生，难免有时心急，但学习是自己的事情，不管别人怎么说，自己都不能当儿戏。就算转到文科班，也一样会有这样那样的不如意，比如……"男生坐在那儿想了很久，最终决定不转了。他妈妈很开心，嘱咐男生以后遇到什么事情可以来找我聊，我当然也表示很乐意。

反思：我觉得这件事反映了一个问题——学生对学习和学校的认识，和我们老师、家长以为的完全不一样。对学生来讲，学习是他生活中比例占到八九成的很大一部分，而学校就是他生活的地方，他更在乎在这个地方生活得舒服不舒服、自在不自在，更在乎这个生活的过程。而老师和家长更看重的恐怕是结果，是学生学得好不好……

---

① 摘自孙云霄老师撰写的教育案例《学校对学生而言是生活的地方》。孙云霄，南京市第三高级中学教师，南京师范大学计算机科学与技术专业（师范）2006级本科生。

教育，作为人类特有的一种社会实践活动，伴随人类社会的发展而发展；学校，作为一个特定的教育场所，也是人类社会发展到一定阶段的产物。随着学校教育的日益普及和学校教育年限的日渐延长，我们对置身其中的"学校"也越来越熟悉。本书第五章介绍了作为制度化教育机构的学校及其产生、发展与变革，本章着重从置身学校的人的体验出发，进一步探究"学校"究竟对每天生活在其中的师生员工意味着什么。

第一节 学校：从"教育机构"到"生活存在"

学校是一个什么地方？这似乎不言自明——一个教育机构，进一步具体、准确地说，是一个制度化的正规教育机构。确实，不仅在人们的头脑中，而且在一些权威的工具书和教育理论著作中，学校也都是被界定为一个施行教育和接受教育的地方。① 这样的界说遮蔽了一所所迥然有别、充满个性的学校真面目，让人们只看到作为机构的、抽象的学校，使人们对学校愈发习以为常，甚至视而不见。② 事实上，作为教育机构的学校，从每一位置身其中的人的体验来说，始终是一种生活的存在。

一、学校：一个教育机构

学校，从诞生源头说，是一个专门实施制度化正规教育的场所和机构；从现实运作看，学校也首先是一个专门的社会化机构。现代社会里，学校进一步发展成为一个行使社会选拔功能的筛选机构。

（一）作为专门的社会化机构的学校

法国社会学家迪尔克姆（又译"涂尔干"）在《教育与社会》一书中指出，教育的一项主要功能就是为维系和发展社会而传递文化、训练下一代，即"社会化"。"在某种重要意义上，教育必定是社会化。因为所有的教育

---

① 比如，学校是"有目的、有计划、有组织地进行系统教育的机构"［参见《辞海（第六版缩印本）》，2164 页，上海，上海辞书出版社，2010］；又如，学校是"专门进行教育的机构"［参见中国社会科学院语言研究所词典编辑室：《现代汉语词典》（第 7 版），1489 页，北京，商务印书馆，2016］。

② 一些教育工具书中就没有"学校"这一词条，比如，《中国大百科全书·教育》（中国大百科全书出版社 1985 年版）、《教育辞典》（江苏教育出版社 1989 年版）等辞书中都没有"学校"这个词条。

都着重于发展儿童的心灵，而这种发展主要是社会的事情。"① 教育目标则是提高或发展政治社会整体及其个人所处特殊环境对此儿童所要求的特定生理、智力与道德情境，"教育在于使年轻一代系统地社会化"②。迪尔克姆对教育社会化功能的强调给人们理解"教育"带来了重要影响，"学校"亦被赋予对年青一代进行社会化的重要职能，成为传递和灌输维持社会稳定所必需的知识和行为规范、形成儿童社会价值观的重要场所。

学校作为实施社会化功能的教育机构，是有目的、有计划、有组织地向下一代传授社会规范、价值标准、知识技能的专门机构，是成年一代对尚未准备好社会生活的年青一代施加社会化影响的专门机构。学校作为正规的、专门的教育机构，对儿童的身心发展起着重要的作用。青少年时期社会化程度的高低、优劣，在很大程度上取决于学校教育的影响。学校通过课程目标、内容、实施、评价、教师及师生关系、学生活动及同伴关系等，对学生的发展产生影响。随着现代教育的改革与发展，以及社会大众对教育重视程度的逐渐提高，人们接受学校教育的时间也越来越长，学校教育的社会化功能也越来越受到人们的关注。

（二）作为社会筛选机构的学校

受迪尔克姆的"教育即社会化"思想的影响，20 世纪 50 年代，美国教育社会学家、功能主义学派代表人物帕森斯深入研究了教育的社会功能，在强调教育的社会化功能基础上，指出教育具有社会选拔的功能，认为社会通过学校教育得以根据学生的受教育程度赋予其相应的学历，并决定其相应的人生去向，为维持社会的生存和稳定做贡献。

冲突论学者又进一步深刻分析了教育系统所起的社会分层和"社会选拔代理人"的作用，指出学校是一个"社会编组场"，完成着两个再生产：劳动力的再生产和社会生产关系的再生产，从而成为一个将经济不平等合法化的场所。"因为学校从表面上看是向所有的人开放的，这样一来就可以把一个人在社会分工中的地位描绘成不是其出身所造成的结果，而是由于他的努力和才能造成的结果。"③ 所以，学校在完成劳动力再生产的同时，再生

---

① 怀特：《社会化与教育》，见瞿葆奎：《教育学文集：教育与社会发展》，34 页，北京，人民教育出版社，1989。

② ［法］埃米尔·涂尔干：《教育及其性质与作用》，见张人杰：《国外教育社会学基本文选》，9 页，上海，华东师范大学出版社，1989。

③ ［美］塞缪尔·鲍尔斯：《不平等的教育和社会分工的再生产》，见张人杰：《国外教育社会学基本文选》，222 页，上海，华东师范大学出版社，1989。

产着社会关系和社会分层体系，学校成为社会层级制度的"摹写"。

当今中国社会，学校在个人的社会流动和社会分层中发挥着越来越重要的"分化"功能，在"教育机构"之外，还充当着"分化机构""象征机构""销售机构"等多种角色，[①] 成为行使社会选拔和分配功能的"筛选装置"。

二、学校：一种生活存在

虽然我们对学校越来越熟悉，但每个人在学校中的体验是极为不同的。[②] 之所以会有这么丰富多样的学校体验和认识，就是因为"学校"远不是一个简单的物质性、实体性的有形存在，而是一种极富情感体验和生命意义的生活存在。正是这种不同的生活，才使得置身于学校之中的每个人有了如此迥异的教育生活体验。学校作为生活存在，集中表现在以下方面。

（一）学校物质环境蕴含着生活

走进一所学校，人们首先感受到的是学校的物质环境，包括学校大门、教学大楼等建筑和风貌（如学校的绿化布局、细节处的点缀、色彩线条的搭配），以及学校教学设施、实验设备、图书馆及其藏书等。但这些实体性的物质环境绝不仅仅是一种有形的存在，在很大程度上，它们都凝固着非实体性的精神，蕴含着特定的文化价值，成为一种物质情景（physical situation），也成为保留、传递和发扬学校文化的重要载体，是师生员工教育生活的第一道底色，蕴含着生活的张力。请看一位校长的值班记录。[③]

> 早读课上，到全校各班转了一圈，不是看老师到位了没有，只看一样：书橱上的绿色植物。初一、初二大多数班的书橱依然绿意盎然，其中有一个班级的讲台上、黑板前台阶上也有，整个教室有了许多生气。初三大多数班级的书橱上"沙漠化"现象严重。不是说班级中有否绿色植物就一定代表了什么，但有绿色植物的班级一定有着点什么。

---

① 吴康宁：《学校的社会角色：期待、现实及选择——基于社会学的审视》，载《教育研究与实验》，2005（4）。

② 刘云杉：《学校生活社会学》，365～366 页，南京，南京师范大学出版社，2000。

③ 郑杰：《改造学校待何时——"另类"校长一家言》，219 页，上海，华东师范大学出版社，2006。

学校物质环境蕴含的生活性，使物质设施可以对学校成员的价值观念、心理品性等产生潜移默化的影响，传递着学校的传统和特色，构筑着师生员工的日常教育生活场景。不难想象，生活在一所物质文化淳厚、富有审美意蕴的学校里，学习、工作都会充满着愉悦。当然，真正带给师生员工愉悦的并不全是有形的物质环境本身，还包括其所孕育的精神特质。比如，学校的花台、草坪、喷泉、假山、教学楼、实验室、图书室、操场、宿舍等物质环境的规划布局及建设是否真正服务于师生员工？是否吸取了学校成员的情感和才智？

以学校建筑为例。世界学校建筑发展先后经历了"没有特定形象的学校建筑""具有明显特征的学校建筑"和"不像'学校'的学校建筑"三个阶段，目前正进入"不像'学校'的"新型学校建筑阶段。新型学校建筑的本质特征是以人为本，多功能开放空间取代封闭型空间形式，由满足实施教育为主的空间向满足开展学习为主的空间转变，学校空间环境生活化、人情化，重视室内外环境及空间气氛对学生身心健康及品德、情操的影响；造型、色彩及空间形式多样化，并且向社会及社区开放和融合。学校建筑在形式上的这些变化，实际上是教育理念、教育方式产生深刻变化的具体表现，也必然带给师生员工不同的生活体验。

再以学生的教室座位为例。学生在教室中坐在哪里，猛一看上去，是一个再简单不过的事情。确实，我们很多教师和中学生几乎都没有留意过座位，但这并不代表中学生们对座位没有自己独特的体验，只不过这些独特的体验被我们视而不见罢了。其实，座位绝不仅仅是一个物理空间，无论从学习还是从择友来说，学生对座位的感情都有心理力场的因素起作用。很多学生感慨："坐哪儿并不重要，关键是要有一个好同桌、好邻居。"如果老师让学生自己选择座位或允许学生临时换座位，就很容易发现这种微妙的体验。"换座位并不都是想上课说话，只是那种新奇的感觉让人神往。"

（二）学校规章制度潜隐着生活

制度是一个正式组织必不可少的连接纽带，学校制度同样对师生员工的教育生活产生着潜移默化的影响。学校的组织制度，包括组织的管理章程、教学科研的规章制度、学校的人际交往方式、行为习惯及各种典礼仪式等，与学校的物质环境一样，也具有深层的文化内涵，体现着一所学校的文化标准，在发挥规范作用的同时，对师生员工的日常生活起着导向和调控的作用。

以课堂教学制度为例。课堂教学是社会制度在学校教育中得以展开的主要场所，任何社会都会以一定的方式使其统治制度渗透于课堂教学之中，从而客观上使课堂教学带有种种社会属性。从这个意义上说，学校的教学、管理等活动都是一种制度化的社会活动，一定程度上复制着社会结构。目前我国中小学的课堂教学，其静态组织结构表现为"班长—学习委员—课代表—小组长—小组成员"的等级序列，这种等级序列往往带有浓厚的社会期待色彩，作为社会代言人的教师也被赋予强大的制度权威。学生遵守和服从这一结构，也感受和认同这种等级规范；社会选拔制度也以强大的力量无形地控制着课堂教学，课堂教学使社会选拔制度得以操作，而实质性地体现出社会选拔原则，促使学校教育成为社会选拔的"过滤器"。

（三）学校精神理念浸染着生活

"学校是个文化场所，它不是生产一个螺丝钉，不是生产半导体晶片，学校是和人打交道的，是思想和思想的交流，是情感和情感的沟通，是生命和生命的对话。不能把握学校工作的特点，没有自己的追求，就不可能形成自己的文化。"[①] 学校文化中包含着学校传统、校风、学风、教风、人际关系等多种复合因素的学校理念，是学校本质内涵和个性风貌的集中反映，也是学校文化最深层的要素。学校理念虽然看不见、摸不着，却有着巨大的凝聚力、推动力和生命力，构造着师生员工身处其中的浓烈的生活氛围。在不同的办学理念指导下，学校师生员工感受到的生活氛围是不同的。

学校理念涉及对学校存在的最重要问题的回答，表明一所学校最根本、最重要的存在理由，是学校成员对为何要有学校，师生们为何要来学校，学校为何而存在，学校成员究竟应该以何种方式在学校中生存等基本问题的回答。学校理念是对学校存在最基本问题的回答，并且贯穿于学校成员全部的学校生活之中，所以，学校理念是学校一切活动的指南，是学校管理、教师教学、学生学习等学校活动的准绳。更重要的是，一所学校的精神理念往往是在自己学校的土壤里慢慢地生长出来的，而不是一朝一夕就可以"包装"出来的；不是写在墙上，也不是挂在学校成员的嘴上，而是要实实在在地落到全体学校成员的生命实践中，成为学校教育生活（包括教师"教"的生活和学生"学"的生活）的内在精神。

现代学校理念应该是开放的、多样的、个性化的，但其中都必须渗透

---

① 袁振国：《当代教育学》（2004年修订版），387页，北京，教育科学出版社，2004。

最基本的精神，那就是学校教育应当充分体现对人的尊重，充分体现师生间的信赖与期待，应当引领学校生活成为师生生命积极舒展和张扬的空间，促进学校成为以育人为核心、以人的自由全面发展和个体人格完善为基本指向的精神家园。当以尊严、自由、幸福等为基本价值要素的学校理念深深地融入学校成员的生活习惯之中时，它就成了学校成员生存方式的表征，成了优质学校生活的内在保证。

（四）学校人际互动展示着生活

前面分析了课堂教学中的人际互动，对学校的师生员工而言，在学校范围内，各类成员之间的交往互动更是展示着自然而纷繁的生活样态。

学校是教师、学生及其他教职员工共同置身其中的活动时空，也是他们共同创造的成长空间。学校是学生生命旅程中的重要一站，也是教师生命活动的重要场所。从人类学意义上说，学校是构筑和发展人之本质的重要而有意义的一环。学校不仅是一个制度化教育的基本组织单位，而且是师生共同生活、获得生命意义的存在之所。在以班级授课制为主要教学组织形式的现代学校，学生的人际互动和人际关系都主要发生于班级。学校为便于开展教学活动和实现一定教育目标，按照一定的教育学原理和要求，结合学校自身实际情况，将一定数量的同一年龄阶段的学生编入不同班级；班级成为学校为实现特定目标而专门建构的功能群体。作为一个社会组织，① 班级无疑是个体人生中最早加入的社会组织；在班级中，学生学习知识、遵守班级规则、参加班级活动等，班级还有班委会、少先队、团支部等次级组织。更重要的是，班级生活中充满着师生之间、生生之间的交往与互动。这种交往与互动构成了最重要的班级生活内容，班级生活还会影响学生的整个学校生活。

师生关系是学校生活中影响师生精神生活的最重要的人际关系。良好的师生关系本身对师生学校生活具有重要的发展性价值，建立融洽的师生关系是拓展师生精神生活空间的基本要求。借助师生相互作用而形成的班级氛围，以及师生间的互动、交往，都直接影响着学生的在校生存状态和教育生活质量。师生间的交往互动或者发生在教师个体与学生个体之间

---

① 也有学者认为，班级是"准社会性"的社会组织，因为班级组织的主要成员——学生，虽然也具有一定的社会行为能力，但不具备法律意义上的社会责任能力，与成年人相比，他们还缺乏社会独立性和社会责任性。从这个意义上说，班级是一个"准社会性"的社会组织。

（如班主任与某位学生的单独谈话交流），或者发生在教师个体与学生群体之间（如班主任的集体"训话"），抑或发生在教师群体与学生群体之间（如班主任和班委会邀请任课教师参加班会、联欢会等班级活动）。同伴关系（即同学之间交往互动形成的人际关系）在学生的教育生活体验中同样举足轻重，一些学生就会因同学关系紧张而焦虑不安，影响学习和生活。

（五）学校课堂教学构筑着生活

人的生活是在一定的物理空间和精神空间中实现的。学校课堂教学即在物理空间和精神空间两个层面构筑学校生活。课堂是学校生活的核心，而不仅仅是一个知识授受的场所；教学也不是单纯的知识授受，更不是技术性的活动。课堂亦非处于真空之中，而是一个特殊的社会子系统、教育亚环境；教师和学生是生活于其中的"居民"，课堂是由"居民"和"环境"交互作用而形成的生态系统。每一位曾经生活于学校中的人都会对丰富多彩的课堂生活记忆犹新。

第一，课堂物理空间创建着感性生活体验场景。课堂教学的物理空间涉及班级规模、教学组织形式及课堂教学辅助设备等。班级规模的大小、教学组织形式的空间布局及使用的教学设备等，都直接制约着学生课堂生活体验的"身体感"。如班级规模，如今中国很多中学的班级规模少则五六十人，多则近百人，可以想象置身其中的学生的生活体验。又如教学组织形式，我国中小学校的座位普遍采用的讲台、桌椅"秧田式""教堂式"摆放方式，在很大程度上规定和限制了师生的活动方式，孕育了某种无声的权威，不利于发挥学生的主体性，也不利于师生之间的交往，严重约束了学生的课堂生活，不能为课堂生活提供灵活多样的物理空间。再如教科书、黑板、粉笔、录音机、电脑等课堂教学不可或缺的知识载体，看似"无声"、中性，其实不然。教书是课程知识和师生交往的重要载体，但不是人类积淀的所有知识都被记录在教科书中，教科书里的知识是经统治阶级过滤后的"法定知识"；辅助性的课堂教学设备、手段等，由于技术水平不同，所营造的生活场景也不同。我们只要比较一下"粉笔＋黑板"的教学与如今多媒体展示的教学，就不难想象学生置身其中的不同的生活体验。因此，从扩展课堂生活空间的意义上，应减少班级人数（如实行"小班化教育"）、改革班级教学组织形式、优化教学辅助设备等，为课堂生活的重建提供良好的物理空间保证。

第二，课堂人际互动创建着精神生活体验场景。课堂不仅是一个物理空间，而且是一个人际互动的场所。课堂教学与"自学"（即学习者独自进行学习活动）的最根本区别在于：课堂教学不是个体活动，而是群体活动；作为活动主体的教师与学生相互间必然发生各种课堂交往和互动。课堂教学是一种特殊的社会互动，[①] 师生、生生之间的互动构筑着千姿百态的教育生活。"课堂实际上就是一个互动的场所。通过师生、生生语言符号的交流、沟通，实现关于客观世界意义的传递，完成学生的社会化要求，达到教育的目的。"[②] 课堂教学就成为师生之间、生生之间课堂交往的互动过程，为学生营造出特殊的课堂精神生活。不同的教学内容、教学方法、教学形式等，为学生提供不同的思维、想象和创造的空间，学生由此感受到不同的精神生活体验。

相关链接 6-1：课堂教学中的互动形式

在课堂教学中，直接参与互动的主体有三种：教师个体、学生个体及学生群体，由此可以组合成课堂互动的五种类型：教师个体与学生个体的互动、教师个体与学生群体的互动、学生个体与学生个体的互动、学生个体与学生群体的互动、学生群体与学生群体的互动。在这些类型的互动中，教师个体与学生个体之间的提问与应答、要求与反应、评价与反馈及个别辅导等，教师个体与学生群体之间的组织教学、课堂讲授、提问、练习、评价等，学生个体与学生个体之间的讨论交流，学生个体与学生群体之间的示范、情境扮演、习题演算、演讲，以及学生群体与学生群体之间的组际交流、组际互查、组际竞争等活动，都构成了中学生的课堂生活场景，都会对中学生的参与意识、规范意识、人际交往品质等产生重大影响。

我国传统课堂教学多为师生交往，但同时又常常是选择性交往，由教师依据学生的成就、班级地位等因素进行选择。学生处于被选择的地位，他们的参与是有限的、被动的。

---

① 吴康宁：《教育社会学》，354 页，北京，人民教育出版社，1998。
② 钱扑：《教育社会学的理论与实践》，256 页，南宁，广西教育出版社，2001。

总之，学校的物质环境、制度控制、精神浸染、人际互动、课堂教学等，共同构成学校的"潜在课程"①，构筑着学校全体成员的教育生活。

第二节　学校生活：一种重要的教育资源

学校是一种生活的存在，学校生活是一种极为重要的教育资源。

一、学校生活的独特性

个体的实践活动总是发生在特定的社会环境中。学生作为一个社会群体，主要生活在家庭、学校、同辈群体，以及社会文化构成的多重世界中，学生的家庭生活、同辈群体生活、社会文化生活及学校生活对其成长发挥着重要的影响作用。其中，学校生活是教育者（教师）根据一定的教育方针，有目的、有计划和有组织地对受教育者（学生）进行培养教育的一种专门化的社会生活。② 学生的学校生活与家庭生活、同辈群体生活及社会文化生活等，在价值、规范、期待和生活方式方面都有着明显的差异。

（一）学校生活的目的性不同于家庭生活的自然性

学校是进行有目的、有意识、有组织的教育的场所，不同于家庭日常生活中随机或自发进行的教育。学校对人的发展的影响，大多数表现为自觉而非自发、有明确目的而非盲目派生的影响；学校教育因为要遵循国家方针和培养目标的要求，将学生培养成为社会所需要的身体、智力、品德都得到全面发展的人，因此，学校生活环境的构建必然有着一定的目的性和计划性。学校物质环境的布局建造、学校规章制度的设计制定、学校精神理念的宣传发扬、班级集体活动的开展、课堂教学活动的实施等，都是一种目的性很强的行为。（尽管学校生活的最终教育效果往往是通过潜移默

---

① "潜在课程（hidden curriculum）"这个概念是菲利普·杰克逊（Philip W. Jackson）在其《教室中的生活》（*Life in Classroom*）一书中首次提出的，以区别于"学程"意义上的"课程"。他认为，在学校中，学校生活、教室生活等都是学生成长体验的构成部分，其意义非常重大，"无论是教师还是学生，如果他想获得满意的学校生活，就必须理解学校生活中的潜课程"。参见 Philip W. Jackson，*Life in Classroom*，New York，Teachers College Press，1990，p. 33.

② 全国十二所重点师范大学：《教育学基础》，207 页，北京，教育科学出版社，2002。

化的文化渗透产生的。)学校生活具有不可避免的目的性，甚至由此而带来某种程度的强制性，这是铭刻在学校生活的本质之中的。即便在强调发挥学生主动性的学校里，这种本质也并未改变，只是其形式较为温和而已。

家庭则是建立在婚姻、血缘基础和一定经济基础之上，面对面共同生活，亲密合作的社会群体。"如果将教育定义为传授、唤起或获得知识、态度、价值观、技能、敏感性和一切经验的深思熟虑的、有系统的、持久的努力的话，家庭的教育功能将被有效地扩大。"① 家庭生活的特点主要表现在家庭生活具有情感性、聚合性和自然性。学校生活主要通过规章制度、纪律秩序等纽带而实现对学生的控制，家庭生活中父母则通过情感和经济的纽带而实现对子女的控制。家庭是一个具有面对面交往特点的初级群体（primary groups），家庭成员的接触方式是面对面进行的，交往接触具有密切性和非正式性，家长对孩子的了解和影响，相对于学校和教师更聚合和深刻。而且，家庭生活天然地与"教育"合而为一。家庭教育往往在潜移默化中进行，是一种自然而持久的生活化影响，而非严格意义上的那种正规的、有着严密计划性和系统性的教育。这种自然统一性决定了家庭中教育的因素不局限于家长的教育能力、教育方法、教养态度等，家庭的其他因素如家庭自然结构、双亲职业、社会地位、经济状况、生活方式、期望水平、家庭气氛等，都会影响孩子的身心成长，最终对孩子知识、能力、个性、品德等的形成产生直接或间接的影响。

家庭生活是学生不可选择的首要生活环境，更多地偏重于感性和感情、自由与放松、个体性与特殊性等方面；学校生活则突出理性与理智、强制与限制、社会性与一致性等方面。② 学校生活与家庭生活的最大差别就在于学校生活具有目的性，而家庭生活具有自然性。

（二）学校生活的权威性不同于同辈群体生活的平等性

学校教育的目的性和方向性使学校教育具有高度的组织性和计划性，也使学校生活具有权威性。比如，学生必须遵守学校作息制度，必须按照课程表的计划上课。学校各项教育教学活动必须有序进行，学习内容必须根据特定意识形态和社会价值观，经过有目的的选择和组织。这种高度的组织性、计划性和系统性促使学校生活在学生心目中具有一种天然的权威性。学生在与教师的相处中，对这种权威性的体验最深刻。

---

① 鲁洁：《教育社会学》，480 页，北京，人民教育出版社，1990。
② 全国十二所重点师范大学：《教育学基础》，208 页，北京，教育科学出版社，2002。

　　但是，学生在学校生活中还经历着一种重要的生活方式，那就是同辈群体生活。当代社会，由于年龄、地位、兴趣、爱好、个性、特长等自然属性和社会属性的相似或相近而形成的青少年同辈群体（特别是自发形成的非正式同辈群体）对学生的影响越来越深。学生同辈群体生活具有相同的心理需要、明显的情感色彩、灵敏的信息传递渠道，以及自然形成的领袖人物，尤其具有自发性和平等性的特点。

　　学生同辈群体常常是由学生自己出于兴趣、爱好、个性等原因而在自愿基础上结合而成的，并不是在老师、家长的干预和管制下形成的，这种自发性也同时带来了平等性。群体成员之间以追求平等为价值取向，虽然这种平等也会使同辈群体的目标价值模糊不清，但也正是在这种不明确的界定中，学生才有自由伸展、发挥思考的空间。这种基于自己的选择、思考而形成的世界观与人生态度更为强烈和深刻地影响着学生的发展。大部分学生同辈群体的成员年龄相仿，有大致相同的智力发展水平、兴趣爱好、共同的语言及生活方式等，容易形成对事物的共同认识、一致的价值观和行为规范等，表现出丰富多样的学生亚文化，为学生从儿童世界走向成人世界提供了最初的桥梁和纽带。

　　可见，学生同辈群体生活的显著特点是"民主""平等""合作"与"自由"，而学校生活则更多地显示出"权威""不平等""竞争"与"强制"。学校生活与同辈群体生活的最大区别在于学校生活具有权威性，而同辈群体生活具有平等性。[①]

　　（三）学校生活的规限性不同于社会文化生活的选择性

　　相对于整个社会文化环境，学校在某种程度上还是一个"小社会"，但在有限的时空局限下，学校生活不可能完全等同于社会生活。而任何时代，学校都不可能是一个封闭的"象牙塔"，将学生完全规限在校园的围墙之内。特别是当今时代，飞速发达的大众传媒更是为学生提供了丰富多彩的社会文化环境和多种多样的信息。以大众传媒为主的社会文化生活具有广泛性、灵活性和多元性，其活动形式更是具有丰富性、情绪性，甚至煽情

_____

　　①　当然，中学生同辈群体生活对中学生成长的影响具有"两面性"，既有正向、积极的作用，也有反向、消极的作用。同辈群体亚文化与学校教育既有一致之处，也可能产生相悖之处。因此，家庭、学校、教师要加强对学生同辈群体生活的关心，了解学生同辈群体形成的规律，引导同辈群体亚文化向健康有益的方向发展，使之形成正确的价值取向。

性，相对于学校生活的古板、严肃、抽象、局限，前者对中学生发展的影响作用与日俱增。

比如，被称为继电视、电影、报纸之后的"第四大传媒"的互联网，以前所未有的速度和能量逐渐成为当代影响人们学习、工作、生活、休闲、交往等最有效的信息传播载体，在青少年发展中的作用越来越大。互联网以其独特的方式和丰富的内容为人们提供了一种全新的认识和把握事物的环境，从空间和时间上根本改变了传统的社会信息交流方式、社会群体结构和人际互动方式。互联网出现之后，青少年学生一直是应用网络媒体最热情的主体，他们要比成人更能快捷地掌握这一现代传播技术，从心理上更乐于接受网络这种人际交往方式。虽然凭借无限的网络空间，青少年学生的思想空间、生活空间都得到了极大的扩展，但网络对学生还是有一些不利影响。网络环境复杂，难以控制，由于一些学生自制力差，缺乏应有的分辨能力，非常容易成为网络的受害者。例如，网上色情信息泛滥，一些人利用网络难以控制的弱点，发布危害国家安全的言论等；还有一些学生沉湎于聊天室、QQ 群、BBS 等，忽视与现实中人的真实交往而沉迷于网络创造的虚拟环境，以致陷入虚拟生存状态，从而降低了真实生活中的人际交往能力，缩小了交往范围，甚至产生心理疾患。

可见，学校生活与社会文化生活的最大区别在于学校生活具有规限性，而社会文化生活具有选择性。因此，"教会选择"① 成为当代教育的核心关键词。教会学生如何利用大众传媒和社会文化生活促进自身的健康发展，是学校教育和教师肩负的现实使命。

当然，以上为分析方便而划分的家庭生活、同辈群体生活和社会文化生活，很难与当代儿童青少年的学校生活截然分开（特别是同辈群体生活已经成为学生学校生活的极其重要的组成部分）。学校生活的独特性最集中地体现在目的性、权威性与规限性；学校生活的这种独特性又有其文化、制度和社会根源，深深铭刻在教育行动中，客观上成为学校教育的一种本质性规定，也使得学校生活成为一种重要的教育资源。我们应充分利用"学校生活"这种教育资源，与家庭、社区、同辈群体、大众传媒等其他校外教育资源更好地整合，发挥各自的优势，形成教育合力，促进儿童青少年更好地发展。

---

① 吴康宁：《教会选择：面向 21 世纪的我国学校道德教育的必由之路——基于社会学的反思》，载《华东师范大学学报（教育科学版）》，1999（3）。

二、学校生活的教育性

学校生活虽然不是学生唯一的生活世界，但是重要的生活世界之一，因为学生以学习为主的生活实践主要发生于学校。学校是为实现特定的教育目标，取得理想的教育效果而加以谨慎控制的一种特殊环境，学校生活状态本身就是一种重要的教育资源。

（一）学校文化的教育性

学校文化是学校长期形成的一种"看不见、摸不着但分明能够感觉到的"教育氛围，对学校成员（特别是学生）具有强烈的教育影响。美国教育社会学家华勒（W. Waller）最早在《教学社会学》（1932 年）中指出学校文化是一种独特的亚文化。学校文化是由学校全体成员或部分成员在长期的学校教育实践过程中积淀和创造出来，并习得和共同具有的思想观念和行为方式。学校文化的核心是学校各群体所认同和遵循的思想观念和行为方式，其中最具决定作用的是思想观念，特别是价值观念。学校文化是一个具有多层次、多类型、多向度的文化集合体。

从层次上说，学校文化包括物质文化、制度文化和精神文化三个层次。学校物质文化即学校的物质环境和物质设施（如学校建筑、校园风貌等）。学校制度文化是指学校的规章制度、纪律、行为准则等制度形态的内容，包括学校中显性的规章制度（如学生守则、教职工职责等）和学校中虽未成文但需要共同遵守的行为规范等。学校精神文化则是指学校的价值观念、信念、理想、思维方式、审美情趣、目标取向等，是学校文化的深层表现形式和集中体现，是学校文化的灵魂和核心。

从类型上说，学校文化可以按照不同标准划分，如教师文化、学生文化、职员文化等，主导文化、亚文化、反文化等，积极的学校文化、消极的学校文化等。所以，学校文化不仅包括学校全体成员共同遵循的一些观念和行为，而且包括部分成员共同遵循的观念和行为。学校文化既可能给学校预定教育目的的达成带来积极意义，也可能阻碍教育目的的达成，这是由学校文化中蕴含的丰富多样性所决定的。

学校文化是一种无声的语言，具有"说话的能力"，提供了指引学校成员行为的各种表达性符号，也具有一种"文化规定性"的能力，对学校成员的行为产生实际影响。积极的学校文化，其功能集中体现在三个方面。

第一，导向作用。学校文化能够将全体成员的思想与行为统一到学校的发展目标上，不仅对成员的心理和行为起导向作用，而且对学校整体的价值取向和行为起导向作用。

第二，凝聚作用。学校文化能够对学校成员的思想、性格、兴趣起潜移默化的作用，使成员自觉不自觉地接受学校的共同信念和价值观，将自我融入集体，形成对学校的认同感、归属感，增强学校整体的凝聚力。

第三，激励作用。学校文化能够使学校成员看到学校发展的特点、优势、不足、弱点等，形成对学校的荣誉感、自豪感。

当然，我们也不能忽视特殊状态下学校文化（特别是消极的学校文化）产生的负功能。

总之，学校是师生员工"文化"地生活着的地方。学校的一草一木、一砖一瓦、一张黑白照片、一本破损笔记本、一页发黄的备课纸，等等，都成为学校成员真实而丰富的心智生活的见证，展示出学校丰富的历史文化信息，使学校超越物质和活动形态而成为具有人文特质的文化生活存在，成为在校师生的生命活动场所，成为走出校门的学人们拳拳眷顾的心灵依恋。走进学校，就仿佛走进鲜活灵动的文化场，自由呼吸学校特有的历史文化气息，不知不觉中融入学校文化，心灵受到全面浸染。这种潜移默化的熏染正是学校生活的精髓。

（二）师生关系的教育性

师生关系是教师和学生在学校生活中的生存方式的具体表现，也是教师和学生的生命活动（特别是精神活动）的展现方式。不同类型的师生关系体现了不同的师生生命活动形态，具有不同的教育影响。比如，专制的师生关系会使学生在感受强权的专制生活中不知不觉地养成依从或者专制的性格；民主的师生关系则会使学生在民主、自由、平等的生活氛围中自然地养成民主素质。师生关系除了对教育教学目标的实现具有手段价值以外，还对教师和学生的发展具有本体价值和目的价值。[①]

从文化的意涵上说，学校是两代人共处之地，学校文化的构建也源于两代人的文化，学校教育不仅是一种知识传递的活动，而且是一个师生文化的互动过程。从社会学的视角看，师生背后是两个异质的社会，双方在所处的社会地位、追求的目标、必须遵守的规范、拥有的资源等方面都存在巨大的差异。由于二者间存在"代差"，甚至"代沟"，不可避免地会存在种种文化冲突。虽然师生文化冲突会损害双方的身心健康，削弱学校教育的实效，但我们也要看到师生文化冲突在增进师生关系和谐、催生新型

---

① 全国十二所重点师范大学：《教育学基础》，133 页，北京，教育科学出版社，2002。

学校文化、促进师生共同发展等方面可能具有的积极意义。正如玛格丽特·米德所言：“代沟毕竟给我们一个绝好的机会，使我们以新的方式面对变革。”①

理想的师生关系是教师和学生既作为独立的、完整的人，又作为平等的合作者，所形成的相互理解、尊重、信任、合作的和谐、亲密关系。学生在这种师生关系中能够感受人格尊严、发挥主体力量、张扬自我个性、体验人生价值、健全自由人格；教师在这种师生关系中则能够感受年轻生命的丰富多彩和神奇力量，体验自我工作的价值与教师职业的幸福。

相关链接 6-2：学生文化的内涵、成因及特点

学生文化是介于儿童世界和成人世界的一种文化现象，一方面，表现为与成人相异的一些价值观念和行为方式，反映出学生要求自主、独立的需求；另一方面，学生由于受学校教育的引导，以及教师、家长的影响，也会在一定程度上认同成人的价值观念。

学生文化的成因有：学生个人的身心发展特征，同辈群体及大众传媒的影响，师生之间的相互作用，家庭、社区的影响等。

学生文化具有过渡性、非正式性、多样性、互补性。

（三）学校服务的教育性

现代社会是一个高度组织化了的社会，学校是各种社会组织中的一种。此处的“组织”，是指有意识地安排分散的人，使之具有一定的系统性或整体性，以达到特定目标的社会群体，是人们为了合理、有效地达到目标而有计划、有安排地建立起来的集体。

不同于为了获得资源、创造财富的生产经营性和营利性组织，学校的基本任务不是创造生产价值、获取利润，而是继承和发扬人类的文化遗产，保存和发展社会的文化传统价值。学校的组织和管理主要通过规范化手段进行，将一定社会的规范、信念、道德习俗及传统灌输给学生，要求学生遵循和发扬。

学校是提供教育服务、为普通大众共同受益的公益性组织，其服务和受益的对象是受教育者及其家庭，乃至整个社会。学校组织的这种公益性

---

① ［美］玛格丽特·米德：《代沟——出人预料的反复》，见［美］克莱德·克鲁克洪等：《文化与个人》，高佳等译，184 页，杭州，浙江人民出版社，1986。

和服务性，使得"人"成为学校生活的重心。学校生活环境的营造应该充满人文关怀，这本身就是一种人文教育。

作为社会的一种具有公益性和服务性的公共教育机构，学校的服务对象是整个社会及其成员，学校公益服务在社会生活中发挥着越来越重要的作用。[①] 学校是旨在促进人身心健康发展的教育与学习机构。这里的"人"包括学生、教师，以及其他教职员工在内的所有学校成员。学校生活是为了更好地实现教育职能，而教育是为促进人的发展，培养高素质的人才，因此，提高学校生活质量应成为学校最重要的价值目标。

衡量学校生活质量的高低，不是主要看学校硬件设施或景观改造得好不好，也不是主要看学校规模扩大了多少，而是看生活在学校里的学生、教师和其他教职员工发展得好不好；提高学校生活质量的根本目的在于满足学生、教师和其他教职员工各自的发展需求。人的发展不是教育对人的强加，而是人内在的生命需求，而且学校应尽力创造并引导新的需求。一所重视服务的学校，带给生活在其中的学校成员的感受一定是温暖而清新的，这是一种美妙的、"润物细无声"的教育。

第三节　理想学校与学校理想

学校是一种生活的存在，对理想学校的追求是人类教育进步的不竭动力，创建优质学校生活则是学校不懈追求的理想。

一、理想的学校：生活乐园

学校成为师生员工的生活乐园和精神家园，是回归学校的原初状态。

（一）闲暇生活：学校的本初状态

在人类教育的演进史中，生活与教育经历了"笼统整合""分离"和"重新整合"三个阶段。

原初状态的教育是与生活水乳交融的"生活式教育"，教育活动寓于生活之中，教育和生活相统一。随着生产力的发展，教育从生产、生活中分离出来，成为独立的社会机构，有专门供学习的地方、专门从事教育的人和专门进行学习的人。其中，专门供学习的地方被称作"学校（school）"。

---

① 马和民：《新编教育社会学》（第2版），212页，上海，华东师范大学出版社，2009。

英语 school 源于拉丁语 schola，schola 又源于希腊语 skhole，意为"闲暇""休息"。这一方面表明当时的教育是唯有摆脱了劳动的贵族阶级才可能享有的一种特权；另一方面也表达了教育与生活交融一体的关系。

随着科学技术的发达逐渐主导人类的生存空间，原本"你中有我""我中有你"的生活世界与科学世界日渐分离，科学世界被从生活世界中抽离，并且日益成为教育的中心，学校也随之日渐远离学习者的生活。特别是到了现代社会，工具理性日益膨胀，其霸权意识也更加强势，生活世界成为科学世界的殖民地；科学世界在教育中的霸主地位也愈加稳固，科学与生活的阻隔导致人的发展的断裂。

人们清醒地意识到与生活割裂的"独立式教育"培养的人难以适应社会的发展后，提出教育应该与生活整合，这种整合超越了原始混沌、笼统的整合，是更高水平上的整合。

（二）回归生活：学校的理想期待

19 世纪中期，随着工业革命带来的社会对学校教育的要求，英国思想家斯宾塞提出"科学知识最有价值"，以及"教育为生活做准备"的思想。在斯宾塞看来，科学知识是最有价值的知识，因为对于"直接保全自己或是维护生命和健康""谋生以间接保全自己""正当地完成父母的职责""解释过去和现在的国家生活""合理地调节人的行为""各种艺术的完美创作和最高欣赏""智慧、道德、宗教训练"来说，科学知识都是不可或缺的。工业经济对效率的崇拜又进一步决定了学校教育以简约、规范的形式传授知识，使教科书获得了至高无上的地位，教师的教育教学工作就简单地变成了"教书"。对书本知识的崇拜使人类付出了巨大的代价，也迫使人们重新认识学校的性质和职责，重新思考教育与生活的关系。

在对教育与生活关系的探讨中，影响最大的首推被誉为"现代教育代言人"的美国哲学家、教育家杜威。他在 20 世纪初针对"学校中过分重视学生积累和获得知识资料，以便在课堂问答和考试时照搬……知识常被视为目的本身，于是，学生的目标就是堆积知识，需要时炫耀一番"[1]，提出"教育即生活""学校即社会"等教育主张，并且对斯宾塞的"教育预备说"进行了全面分析。

---

① ［美］约翰·杜威：《民主主义与教育》，王承绪译，168 页，北京，人民教育出版社，1990。

"教育预备说"在理论上存在的问题为："当然，所预备的乃是成人生活的种种职责和权利。儿童在社会中不被视为有充分正式地位的成员。他们被看作候补人，列在等待批准的名单上。这个概念仅比下面一种看法稍稍前进一步，这就是认为成人的生活本身并没有意义，只是作为'另一种生活'的预备期。这种把教育看作预备的观念只是我们曾经批评过的关于生长的消极性质的和缺乏性质的概念的另一种形式。"①

把教育看作为将来做准备，错误不在强调为未来的需要作预备，而在把预备将来作为现在努力的主要动力。为不断发展的生活做预备的需要是巨大的，因此，应该把全部精力一心用于使现在的经验尽量丰富，尽量有意义，这是绝对重要的。于是，随着现在于不知不觉中进入未来，未来也就被照顾到了。②

杜威的"教育即生活"包含两层意思：第一，教育为社会生活之必需，教育是社会生活延续的工具；第二，教育存在于社会生活之中，必须与社会生活紧密联系。

教育是生活的过程，而不是将来生活的准备。学校必须呈现现在的生活——即对于儿童来说是真实而生气勃勃的生活。③

学校科目相互联系的真正中心，不是科学，不是文学，不是历史，不是地理，而是儿童本身的社会活动。④

我国教育家陶行知在杜威"教育即生活"思想的基础上，针对中国社会现状，进一步提出"生活即教育""社会即学校"的思想。"生活即教育"倾向于一种"大众教育"，"生活教育是大众的教育，大众自己办的教育，

---

① ［美］约翰·杜威：《民主主义与教育》，王承绪译，58 页，北京，人民教育出版社，1990。

② ［美］约翰·杜威：《民主主义与教育》，王承绪译，60 页，北京，人民教育出版社，1990。

③ ［美］约翰·杜威：《我的教育信条》，见赵祥麟等：《杜威教育论著选》，4 页，上海，华东师范大学出版社，1981。

④ ［美］约翰·杜威：《我的教育信条》，见赵祥麟等：《杜威教育论著选》，6 页，上海，华东师范大学出版社，1981。

大众为生活解放而办的教育"，要让民众在生活中接受教育；"生活即教育，教育即生活"，二者是统一的。而且"社会即学校"，整个社会便是一所学校。

杜威的"教育即生活""学校即社会"和陶行知的"生活即教育""社会即学校"，虽然并不完全一致，①但都认识到传统教育存在的教育与生活、学校与社会脱节现象及其造成的学生所学知识不能解决实际问题、学生不能适应社会等严重后果，都十分重视教育与生活的关系。传统学校教育过分注重文化知识的传承，学校中设置的学科课程、分科课程等，将知识分解成分散、独立的教学单元，忽略了各学科知识之间的紧密联系及其与社会生活的统整，不利于学生形成统一的生活图景；过分强调教师的主体地位，使"教师中心""教材中心""课堂中心"成为学生学校生活的基本形态，忽视了学生的日常生活也是一种重要的教育经验。当代社会，面对科技理性的霸权，科学与人文、教育与生活的关系，教育回归生活世界，学校成为涵养丰富人性的生活乐园和精神家园，也再度成为人们关注和期待的焦点。

总之，有人把学校看成有围墙的安静的学习之地，这是一种封闭性的教育观念；也有人把学校比作"成则为王、败则为寇"的战场，这是一种淘汰性的教育观念。我们说，学校应当是旨在促进人身心健康发展的教育与学习机构，是促进学生健康成长的精神家园和生活乐园，这是一种素质教育观念。

二、学校的理想：创建优质生活

学校生活是重要的教育资源，学校成员的发展建基于学校生活。关注学校生活质量、营造优质学校生活，使学校师生员工都能够感受身心的愉悦、内心的充实，以及付出带来的成就感与满足感，应成为每一所学校自觉追求的理想。

长期以来，我们总是理所当然地把学校教育看作一种教育状态，而不

---

①　比如，陶行知认为："学校即社会，就好像把一只活泼泼的小鸟从天空里捉来关在笼里一样。他要以一个小的学校去把社会上所有的一切东西都吸收进来，所以容易弄假。社会即学校则不然，他是要把笼中的小鸟放到天空中去，使他能任意翱翔，是要把学校的一切伸张到大自然里去。要先能做到'社会即学校'，然后才能讲'学校即社会'；要先能做到'生活即教育'，然后才能讲到'教育即生活'。"参见陶行知：《行是知之始》，27页，苏州，古吴轩出版社，2016。

是生活状态，对学校教育的关注点偏离了生活本身。比如，家长们普遍认为，改善孩子的物质生活条件，增加对孩子的教育投入（请家教、上培训班、加班加点辅导学习等），就是在提高孩子的生活质量；老师们认为，在尽可能少的时间里让学生掌握尽可能多的知识，为明天的幸福生活做好扎实的奠基工作，就是在为学生的未来生活做准备，就是在提高学生的生活质量。为孩子和学生将来的美好生活所做的很多事情恰恰忽略了他们当下独特的生活体验，甚至以牺牲他们当下的幸福生活为代价。这种成人意志的强加，乃至"善意的摧残"是非常可怕的。而"优质教育一定是能够使学生形成阳光般的心态和健康人格的，是能够提高学生的自尊和自信的，能够使学生内心变得越来越充实和富有力量的""优质教育一定是学校资源的配置富有效率和效益的，学校生活中充满了对所有学生的深切关注，没有人被忽视和被遗弃"①。

（一）关注学生当下幸福

人的发展质量以当下的幸福与否作为衡量标准，学生的发展质量也应以学生在学校生活中的当下幸福作为衡量标准。关注并保证学生当下幸福的学校生活才是优质的学校生活。

影响学生学校生活质量的因素有很多，如师生关系、同伴关系、课业负担、教学质量、课外活动的吸引力、校园的物质环境等。当前，我国中小学生的学校生活状态并不理想，他们承受着沉重的课业负担和学习压力，面临着来自学校教育的各种紧张刺激（如考试压力、作业压力等），从而产生焦虑、紧张、挫折等强烈的负性情绪体验，以及厌学、逃学、校园暴力等异常压力反应行为。

教育不仅要致力于学生未来的人生幸福，更要致力于他们当下的幸福；学校教育没有理由也没有权利为了"未来的幸福"而剥夺学生当下的幸福，更不能以牺牲"今天的幸福"为代价换取"明天的幸福"。幸福是一种主观感受，给予人们追求幸福的自由和权利比幸福本身更重要。一个高度文明、民主的社会，应该允许每个人自由地追求自己认为的幸福，幸福不是强制的结果。营造优质学校生活是为了学生可持续发展的幸福生活，帮助学生形成正确的人生态度，养成良好的生活心态，学会追求和享受幸福生活。

（二）促进教师专业发展

教师的幸福也与其学校生活紧密相连，教师的学校生活质量不仅关系

---

① 肖川：《优质教育一定源于善好生活》，载《师道》，2006（6）。

到教师的个人幸福，而且关系到学生的健康成长。提高教师的学校生活质量、促进其专业发展也应成为优质学校的追求。

如今，教师专业发展受到重视，但在谋求教师专业发展时，却过分重视外在的知识补充、技能培训，而遗忘了"学校生活"这一教师最基本的职业生活世界。事实上，学校生活也是教师专业发展的重要资源，教师专业发展是积淀在日常学校生活之中的。教师职业的物质待遇和社会声望、稳定感和安全感、劳动强度和心理压力、教学自主权和发展机会、学校物质环境和人际关系、教育行政部门和社会各界的评价等，都会影响教师对学校生活的感受和体验，并会使这种感受和体验延展到全部生活之中。只有当心中洋溢着幸福美好的情愫，教师的脸上才会有灿烂的微笑，并照亮和温暖学生的心房；只有当情绪饱满、内心充实，教师才会自然地流露出对细节的敏感和关注。提高教师生活质量的关键是专业发展的自我超越，自主地谋求专业发展（而不是被动地、对付式地"发展"），自觉地体验日常学校生活所提供的发展资源（比如，切实、有效的校本培训就充分利用了学校生活这一资源）。

总之，学校生活在很大程度上是教师和学生的独特生活环境，也是学校教育中特殊而重要的教育资源。积极营造优质学校生活，需要学校每一位成员积极投身优质学校文化的建设，因为每一位学校成员都会从优质学校生活中受益终身。

[复习与思考]

请回忆你的中小学学校生活，与同学交流母校的学校文化，并思考母校的学校生活对自己成长与发展的影响。

[推荐阅读]

1. 朱光明：《座位的潜课程意义——中小学生座位体验研究》，载《教育学报》，2006（6）。

2. 王海英、于胜刚：《学生学校生活质量指标——基于现状调查的实证分析》，载《东北师大学报（哲学社会科学版）》，2007（4）。

3. 唐荣德：《论学校生活中学生发展的实现》，载《广西师范大学学报（哲学社会科学版）》，2009（6）。

4. 叶飞：《学校制度生活与公民品质的培育》，载《教育发展研究》，2016（4）。

第七章
教师角色与专业发展

[**本章重点**]

1. 了解教师职业角色的多样性特点，理解学校教育情境中的教师角色期待，运用实例分析教师角色冲突的成因及表现。

2. 熟悉教师专业素养的内涵，了解教师专业发展的不同阶段及其特点。

3. 理解教师成长心理，掌握促进教师心理健康的理论与方法。

案例导入：“数学不讲道理”

"世界杂交水稻之父"袁隆平讲述自己的经历时说过一段话："小时候读书时最不喜欢的是数学，因为在小学学正负数时，我搞不懂负负相乘怎么就得正了，就去问他老师，老师说'你记着就是了'；学几何时对一个定理有异议，去问老师，还是得到同样的回答。我由此得出结论：数学不讲道理。于是，不再理会，学数学的兴趣一直不大，成绩也不好。"

这个案例让你对教师的专业素养产生了哪些思考呢？

第一节 学校教育情境中的教师角色

······························

"角色"原本是戏剧中的一个专有名词，20世纪初被引入社会学研究后特指人在社会关系中的特定位置和与之相关联的行为模式，反映社会赋予个人的身份与责任。社会角色是个体社会身份和地位的外在表现，反映了个体的多种社会属性和社会关系，是个体权利、义务和社会职责的集合体。社会对处于某一社会位置上的角色都有一定的行为规范要求，形成特定的角色期待和规范。

教师角色是个人后天获得的，由特定社会的教师身份所构成的一套期待与规范，特定时代、国家及其公众会对教师角色提出一整套角色期待和规范。现实生活中，教师常需承担多种工作、扮演多种角色，不同的角色关系组合又常常生发出不同的角色期待。角色多样化是教师职业的典型特点，这又容易给教师带来巨大的角色负荷，使教师面临紧张的角色冲突，需要从社会制度安排及个人主观努力等方面加以调适。

一、教师角色期待

从个体社会化角度看，作为教师职业从业者的教师个体，其职业社会化过程即教师角色的扮演过程，通常经历"教师角色期待""教师角色领悟"和"教师角色实践"三个阶段。[①] 其中，教师角色期待又称"教师角色期望"，是指社会对教师角色的规范要求。这种来自社会的规范要求必须通过教师自身的内化和实践，才会真正影响和改变教师行为。

随着时代变迁和教育发展，教师角色期待不断被赋予新的内涵，表现出鲜明的时代性。如果说教育精神是时代精神在教育领域的延伸和拓展，那么，教师角色期待则是教育精神最淋漓尽致的体现。当代社会，教育的

---

① "教师角色领悟"又称"教师角色认知"，是指教师角色扮演者对其角色规范和要求的认识和理解。教师角色期待作为一种社会观念，属于外在的影响力量；教师角色领悟则作为一种个人观念，是角色扮演中的重要内在力量。由于个体的思想觉悟、认识水平、价值观念、问题视角等各不相同，人们对教师角色的理解常有不同，从而出现千差万别的"教师角色实践"。"教师角色实践"又称"教师角色行为"，是教师角色扮演的实际活动和教师角色领悟的行动发展。一般而言，教师角色实践与教师角色领悟相一致，但因主、客观条件的制约，二者也可能出现一定的偏差或差距（即"角色差距"）。

发展与变革促使我们重新审视"教师"这一职业角色。

（一）精神世界的理解者

教育是培养人的事业，真正的教育是"人对人理解的教育"。哲学家狄尔泰说过："自然需要说明，而人则必须理解。""理解"既不同于纯理性的"认识"，也不同于纯情感的"感染"。物性的方法无法认知人特有的精神意义世界，科学知识不能回答人生价值、人与人的意义关联等问题，这些问题只有靠"理解"来把握。教育是建构人的精神世界的实践活动，是将人类创造的文明成果内化为受教育者精神财富的过程，以促进人的整体生成和完美人格的养成，永远指向人的精神世界。

在充满人文情怀的教育视野中，教师首先是"精神世界的理解者"。教师在教育教学中，在与学生的交往中，需要调动全部的生活经验和人格力量，全面、完整地把握和理解自我和学生的精神、意义与价值。教育是主体间心灵敞开、精神相遇、人格碰撞、视界融合的交往历程。在传统唯理性教育模式下，教师仅仅担负"传道、授业、解惑"之责，注重理性知识的授受，而忽略对生活、对人的关怀。只有当教师将"精神世界理解者"的角色期待内化为清晰的自我角色意识，将师生关系不再仅仅看作知识授受的关系，而是深刻地认同师生关系是精神性的交往关系，发自内心、真诚地理解学生的喜怒哀乐、兴趣爱好、需要愿望、能力特长、价值追求，在师生间"我—你"平等对话的意义关系上，师生相互尊重、彼此信任、人格平等，真诚地敞开自我的精神世界，教育才能够真正成为"成人"的神圣事业，引导学生体验生活、理解世界与人生，建构人与世界的全面、丰富、活泼的意义关系，实现人性复归与人格完满的终极目标。

（二）生命灵魂的唤醒者

人不仅是一个自然实体、社会实体，而且是一个精神实体。教育不是简单的文化传承，而是"人的灵魂的唤醒"。斯普朗格认为"教育的核心是人格心灵的唤醒"，教育的目的是从灵魂深处唤起受教育者的自我意识、生命感、价值感和创造潜能；当人的灵魂在受到震颤的瞬间感受到从未体验过的内心敞亮，当人的主体性得到充分张扬时，人便获得心灵的解放。人要在生活世界中获得发展和幸福，不仅需要科学知识，更需要对生命存在及其意义、价值不懈追问的反思意识。

教师在教育教学工作中不能局限于知识的传授，而应充满强烈的人本意识和生命意识，关注学生的价值世界，重视学生的主体地位，尊重学生的独立人格，唤醒和培养学生对价值叩问的热望、对意义反思的感悟、对充盈人生的追求。教育是唤醒，是体验，是对话。通过这种唤醒、体验和对话，师生彼此共享着知识、经验、智慧、情感、意义与价值。建立在师生真诚沟通、充分理解基础上的教育才能够引导学生不仅"学会做事"，而且"学会做人"，促进其智慧和心灵闪烁出自信和创造的光芒。

（三）生活世界的沟通者

文艺复兴以来，科学技术带给人类的巨大利益使人对科技理性顶礼膜拜，将自然科学当作一切文化门类的统一模式；教育和学习被囿限于简约化的科学世界和书本世界中，个体差异、生活体验、情感欲望等都变得无足轻重，成为用统一内容、统一形式、统一手段、统一程序塑造统一"模子"的机械过程。教育的生活价值和生命活力被遮蔽，与日常社会生活渐行渐远。然而，教育生活也是人所创造的有意义的生活世界，只有在丰富、全面、完整的生活世界中，教育才具有完整意义。教育思想史上，从卢梭最早提出"自然教育"的教育目的，到裴斯泰洛齐提出"自然适应性"的教学原则，再到杜威提出"教育即生活"的教育哲学命题，无不昭示着教育与生活的密切关系，彰显着教育的生活意义和生活的教育价值。

当代教育向生活世界回归，教师应成为"生活世界的沟通者"。在教育教学中，教师应贴近学生的生活经历和人生体验，展现教育生活的本真意蕴，帮助学生主动建构自我与世界的意义关联，在教育与生活的整合中培养学生的主体性品质，促进学生在教育生活中获得人生的丰盈与完满，"使人成之为人"。

（四）知识建构的示范者

教师自古被视为"最有知识的人""传授知识的人"。这种角色期待的前提是存在既定的真理和道德，这种传统客观主义的知识观受到现代建构主义知识观的挑战。在建构主义看来，知识不是预先设定的，而是生成的；真理是境况化的，其价值寓于具体的应用之中；知识也不是纯粹公共性的，而是具有强烈的个人性（由社会性的语言文字符号表述出来的书本知识是公共知识，而以个体直接经验形式表现出来的个人知识是融入个体心理体验的温暖可亲的知识）；所有的知识意义都需要通过认知者的主动建构，认知者已有知识经验在新知识的建构中发挥着重要作用。

传统知识教学中存在的脱离现实生活情境、抑制学生问题意识、对书本权威绝对迷信等弊端，正是源于传统教育对知识建构的漠视。在新的知识观影响下，当代教学观强调在教学中要为学习者建构知识意义创设环境、提供概念框架（如建构主义教学理论提倡的"支架式教学""抛锚式教学"

"随机进入式教学"等教学模式），促进学习者对知识的深度理解。教师拥有的知识也是自我建构、不断生成的，具有强烈的个人色彩，而且这些渗入了自我感悟、鲜活的个性化知识更容易使学生产生共鸣。当代知识观要求教师不仅是知识的建构者，而且应该成为"知识建构的示范者"，在教学中采取各种方式，生动、形象地呈现知识建构的完整过程，发挥知识建构的示范作用。

（五）学生学习的促助者

在无人敢说自己拥有大量知识的信息社会，教师作为学生学习的指导者、促进者和帮助者的角色日益凸显。美国人本主义心理学家罗杰斯在 20 世纪 60 年代即提出"非指导性教学"，强调教师只是帮助学生明确自己想学什么，帮助学生安排适当学习活动和材料，帮助学生发现学习价值，建立并维持促进学习的心理氛围的促进者。学习不是简单的知识接纳，而是知识意义的自主建构；学习内容不仅是信息、知识，更是知识蕴含的方法、价值或规范。日新月异的网络技术更是彻底改变了知识的垄断性占有，教师不再是学生求知的唯一源泉。对学生而言，最重要的也不再是知识的拥有量，而是获取信息、分析信息、利用信息的信息素养。

当代社会，启迪智慧比传授知识更重要。人们对教师的角色期待也不再局限于传授知识，而是启迪学生智慧，帮助学生将智慧"火花"燃成智慧"火把"，着眼于学生知、情、意、行的全面发展，指导学生学会获取、选择、处理和利用信息，解决学习中出现的知识性、技术性、情感性、人际交往、伦理道德等方面的问题，提高其问题意识和思维能力，帮助学生改善影响学习的非认知因素（如成就动机、自我信念、合作意识、情绪调控力、人际沟通力、挫折忍受力等）。从知识拥有者、知识传递者到学习指导者、促进者，再到智慧启迪者，教师角色期待的根本性变革正是时代变迁的极好表征。

（六）教学策略的反思者

教育不是简单的传授知识的"技术活"，教师也不是单纯的"技术人员"，反思型教师成为新的教师角色要求。[①] 从能力角度看，具有丰富专业知识、能够高效解决各种教育教学问题、富有敏锐洞察力的专家型教师，

---

① 饶从满、王春光：《反思型教师与教师教育运动初探》，载《东北师大学报（哲学社会科学版）》，2000（5）。

除了具有超群的观察力、记忆力、想象力、思维力等一般能力，以及教材组织、语言表达、媒体使用、课堂管理等特殊能力外，卓越的教学监控能力和高扬的教学效能感也非常重要。这是专家型教师根据学生特点、教学内容、教学情境及自身素质等灵活并富有创造性地开展有效教学，表现出深邃的教育敏感性和洞察力的关键。而由经验型教师向专家型教师转变的内在机制，即对自己的教学过程和效果及时做出反思和调控，切实提高教学监控能力，包括对自己教学观念、动机水平、情绪状态等个体心理因素，以及对教学目标、任务、材料、方法、媒体等任务因素的调控能力，特别是对自己教学各环节的反馈、调控能力。教师不仅关注"教什么""怎么教"，更关注"如何有效地教"；不仅让学生"学会"，更致力于让学生"会学"（即学会策略性地学习）。①

"反思"既是对过去的批判性反思，也是对未来的探索性反思；既包括对个人的自我反思，也包括对学生和教学环节的反思；既有个人独立的反思，也有团体合作的反思。反思型教师带着自觉的反思意识，通过写反思日记、请教专家同行等方式对自己的教学活动及经验进行总结反思，比较教学设计的目标与实际达到的结果，不断调整教学目标的设计，总结自己教学的成败，有效提高自己的教学水平。实践证明，教学经验的反思对教师的成长有促进作用，"成长＝经验＋反思"。

（七）学校社群的领导者

美国著名领导力专家约翰·马克斯韦尔（John Maxwell）认为"领导力即影响力"，本质上是通过激励、提供支持等实现组织共同目标的一种特殊的人际影响力，即对他人施加影响、赢得追随者并使自我和他人发生改变的能力。现实生活中每个人都会不同程度地受到他人影响，也会给他人以影响。据研究，一位性格非常内向的人一生也可能影响一千人。② 现代领导学将领导力从来源上区分为权力性影响力和非权力性影响力。前者即为与职位相联系，具有一定强制性的影响力，"有职则有权，无职则无权"，如赏罚权等；后者与前者的强制性有实质性不同，是与职位无关，取决于领导者综合素质的影响力，是个体知识、能力、情意等品质要素在人际互

---

① 谭顶良：《从因循式教学到策略式教学——兼论教师继续教育的目标与形式》，载《南京师大学报（社会科学版）》，1999（3）。

② 吴金瑜：《校长领导教师共同实现领导力》，载《上海教育》，2006（13）。

动中形成的综合性影响力，具有综合性、隐蔽性。教师在学校教育活动中具有的领导力除了来自自身知识、能力、情意等非权力性要素外，也蕴含教师独有的专业权力要素。教师领导力是教师专业权力的题中之意，是教师专业权力赋予的专业领导力（professional leadership）。教师领导力的核心正是这种非行政性的专业影响力，绝非只有担任行政领导职务的教师才有，而是教师专业本身，以及教师自身因素作用形成的教师在学校教育活动中的影响力。专业能量的累积与运用是教师领导的合理基石，此意味着教师要专精及认真于本务、学习及具备专业知能，才能进而展现、发挥影响。①"现代管理学之父"彼得·德鲁克进一步强调"领导力不是头衔、特权、职位和金钱，而是责任"②，因此，教师不仅有能力、有权力，而且有责任为促进学校发展贡献才智，"成为领导者"亦是教师肩负的时代责任。

传统意义上，我们总是将"领导"看作领导者在等级鲜明的组织中对其成员（下属）的管理和控制，将"领导者"视为确定目标、发号施令、施予奖惩的特殊人员（如学校校长），是他们操纵权力、做出决策、驱使教师做某事，以实现学校目标。"教师成为领导者"的提出，旨在强调每个人都可以通过不同方式展现领导力，传统意义上的"领导者"和"追随者"角色随时可能发生改变。倡导"教师成为领导者"并不是让教师学习发号施令、指派他人，而是赋予教师权力，培养其责任意识和能力，使其在推动学校变革与发展、促进教育改善中，能够积极、主动地担当责任、发挥影响力。教师在学校不同社群中完全能够凭借自身的感召力、推动力等综合素质而成为领导者，在课堂内外面对不同人群时发挥积极的影响力。具体地说，教师在学校不同社群中需要发挥道德领导力、课程领导力、教学领导力、班级领导力、科研领导力、人际关系领导力、专业发展领导力等。

(八) 教育问题的研究者

任何工作，没有研究都做不好。当代教师除了应具有渊博的学科知识、精湛的教学技能、广阔的教育视野、深厚的教育理论等，还必须具有敏锐的教育问题意识和较强的教育科研能力。当然，研究有类别和层次之分。以发现教育问题、改善教育行动为目标，对教育情境中的事实和现象展开

---

① 转引自周建平：《教师领导内涵、角色及其实施策略》，载《中国教育学刊》，2009 (7)。

② ［美］德鲁克基金会：《未来的领导者》，方海萍等译，前言 3 页，北京，中国人民大学出版社，2006。

应用性研究，是中小学教师需要开展的教育研究，并非高不可攀。如果说真正的教育实践是富有生命力的、果肥汁甜的"鲜李子"，那么，当研究与实践脱节时，"鲜李子"就会"脱水"而变成"李子干"。教育研究应在教育实践的真实情境中进行，并将研究结果运用于具体实践；倡导教师成为研究者和反思性实践者，即尊重教师作为教育实践活动的主体，鼓励教师自觉关注真实情境中发生的教育实践，积极参与课程开发、探索教学改进、反思自己的教育实践及教育工作的社会环境等，学会从具体情境中探索和提炼有效的"个人理论"和实践智慧，理性地审视教育理论和教育实践，并创造性解决教育问题，不断提升教育教学工作的实践合理性，达臻教育教学合规律性与合目的性的统一。

（九）多元文化世界的政治工作者

经济全球化背景下，学校教育也日益处于多元文化的社会场域，世界各国都将多元文化教育作为重要的教育理念。这种理念虽然是西方多民族国家为在多民族文化并存的背景下，允许和保障各民族文化共同平等发展，以丰富整个国家文化而提出的，但其指向的文化多元性不限于种族、民族的多样性，而是包含着性别、阶层等各种文化多样性，旨在为来自不同种族、民族、阶层及文化团体的学生创造平等的教育机会，帮助全体学生获取知识、态度、技能，创造一个具有共同利益的公民和道德社会。[1] 而且，多元文化教育也不局限于学校教育，而是民主国家为回应多元文化社会、致力于人性改革、导向社会重建，以促进社会公平与机会均等而扩展的教育理念，重视不同群体亚文化的价值，以尊重、宽容、平等与公正代替偏见、压制、歧视与排斥。显然，教师是成功实施多元文化教育的关键。

传统社会对教师作为知识、文化传递者的角色期待已不能适应多元文化时代的发展要求。社会文化转型及教育理念变革要求教师具有反思、质疑、批判的精神，通过培养人的教育教学工作担负起发展社会文化的责任与道义，拥有公共情怀，引领社会文明，为理想而生活，追求精神独立，真正代表社会良知，参与社会批判。总之，教师角色不应局限于知识权威、真理化身等被动的传递者，教师成为研究者的角色期待也不仅要求教师研究学生和任教的学科教学，而且要求教师在多元价值的社会中研究自己身

---

[1]　王鉴、万明钢：《多元文化教育比较研究》，187页，北京，民族教育出版社，2006。

处的多元文化场景，自觉成为"多元文化世界的政治工作者"①。

（十）持续发展的终身学习者

在谋求可持续发展的当代社会，教育重在教会学生"学会认知""学会做事""学会合作""学会生存"。学习化社会中，每个人都是终身学习者；教师作为学生学习的促助者，更应身先士卒，通过持续不断的终身学习和探究，提升自己的专业水平。这在教师专业化程度日益提高的今天，显得尤其重要而迫切。教师权威并非源于拥有知识量的多少，而是来自教师自身不懈追求真知的终身学习意识和能力，来自教师在教育过程中显现的对学习的需要、信心和能力，使学生能够从教师的言传身教中感受到旺盛的精神生命力。教师也只有从自己的生命体验中领悟终身学习的价值，才能在自己的教育教学实践中培养学生终身学习的兴趣和强烈的求知欲望。

教师的学习除具有个体学习的特征外，还具有浓厚的社会特征，以及教师职业所独有的行动指向性、实践反思性、共享合作性、学校文化性等特征。教师的学习是立足学校环境的专业学习，来自实践，服务实践，并

① 当代批判教育学继承了安东尼奥·葛兰西（Antonio Gramsci）的"有机知识分子"、路易·阿尔都塞（Louis Althusser）的"意识形态之国家代理人"、保罗·弗莱雷（Paulo Freire）的"文化工作者"，以及亨利·吉罗克斯（Henry Giroux）、彼得·麦克拉伦（Peter McLaren）等人的"转化型知识分子"等理论意涵，从教育的政治性出发，突出教师工作的性质不是单纯的工具主义和技术中心的劳动，分析了作为文化政治实践的教育教学所必需的意识形态条件与制度基础，将教师角色期待概括为"文化政治工作者"。即教师的工作不是在执行官僚或其他人预先决定好的目标，而应该是一个自由且反省的实践工作者与文化工作者，其重要职责是贡献知识的价值并能培养年轻人批判思考的能力，激励自己和学生成为积极的和批判的公民（指能够在民主社会中发挥领导作用的政治主体），显示出自己的批判意识、公民勇气、植根于对自由和民主强烈义务的忠诚等。因此，作为文化工作者的教师应该成为"社会变革的代言人和催化剂"（当然，教师也是"被压迫者的解放者"），对学校教育的目标及课程、教学等负起积极的责任，参与意识形态和社会实践的再生产，对技术理性的意识形态秉持批判的强烈意识，重新思考学校、教师和学生是如何把他们自己确定为政治主体的认识，并引导个体从事多样文化的讨论；在关注知识与权力关系、发展尊重差异与驱除霸权的教育理念与政策，以及参与社会变革的行动中发挥更大的影响力。为此，批判教育学主张赋权于教师，呼吁教师在教育实践中关注不同政治、经济和社会利益群体的兴趣与价值，注重对多元文化的学习、反思与批判，不局限于传递主流文化，而是超越"教"的技术性主宰，突出教师的"育人"之责、道德担当，以及跨越生计之上的社会关怀与政治抱负，不可推卸其作为价值承担者的政治责任。参见［美］亨利·A.吉罗克斯：《跨越边界：文化工作者与教育政治学》，刘惠珍等译，上海，华东师范大学出版社，2002。

且在实践中展开。"来自实践"是指教师的学习动力主要来自教育实践对教师提出的挑战，以及教师的工作在学生身上体现出的成就，教师的学习内容则是有助于改进实践的教师个人实践知识。① "服务实践"是指教师的学习目的并非单纯为了获得知识，而是要运用获得的知识和能力来改进教育实践。"在实践中展开"意味着教师必须在教育实践中提高自己，因为教师的成长离不开具体的学校环境，并受学校环境的影响和制约。由此，以学校为本、注重教师合作学习的教师专业发展因切合教师实际而受到重视，取得了一定的实效。

二、教师角色冲突

社会生活中，任何一个角色都非孤立存在，而是与其他角色紧密相连；任何个人也不会仅仅承担某一个角色，而必然同时承担着多种角色，每一个角色又都有特定的"角色集"（即一组相互依存、相互补充的角色，又称"角色丛"），该角色集中与之发生互动的角色伙伴对其又都会有特定的角色期望。当这些期望之间出现矛盾或者个体由于时间、精力及自身价值倾向的制约等而不能同时满足这些相同的角色期望时，个体内心就会产生矛盾与冲突。角色冲突即指个体不能满足多种角色要求或期待而造成的内心或情感的矛盾与困惑。当个体所体验到的不同期待和要求难以调和，或个人在复杂社会活动中所扮演的多种角色与其自我期待不一致时，都会产生角色冲突。角色冲突的产生及其强度大小，往往取决于角色期望的性质，以及个体的角色扮演能力。

角色冲突有角色间冲突和角色内冲突两种表现形式。当个体承担的不同角色对其提出的期待使其难以胜任，或者不同角色对个体提出的要求不同甚至矛盾时，会产生角色间冲突；当不同群体对个体承担的某一社会角色有相互矛盾的期待和要求而使个体在行动中左右为难，或者个体对角色要求的理解不同，甚至截然相反，或者个体在角色领悟与角色行为之间存

---

① 教师在实践中积累、生成的个人实践知识（personal practice knowledge）具有难以言传的特征，存在于教师以往经验，以及现在和未来的计划行动中，贯穿于教师实践的全部过程，反映出教师个人化的经验和教师知识情境化、条件化的本质，潜在地影响着教师日常的教育教学行为，成为支持教师专业发展的重要知识成分。

在差距时，则会产生角色内冲突。①

教师角色的多样化是教师职业的最大特点。这种多重角色特点既体现了教师工作的复杂性与艰巨性，也极易给教师带来冲突和紧张。教师角色责任的弥散性、社会对教师角色期望的多重性、教师角色行为的复杂性，以及教师角色承受外在压力的脆弱性等因素，都使得教师角色冲突和紧张的存在近乎必然。或者说，教师职业是角色冲突和紧张的典型情境之一。教师角色冲突既与教师实践活动的外部环境变化有关，也与教师的自我角色意识有关。

（一）不同角色期待之间的冲突

角色多样化是教师职业的最大特点，教师在现实工作中角色转换异常频繁，因为在不同情境下，教师需要面对不同群体和个体对教师提出的角色期待。比如，统治阶级和社会大众要求教师成为"教育者""社会代表者""模范公民""学生和家长的代理人"；校长要求教师是"顺从的下级和被管理者"；同事们要求教师是"友好的合作者"；学生则要求教师能够成为"知心朋友""心理辅导者"；等等。显然，我们说"社会对教师角色的期待"时，这里的"社会"包括教师个体以外的一切人（如学校领导、学生及其家长，乃至普通社会大众）。不同个体和群体对教师的角色期待会存在差异，甚至充满矛盾，互不相容，这会使教师在日常生活中遭遇冲突。

比如，教师作为"社会代表者"与"学生、家长代理人"的角色期待间的冲突。"社会代表者"角色要求教师从主流社会的价值出发，为社会主流阶层的利益说话、行事；"学生、家长代理人"角色则要求教师站在学生和家长的角度看问题，而这很可能与主流社会的立场不一致。国家教育方针要求教师注重中小学生的创新意识和实践能力培养，使全体学生得到全面发展；而家长很可能更看重孩子的学习（考试）成绩，要求教师"抓学习成绩"，甚至不惜以牺牲学生身心健康和全面发展为代价。于是，在对待作业量、课余补习等问题上，社会（教育行政部门）和家长对教师的不同角色期待严重干扰和影响教师的日常工作，常常使教师产生无所适从、左右为难的冲突感。

又如，教师作为"学校被领导者"与"班级领导者"的角色期待间的

---

① 社会学研究中，更多的是将不同角色间的冲突称为"角色冲突"，而将同一角色内的冲突称为"角色紧张"。参见［美］詹姆斯·汉斯林：《社会学入门——一种现实分析方法》，林聚仁等译，112~113页，北京，北京大学出版社，2007。

冲突。"学校被领导者"角色要求教师站在学校的立场，传达、执行学校的各项制度、规定，但当学校的政策规定与学生的意愿发生矛盾时，"学生理解的要执行，学生不理解的也要执行"，由此引发的师生矛盾使教师陷入两难境地，产生冲突。

再如，教师作为"班级管理者"与"学生知心朋友"的角色期待间的冲突。"班级管理者"角色在一定程度上赋予教师法理权威，师生关系表现出制度化的支配与服从色彩，与教师作为"学生知心朋友"的师生情感关系不尽相同。教师如何既成为严格的班级管理者，又能够像朋友一样受到所有学生的喜爱和拥戴，这常常让很多教师颇感为难。

（二）社会角色期待与教师角色表现的冲突

来自社会的角色期待与角色扮演者事实上的角色表现之间也会产生不一致。教师角色备受关注，也备受苛求，教师个体的角色表现与社会的角色期待之间也往往存在较大差异，这种差异使教师受到社会指责或他人非议，这也是教师容易产生角色冲突的重要原因。

比如，社会、家长和学生往往期待教师不仅是"经师"还应是"人师"，不仅要做学生的榜样还要做社会的榜样；教师被期望成为时时处处都应"以身作则""为人师表""诲人不倦""无私奉献"的"道德楷模""完美化身"，在个人行为上也要求教师"仪表整洁""衣着朴素""姿态优雅""态度安详""语言得体""行为端庄"等。教师也是个性突出、情感复杂的"普通人"，教师在学校教育情境外表现出的某些行为，如果是发生在其他角色身上，很可能被社会大众接受，但表现在教师身上，则会被指责为"不像教师"，甚至被斥为"越轨行为"。这种以"圣人"标准来要求教师"不食人间烟火，不能有任何缺失"的角色期待使教师陷入"楷模"与"普通人"、"模范公民"与"自由个体"相冲突的境地，很多教师在生活中都感觉"当教师太累""没有真我"。

（三）教师角色能力与角色行为的冲突

教师角色扮演的真实能力与社会角色期待及教师自我角色意识之间也会存在差距，导致教师的角色冲突。教师角色期待要求教师具有高超、全面的教育才能，但教师面对不尽如人意的学生和班级时，会感觉力不从心。这种理想的角色期待与受教师个体能力影响而产生的角色表现之间的差距会导致教师内心产生不安，当教师意识到自己的角色行为与必须履行的角色义务、应该实现的角色期待之间存在落差时，更是会产生强烈的冲突。

比如，面对一些调皮、顽劣的学生，教师需要有更强的组织管理能力和教育艺术，很多教师尽管主观上很努力、很积极，但常常束手无策，所带班级的整体风气也不尽如人意。这种个人能力与角色期待之间的冲突很容易挫伤教师的职业积极性。

又如，21世纪以来我国蓬勃开展的基础教育课程改革要求教师转变角色，由知识的传授者向学生学习和成长的促进者、合作者与参与者转变，由教学秩序的管理者向学生自我管理和自主发展的引导者转变，由教学大纲的具体实施者向学生发展和教学实践的研究者转变，等等。这些要求对一部分教师来说，是需要相当程度的超越和突破的，对教师个人的能力素质的要求也比较高。他们难以在短时间内具备改革所期待和要求的种种能力，更难以在短时间内发生教育行为的改变。这种个人能力跟不上角色期待的状况极易使教师产生心理压抑和痛苦，甚至对改革产生抵触和抗拒。

此外，年轻教师还会出现由于角色模糊而导致的角色紧张。角色模糊是指社会大众或角色扮演者对某一角色的行为标准不清楚，不知道应该如何履行角色要求。年轻教师的角色模糊主要表现为角色转换中的角色认知不清和行为失范。在从学校到社会、从学生到教师的人生场景的转换中，年轻教师在角色扮演中常有"心有余而力不足"之感，对教师角色期待也缺少全面、深刻的认识，在教师角色践行中常常感到与自己想象中的教师角色（此为"领悟角色"）有很大差距。比如，不知该做严厉的管理者还是做学生的朋友，是贯彻学校领导的教育理念还是坚持自己的教育理想，课堂气氛是应该活泼、热烈还是严肃、有序，等等。模糊的角色认知又会导致模糊，甚至失范的角色行为。

总之，在教师角色社会化过程中，来自社会大众、教育行政管理部门、学校领导、同事、学生、家长、社区等不同个体和群体的各种角色期待与教师自己的角色领悟，以及教师的角色行为之间都会存在分歧和矛盾，导致教师产生角色冲突。

三、教师角色调适

在当下中国社会价值体系与文化特质日趋多元的环境中，教师常常面临巨大的角色冲突。虽然适度的角色冲突有助于教师主动适应角色要求、反思自己的角色行为、审视自己的角色形象、提高自己的角色扮演能力、完善自我人格，但如果教师长期处于冲突状态，则会产生过度的心理焦虑，影响工作质量和效率，还会降低教师的职业满意感，甚至出现厌教、弃教等职业倦怠现象。① 因此，从对教师人文关怀和提高教育教学质量的角度看，缓解教师角色冲突、消减教师职业倦怠是非常重要的。缓解教师角色冲突的有效办法是进行角色调适，这需要社会、学校及教师自身共同努力。②

（一）社会调适：尊重教师的专业权威

社会在帮助教师进行角色调适时发挥的作用主要是：通过增加投入、完善法制、加强变革等，为教师角色社会化创造良好氛围，提供必要条件，增强教师角色的使命感、责任感和权威感。

比如，在全社会提倡尊师重教，弘扬师道精神，树立恰当、良好的教师角色期待，通过相应的社会改革营造尊师重教、专业信任和支持教师职业威望的良好社会氛围，为教师角色表现提供和谐的工作环境和必要条件，充分理解、合理评价、切实尊重教师的角色活动，不过分夸大教师的作用而使大众对教师产生过多不切实际的角色期待，增强教师角色行为的光荣感。又如，强化战略意识，增加教育投入，完善法规体系，采取切实措施，提高教师待遇，保障教师权益，切实做到教师工资不低于公务员等，减轻学校对功利性目标的追求，避免将教育完全纳入市场经济范畴，将师生关系视作"服务与顾客"的关系（甚至认为"顾客即上帝"），导致在学校管理中忽视教师的正当需求与利益。再如，改变以分数为唯一标准的教育质量观、功利性的教育价值观和片面追求高学历的用人制度等，积极支持和推进教育改革，赋予学校充分的办学自主权，也赋予教师充分的教育教学专业权力，发挥教师的积极性和创造性。

（二）学校调适：营造宽松的工作环境

学校在帮助教师进行角色调适时的核心作用在于：抓好学校内部的管理体制改革，建立引导机制，强化激励机制，实现科学管理；通过组织调整教师的角色关系，减轻教师过重的角色负担，消除教师的角色紧张，为教师工作与发展营造宽松、和谐的学校氛围。

比如，加强对教师的角色教育，提高教师角色扮演的能力和素养。社会变迁、教育变革对教师角色期待提出更高的要求，学校可通过多种途径

---

① 职业倦怠又会反过来使教师降低工作兴趣和乐趣，勉强维持教学工作，身心交瘁，进而降低工作效率和业绩。

② 董泽芳：《教育社会学（修订本）》，302～305 页，武汉，华中师范大学出版社，2009。

使教师明确自身角色的价值所在及规范要求，增强自身的自豪感和责任感，帮助教师提高角色认知和角色领悟，端正角色行为，缩小角色差距。又如，学校管理应根据实际，通盘考虑并合理安排教师的角色任务，并根据情况的变化，注意随时调整教师的角色任务，对同一角色在不同情况下应承担的多种任务做出比较明确的顺序安排，注意运用组织权力对角色活动进行适当制衡，对具有较大时空分离性的多种角色兼职进行严格限制，以减少和避免教师的角色冲突。再如，学校领导应主动关心、协调教师在学校工作中的多重角色关系，如教师与领导的关系、与同事的关系、与学生的关系、与家长的关系等，帮助教师认识同事间相互配合支持的意义，克服"文人相轻"的心理，也帮助教师严格要求自己，客观评价和公平对待学生等。

（三）教师自我调适：自觉提升专业素养

教师自我角色调适的关键在于通过主观努力，不断提升教育教学素质，提高自我缓解角色冲突的能力。比如，不断提高自己对教师角色的领悟，建立对教师角色正确的价值取向和合理的目标追求，掌握教师角色行为的规范要求，加强角色学习，更新教育观念，了解和掌握教师角色的行为规范、权利和义务、态度和情感、必要的知识和技能等，建立适度的成就动机，提高角色知觉水平，重视自身角色技能的培养和锻炼。角色技能是指个体所具有的那些能成功、有效地扮演角色的特质和方式（如角色的视角转换、角色行为的适应性及防御性机制的合理运用等）。又如，建立角色系统，合理调整自己的角色行为，缩小角色差距。如前所述，社会变迁和教育变革对教师的角色期待日趋复杂和严格，教师应根据各种期待的正确性、可行性及自身条件，建立起一套角色系统，面对多种角色行为需求时，能分清先后主次并加以合理安排。再如，为了更好地满足角色规范，教师还需加强教育教学反思，努力提高个人修养，形成与教师身份相吻合的稳定人格，促进专业发展。这是教师积极的自我角色调适，能从根本上缓解角色冲突。

第二节 教师专业素养及其发展

一、教师专业素养

（一）教师的道德素养

教师职业道德是指教师在其职业生涯中，调节和处理与他人、与社会、与集体、与职业工作关系时所应遵守的行为规范或行为准则。教师道德素养就是教师在从教过程中不断内化教师职业道德规范所形成的道德品质。2008 年修订的《中小学教师职业道德规范》明确指出了新时代中小学教师应该遵守的道德规范。

相关链接 7-1：中小学教师职业道德规范（2008 年修订）①

第一，爱国守法。热爱祖国，热爱人民，拥护中国共产党领导，拥护社会主义。全面贯彻国家教育方针，自觉遵守教育法律法规，依法履行教师职责权利。不得有违背党和国家方针政策的言行。

第二，爱岗敬业。忠诚于人民教育事业，志存高远，勤恳敬业，甘为人梯，乐于奉献。对工作高度负责，认真备课上课，认真批改作业，认真辅导学生。不得敷衍塞责。

第三，关爱学生。关心爱护全体学生，尊重学生人格，平等公正对待学生。对学生严慈相济，做学生良师益友。保护学生安全，关心学生健康，维护学生权益。不讽刺、挖苦、歧视学生，不体罚或变相体罚学生。

第四，教书育人。遵循教育规律，实施素质教育。循循善诱，诲人不倦，因材施教。培养学生良好品行，激发学生创新精神，促进学生全面发展。不以分数作为评价学生的唯一标准。

第五，为人师表。坚守高尚情操，知荣明耻，严于律己，以身作则。衣着得体，语言规范，举止文明。关心集体，团结协作，尊重同事，尊重家长。作风正派，廉洁奉公。自觉抵制有偿家教，不利用职务之便谋取私利。

第六，终身学习。崇尚科学精神，树立终身学习理念，拓宽知识视野，

---

① 整理自《中小学教师职业道德规范（2008 年修订）》，http://www.edu.cn/jiao_yu_fa_gui_767/20080903/t20080903_322345.shtml，2018-04-25。

更新知识结构。潜心钻研业务，勇于探索创新，不断提高专业素养和教育教学水平。

（二）教师的学科素养

教师的学科素养，即教师在中小学教学学科方面的知识、技能、情感和态度。学科素养是教师的重要素养。我们常说的"学高为师"和"要给学生一杯水，自己先要有一桶水"就是对这种素养重要性的描述。在基础教育阶段，特别是中学阶段，学科素养往往成为划分教师类别的标准，也就有了广为流行的"语文老师""数学老师""英语老师""物理老师""化学老师"等称谓。教师学科素养的具体内容包括：所教学科的基础知识和基本技能；学科发展史；学科的思维方式和方法论；与所教学科相关的知识。第一项内容是我国基础教育一直强调的内容，后面三项内容则是随着我国基础教育改革而被不断重视的内容。

教师的学科素养与学科专家的学科素养存在差异。教师的学科素养不仅包含了上述学科及相关学科的内容，还包含了这些内容"可教性"方面的知识。这种学科内容及其"可教性"方面知识综合起来的知识被舒尔曼称为"学科教学知识"。1986 年，时任美国教育研究会主席的斯坦福大学教授舒尔曼提出，教师除了应具备学科知识与一般教学法知识外，还必须在教学过程中发展另一种新的知识——学科教学知识（Pedagogical Content Knowledge，PCK），并将其界定为"教师个人教学经验、教师学科内容知识和教育学的特殊整合"，是"教师最有用的知识代表形式"[1]，强调教师对学科知识的认识和理解与教师提供给学生的教学之间的关系研究，可能是现有教育研究中所缺少的。[2]

（三）教师的教育素养

教师的职业是教书育人，因此，教师不仅要有学科素养，而且要有教育素养。教师的教育素养包括先进的教育理念、良好的教育能力和一定的研究能力。

教育理念是教师关于教育工作的理性信念，是教师教育行为的观念基础。教育理念的差异是导致教育行为差异的重要原因。因此，每当教育改

---

① Shulman，L. S.："Those who understand knowledge growth in teaching"，*Educational Researcher*，1986，15（2），p. 414.

② Shulman，L. S.："Knowledge and teaching：foundations of new reform"，*Harvard Educational Review*，1987，51（1），pp. 1，22.

革要求转变教师行为时，都强调转变教师的教育理念。教师的教育理念包括教育观、教师观、学生观、学习观、课程与教学观等方面。教师要结合理论学习和实践体悟不断更新自己的教育理念。例如，传统教育观认为教育等于训练和灌输，教师是教书匠，学生是等待教师填满的"容器"，课程是教师用以填满学生头脑的"内容"，教学与学习则是将"内容"填到"容器"的过程与方法。现代教育观则认为教育是一个师生互动、共同发展的过程，教师和学生都是教育活动的主体，两者是"主体间性"关系。课程是师生互动沟通的资源，而教学则是借助这种资源不断诞生"精彩观念"的过程。

教师的教育能力是教师完成一定的教育活动的本领，具体表现为完成一定的教育教学活动的方式、方法和效率。教师的教育能力是一种在教育实践过程中不断养成的能力，而不是简单地把教育理论应用于实践形成的能力。教师在教育实践中不断养成教育能力的过程，即不断积累实践性知识的过程。

教育专业实践的复杂性决定了教师在自己的专业实践过程中不能是"教书匠"，等待别人提供一个能够应用到自己教育教学情境的"万能模式"。教师在自己的专业实践中必须充当"反思性实践者"，不断把自己的教育观念与现实的教育情境相对照，建构出自己能够解决的教育问题，并且用自己的行动去解决。在这个过程中，教师会渐渐发现自己专业实践的品质在不断提升，自己处理意料之外教育问题的能力也在提升。这表明教师的知识在增长。这种教师在自己的教育实践中发展出来的知识，与他在大学的教师教育课程中习得的理论知识虽然彼此联系，有时也相互支撑，但是存在区别。这种知识被称为"教师实践性知识"。"教师实践性知识是指教师在具体的日常教育教学实践情景中，通过体验、沉思、感悟等方式来发现和洞察自身的实践和经验之中的意蕴，并融合自身的生活经验以及个人所赋予的经验意义，逐渐积累而成的运用于教育教学实践中的知识以及对教育教学的认识，它实质地主导着教师的教育教学行为，有助于教师重构过去经验与未来计划以至于把握现时行动。"[①]

教师实践性知识是某个特定的教师与其独特的教育环境相互作用的产物，是"他"在"这个"环境中的建构。因此，教师实践性知识虽然涉及很多方面，但这些方面并非彼此割裂、毫无关系，相反，它们是围绕特定

---

① 姜美玲：《教师实践性知识研究》，91 页，上海，华东师范大学出版社，2008。

的实践问题有机联系在一起的，共同指向实践问题的解决。可以说，教师实践性知识是在实践中建构（in practice）、关于实践（on practice）且指向实践（for practice）的知识。① 与教育理论知识不同，教师实践性知识主要用教育实践语言表征，而不是用命题表征。教师实践性知识常用的表征方式包括意象、隐喻、实践规则、实践原则、个人哲学、周期和节奏及叙事主题等。无论教师实践性知识表征为什么形式，它都与教师自己的专业实践紧密联系在一起，体现在他的专业实践中。例如，有位教师关于课堂的隐喻是"开无轨电车"。他在给同行的一封教育书札写道：

> 人们常把天南地北地伸开称为"开无轨电车"，而教学活动则有鲜明的目的性，于是此词自然成了教师们的大忌之一。久而久之，在习惯的作用下，许多教师终于谨慎地形成了上课紧扣课文，不敢越雷池一步的"风格"。偶尔"出格"一句，也会下意识地"拨转马头"。如果要上公开课，更是如临大敌，把上课要讲的每句话都落笔成文且像演话剧一样背熟才可。课堂上不准"开无轨电车"，是为让学生在 40 分钟里尽可能地学到知识，而如我们现在所为能达到预期效果吗？不能，死盯着课本只能使好学生越学越累，后进生越学越差，因为学生对学习丧失了兴趣。②

"开无轨电车"的隐喻，作为一种实践性知识，直接体现在他的课堂中。下面是这位老师执教《爱迪生孵小鸡》的一段教学实录。

> 师：你猜测他在临死之前还在想发明。是的，很多人都把爱迪生称为天才，因为他一生中发明了那么多的东西。可是，爱迪生很谦虚，他说："不，我不是天才。"于是，他说出了一句名言，流传至今。你们听说过这句名言吗？没有听说过？不要紧，那这样，我们先来看一看，你读了这篇文章，读了屏幕上的三段话，你觉得如果一个人想要获得像天才一般的成就，需要哪些因素和条件呢？你说。

---

① 陈振华：《解读教师个人教育知识》，载《教育理论与实践》，2003（11）。
② 姜美玲：《教师实践性知识研究》，158～159 页，上海，华东师范大学出版社，2008，有改动。

生：不要骄傲，要谦虚。

师：我写下来。

（板书：谦虚。）

师：还有谁说吗？

生：还要努力。

（板书：努力。）

师：还有吗？

生：还要认真观察。

师：要做事认真。

（板书：认真。）

生：要知识渊博。

（板书：有知识。）

生：他还必须勤奋。

师：要勤奋，这可以和"努力"放在一起。

（板书：勤奋。）

生：要有知识就必须喜欢学习。

师：还要好学。

（板书：好学。）

生：爱思考。

（板书：善于思考。）

师：其实要说的话还有很多很多。我发现你们比爱迪生说得好，因为爱迪生只说了两样。他说："我不是天才，如果真的有天才，那只不过是 1‰ 的灵感加上 99‰ 的汗水。"①

教师的研究能力是综合地、灵活地运用已有知识进行创造性活动的能力，是对未知事物探索性、发现性的心智、情感投入过程。"教师作为研究者"是英国课程专家斯腾豪斯在 20 世纪 60 年代首创的观念。斯腾豪斯倡导教师的研究者角色，提出了与传统课程理论（泰勒原理）不同的课程理论——过程模式。这个新的课程理论没有仅仅把教师当作既定课程的忠实执行者，而是重视教师在课程实施过程中的地位和价值。我国新一轮基础

---

① 姜美玲：《教师实践性知识研究》，158～159 页，上海，华东师范大学出版社，2008，有改动。

教育课程改革也强调教师作为研究者的角色，而且无论是在校本课程还是国家课程的开发中，都给教师留出了思考、研究和创造的空间。

教师作为研究者，并不仅仅是让教师写论文。论文作为一种研究成果，当然可以反映教师的研究水平，但是，作为研究者的教师的首要角色还是教师，还是要以教书育人为第一位的工作。而研究，只是教师用以改进教书育人工作的一种手段。当然，如果能够将研究与教育结合在一起，以研究的态度去教育，又以教育的实践检验研究，又算是一个新的境界了。

相关链接 7-2：教师的心理特征

教师的心理特征是指教师在长期的教育教学实践活动中，由于扮演各种不同的角色而逐渐形成的教师职业特有的心理品质，是从事教师职业者所共有的、典型的特征。我们可以从认知、情意两个方面来考察和了解教师的心理特征。

1. 教师的认知特征

教师的认知特征主要表现在感知观察力、注意力、思维力三个方面。

首先，教师的感知观察力特征。教师的感知观察力是教师了解学生个性特征并因材施教和在复杂教育情境下发挥教育机智的前提。善于观察学生是教师最基本的教育能力要素。良好的教师观察力通常具有三个特点：第一，客观性。教师在对学生的表现进行观察时，应尽量排除主观因素的干扰，全面地、实事求是地看待学生的行为。第二，敏锐性。教师要能够从常人司空见惯的现象中、从转瞬即逝的变化中，迅速而准确地判断出学生的情绪与情感，洞察学生的感知与思维，从而发现问题、解决问题。第三，精细性。教师要能够从笼统的事物特征中区分细微特征，及时了解学生的心理变化，所谓"明察秋毫""见微知著"。

其次，教师的注意力特征。注意力对教师的教育教学活动具有增强清晰度、促进调控的功能，可以使教师在教育教学活动中提高感受性，细致观察，准确记忆，快速反应，从而提高教育教学效果。在注意的广度、注意的分配、注意的转移和注意的稳定性四个注意品质中，教师的注意力特点集中表现在注意分配能力上。注意分配能力是指教师在同一时间内既能将自己的意识集中在主要对象上又能同时兼顾注意到其他对象的能力。教学是一项复杂的活动，教师必须拥有较强的注意分配能力。教师可以通过加强注意分配练习、保持良好情绪、充分做好课前准备、熟练掌握教材等方法来提高注意分配能力。

最后，教师的思维力特征。教师从感知、观察中获得的信息需要经过思维的深度加工，才能形成准确而有效的教育决策。思维创新能力是教师职业素养的重要标志。教师的思维能力应具有两个重要品质：第一，逻辑性。教师在考察教育现象、思考教育问题时，要能够遵循严密的逻辑顺序，有充分的逻辑依据，从而得出准确的结论；并且以自己的"身教"对学生逻辑思维能力的养成和提升发挥积极作用。第二，创造性。教师在解决教育问题时，要能够运用发散思维、聚合思维等多种思维方式，对已有的知识、信息进行深度加工和再创造，并勇于和善于改变传统思维模式、克服思维定式、消除刻板印象，从而既创造出新知识，有效解决教育问题，又促进学生的创造性思维发展。

总之，教师职业认知能力的发展是提高教育教学工作质量的必要条件和重要基础，其基本品质特征主要包括敏锐的观察力、协调的注意力、良好的记忆力、丰富的想象力和创造性的思维力。

2. 教师的情意特征

一切教师工作都建立在教师人格的基础上，教师的人格特征是教师职业不可或缺的品质，其主要体现在情绪情感特征、意志行为特征和领导风格等方面。

首先，教师的情绪情感特征。教育过程是情感交流的过程，对教师的情绪情感品质有较高的要求。教师对学生的热爱是进行教育工作的强大动力，会直接感染学生的情绪，激起其学习的兴趣和活动的积极性、创造性，从而影响教育教学的效果。

优秀教师的情绪情感特征一般表现为以下四个方面：第一，情绪稳定，充满自信；第二，爱岗敬业，积极进取；第三，热爱学生，关心每一位学生的成长；第四，品德高尚，具有强烈的道德感和责任意识。

其次，教师的意志行为特征。教师良好的意志品质是决定教育工作成败的重要主观因素，是教师运用自己的全部力量克服工作困难的内部条件，也直接影响着学生意志品质的形成。教师良好的意志品质主要表现在以下几个方面：第一，目标明确，执着追求；第二，明辨是非，坚定果断；第三，处事沉稳，自制力强；第四，精力充沛，坚韧不拔。

最后，教师的领导风格。教师的领导风格对班级的班风、学风、课堂教学气氛、学生的价值观形成与个性、社会性发展及师生关系等都有着决定性的影响。教师的领导风格可分为专断型、放任型和民主型。其中，民主型的领导风格对学生发展的促进作用最大，是比较理想的领导风格，教师应努力养成民主型的领导风格。

二、教师专业发展

继续教育观念的更新就在于要认识到"职前的师范教育不过是为教师职业奠定必要的专业成长的基础，师范院校输送的毕业生并不意味着已经造成了合格称职的教师，还需要经过教育实践的磨炼与职后继续教育才能趋于成熟，教师的'专业成长'是贯穿于职前培养与职后进修的全过程的"①。

（一）教师专业发展的内涵

教师职业是一个专业（profession）。但是，教师职业的这种专业属性不是自然赋予和从来就有的，而是一个不断积累和积极争取的过程。这种将教师职业从一个非专业、准专业变成一个"成熟的专业"的过程，被称为"专业化（professionalization）"。教师专业化研究主要是社会学的研究课题，目的是明确教师职业与"成熟的专业"之间的差别，促进教师职业群体向上的社会流动，以获取更多的社会资源。其实，与教师专业相关的研究并不局限于社会学，教育学也研究教师专业问题，并提出了教师专业发展（teacher professional development）的概念。与教师专业化相比，教师专业发展更强调教师专业素养的获取。"'教师专业化'更多是从社会学角度加以考虑的，主要强调教师群体的、外在的专业性提升；'教师专业发展'更多是从教育学维度加以界定的，主要指教师个体的、内在的专业化提高。"②

教师专业发展是准备从事教师专业或已经从事教师职业的人通过课程学习、经验反思、同伴合作、实践研究等途径不断增加自己专业知识、养成自己专业能力、培养自己专业情意的终身发展过程。

（二）教师专业发展的阶段

教师专业发展过程是终身的，但不是匀速匀质的直线运动。教师专业发展在各种影响因素作用下呈现出不同的发展阶段。由于影响教师专业发

---

① 教育部师范教育司：《教师专业化的理论与实践》（修订版），77 页，北京，人民教育出版社，2003。

② 教育部师范教育司：《教师专业化的理论与实践》（修订版），46 页，北京，人民教育出版社，2003。

展因素的情境性和特殊性，每个教师的专业发展阶段都具有自己的特殊性。当然，在群体层面，教师专业发展阶段也表现出一定的相似之处。教师专业发展阶段通常分为教师职前专业发展阶段、教师入职专业发展阶段和教师职后专业发展阶段（见图 7-1）。

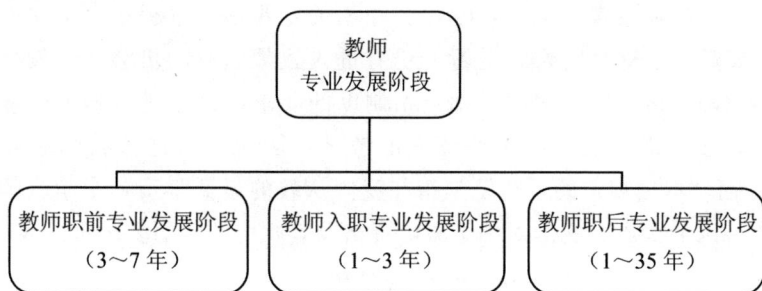

```
                      ┌─────────────┐
                      │    教师     │
                      │ 专业发展阶段 │
                      └─────────────┘
         ┌──────────────────┼──────────────────┐
┌──────────────────┐ ┌──────────────────┐ ┌──────────────────┐
│ 教师职前专业发展阶段 │ │ 教师入职专业发展阶段 │ │ 教师职后专业发展阶段 │
│    （3～7 年）    │ │    （1～3 年）    │ │   （1～35 年）    │
└──────────────────┘ └──────────────────┘ └──────────────────┘
```

图 7-1　教师专业发展阶段

自师范生进入师范院校到毕业之前的教师专业发展阶段是教师职前发展阶段。在这个阶段，师范生主要以"学生"的身份，通过课程学习谋求专业发展。教师职前专业发展的年限一般为 3～7 年。就我国当前学历层次而言，主要包括 3 年制大专、4 年制本科、2 年制或 3 年制硕士。自教师进入学校从教到成为一名合格教师的专业发展阶段是教师入职发展阶段。在这个阶段，初任教师主要以"教师"的身份，通过实践反思、同伴互助和专家引领方式谋求专业发展。教师入职专业发展的年限一般为 1～3 年。自教师成为一名合格教师到成为一名教学名师甚至是教育家的教师专业发展阶段是教师职后专业发展阶段。在这个阶段，教师主要通过教育教学反思和研究谋求自己的专业发展。教师职后专业发展的年限可以持续到教师退休，甚至是教师生命结束。

第一，教师职前专业发展阶段。该阶段是从教者为取得教师资格证书，在教师培养机构通过课程学习和自主研修等途径发展自己的教师素养并达到一定标准的过程。在实施教师资格制度的国家，要当教师，首先要拿到教师资格证书。在我国，1993 年 10 月 31 日由全国人民代表大会常务委员会通过的《中华人民共和国教师法》（简称《教师法》）第十条明确规定："国家实行教师资格制度。中国公民凡遵守宪法和法律，热爱教育事业，具有良好的思想品德，具备本法规定的学历或者经国家教师资格考试合格，有教育教学能力，经认定合格的，可以取得教师资格。"在这款法律条文中，"具备本法规定的学历或者经国家教师资格考试合格"描述出我国教师职前专业发展的两条基本路径：定向专业发展和非定向专业发展。

教师定向专业发展是指学生在高等学校学习时选择了师范专业，主要根据师范院校教师培养方案学习，以获取教师资格。教师的非定向专业发展是指"教师职业选择者，在整个大学本科阶段都没有选择进入师范专业接受专门的教师教育。但是，学习者在相关专业学习过程中，确立了教师专业发展趋向。这个时候，学习者仍有进入教师职业的机会。这就是基于现行的教师资格制度，按照教师资格制度的要求，自主进行相关教育课程的学习，参加相应的教师资格证书的考试，从而获得进入教师职业的机会"①。而"本法规定的学历"是指在我国从教的最低学历，中学教师必须具有专科以上学历。我国对中学教师资格及其相应的学历要求可见表 7-1。

表 7-1　中学教师资格及其相应的学历要求

资格	学历要求
初级中学教师	取得初级中学、教师、初级职业学校文化、专业课教师资格，应当具备高等师范专科学校或者其他大学专科毕业及其以上学历
高级中学教师	取得高级中学教师资格和中等专业学校、技工学校、职业高中文化课、专业课教师资格，应当具备高等师范院校本科或者其他大学本科毕业及其以上学历

第二，教师入职专业发展阶段。该阶段是新手型教师为在教育实践中"求生存"，通过入职培训、教研活动、师徒结对和教学反思等途径，快速、有效地积累自己的教育实践性知识，从而使自己从新手型教师变为合格教师的过程。

为什么很多师范院校的合格甚至是优秀毕业生没法"站稳讲台"呢？那是因为教育实践充满了不能将理论直接应用于实践的"湿软的低地"。美国哈佛大学哲学博士唐纳德·A. 舍恩（Donald A. Schön）仔细考察了工程、建筑设计和心理治疗等专业实践的真实过程后发现，这些专业实践者在自己实际解决问题的过程并不是将某种特定理论应用于现实的过程。很多时候，这些专业实践者面临的问题并不是自己原先学习的理论所能解决的，而且，很多时候，这些专业实践者自己也无法在一开始就能把自己面

---

① 李学农：《教师入职指南》，88 页，北京，高等教育出版社，2007。

临的问题说清楚。基于这种认识，舍恩将专业人员的实践分成两大领域。其一是"坚硬的高地"。在这里，问题和目标都是清晰的，实践者能够运用科学理论和技术有效地解决问题。其二是"低洼湿地"，是实践的"不确定地带"，充满着"复杂性、不确定性、不稳定性、独特性和价值冲突性"①。在这里，实践者需要与所处情境对话，寻找并解决真实的问题。舍恩指出，在真实世界中，有部分问题情境都属于"低洼湿地"。"那里的情境是令人困扰的'混乱'，在那里科技的解决之道是行不通的。"② 这时候，主导着实践者行为的，不是既定的理论、原理与技术，而是他们的专业反思和实践智慧。

　　教师入职专业发展的途径包括入职培训、教研活动、师徒结对和教学反思等。"教师入职教育，亦称教师入职培训或新教师指导计划，是指为初任教师提供的为期至少一年的有计划、有系统而持续的支持和帮助，其目的在于帮助初任教师克服教学中所遇到的困难和问题，提高教学的有效性，减少挫折感，尽快适应教师角色。"③ 用以促进新手型教师专业发展的教研活动，主要是围绕新手型教师课堂教学展开的听课、说课、上课、评课等一系列活动。师徒结对，又称"师徒制"，是指给新手型教师安排有经验的指导教师，使两者结为师徒，从而让指导教师个别辅导新手型教师。教学反思不是像小孩子一样不断空洞地追问"为什么"，而是要"锁定"和"解决"当前教育实践中存在的真实且重要的问题。教学反思作为解决现实教育问题的一种能力，如同人消化食物的能力一样，是随着反思情境、反思对象和反思者的差异而不同的。因此，并没有一种能够适用于所有教育问题的反思模式，因为反思本身就是反对模式化解决问题的。

　　第三，教师职后专业发展阶段。该阶段是中学合格教师为追求教师职业幸福和满足教育改革需求，通过各种形式的教育研究提升自己的专业素质，使自己从合格教师变为优秀教师的过程。没有教师持续的专业发展，日复一日、年复一年的简单重复劳动不仅因为无法展现教师的生命力和创造性而难以体验到职业幸福，而且会导致教师工作倦怠。因此，在职教师

---

　　① ［美］唐纳德·A. 舍恩：《反映的实践者——专业工作者如何在行动中思考》，夏林清译，14页，北京，教育科学出版社，2007。

　　② ［美］唐纳德·A. 舍恩：《反映的实践者——专业工作者如何在行动中思考》，夏林清译，35页，北京，教育科学出版社，2007。

　　③ 任学印：《试论教师入职教育应遵循的原则》，载《外国教育研究》，2005（2）。

要持续地专业发展，不断根据社会发展、教育改革和学生更新而重新思考自己的教育观念和教育行为。这个持续的专业发展过程是教师追求职业幸福的阳光大道。中学教师职后专业发展，不仅是教师追求职业幸福的手段，而且是教育改革的需求。在我国当前社会全面转型的环境下，学校教育也无可避免地面临全面转型，而教师专业发展是学校教育全面转型的根本基础和核心保障。

无论是追求自己的职业幸福还是满足教育变革需求，都要求已经"站稳讲台"的教师持续地专业发展。职后教师应该怎样发展呢？教师在职专业发展的方式很多，但是所有方式的核心都是帮助教师打破"简单重复"的工作方式，将思考和创新融入教师工作，从而赋予教师工作研究的性质。换言之，所有的教师在职专业发展方式都带有研究性质。当然，每种专业发展方式研究性质的强度并不相同。教师在职专业发展方式中，既有研究色彩比较淡的听—说—评课，也有研究色彩比较浓的教育叙事、案例研究和行动研究。这些教师在职专业发展方式构成了一个连续体，具体见图7-2。中学教师可以根据自己的实际情况，选择适合自己的专业发展方式。

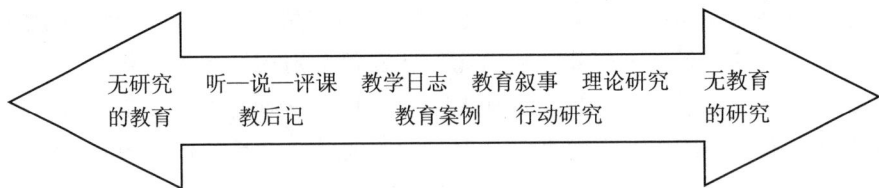

| 无研究
的教育 | 听—说—评课
教后记 | 教学日志
教育案例 | 教育叙事
行动研究 | 理论研究 | 无教育
的研究 |

图 7-2　中学教师在职专业发展路径

三、教师成长心理及心理健康

教师在学生的学习中起着组织、帮助、指导和管理的作用，其心理状态和特征是影响学生学习的重要因素，了解并促进教师的心理成长非常重要。

(一) 教师教学专长发展的认知心理

从认知心理的专长发展角度揭示教师的专业发展，主要是通过分析优秀教师的心理特征，探讨从新手型教师成长为专家型教师的规律，以促进更多的教师成长为专家型教师。国内外学者研究了专家型教师和新手型教师在课堂信息加工、教师思维、教学问题解决、教师知识、教学策略和教学行为及教学专长发展阶段等方面的差异，研究在以下方面有发现。①

第一，课堂信息加工方面。教师对课堂中各种信息的加工能力不仅是教师教学专长发展的重要内容，而且是教师从事教学活动所应具备的一种特殊认知能力。而教学经验对课堂信息加工具有重要的影响作用，随着教学专长的发展，教师对各类课堂情境信息的组织和加工速度、准确性、选择注意、表征能力及重要课堂信息的加工能力等都逐渐提高。在对静态课堂教学场景的知觉上，专家型教师能够表现出明显的知觉策略，能够根据自己的经验加工和提取课堂教学场景中有用的信息。

第二，思维和知识方面。专家型教师的反思策略和水平都要优于新手型教师和熟手型②教师，更注重对课堂成败原因的思考（即他们善于通过对教学的反思来提高自己的教学能力，而且专家型教师的反思往往会以学生为中心）。在对教学问题和课堂管理问题的解决方式上，专家型教师课堂中遇到管理问题时往往以教学优先，解决管理问题时能看到问题的本质，解决方法更全面。在知识的结构上，专家型教师拥有相互联系、相互作用的知识整体，而新手型教师还未形成完整的知识框架体系。

第三，教学策略和教学行为方面。专家型教师更多地表现出灵活性和创造性，体现了教学机智。专家型教师的教学计划过程更周密、审慎，表现出更精致、联系性更强的教学专长，专家型教师的无效教学决策显著少于新教师，更多地表现为促进学习的有效教学决策。专家型教师的师生课堂语言结构、课堂提问策略水平、重难点训练和讲解技能、课前导入和课后小结优于新手型教师。

第四，工作动机和人格特征方面。动机是驱使个体行为的动力。教师高度的工作积极性和责任感要求教师拥有内在强烈的和持久的教学动机。不同教师的教学动机表现往往不同，新手型教师的教学动机具有强烈而表层的特点，专家型教师的教学动机水平高，且在内部动机上显著高于熟手型教师。而在任务目标水平、成就目标定向、情绪调节能力及人格特征等方面，新手型教师、熟手型教师、专家型教师之间往往具有显著差异。

---

① 连榕：《专长发展与职业发展视域下的教师心理》，载《心理发展与教育》，2015（1）。

② 教师的教学专长是在长期教学实践过程中获得和形成的，在新手型教师逐渐成长为专家型教师的过程中，熟手型教师可谓教师成长的一个关键阶段。所谓"熟手型教师"，是指能按常规，熟练地处理教学问题但教学创新水平不高的教师。"熟手肯定是昨天的新手，但不一定是明天的专家。"实际上，许多教师的专业发展往往停滞在这一阶段，习惯于熟手的角色，直至教师职业生涯结束也未成长为专家。

第五，教师的自我效能感方面。专家型教师的总体教学效能感水平、个人教学效能感水平都显著高于新手型教师。教师的自我效能感反映了教师当前的信念、经验和行为，能很好地预测教师的教学行为。自我效能感对教师倦怠、工作压力和工作满意度都有积极作用，对学生的学习效果也有极大的促进作用。高自我效能感的教师倾向于保持更高的掌握目标，而低自我效能感的教师倾向于被学校的目标形式同化。教师的自我效能感与工作满意度之间往往是正相关关系，与工作倦怠和辞职意向之间则是负相关关系。高自我效能感教师更不易产生倦怠和辞职意向，而且拥有更高的工作满意度。教师自我效能感可以有效地促进教师的职业认同感（professional identity）。通过提高教师对人际关系的满意度来提升教师的自我效能感，可以提升教师的职业认同感。

（二）教师心理健康

教师保持健康的心理不仅有利于教师自身的身体健康，有利于提高工作效率，而且有利于促进学生健康发展。当前我国教师的心理健康状况不容乐观，需要社会各界对教师身心健康给予充分的关心，也需要教师学会自我维护心理健康。

1. 教师心理健康的标准

根据常人心理健康的标准，结合教师职业的特殊性，教师心理健康的标准如下。

第一，能积极地悦纳自我，热爱教师职业，关爱每一位学生。悦纳自我，即真正了解、正确评价、乐于接受并喜欢自己，能够认识到人与人之间是有个体差异的，允许自己不如别人，正确认识自己的优点和不足，并努力发扬自己的优点，积极地完善自我。心理健康的教师能够从爱的教育中获得自我安慰与自我实现，从有成效的教育教学中得到成就感。

第二，有良好的教育认知水平。心理健康的教师能够面对现实并积极地适应环境，满足教育工作要求。例如，具有敏锐的观察力及客观了解学生的能力；具有获取信息、适宜地传递信息和有效运用信息的能力；具有创造性地进行教育教学活动的能力。

第三，具有稳定而积极的情绪及坚强的意志品质。复杂的教育工作情境要求教师具有稳定、乐观、积极的情绪特征，能够控制各种情绪状态，以及具有良好、坚强的意志品质。心理健康的教师在教育教学工作中往往具有明确目的性和坚定性，处理问题时做出的决策具有果断性和坚持性，面对矛盾时表现出沉着、冷静的自制力等。这些情绪情感和意志品质都将影响教师的整个心理状态及行为，也关系到教育教学的工作效果。

第四，具有健全的人格及和谐的教育人际关系。心理健康的教师在教育工作所涉及的人际交往中，能够与他人（学生、家长、同事、领导等）和谐相处，积极的情感、态度（如尊重、真诚、羡慕、信任、赞美等）多于消极的情绪、态度（如畏惧、多疑、嫉妒、憎恶等），能够适应自己所处的教育环境，并且为积极改造不良教育环境、提高教育教学质量献计献策。

2. 常见的教师心理冲突

第一，自我认知出现偏差。教师自我认知偏差主要有两种表现形式：一是自我扩张型，其特点是过于悦纳自己，自我评价偏高，形成虚假的理想自我，常表现为过于看高自己而导致自负、自吹自擂、盲目自尊；二是自我否定型，其特点是对自我认识和评价过低，常表现为安于现状、不思进取，由自卑导致自我否定。

第二，面对现实与理想的差距产生失落和无助。新教师刚刚走出大学校园，对未来充满了憧憬，但客观现实往往让他们感到迷茫，社会现实和社会理想之间存在明显的反差，"应该"与"是"之间存在冲突：应该做的做不到；不应该做的有时还必须去做。也就是说，新教师普遍感到，应该坚持社会理想，用理想模式来塑造自己，但难免在现实中处处碰壁；力求避免与现实中的不良因素同流合污，但有时又难免随波逐流；主观上想驾驭现实，但实际上又力不从心。如学校本来不应片面追求升学率，但又不得不为之。领导的要求，家长的愿望，社会的议论等压得许多教师喘不过气来。老教师如此，新教师可想而知。理想的自我与现实的自我之间存在某种不一致，这种不一致对个体的成长和发展具有两面性。一定程度的不一致可以促进个体的发展，但如果对理想自我要求太高，反而容易使个体丧失信心，出现各种各样的问题。美国人本主义心理学家罗杰斯的很多研究结果都表明，理想自我与现实自我的过分失调往往是产生神经症等心理障碍的主要原因。这种理想与现实的冲突在新教师身上表现得尤为突出，使他们感到困惑、紧张、焦虑、抑郁、孤独。在心理冲突困扰下，一些新教师感到烦恼、紧张、不安、焦虑、压抑、痛苦……甚至发展为各种不同程度、不同性质的心理障碍。一些人无力解决心理冲突时，很容易消沉下去，感到什么都无所谓，情绪低落、抑郁，甚至可能导致严重的心理障碍。

第三，逐渐产生职业倦怠。教师职业倦怠是教师个体在长期工作压力下所产生的一种消极情绪体验反应，是影响教师心理健康的最严重问题。

当教师面对巨大压力，得不到外界支持，自身又无法调节时，就会产生挫败感、焦虑、过敏性，直至出现情绪耗竭、身心抑郁症状，即教师职业倦怠。职业倦怠不仅会降低教师的幸福感，而且会严重影响课堂教学效果；不仅会影响到教师的工作动机、健康和工作满意度，而且会直接影响到学生的学习和行为。研究发现，教师的年龄、性别、家庭、教龄、情绪调节能力、自我效能感、归属感、人格特征等个体因素，以及学校工作环境、资源分配、教育制度等社会因素，都会直接影响到教师的职业倦怠程度。能够很好应对各种压力的教师往往在心理上极富韧性。

3. 教师心理健康的自我维护

教师的心理健康从根本上说靠教师自我维护。优秀教师既关注学生的心理健康，也重视自己的心理健康，在需要时能承受较大压力，但又不让自己一直处于压力之中。

首先，树立正确的自我概念。教师的工作会受到许多人（教育行政部门人员、校长、教研员、学生及其家长乃至社会大众等）直接或间接的检查和监督，教师自己也会在良心上监督、评判自己的工作（甚至比别人更严格、更苛刻），从而产生焦虑、倦怠等不良心理。教师应树立正确、稳定的自我概念，正确认识自我，客观评价自我，合理要求自我，了解并愉悦接受自己的优点、缺点，不给自己设定高不可攀的目标；不断加强自身修养，正确地认识和对待工作中的成败，能够换位思考，客观地评价别人，接纳并理解别人的错误和缺点。

其次，学会情绪控制与合理宣泄。情绪控制可以从两方面入手：一是在认识上分析造成不良情绪的原因，看自己的反应是否合理、是否适度；二是在行动上采用合理或间接手段进行适当的情绪疏导，避免发生冲动行为。例如，教师提醒自己在情绪激动时不要批评学生，等待自己能心平气和地冷静处理问题时再批评学生，防止过激言行。同时，产生不良情绪后，教师也应学会用合理的方式宣泄自己的情绪。比如，在适当的环境下放声大哭，向亲近和信任的朋友或亲人倾诉衷肠，给自己写信或写日记，从事剧烈的体力劳动或体育运动，纵情高歌，逛街，旅游，等等。

最后，寻求专业帮助，加强教师角色学习。积极参加继续教育，多与同事交流、讨论，寻求专业帮助，坚持学习，不断提高自身综合素质，主动寻求创造性的工作体验等，对维护教师的心理健康都具有重要意义。

[复习与思考]

1.《学会生存——教育世界的今天和明天》中指出："我们再也不能一劳永逸地获取知识了，而需要终身学习如何去建立一个不断演进的知识体系——学会生存。"请结合新时代教师角色的转变，谈谈你对这句话的理解。

2. 案例分析：做个"特级教师"也不难①

一所乡村小学好不容易请到了一位省特级教师来上一节公开课。学校里的老师都没见识过特级教师，有的不以为意，认为是凭关系、熬工龄评上的……

特级教师来了，没想到竟然是一位年轻美丽的女老师，而且上课时她将随便走进一间教室上课。更没想到的是，她走进的恰恰是一个全校闻名的后进班。

讲台上乱七八糟地散落着粉笔，桌面铺着一层厚厚的粉笔灰。特级教师用目光扫视四周后，迅速收拾好桌上的粉笔，然后走下讲台，绕到前面，面对着黑板，轻轻地吹去桌上的粉笔灰。片刻鸦雀无声后，教室里响起一片掌声，所有观摩教师和学生用掌声给她的"开场白"打了最高分。课上她出了几道题让学生做，然后讲解了这几道题的做法，讲完之后，她说了一句："请做对的同学扬一扬眉毛，暂时没做好的同学笑一笑。"

此刻，所有的老师似乎都明白了什么样的教师才是特级教师。

请结合本案例，谈谈你对教师专业素养的理解。

[推荐阅读]

1. 董泽芳：《论教师的角色冲突与调适》，载《湖北社会科学》，2010（1）。

2. 李琼：《学生心目中的教师形象：一个跨文化的比较》，载《比较教育研究》，2007（11）。

3. 教育部师范教育司：《教师专业化的理论与实践》（修订版），北京，人民教育出版社，2003，第三章"教师的专业素质"和第四章"教师专业发展与教师教育"。

4. 田丽丽：《缓解教育变革中教师心理压力的有效策略》，载《中国教育学刊》，2016（4）。

---

① 于振波：《做个"特级教师"也不难》，载《班主任》，2006（8）。

第八章
中学课程及其改革

[**本章重点**]

1. 理解课程内涵，懂得课程是中学教育的核心问题，了解不同课程流派的基本观点。

2. 把握课程开发原理，理解课程开发的主要影响因素。

3. 掌握基本的中学课程类型及其特征；了解课程目标、课程内容、课程评价的含义及相关理论，初步养成分析和理解课程的能力。

4. 了解我国当前基础教育课程改革的背景、理念、目标、基本实施现状及未来发展趋势，树立课程改革的意识。

案例导入：我看新教材[①]

今年下半年，儿子读七年级，我有幸接触到义务教育课程标准实验教材。看了新教材，作为家长，我备受鼓舞。整套教材中处处渗透着自主、合作、探究的学习方式，课程的内容不再囿于知识的记忆和再现，而是要求学生动脑、动手、动口，不断开展探究性学习，更加注重学生各种能力的培养。

从教材的内容看，死记硬背的知识少了，灵活运用的知识多了，教材的弹性大了。例如，语文教材必读课文减少了，自读课文增加了，每篇必读课文对应的自读教材中都有几篇同一主题的文章，便于学生加深对必读课文的理解。新教材知识面广了，信息量更大了。例如，英语教材设置了语言的情境，注重语言的应用，开展了听、说、读、写的训练，词汇量也较大。我曾跟儿子开玩笑说："我们当时初中毕业还没有你们一个学期的词汇量和阅读量。"科学教材内容更加丰实、更加全面，既有物理、化学、生物的知识，又有天文、地理的内容，各种知识穿插、融合在一起。网络知识、科技前沿信息也不时在教材中出现，更体现了教材的时代性。这不仅要求学生掌握知识点，而且要懂得知识点之间的内在联系，以及在实际中的运用。这套教材看似简单，实际上对教师、学生的要求反而提高了。

另外，新教材给我们的教师提出了更高的要求。教师不仅要在课堂上完成教学任务，更重要的是要给学生学法指导，使学生在掌握知识的同时培养各种能力。能力的提高远远胜于简单的知识重复，能力的提高将使学生受用一辈子。

"良好的开端，是成功的一半。"新课程改革在全体教师的共同努力下，有了一个良好的开端。我们期待着它结出丰硕的果实。

---

① 转引自钟启泉、崔允漷：《新课程的理念与创新——师范生读本》，84 页，北京，高等教育出版社，2003。

　　课程作为教育活动的基本要素，是学校培养未来人才的蓝图，它体现着一个国家对学校教育的具体要求，影响着学校教育的水平和人才培养的质量。可以说课程是教育中的核心问题，教育的改革与发展往往首先从课程的改革与发展开始。中学课程在学校教育中具有非常重要的作用。

第一节　课程概述

　　课程是教育中一个既古老又新鲜的话题。说它古老，是因为课程在实践中的产生是伴随着教育的产生而产生的，其历史久远；说它新鲜，是因为对课程的研究是近代以来的事情，人们对课程内涵的认识还存在较大的分歧。

一、课程内涵及其价值

（一）课程的内涵

　　在汉语中，"课程"一词在唐代便已出现，[①] 但此时的"课程"主要指礼仪活动程式之类，与我们今天所用"课程"一词的含义有较大的差异。到了宋代，"课程"一词使用较广。朱熹在《朱子全书·论学》中曾多次使用"课程"一词，[②] 此处所用的"课程"一词的含义与今天的"课程"概念已相当接近，含有学习的范围和进程的意思。在英文文献中，"课程（curriculum）"一词是从希腊文演变而来的，原意是"跑马道"，意为如同骑手赛马需沿着一定的跑道才能到达目标一样，学生也必须沿着"课程"这条学习的跑道前进才能达到预定的教育目标。英国著名教育家 H. 斯宾塞在其名著《什么知识最有价值》（1859 年）中最早使用了"课程"这一术语，表示"教学内容的系统组织"。此后，随着世界各国教育的发展，课程问题日益引起人们的重视，许多学者从不同角度分析了课程的内涵，关于课程的定义见仁见智，[③] 主要有如下几种认识。

　　第一，课程作为学科。从广义上说，课程是为实现学校教育目的而规定的教学科目及其目的、内容、形式、分量，以及进程的总和。从狭义上

---

　　① 孔颖达注疏的《诗经·小雅·巧言》篇"奕奕寝庙，君子作之"句，谓"教护课程，必君子监之，乃得依法制"。

　　② 如"宽着期限，紧着课程"，以及"小立课程，大做功夫"等。

　　③ 江山野：《简明国际教育百科全书·课程》，64 页，北京，教育科学出版社，1991。

说，课程是一门学科及其进程。前者如大学课程、中学课程、小学课程等，后者如语文课程、数学课程、音乐课程等。这种课程理解的局限性在于片面强调课程内容（学科知识），将课程视为外在于学习者的静态物，缺少对学习者的学习经验、体验等的关注。

第二，课程作为目标或计划。此种认识将"课程"理解为教学过程要达到的目标、教学的预期结果或教学的预先计划。它将课程视为教学过程之前或教育情境之外的东西，将课程目标、计划与课程实施过程、手段等割裂，也忽视了学习者的学习体验。

第三，课程作为学习者的经验或体验。此种认识将"课程"理解为学生在教师指导下所获得的经验或体验，以及学生自发获得的经验或体验。这种认识突出了学生的学习体验，消除了课程思想中"见物不见人"的倾向，但又忽略了系统的学科知识在学生发展中的意义。

（二）课程的价值

课程在教育中的地位，就好像是摆渡儿童到社会去的一只船。[①] 课程是学校教育的核心因素，学校教育正是通过课程的设置、实施和评价得以开展的。各国对课程设置、管理的方法不尽相同，但共同的要求是：设置的课程既能实现培养目标，切合社会需要，又能适合学生身心发展的特点，以促进其品德、智力和体质等方面的发展。[②]

第一，课程是体现和实现教育目的的保证。教育要培养什么样的人，是通过对纳入学校教育的课程的选择得以实现的。任何一个国家的教育目的总是通过一定的课程设置付诸实践的，课程在很大程度上决定了教什么和怎么教。不同的课程学习会使学习者获得不同的知识、技能、技巧、思想、观点、信念、言语、行为习惯等。在不同的国家、不同的历史时期，社会生产水平、政治体制、教育目标等不同，课程的设置也会有所不同。课程设置体现了国家对人的培养目的的要求，而特定的课程设置又保证了特定的教育目的的实现。

第二，课程是教学活动的中介。学校教育通过教学活动的开展得以进行，教学活动是教师和学生实施课程的过程。在教学活动中，课程内容是主要的教学内容，是教学活动的内容中介，课程的类型及进程的设置是教

---

① 王克仁：《课程编制的原则和方法》，南宁教育厅编译处，12 页，1928。

② 教育大辞典编纂委员会：《教育大辞典（第 1 卷）》，262 页，上海，上海教育出版社，1990。

学活动开展的形式选择及程序安排的依据。课程是教师教和学生学的主要依据，是教与学的活动得以开展的中介；课程也是人类文化得以传承、社会经验转化为学生个体经验的中介。学生借助课程超越时空的限制，可以用最经济的时间、最有效的途径认识外部世界。

第三，课程内容是学生的主要知识来源。当今社会处于信息时代，学生获取知识信息的渠道是多方面的，如电视、书报杂志、网络等众多的大众传播媒介。然而，真正能给学生身心发展以全面影响的主要知识来源仍是学校课程。一般来说，中小学课程提供了儿童全面发展所需的各类知识，设置了比较齐全的基础知识科目，如语文、数学、外语、历史、地理、生物、化学、物理、美术、音乐、体育等。学校课程汇集了千百年来人类积累的知识精华和基本经验，遵循学生的学习特点和规律，是学生全面发展的重要基础，也是其他任何知识来源不可取代的。

第四，课程实施过程是学生主要的生活过程，是学生个性品质形成的过程。学生的知识、能力与态度不仅来自课程知识，而且来自课程实施过程。课程实施过程主要由教与学的行为组成，这一过程是人的相处、交往过程，是人处理各种事务的过程，学生正是在教学的过程中明白关心、合作、勤奋，体验愉悦、焦虑、兴奋……课程实施过程是人的态度、价值观、意志的形成和培养过程，实践中我们常常重视内容本身而忽视传授内容的过程。课程设置和实施的效果直接影响了教育的效果，影响了学生的发展。

二、课程开发及其影响因素

在"课程"一词未出现之前，古籍中便有了关于课程实践方面的记载。中国古代学校的课程设置主要包括礼、乐、射、御、书、数六个科目，称为"六艺"。西方古代学校的课程设置（以古希腊为代表）主要包括文法、修辞、辩证法、算术、几何、天文、音乐，称为"七艺"。

（一）课程开发

课程是教育的核心问题，它影响着人才培养的质量，影响着教育目的的实现。要能够使课程在中学教育中发挥积极的作用，就要有正确的、合适的课程。课程编制是课程领域里最常用的术语之一，对于课程作用的发挥是非常重要的。课程开发（又称"课程编制"，curriculum development），是指为完成一项课程计划的整个过程，它包括确定课程目标、选择和组织课程内容、实施课程和评价课程等阶段。① 中学课程开发是指为完成中学课程计划的整个过程，包括确定课程目标、选择和组织中学课程内容、实施课程和评价课程等阶段。课程开发的质量直接影响教育质量。

（二）影响课程开发的主要因素

课程自产生以来经历了漫长的发展过程。不同的时代会产生不同的学校课程。学校课程开发不是主观随意而为的，而是必须依据以下因素进行选择和设计。

第一，学生的特点。教育要培养全面发展的人，课程内容的深度、广度和逻辑结构就要适合学生的年龄特征、知识与能力的基础及其可接受性，符合学生身心发展的一般规律，而且要正确处理需要与可能、现实与发展的关系，从而最大限度地促进学生身心和谐发展。

第二，社会的需求。教育的重要职责在于推动社会的发展，一定历史时期社会发展的要求、需求，以及提供的可能便成为课程开发的重要影响因素。在古代社会，由于社会生产力和科技水平低下，学校课程知识范围比较狭窄，而且教育与生产劳动相脱离，学校教育的目的在于培养统治阶级所需要的"治国之才"。这种社会政治的大背景决定了古代课程以人文课程为主，而其他科目处于次要地位。至近代社会，随着科学技术的发展、资本主义工业革命的兴起，社会对人的需求发生很大变化，生产者要有读、写、算的能力，才能应付劳动的需要。大量自然科学知识纳入学校课程，分门别类的、由多种学科组成的"百科全书式"的新型课程体系在学校中得以确立。现代的选修课程必须反映现代社会发展对人的要求，以及内容、手段的更新变化。

第三，学科的发展。课程内容是人类各学科领域研究成果的基本理论、法则和基本要领，因此，学科知识体系的发展水平便会影响到课程内容体系。20 世纪以来，科学技术的飞速发展、知识信息的迅速增加，都对当代学校课程提出了一系列新的要求和挑战，同时也为学校课程的更新发展创造了良好条件和可能。课程开发应考虑学科体系的完整性、知识结构的内在逻辑性，反映现代科学技术发展的水平，以保证学校课程的科学性、系统性。

总之，课程开发受学生、社会、学科这三个因素的交互影响，任何单

---

① 施良方：《课程理论——课程的基础、原理与问题》，81 页，北京，教育科学出版社，1996。

一因素都不足以成为唯一的决定因素，都不足以为明智地确定课程目标提供基础，不能过于强调某一因素而走极端。课程史上出现过的"学生中心课程""社会中心课程""学科中心课程"就是典型的例子，它们基本上是以失败而告终的。

三、当代课程理论主要流派

学校课程随着社会的变化发展而不断更新变革，由此产生了专门研究学校课程的理论。20 世纪中叶以后，课程理论不断出新，主要有：强调以学术为中心的学科结构课程理论；强调以社会问题为中心的社会改造课程理论；强调以学生发展为中心的学生中心课程理论。

（一）学科结构课程理论

学科结构课程理论，也称为"学科中心论"，主张以学科为中心来编订学校课程，认为"知识是课程中不可或缺的要素，强调要把人类文化遗产中最具学术性的知识作为课程内容，并且特别重视知识体系本身的逻辑程序和结构，因而通常把学术性作为课程的基本形式。主张以学科的知识结构作为课程设计的基础的理由是：学科结构是深入探究和构建各门学科所必需的法则"[①]。

这种课程论思想可追溯到古代社会。我国古代最早提出分科教学的是孔子，欧洲当推亚里士多德，后经捷克的夸美纽斯、德国的赫尔巴特和英国的斯宾塞，形成了历史上第一次以严密理论体系出现的学科结构课程理论。学科结构课程理论主张从有关学科领域选择部分知识作为学科的内容，并按一定的结构、顺序加以组织。但是，选择什么学科，每门学科选择什么知识内容，以什么结构、顺序、方法组织教材，学科中心论内部存在着分歧，形成了多种不同的学科课程流派。比如，17、18 世纪产生的以官能心理学（faculty psychology）为基础的形式教育论，认为教育的目的在于训练人的各种心理官能并使之得到发展，而不在于传授知识，主张学校课程应开设古代语言（希腊文、拉丁文）、数学、逻辑等所谓形式学科。19 世纪初，在联想主义（associationism）心理学的基础上产生了实质教育论（theory of material education），它认为，教育的主要任务是教给学生实际有用的知识，而在掌握知识的过程中智力自然发展起来，无须把发展智力

---

① 施良方：《课程理论——课程的基础、原理与问题》，14 页，北京，教育科学出版社，1996。

作为任务提出来，主张在学校课程中开设自然科学、现代语言等实质学科。这形成了教育史上的形式教育论与实质教育论的分歧与争论。① 20 世纪以来，学科结构课程理论又有了新的发展，形成了永恒主义（perennia-lism）课程论、要素主义（essentialism）课程论、结构主义（constructi-vism）课程论等诸多流派。目前，学科结构课程理论仍是一种广为流行的课程论。各国学校课程也大都采用学科课程。

（二）社会改造课程理论

社会改造课程理论，又称为"社会中心论"，是一种主张以某一社会生活主题为中心来编订课程的理论。社会改造课程理论把重点放在当代社会的问题、社会的主要功能等方面。这种理论认为，课程的取向要从社会需要出发，围绕社会需要和社会生活的某一主题来编订各年级课程。这种理论不关注学科的知识体系，而是围绕社会问题来组织课程，帮助学生在社会方面得到发展，即学会如何参与制定社会规划并把它们付诸社会行动。社会改造课程理论的核心观点是"课程不应该帮助学生去适应现存社会，而是要建立一种新的社会秩序和社会文化"②。这种课程的编订方法十分独特，"以解决实际问题的逻辑顺序而不是学科知识的逻辑结构为主线来组织课程"③。它首先提出一个需要解决的问题，然后利用一切可利用的知识和技术去解决这个问题。在解决问题的过程中，一切有关的知识、经验、方法和手段都被重新组织和安排，而学科界限和行业分工都被打破了。

（三）学生中心课程理论

学生中心课程理论，又称为"儿童中心论"，是一种主张以学生的兴趣和爱好、动机和需要、能力和态度等为基础来编制课程的理论，认为学生的发展才是课程的核心问题。这种课程思想起源于 18 世纪的欧洲，在 20 世纪二三十年代经美国杜威的发展而形成。杜威反对传统教育中不顾学生身心特点和需要的做法，提出课程与教学必须考虑到学生的思维方式、兴趣和需要。杜威的著名口号是"在做中学（learning by doing）"，认为只有通过儿童亲自动手去做，去活动，所获得的知识才是"真知"。在学生中心课程理论指导下设计的课程叫活动课程。20 世纪 70 年代后，以美国学者罗

---

① 张人杰：《大教育学》，399 页，广州，广东高等教育出版社，1995。

② 施良方：《课程理论——课程的基础、原理与问题》，16 页，北京，教育科学出版社，1996。

③ 张人杰：《大教育学》，402 页，广州，广东高等教育出版社，1995。

杰斯为代表的人本主义学者极为推崇学生中心课程，但它的重点不是放在学生的认知上，而是放在学生的情感上。

课程建设考虑学生的因素，重视学生的兴趣、需要和教材的心理组织，重视从活动中进行教育和教学，在促进学生积极学习上有好的一面，无疑是一个进步。但若过分夸大学生的个人经验，忽视知识本身的逻辑顺序，结果只能使学生学到一些片断、零碎的知识，降低教学质量。

不同的课程理论各执一词，然而在现实中，人们倾向于关注各种课程思想的融合，从而更全面、更深入地认识与把握课程。

第二节 中学课程基本类型及其特征

根据课程面向对象的不同阶段，课程可以分为幼儿园课程、小学课程、初中课程、高中课程和大学课程等。本书所要研究的是中学课程。中学课程是指为了实现中学教育目标而规定的中学教学科目及其目的、内容、形式、分量，以及进程的总和。

课程类型是指课程设计的不同种类或方式，由不同的设计思想产生。[1]设计思想的不同，会形成不同的中学课程类型。中学课程类型是指由于设计思想的不同而形成的中学课程的不同种类或方式。不同类型的课程在中学教育实践中具有不同的作用。按照不同的分类方式，目前我国中学的课程类型大致可以分为以下几类。

一、分科课程与综合课程

根据课程内容的组织方式，课程可以分为分科课程与综合课程。

（一）分科课程

分科课程是由一系列自成体系的科目组成的学科课程。[2] 分科课程是一种单学科的课程组织模式，从各门科学中选择出适合一定年龄阶段学生发展水平的知识，组成各种不同的教学科目。它强调不同学科门类之间的相对独立性，强调一门学科的逻辑体系的完整性。

分科课程由来已久。从孔子定"礼、乐、射、御、书、数"六门功课

---

① 教育大辞典编纂委员会：《教育大辞典（第1卷）》，264页，上海，上海教育出版社，1990。

② 廖哲勋、田慧生：《课程新论》，47页，北京，教育科学出版社，2003。

以教学生，便开了中国古代分科课程的先河。古希腊智者派创文法、修辞、辩证法，柏拉图将其与算术、几何、天文、音乐并称，成为"七艺"，及至亚里士多德在吕克昂学园①教之以政治学、物理、天文、生物、历史等课程，这是西方分科课程的雏形。分科课程有利于系统、深入地对某学科领域进行学习和研究，然而，往往区分过细过严，造成知识之间的隔阂，而且容易脱离学生的生活实际，不利于学生从整体上认识世界、内化知识。

（二）综合课程

早在 20 世纪初，一些学者便看到了学科课程分科过细等缺陷，主张用综合课程加以弥补。1912 年，英国教育家怀特海率先提出了综合课程的主张。此后，主张综合课程的学者日益增多。综合课程（integrated curriculum）是指"将具有内在逻辑或价值关联的原有分科课程内容以及其他形式的课程内容统整在一起的，旨在消除各类知识之间的界限，使学生形成关于世界的整体性认识和全息观念，并养成深刻理解和灵活运用知识，综合解决现实问题能力的一种课程模式"②。实施综合课程，有助于给学生提供完整的世界图景，使学生既见树木，又见森林；可以消除课程繁多、学生负担过重的倾向，有助于其应付知识的激增，有利于学生的学习和个性的发展。

综合课程根据综合程度的不同，可以分为相关课程、融合课程和广域课程。

相关课程是指"一些主题上相互联系的学科组成的课程"③。例如，物理、化学、数学组成的相关课程，历史、地理、公民组成的相关课程，等等。相关课程可以克服分科课程彼此封闭、各自为政的缺陷，通过寻求不同学科之间的内在联系，使学生学习的知识彼此整合起来，有助于优化学生的认知结构。相关课程既在一些主题或观点上保持相互联系，又保持各学科原来的相对独立，是一种综合程度较低的综合课程。

融合课程则是综合程度较高的综合课程，它将有关学科融合为一门新的课程，融合之后，学科之间原来的界限不复存在。例如，历史、地理、公民融合为社会课程，物理、化学、生物融合为科学课程，等等。

综合程度最高的综合课程是广域课程，即能够涵盖整个知识领域的课

---

① 吕克昂（Lykeion）是亚里士多德于公元前 335 年仿效他的老师柏拉图所办的学园，或称"逍遥派学校（peripatetic school）"。

② 有宝华：《综合课程论》，25 页，上海，上海教育出版社，2002。

③ 张华：《课程与教学论》，267 页，上海，上海教育出版社，2001。

程。广域课程以问题为中心，将各科知识整合起来。比如，综合课程"人口教育""月球探索"① 等，课程的学习涉及社会、天文、生物、地理、历史、人口等诸多知识领域。这样的课程设计打破了按学科掌握知识的传统，使学生在综合的情境中学习思考，有利于培养学生发现问题、解决问题的能力，有利于社会知识向个人知识的转化。

综合课程从其内容属性来看，可以分为学科综合课程和活动综合课程。

学科综合课程以学习间接知识为主，力求使间接知识以综合的形式呈现给学生。活动综合课程，即综合实践课程，它建立在学生直接经验的基础上。我国目前的课程改革在中小学增加了综合实践活动课程，包括信息技术教育、研究性学习、社区服务与社会实践、劳动与技术教育等，旨在加强学生创新精神和实践能力的培养，加强学校教育与社会发展的联系，改变封闭办学、脱离社会的不良倾向，培养学生的社会责任感。综合实践课程淡化学科界限，强调学科间的联系与综合，重视学生的直接经验。课程结构的这种转变，折射出我国基础教育课程改革的基本思想和新时期的培养目标，保证学生全面、均衡、富有个性地发展。

如今，综合课程在各国的学校课程体系中占据了重要的一席。世界上许多国家除在小学、初中阶段开设一定的综合课程外，高中阶段也设置了一定的综合课程。我国的课程计划规定，小学阶段以综合课程为主，初中阶段为分科和综合相结合的课程，高中阶段以分科课程为主。综合课程顺应科学发展的综合化趋势，有利于克服学科课程分科过细、课业繁多、各学科之间缺乏联系等问题，但是，综合课程的出现并不能取代学科课程。

二、学科课程与活动课程

从课程内容固有的属性，可以将课程分为学科课程与活动课程。

（一）学科课程

学科课程（subject curriculum）是以文化知识（科学、道德、艺术）为基础，按照一定的价值标准，从不同的知识领域或学术领域选择一定的内容，根据知识的逻辑体系，将所选出的知识组织为学科。② 比如，中学课程中的物理、化学、地理、历史等学科课程。

学科课程以学科逻辑为中心进行编排，以学科知识的发展作为课程内

---

① 王洁：《综合课程开发与案例》，231～323 页，上海，文汇出版社，2002。

② 张华：《课程与教学论》，7 页，上海，上海教育出版社，2001。

容的基本来源，有助于学习者获得系统的文化知识，有助于系统传承人类文化遗产。学科课程是最古老也是最主要的一种课程类型。但是，由于学科课程是以知识的逻辑体系为核心组织起来的，这一逻辑体系与儿童的世界、儿童的需要和经验并非直接同一，对逻辑知识的强调可能导致漠视儿童现实的需要和经验。而且，过于强调学科课程也有可能导致对学生完整性的破坏。此外，学科课程对于学生来说是间接经验，是别人从直接经验中提炼出来的，无论传递的间接经验多么重要，但如果不能把它转化为个人的直接经验，人们是不能真正理解它的。

（二）活动课程

活动课程是克服学科课程可能存在的知识化、教条化等弊端的一个尝试。"活动课程（activity curriculum）"亦称"经验课程（experience curriculum）"或"生活课程（life curriculum）"，是以儿童的主体性活动的经验为中心组织的课程。[1] 我国中小学校普遍开设了活动课程。

活动课程以开发与培育主体内在的、内发的价值为目标，旨在培养具有丰富个性的主体。活动课程能给学生提供较多的活动机会，有利于培养学生独立解决问题的能力及动手能力，并在活动中培养学生的心智技能与动作技能。同时，活动课程强调学习者直接经验的价值，因而在活动课程中，学习者成为真正的主体。当然，活动课程在实施中也可能会面临一些问题，比如，容易导致忽略系统的学科知识的学习。虽然活动课程倡导者的初衷并不是不要学科知识，但是在活动课程的实施过程中容易陷入儿童的各种偶发性冲动，把活动课程理解为简单地进行一些操作活动，从而忽略学科知识的教育价值，忽略儿童思维能力和其他智力品质的发展，不利于高效、完整地传递人类文化的遗产。

三、必修课程与选修课程

（一）必修课程

必修课程是统一要求学生必须掌握的基础知识和能力的课程，是学生必须学习的课程。必修课程对实现国家统一的培养目标和各学段的课程标准要求、实现未来公民基本素质和人才素质结构的基本要求，起着保障作用。为了保证学校教育质量，国家必须设置一定数量的必修课。世界各国的学校都非常重视必修课程的学习。

---

[1] 张华：《课程与教学论》，244 页，上海，上海教育出版社，2001。

（二）选修课程

选修课程旨在满足学生的兴趣、爱好，培养和发展学生的个性特长，是学生可以选择学习的课程。选修课程的内容既可以是知识方面的，也可以是能力素养方面的。

我国学校长期以来，一直重视单一的必修课程类型，忽视选修课程的设置与开发，造成培养出来的学生规格单一，缺少个性特长。为了更好地适应社会发展的趋势、适应学生的兴趣爱好，改革单一的必修课程制度成为课程改革的一项重要举措。

四、国家课程、地方课程与学校课程

我国幅员辽阔，从地理位置、经济、文化和教育的发展情况看，不同地域之间存在很大的差异。长期以来，我国一直采用国家统一设置课程的方式，全国中小学基本上沿用一个课程计划、一套课程标准、一套教材，课程缺乏灵活性、多样性。随着社会的发展，全国统一的课程方案越来越无法顾及地方、学校、学生和教师的差异。为了尽可能地满足社区、学校、学生间的差异性，充分利用社区、学校的课程资源，为学生提供多样化选择的可能，1999 年第三次全国教育工作会议做出的《中共中央国务院关于深化教育改革，全面推进素质教育的决定》规定：调整和改革课程体系、结构、内容，建立新的基础教育课程体系，实行国家、地方和学校的三级课程管理体制。

（一）国家课程

国家课程是由中央教育行政机构编制和审定的课程，其管理权属中央级教育机关。国家课程是一级课程，国家课程的编制确保一个国家所实施的课程能够达到统一、共同的水平。国家课程具有统一规定性和强制性，是决定国家基础教育质量的主要因素。

（二）地方课程

地方课程是省、自治区、直辖市教育行政机构和教育科研机构编订的课程，属二级课程。省市级课程编订的宗旨是补充、丰富国家课程的内容或编订本地区需要的教材。地方课程的开发反映了地方和社区对学生素质发展的特殊要求，具有鲜明的地域色彩，更有利于加强教育和地方经济、政治、文化、社会发展的联系。

（三）学校课程

学校课程又称"校本课程"，是指学校在保证国家和地方课程的基本质量的前提下，通过对本校学生的需求进行科学评估，充分利用当地社区和学校的课程资源而开发的多样性的、可供学生选择的课程。① 开发校本课程的目的在于尽可能地满足各社区、学校、学生之间客观存在的差异性，因而具有一定的适应性和参与性。学校自主开发针对自己学校学生需要的课程，力图增加学校教育对学生的适切性，让教育更适合当时、当地、当校的学生。

三级课程管理体制的建立体现了我国课程管理模式的改革，强调课程管理的权限应根据各级不同的责任与需要做科学、合理的划分。这为教师提供了巨大的发展和创造空间，打破了在国家统一管理课程的体制下，教师只有忠实执行课程的权力，没有课程设计和评价的权力的状况，使教师从课程的执行者、传递者成为课程的开发者，教师被赋予了更大的课程权力。这对充分发挥教师的智慧与创造力，推进课程的多样性、适切性具有重要意义，同时，也对教师素质提出了更高要求。

五、显性课程与隐性课程

（一）显性课程

显性课程（manifest curriculum）又称"正式课程（formal curriculum）"或"官方课程（official curriculum）"，是学校教育中有计划、有组织地加以实施的课程。② 显性课程体现着国家的教育目的，一般以课程方案、课程标准、教材等形式明确陈述。显性课程的制定和有效实施对于教育的顺利进行及实现国家的育人目标有着非常重要的作用。

（二）隐性课程

隐性课程（hidden curriculum），亦称"潜在课程""潜课程""隐蔽课程"或"非正式课程"，与"显性课程"相对，一般是指形成学生的非正式学习的各种要素，如师生关系、能力分组、课堂规则与程序、学生的性别差异及课堂奖励方式等，这些要素在正式课程手册中没有规定，但这部分经验又经常且有效地对学生发生着影响。③ 隐性课程主张把正式课程以外的非计划、非预期的学习经验作为课程的一个组成部分。隐性课程在学校政策、课程计划上并没有明确规定，然而又是学校经验中常规的、有效的

---

① 崔允漷：《校本课程开发：理论与实践》，132 页，北京，教育科学出版社，2000。

② 张华：《课程与教学论》，310 页，上海，上海教育出版社，2001。

③ 江山野：《简明国际教育百科全书·课程》，92 页，北京，教育科学出版社，1991。

一部分。

美国著名教育学家杰克逊（P. W. Jackson）于 1968 年出版了《班级生活》一书，他在这本书中首次提出"隐性课程"这一概念。他认为，学生在读、写、算或其他正式课程上的进步并没有完全说明学校教育的结果。除了这些以外，学生还从学校生活的经验中获得了态度、动机、价值观和其他心理状态的发展。杰克逊将这种非正式的文化传递称为"隐性课程"。

隐性课程是一个范围极广的包容性概念。隐性课程的信息载体超过了显性课程的信息载体的范围，通常体现在学校和班级的情境之中，包括：物质情境（如学校建筑、设备），文化情境（如教室布置、校园文化、各种仪式活动），人际情境（如师生关系、同学关系、教师态度等）。隐性课程对学生的影响是潜移默化的，学生有意或无意地受到隐性课程的影响以后，会不知不觉地发生某种程度的变化。隐性课程的作用可能是积极的，也可能是消极的。

显性课程与隐性课程共同构成学校课程的全貌——"实际课程"①。学生在隐性课程中获得的各种经验与正式课程一起构成了其整体经验，并能促进对正式课程的学习。隐性课程与正式课程是相互联系、相互补充的。为了发挥积极的隐性课程影响，减少消极的隐性课程影响，课程开发者与实施者要注意：增强反省意识，增强对学校教育中潜在影响作用的认识；要基于对学生的理解而创设自由、民主、开放的教育情境，改善校内人际关系；创造优美的校园环境，丰富校园生活；注重深化对课程的理解，合理地开发隐性课程。

第三节　课程目标、内容、实施与评价

完整的课程运作包括确定课程目标、选择和组织课程内容、实施课程和评价课程等几个基本环节。

一、课程目标

课程目标是根据教育目的和教育规律而提出的特定课程（如中学课程、语文课程等）应该实现的具体目标、任务或意图。课程目标是选择和组织

---

①　张华：《课程与教学论》，310 页，上海，上海教育出版社，2001。

课程内容，在课程实施过程中确定教学目标、选择教学内容与方法的基础和重要依据。确定课程目标是课程开发过程中首要的和关键的环节。

确定课程目标的主要依据是学习者的身心发展规律和学习需要，社会政治、经济、文化发展的需要，以及学科知识及其发展。

21世纪以来，我国基础教育新课程改革提出的"三维目标"（知识与技能目标，过程与方法目标，情感、态度与价值观目标），既关注了学生知识与技能的发展，又关注了学生的学习过程与方法，还关注了更加深远而本质的学生情感、态度与价值观的发展。

二、课程内容

课程是学校教育的核心，课程内容主要涉及教师"教什么"和学生"学什么"的问题。在我国，课程内容主要由三种文件组成，即课程计划（又称"课程方案"）、课程标准和教材。课程计划体现了国家对学校课程的统一要求，是编写各门课程的课程标准及教材的主要依据；课程标准是课程计划的分别展开，各门各类课程都有相应的课程标准；教材则是课程标准的具体化，我国新课程改革倡导课程标准指导下的教材多样化（即通常所说的"一纲多本"）。

（一）课程计划（课程方案）

课程计划（课程方案）是课程文件的第一个层次，它从整体上规定着学校的性质、培养目标、教学目的和任务、教学内容的范围和学科设置、各阶段的教学进度、课时安排及教学效果的评价标准。[①] 比如，《全日制普通高级中学课程计划》根据教育目的，对课程类型、科目设置、各门课程的课时总量和修习方式做了具体安排；对各门课程的周课时累计和学生周活动总量做了明确规定。它规定普通高中课程由学习领域、科目、模块3个层次组成。[②] 学习领域设置了语言与文学、数学、人文与社会、科学、技术、艺术、体育与健康、综合实践活动8个领域。每个领域由课程价值相近的若干科目组成，每一科目又由若干模块组成。

课程计划是指导和规定课程与教学活动的依据，是学校课程与教学活动开展的依据，也是制定分科标准、编写教科书和设计其他教材的依据。课程计划是否具有合理性、科学性，直接关系到课程设计和教育教学质量

---

① 田慧生、李如密：《教学论》，197页，石家庄，河北教育出版社，1999。

② 教育部：《普通高中课程方案（实验）》，2页，北京，人民教育出版社，2003。

能否全面提高。

（二）课程标准

课程标准是课程计划分门类的展开，是第二个层次的课程文件，比如，高中物理课程标准、高中英语课程标准、高中体育课程标准等。课程标准规定了各课程门类的性质、目标和内容框架，从而成为教材编写、教学实施和教学评价的基本依据，是国家管理教育和评价教育质量的基础性文件。各课程门类的课程标准总体框架基本相同，一般分为 5 个部分：前言、课程目标、内容标准、实施建议、附录。课程标准是课程的核心要素。

作为课程与教学的基本依据和基本要求，我国课程标准的制定力图全面体现素质教育的基本精神和理念。课程标准和课程方案都是由国家统一制定、颁发。

相关链接 8-1：普通高中课程方案和语文等学科课程标准（2017 年版）[①]

2018 年 1 月，教育部公布了修订完成的普通高中课程方案，以及语文等 14 门学科的课程标准。修订完成的普通高中课程方案和课程标准主要有以下几个新特点值得关注。

1. 关于普通高中课程方案

（1）进一步明确了普通高中教育的定位

针对长期以来存在的片面追求升学率的倾向，新课程方案强调普通高中教育是在义务教育基础上进一步提高国民素质、面向大众的基础教育，不只是为升大学做准备，还要为学生适应社会生活和职业发展做准备，为学生的终身发展奠定基础。普通高中的培养目标是进一步提升学生的综合素质，着力发展核心素养，使学生具有理想信念和社会责任感，具有科学文化素养和终身学习能力，具有创新精神和实践能力，具有自主发展能力和沟通合作能力。

（2）进一步优化了课程结构

一是保留原有学习科目，在英语、日语、俄语的基础上，增加德语、法语和西班牙语。

---

① 整理自教育部：《介绍〈普通高中课程方案和语文等学科课程标准（2017 年版）〉有关情况》，http://www.moe.cn/jyb_xwfb/xw_fbh/moe_2069/xwfbh_2018n/xwfb_20180116/201801/t20180116_324680.html，2018-03-18。

二是将课程类别调整为必修课程、选择性必修课程和选修课程。在保证共同基础的前提下，为不同发展方向的学生提供有选择的课程。

三是进一步明确各类课程的功能定位，与高考综合改革相衔接：必修课程根据学生全面发展需要设置，全修全考；选择性必修课程根据学生个性发展和升学考试需要设置，选修选考；选修课程由学校根据实际情况统筹规划开设，学生自主选择修习，可以学而不考或学而备考，为学生就业和高校自主招生录取提供参考。

四是合理确定各类课程学分比例，在毕业总学分不变的情况下，对原必修课程学分进行重构，由必修课程学分、选择性必修课程学分组成，适当增加选修课程学分，既保证基础性，又兼顾选择性。

（3）强化了课程有效实施的制度建设

进一步明确课程实施环节的责任主体和要求，从课程规划、课程标准、教材、教学管理、评价、资源建设等方面，对国家、省、学校分别提出了要求。增设"条件保障"部分，从师资队伍建设、教学设施和经费保障等方面提出具体要求。增设"管理与监督"部分，强化各级教育行政部门和学校课程实施的责任。

2. 关于学科课程标准

（1）凝练了学科核心素养

中国学生发展核心素养是党的教育方针关于人的全面发展要求的具体化、细化。为建立核心素养与课程、教学的内在联系，充分发挥各学科课程、教学在全面贯彻党的教育方针、落实立德树人根本任务、发展素质教育等方面的独特育人价值，各学科基于学科本质凝练了学科核心素养，明确了学生学习相应学科课程后应达成的正确价值观念、必备品格和关键能力，并围绕学科核心素养的落实，精选、重组教学内容，设计教学活动，提出考试评价的建议，目的是切实引导各学科教学在传授学科知识的过程中更加关注学科思想、思维方式等，改变重教书、轻育人的倾向。

（2）优化了教学内容

一是根据学生年龄特征与生活经验，从学科特点出发，以学科核心素养为纲，重新梳理和安排了必修、选择性必修和选修的课程内容，既保证学生达到共同基础的要求，又实现有个性的发展。

二是重视以学科大概念为核心，使课程内容结构化，并以活动主题为引领，使课程内容情境化。

三是重视课程内容的与时俱进，将党的十八大、十九大提出的重要思想、重要观点、重大判断、重大举措等，结合各学科的性质和特点，与课程内容有机融合。努力呈现政治、经济、文化、科技、社会、生态等发展的新成就、新成果。

（3）补充了学业质量要求

各学科增加了"学业质量"部分，明确了学生完成本学科学习内容后，学科核心素养应达到的等级水平，提出了学业质量标准。

学业质量标准将学业质量划分为不同水平，更加关注育人目标的有效落实。同时，学业质量要求的提出，也为阶段性评价、学业水平考试和升学考试命题提供了重要依据，促进了教、学、考有机衔接，形成育人合力。

（4）增强了指导性

每一个学科课程标准的主题内容均由"内容要求""教学提示""学业要求"等部分组成，并依据学业质量要求细化了评价目标，大部分学科还增加了教学和评价案例，强化了对教材编写、教学实施、考试评价的具体指导，帮助教师准确理解和把握课程标准的要义，增强了指导性和可操作性。

（三）教材

教材是课程标准的进一步展开和具体化，是第三个层次的课程文件。教材一般包括教科书、讲义、参考书、挂图、活动指导书及各种视听材料。其中，教科书和讲义是教材的主体部分，故人们常把教科书与讲义简称为"教材"。教科书又称"课本"，它是依据课程标准编制的、系统反映课程内容的教学用书。教材的载体可以是印刷品，也可以是录音教材、录像教材、投影教材等电子音像教材。形式多样的教材有助于启发学生的思维，激发学生的兴趣，培养学生的创新意识和实践能力。随着科技的不断发展和教学手段的不断开发，教材的形式将会进一步丰富。

相关链接 8-2：教材编写的基本原则与要求

第一，科学性与思想性相统一。教材的科学性是基础，教材的思想性应寓于科学性之中，帮助和促进学生从正确内容中掌握科学知识、提高思想认识。

第二，基础性与适宜性相统一。基础教育阶段的教材重在基础知识的普及，教材编写应选择社会需要、适宜于学生学习、难易适度的基本概念、原理等，阐明各学科的基本结构，还要考虑到我国社会发展的现实水平和教育现状。

第三，知识内在逻辑与学生的学习心理相统一。每门科学都有自身的系统性，编写每门学科课程的教材必须考虑到这门学科本身的内在逻辑，但教材又不是相应科学的缩写本，必须将科学知识的内在逻辑性、系统性和遵循儿童学习心理发展特点的教学法要求相统一，教材的内容阐述要层次分明，文字表述要精炼、生动，篇幅详略得当，形式活泼、鲜明，并注意兼顾同一年级不同学科之间的横向衔接和不同年级同一学科的纵向衔接。

课程资源是课程建设的基础，包括教材、学校、社会乃至家庭生活中一切有助于学生发展的各种资源。教材是课程资源的核心和主要组成部分，但不是唯一的课程资源。广义的课程资源包括形成课程的直接要素来源（即素材性课程资源）和实施课程的必要而直接的条件（即条件性课程资源）；狭义的课程资源则仅指形成课程的直接要素来源。在课程开发和实施中，需要充分开发和利用丰富的课程资源。

三、课程实施

课程实施是指经课程规划与开发而确定的课程计划的执行过程；是将设计好了的课程计划付诸实践的过程，包括对课程计划的落实、调适（因为课程计划并不是固定、不可变更的）等，是一个动态的过程。课程在实施过程中，因教育价值观的不同而对课程实施产生不同的认识、态度及不同的课程实施方式。研究发现，主要存在忠实取向、相互调适取向和课程创生取向三种课程实施取向。

相关链接 8-3：三种不同的课程实施取向

第一，忠实取向。即视课程实施为忠实地执行课程计划的过程，强调事前规划的课程计划的优先性、重要性和示范性，教师应当不折不扣地执行，将预定课程计划的实现程度视作衡量课程实施成功与否的基本标准。

第二，相互调适取向。即将课程实施视为课程设计人员与课程实施者双方共同修正调整、采用最有效方法确保课程实施成效的过程，强调课程实施不是单向传递、接受，而是双向互动、相互调适。这是必要的，也是必然的。课程计划有必要因应学校教育的实际情境而加以弹性调整，从而适用于特定而变化的课堂情境，最终使学生的学习获得最大的效能。

第三，课程创生取向。即将课程实施视为师生在具体的课堂情境中共同合作、创造新的教育经验的过程，强调课程不是被传递的教材或课表，不是理所当然的命令与教条，而是需要加以质疑、批判、验证和改写的假设。真正的课程并不是在实施前就固定下来的，而是情境化、人格化的，课程实施本质上是在具体课堂情境中创生新的教育经验的过程，既有的课程计划只是经验创生的一种工具。

上述三种取向从不同侧面揭示了课程实施的本质，各有其价值，也体现了课程变革从追求"技术理性"到追求"实践理性"，再到追求"解放理性"的发展方向。在我国，国家规定的课程都是经过研究、实践和论证而形成的，总体上具有科学性和可行性，但由于我国地区间差异较大，课程方案在执行过程中可以也是必须加以调整和改变的，因此，判断课程实施的成败，不应以对课程计划的"忠实"执行程度为标准，而应关注执行过程中教师在特定情境下对课程计划的调适和改造。

尽管人们对课程实施的认识还存在分歧，但至少在三个方面已形成共识：第一，课程实施是将编制好的课程计划付诸实践的过程，是实现预期课程理想、达到预期课程目的、实现预期教育结果的手段；第二，课程实施是通过教学活动将编制好的课程付诸实践；第三，课程实践的焦点是实践中发生改革的程度和影响课程实施的那些因素。在课程实施阶段，教师不是对课程设计的结果进行完全的复制，而是需要根据学生的学习情况及教学现场的实际状况，对先前设计的方案进行合理调整，并即时生成新的设计。

总之，课程实施是将规划的课程付诸实际教学行动的实践历程，这个教师自主设计、监控和调节自身工作的循环往复的经历，推动着教师课程素养的形成与发展。

四、课程评价

课程评价（curriculum evaluation）是指检查课程目标、编订和实施是否实现了教育目的，以及实现程度如何，从而判定课程设计的效果，并据此做出改进课程的决策。课程评价有助于改进课程计划，进而提高教育质量。

可以从三方面来理解课程评价的意涵：第一，课程评价是一个价值判断的过程。价值判断要求在事实描述的基础上体现评价者的价值观念和主观愿望，不同评价主体因其自身需要和观念的不同而对同一事物或活动会产生不同的判断。第二，课程评价的方式是多样的，既可以运用定量的方法，也可以运用定性的方法，教育测试或测量只是其中的一种方法，并不代表课程评价的全部。第三，课程评价的对象包括课程计划、实施、结果等诸种课程要素，范围很广。广义上既包括课程计划、实施、结果（如学生和教师的发展）等，也包括参与课程实施的教师、学生、学校；狭义上则仅指"对课程的评价"，而不包括"对学生的评价""对教师的评价"。现代教育评价理念提倡发展性评价，更关注学生的学习过程和个体差异。

相关链接 8-4：几种主要的课程评价模式

第一，目标评价模式。这是享有"课程评价之父"美誉的美国课程专家泰勒，针对 20 世纪初流行的常模参照测验的不足而提出的以目标为中心的课程评价模式。它包括 7 个步骤：确定教育计划的目标；根据行为和内容界定每一个目标；确定目标使用的情境；设计呈现情境的方式；设计获取记录的方式；确定评定时使用的计分单位；设计获取代表性样本的手段。这是一种较为客观和有效率的评价模式，但是，它只关注预期目标，忽视了丰富的课程实践过程。

第二，目的游离评价模式。这是美国学者斯克里文（M. Scriven）针对目标评价模式的不足而提出的，主张将评价重点从"课程计划预期结果"转向"课程计划实际结果"，评价不仅要关注预期结果，还应关注非预期的结果，包括产生特定结果的各种条件和所运用的方法。其实，目的完全游离的评价是不存在的，游离了课程开发者的目的，评价者则很可能用自己的目的观取而代之，从而使课程评价带上主观性色彩，影响评价结果的可靠性和可信性。严格地说，目的游离评价模式不是一个完善的模式，没有一套完整的评价程序。

第三，CIPP 评价模式。这是美国教育评价专家斯塔弗尔比姆（D. L. Stufflebeam）倡导的模式。他认为课程评价不应局限于评定目标的达成程度，而应该是旨在描述、取得及提供有价值信息的一个过程。该模式包含四个步骤：背景评价（明确评价对象及其需要，诊断需要的基本问题，判断目标是否已反映这些需要等）；输入评价（为帮助决策者选择达到目标的最佳手段而对各种可供选择的课程计划进行评价）；过程评价（通过描述实际过程来确定或预测课程计划本身或实施过程中存在的问题，从而为决策者提供如何修正课程计划的有效信息）；成果评价（测量、解释和评判课程计划的成绩）。CIPP 评价模式考虑到了影响课程计划的各种因素，弥补了其他评价模式的不足，但由于操作过程比较复杂，一般人难以完全掌握和运用。

第四，CSE 评价模式。这是由美国学者斯泰克（R. E. Stake）最早提出，并经古巴（E. G. Guba）等进一步修正的评价模式。该模式将评价的形成性与总结性较好地统一起来，评价活动贯穿于教育活动全过程，较好地适应了多元社会的现实，具有一定的弹性和应变性。

第四节　当前我国基础教育课程改革

随着社会的变迁、教育的发展，课程也要随之进行相应的改革，才能充分、有效地发挥课程促进个体与社会发展的功能。课程改革（curriculum innovation）是指按照某种观点对课程和教材进行改造。①

一、我国基础教育课程改革背景

21 世纪是以知识的创新和应用为重要特征的知识经济时代，科学技术迅猛发展，国际竞争日趋激烈，国力的强弱越来越取决于劳动者的素质。社会的信息化、经济的全球化使创新精神与实践能力成为影响整个民族生存状况的基本因素。因此，21 世纪将是教育和学习起核心作用的时代。

改革开放以来，我国基础教育取得了辉煌成就，基础教育课程建设也取得了显著成绩。但是，我国基础教育总体水平还不高，原有的基础教育课程已不能完全适应时代发展的需要，主要表现在：教育观念滞后，部分课程内容陈旧，思想品德教育的针对性、实效性不强，课程结构过于单一，学科体系相对封闭，课程实施过程基本以教师、课堂、书本为中心，课程评价过于注重学业成绩，课程管理过于集中等。这些问题的存在既有课程本身不完善的缘故，也有社会环境影响的缘故。要提高教育质量，培养具有创新精神、实践能力的全面发展的人才，就必须进行课程改革。

中国是人口大国，人口的素质直接关系到参与国际竞争的能力，关系到民族的兴旺发达。面对 21 世纪科学技术的迅猛发展，以及经济的全球化，在新时期如何培养具有良好素质和竞争力的新一代，是事关国家前途和民族命

———————

① 教育大辞典编纂委员会：《教育大辞典（第 1 卷）》，264 页，上海，上海教育出版社，1990。

运的大事，也是基础教育义不容辞的责任。1999 年 6 月，党中央、国务院召开了改革开放以来第三次全国教育工作会议，做出了"深化教育改革，全面推进素质教育"的决定，为我国基础教育课程改革指明了方向。深化教育改革，全面推进素质教育，成为教育改革与发展的主旋律。学校课程是把教育理想转化为教育现实的纽带，因而课程改革就是现阶段全面推进素质教育的主题。目前，我国正在全面进行基础教育领域的课程改革，这也是中华人民共和国成立以来第八次课程改革。我国中学课程改革是指依据课程现代化的要求，以及国情和教育传统，改革课程体系中不适应中学生和社会发展要求的内容。中学课程改革是完善中学阶段素质教育体系的核心环节。

相关链接 8-5：我国第八次基础教育课程改革目标[①]

基础教育课程改革要以邓小平同志关于"教育要面向现代化，面向世界，面向未来"和江泽民同志"三个代表"的重要思想为指导，全面贯彻党的教育方针，全面推进素质教育。

新课程的培养目标应体现时代要求。要使学生具有爱国主义、集体主义精神，热爱社会主义，继承和发扬中华民族的优秀传统和革命传统；具有社会主义民主法制意识，遵守国家法律和社会公德；逐步形成正确的世界观、人生观、价值观；具有社会责任感，努力为人民服务；具有初步的创新精神、实践能力、科学和人文素养及环境意识；具有适应终身学习的基础知识、基本技能和方法；具有健壮的体魄和良好的心理素质，养成健康的审美情趣和生活方式，成为有理想、有道德、有文化、有纪律的一代新人。

基础教育课程改革的具体目标如下。

改变课程过于注重知识传授的倾向，强调形成积极主动的学习态度，使获得基础知识与基本技能的过程同时成为学会学习和形成正确价值观的过程。

改变课程结构过于强调学科本位、科目过多和缺乏整合的现状，整体设置九年一贯的课程门类和课时比例，并设置综合课程，以适应不同地区和学生发展的需求，体现课程结构的均衡性、综合性和选择性。

改变课程内容"难、繁、偏、旧"和过于注重书本知识的现状，加强课程内容与学生生活，以及现代社会和科技发展的联系，关注学生的学习兴趣和经验，精选终身学习必备的基础知识和技能。

---

① 教育部：《基础教育课程改革纲要（试行）》，old. moe. gov. cn/publicfiles/business/htmlfiles/moe/moe_309/200412/4672. html，2017-11-25。

改变课程实施过于强调接受学习、死记硬背、机械训练的现状，倡导学生主动参与、乐于探究、勤于动手，培养学生收集和处理信息的能力、获取新知识的能力、分析和解决问题的能力，以及交流与合作的能力。

改变课程评价过分强调甄别与选拔的功能，发挥评价促进学生发展、教师提高和改进教学实践的功能。

改变课程管理过于集中的状况，实行国家、地方、学校三级课程管理，增强课程对地方、学校及学生的适应性。

二、我国基础教育课程改革发展趋势

课程改革是教育改革的核心。课程改革不等于更新教学内容、出版新教材，课程改革包括课程功能、课程内容、课程结构、课程管理等多方面的变革，是对我国旧有基础教育课程的全方位革新。社会的发展和知识的进步要求课程进行相应的改革，以便更好地适应和促进个体与社会发展。当今我国中学课程改革的主要趋势如下。

(一) 尊重学生的主体性

以往的课程是以科学世界为基点而建设起来的，关注的是科学世界的逻辑性、系统性，至于个体的经验、体验，则不在课程设计的主要视野之中。这样的课程导致对人的生活的远离与忽视，对人的主体性的忽视，这样的课程与人是有隔阂的。当今时代，世界各国课程改革有一个共同趋势，就是尊重学生的主体性，追求科学世界与生活世界的统一。

科学世界与生活世界是各有其特殊规定的两个不同的世界，又是内在统一的。生活世界是科学世界的基础，是科学世界的意义之源。科学世界原本是生活世界的一部分，它不过是把生活世界中的一部分抽取出来加以理论化、形式化的结果。在特定条件下，科学世界能够提升生活世界的意义。科学世界从生活世界中分离出来，原本就是为了提升生活世界的意义，只不过当科学世界日益与生活世界割裂开来以后，便丧失了其意义的源泉，反过来导致生活世界的异化。当科学世界重新回归生活世界，找到其意义之源后，它就可以承担起提升生活世界之意义的重任。回归生活世界的课程，意味着教育对"唯科学主义"藩篱的挣脱，是一种体现和尊重人的主体性的课程。

(二) 注重课程功能的完善

我国《基础教育课程改革纲要（试行）》的核心理论是课程要"从单纯

注重传授知识转变为体现引导学生学会学习，学会生存，学会做人"。改革、完善课程功能，强调在学习知识的过程中培养学生正确的价值观、人生观和世界观，培养学生具有社会责任感，努力为人民服务，引导学生树立远大理想。因为这种过程将深刻地影响学生思想道德的形成，影响他们人生的抉择。我国新的课程标准对每门课程都提出了三个方面的功能，包括：知识与能力，过程与方法，情感、态度与价值观。这一改革精神体现出我国基础教育课程功能逐步走向完善。

随着现代化进程的不断推进，科学技术的迅猛发展和物质文明程度的不断提高，社会对个体道德品质和人文精神面貌的要求也会越来越高。我国市场经济体制在逐步完善的过程中，必然会出现一系列新的道德问题，如公平竞争问题、讲求信誉问题、遵守法纪问题等。青少年在校期间，也正是他们的思想品德处于快速形成和发展的时期，学校课程在学生品德的形成、发展中发挥着十分重要的作用。课程实施为学生品德形成提供了理性引导，课程实施的过程既是学生知识、能力发展的过程，同时，课程实施过程也是学生的主要生活过程、实践过程，是学生品德形成的过程。课程实施的方式、方法，课程实施过程中的气氛、环境、人际关系等，都成为影响学生品德发展的重要因素。所以，课程实施过程是学生品德形成和发展的一条基本途径。

（三）课程设置趋于多样化和综合化

随着我国社会改革的不断深化，社会生产的多样性、社会产业的多样性、社会价值观的多样性，以及对人才需求的多样性，要求人才培养途径、模式的多样化，传统的单一化的课程取向逐渐为多样化的课程取向所取代。另外，当今社会的发展，产生了越来越多的带有普遍性的问题，如环境问题、生态问题、医药伦理问题、科学危机、贫困问题、粮食问题、核武器威胁、文化冲突等，这些都不是依靠单一学科能解决的，而要依赖多种学科的共向努力。这就势必导致课程的综合化发展趋势。当今知识创新和增长出现了综合化趋势，也要求培养学生从整体上把握认识、探索外部世界的能力和素质。强调课程的多样化与综合化，是20世纪90年代以来各国课程改革的重要趋势。

多样化和综合化的课程是我国实现培养全面发展的人的教育目的的要求。因此，在21世纪，中学课程设置将会更加注重结构的合理化、内容的综合化，注意各种类型、各种形态的课程的合理配置，努力实现课程设置的整体优化，使课程进一步趋于灵活多样，为学生的全面、主动、活泼的发展提供更广阔、自由的空间。

相关链接 8-6：研究性学习

研究性学习是指学生在教师指导下，从学习生活和社会生活中选择和确定研究专题，主动获得知识、应用知识、解决问题的学习活动。研究性学习的基本特点是开放性、问题性、社会性与实践性。其实施主要分为两种形式：课题研究和项目活动。课题研究以认识客观世界和人自身的某一问题为主要目的，具体包括社会调查、科学实验和文献研究等；项目活动以解决一个比较复杂的操作问题为主要目的。研究性学习不仅指向探究知识、解决问题，而且指向培养个性健全发展的人；不局限于某一学科内容的学习，而是主张从学生的自身生活和社会生活中选择问题，其内容面向学生的整个生活世界与科学世界；不强调推行普遍统一的"研究性学习模式"，而是认为每一个人的学习方式都是其独特个性的体现，每一个人都有自己的"研究性学习方式"，课程应遵循每一个人的学习方式的独特性。倡导研究性学习的最终目的不是转变学习方式，而是通过转变学习方式，促进每一个学生的全面发展。

（四）课程体系的信息化

信息技术的飞速发展极大地改变了人们的生活方式、工作方式和学习方式，当信息技术作为一种理念和手段向整个课程体系渗透时，将带来整个课程体系的信息化。课程的信息化是指将课程内容与以计算机多媒体和网络通信为基础的现代化信息技术结合起来。[①]

信息技术与教育的结合，特别是与课程的不断整合，将从根本上改变传统的教育教学模式，为学习者独立思考、主动学习、创新探索从技术上提供最大的可能性和广阔空间。课程的信息化有助于将日新月异的知识信息反映到课程中，从而极大地拓展学生的视野；有助于使学生成为课程学习的主体，利用网络和多媒体技术建构丰富的、反思性的学习情境，为学生的自由探索创造机会；有助于实现学校课程与整个世界的整合。课程的信息化适应了 21 世纪信息社会和知识经济时代对人的个性发展的新要求。

课程改革是一项持续不断的事业，对课程的改革与探索是所有教师的终身使命。在课程从设计到实施、评价的过程中，教师的地位和作用是十

---

① 张华：《课程与教学论》，456 页，上海，上海教育出版社，2001。

分重要的。一名中学教师的职责便是通过特定内容有步骤地对学生进行教育，使学生获得知识、增长能力、培养情感与态度等，以达到教育目的。教师只有理解所教内容的知识体系，明确所教内容的目的和功能，掌握实施这些内容的特定手段和途径，才可能顺利开展中学教育实践。教师不能只成为课程实施中消极、被动的执行者，而应当成为探索课程改进的积极参与者。任何课程都只有通过教师的积极参与、组织和实施，才能成为学生学习的真正的课程。教师不是课程的"传声筒""搬运工"，而是课程的参与者、创生者，这是教师职业专业性的要求与体现。每一位中学教师都应当努力成为中学课程专家，这是成为一名专业的教育工作者、成为一名研究型教师的必备条件。师范生要培养自身的课程素养，除了学习"中学教育基础"课程，还需要学习各相关学科课程论及各学科专业的课程。

[复习与思考]

1. 关于什么是课程，有两种针锋相对的观点：一种认为课程是跑道；另一种认为课程不是跑道，而是跑的过程。结合对"课程"概念的理解，谈谈你对这个问题的看法。

2. 结合实例，谈谈你对不同类型课程特点的认识和理解。

3. 谈谈你对我国基础教育课程改革发展趋势的认识。

4. 了解相关学科专业方向的中学课程标准，了解基础教育课程改革基本理念和主要内容。资料来源：人民教育出版社网站（http://www.pep.com.cn）。

[推荐阅读]

1. ［美］小威廉姆·E. 多尔：《后现代课程观》，王红宇译，北京，教育科学出版社，2000。

2. 施良方：《课程理论——课程的基础、原理与问题》，北京，教育科学出版社，1996。

3. 钟启泉、崔允漷、张华：《为了中华民族的复兴　为了每位学生的发展：〈基础教育课程改革纲要（试行）〉解读》，上海，华东师范大学出版社，2001。

4. 杜尚荣、李森：《我国中小学教材多样化建设30年：历程、问题及对策》，载《课程·教材·教法》，2016（6）。

第九章
中学教学及其改革

[本章重点]

1. 掌握中学教学、教学过程、教学原则、教学方法、学科教学知识等基本概念，理解教学的意义，了解中学教学过程的各种本质观。

2. 熟悉和理解教学过程的基本规律，运用中学教学原则分析中学教学现象和问题。

3. 掌握教学工作的基本环节与要求，以及中学常用的教学方法，了解中学教学组织形式及其要求。

4. 了解我国当前教学改革的主要观点与趋势，并能够运用相关原理和思想评价中学课堂教学的质量，分析和解决中学教学实际中的问题。

案例导入：对语文课堂教学过程的反思

一位中学语文教师写下了一段文字：

我这段时间在思考：语文课堂教学中技术的切割和语言作为艺术的整体圆润之间的关系。回头看我最初的课堂教学，就是教教材。面对一篇课文，总觉得这个反义词要讲，那个破折号的作用要讲，还有边上的那个反问句，下面一小节的过渡句，什么都不敢放弃，因为我们要考。于是一堂课就是一个菜篮子，萝卜、青菜、鱼、肉、虾，什么都有。同时，一篇课文也已经被我的讲解切割得支离破碎。我突然发觉：这样上课，还只停留在技术层面上。后来知道，教材只是一个例子，要学会利用教材。根据教材的实际，依据学生的情况，把课文的某一部分、某一环节为我所用，借此训练学生听说读写的能力，做到用教材教。由此，我开始思考：大问题的统领是不是还是技术的切割，只不过是庖丁解牛似的高明切割？我应该用唯美的文章来培养学生的鉴赏能力和欣赏兴趣，用知识性的文章来锻炼学生的表达；课堂中应该有默想，保证学生有充足的思考时间和空间；课堂中需要关注学生，时刻向学生传达爱的信息。①

的确，中学教师主要承担着中学学科课程的教学工作，因此也构成了广大中学教师所从事的最频繁的教育活动。那么，如何正确认识与理解中学教学活动？中学教学过程究竟是一种怎样的过程？如何才能形成比较扎实的中学教学本领与能力？这些将是本章所要探讨的问题。

---

① 姜美玲：《论教师实践性知识的表征形式》，载《全球教育展望》，2010（3）。

第一节 中学教学的内涵与规律

中学教学是中学教育的主要内容，是影响中学生发展的主要途径。全面而清晰地理解中学教学的含义、探究中学教学的规律，是中学教师能够胜任中学教学的前提。

一、中学教学的内涵及意义

（一）中学教学的内涵

教学是一项古老的人类活动。"教学"这一概念自形成以来，其含义经历了不断发展的过程。

汉语"教学"一词最早见于《尚书·兑命》："教学半。"孔颖达对此的解释是："上学为教，音 xiao；下学者，学习也。言教人乃是益己学之半也。"英文单词"teach"（教）和"learn"（学）是同源派生出来的两个词，包括教授和学习两层含义。

受苏联教育学的影响，我国教育学界将教学定义为"教的活动和学的活动的统一或总和"①。作为一种综合性的教育实践活动，教学是离不开教师的教和学生的学的。教和学是同一个活动的两个方面，如同一枚硬币的两面，密不可分。这一理解有利于人们认识到教与学的必然联系，有效防止教与学相互脱节的倾向，克服教师"重教轻学"的误识。

首先，教学实践是由教与学两种活动共同构成的，没有教师和学生的共同参与就无所谓"教学"。作为一种认识实践活动，教学涉及教师的教和学生的学这两种具有内在联系的活动，是教与学的统一。教学活动是教师的教和学生的学共同组成的双边活动或师生的特殊交往活动。教的活动与学的活动不是相互孤立的活动，而是整体交织在一起的辩证统一活动。教师的教必须以学生的学为起点和基础，而且，教师的教必须导致学生的学。

其次，虽然教师的教和学生的学相互依存、密不可分，但是，教学并

---

① 类似表述如："所谓教学，乃是教师教、学生学的统一活动；在这个活动中，学生掌握一定的知识和技能，同时，身心获得一定的发展，形成一定的思想品德。"（王策三：《教学论稿》，87 页，北京，人民教育出版社，1985。）又如，教学是"以课程内容为中介的师生双方教和学的共同活动。学校实现教育目的的基本途径"。[教育大辞典编纂委员会：《教育大辞典（第 1 卷）》，178 页，上海，上海教育出版社，1990。]

不是这两种活动的简单拼凑或叠加。用教和学的统一活动、双边活动、特殊的交往活动来定义教学，并不能完全准确地揭示教学活动的本质特性。实质上，教（teaching）与学（learning）是两个不可互相取代的活动，教师主要承担教的责任，学生主要承担学的责任。

教学是教师引起、维持与促进学生学习的所有行为。[①] 中学教学是中学教师引起、维持与促进中学生学习的一切行为。这一定义有两层含义：其一，中学教学活动是中学教师引起、维持和促进中学生学习的行为或活动，其关注的焦点是中学教师教的行为，而非中学生学的行为。其二，教学蕴含着教师为学生创设学习条件，激发学生学习动机、学习愿望，达成预期的学习效果之意。教以学作为自身的出发点和最终归宿，对教师教的认识是建立在对学生学的全面、充分认识基础之上的。以教师教的行为作为教学理论的重心并非不关心学生学习的活动、学习的规律，教师的所有努力都是为了学生成长、发展与进步，教师教学的质量或效果主要体现在学生的学习质量和学业进步上，如学生的认知、情感、态度和行为的改变，而不在于教师完成具体的教学任务的数量。在了解学生学习基础、学习准备与学习现状的基础上，每一位教师都需要明了自己的教是怎样影响学生的学的，如何教才能更加有效地影响学生的学。教师创设适合学习者的学习条件，使每一位学生兴趣盎然地参与学习活动并获得多方面的学习成效，是教学的应有之义。

（二）中学教学的意义

中学教学以培养全面发展的中学生为根本目的，其主要任务是传授系统的科学基础知识和基本技能，发展中学生的智力、体力和创造才能，培养他们良好的思想政治道德品质和审美情趣，奠定中学生科学世界观的基础，促进中学生个性发展。中学教学在中学教育工作中居于中心位置。

第一，中学教学是中学生获得系统的科学文化基础知识和基本技能的主要途径。中学生的学校生活主要是在中学教学活动中度过的。通过中学教学，在中学教师的引导和帮助下，中学生获得系统的科学文化基础知识，形成基本技能。因此，引导中学生掌握科学文化基础知识和基本技能是中学教学的首要任务。

第二，中学教学是促进中学生智力、体力和创造才能发展的重要途径。

---

① 施良方、崔允漷：《教学理论：课堂教学的原理、策略与研究》，13 页，上海，华东师范大学出版社，1999。

人的智力发展不是空洞的形式训练，它必须建立在系统的知识学习基础之上。通过对中学各门学科知识的学习和思考，中学生的智力得以发展。中学体育教学在促进中学生体力发展方面起着重要作用，可以培养中学生积极、科学地锻炼身体的良好习惯，养成体育锻炼的意识及健康的生活方式；其他课程的教学也可促使中学生对人体及其保健获得科学的认识与理解，从而为中学生的体力发展提供知识基础。此外，中学教学还可以培养中学生的探究意识、独立学习的能力、分析问题与解决问题的能力等。

第三，中学教学是中学生思想政治道德品质、审美情趣发展和世界观形成的主要途径。中学生品德的发展和世界观的形成是建立在他们对自然、社会和人的正确认识基础之上的，是以掌握科学知识为基础的。一方面，中学教学使中学生获得关于自然、社会、人的正确知识，从而为他们的思想政治道德品质和世界观的发展打下坚实的基础；另一方面，教学过程也是一个陶冶品格的过程，中学生在学习各种文化知识的过程中，也将逐步提高自己的道德修养和审美情趣。中学生在中学的学习与交往，是他们认识世界与人类自身，以及进行社会交往的组成部分。自然科学与社会科学文化知识的获得、多姿多彩的社会实践活动和班集体活动、高质量的师生关系、团结互助的同辈群体等，都对学生道德修养与审美情趣的发展、科学世界观的形成产生重大影响。

第四，中学教学关注中学生的个性发展。中学教学以马克思主义关于人的全面发展学说为指导，协调中学生的知识、智力、兴趣、情感、意志、性格等因素，追求中学教学与中学教育的统一，关注中学生的个性发展，不仅帮助他们掌握现代科学文化知识，而且激发与培养中学生的主体性、独立性与创新精神，帮助他们成长为具有民主平等观念、竞争意识与合作精神的时代新人。

总之，中学教学既是中学教育的主要组成部分，又是中学实施素质教育的基本途径。它为中学生的全面发展提供了科学的基础和实践，是促进中学生全面发展的主要途径。

二、中学教学过程的本质与规律

（一）中学教学过程的各种本质观

出于不同的理论基础和指导思想，教育理论工作者对于教学活动或教学过程的本质进行了广泛的探讨，主要有五种不同的观点。①

第一，特殊认识说。其含义有两个：教学过程本质上是一种认识过程；这种认识过程不同于一般认识或其他形式的认识，有其特殊性。教学这一特殊的认识过程具有三个基本特点，即间接性、有领导、有教育性。

第二，认识发展说。这一观点认为，教学过程既是教师领导学生能动认识世界的一种特殊认识过程，也是一个促进学生身心全面发展的过程。教师应注意正确把握教学与发展的关系。一方面，教学要引导学生的发展；另一方面，教学要遵循学生的身心发展规律，适应学生发展的水平，并注意使教学走在学生发展的前面。现代教学应当是一种发展性教学，有效地促进学生的发展。

第三，认识实践说。这一观点认为，教学过程包括两个方面的关系：反映与被反映的关系，即认识关系；改造与被改造的关系，即实践关系。因此，教学过程是认识与实践相统一的过程。教学过程不仅是学生掌握人类已有的知识经验、发展认识世界的技能与能力的认识过程，而且是一种师生共同参与改造主观世界、促进个性的改造和形成、促进个体社会化的实践过程。

第四，交往说。这一观点认为，教学活动是教师的教、学生的学组成的双边活动，是发生在师生之间的一种特殊的交往活动。强调教学作为师生间的特殊的交往活动，是为了强调不能把教学简单地理解为仅仅是教师传授知识和学生接受知识的过程，也不能把它看成主要是学生内在潜力展开的过程，而应该看成师生间知、情、意、行相互作用的过程。

第五，多本质说。这一观点认为，教学过程的本质不应当只是单方面的关系，而应当是多方面的关系；不应当只是一种类型，而应当是多种类型。我们对教学过程本质认识的层次、类型越多，教学理论就越深刻，教学理论的探讨也就越丰富，对教学实践的指导意义就越广泛。教学过程既不是单一的认识过程，也不是单一的发展过程，而是一个多方面、多层次、多系列、多形式和多矛盾的复杂过程。人们可以从哲学认识论、社会学、心理学、生理学、伦理学、管理学、经济学等不同角度对教学过程进行分析。②

---

① 裴娣娜：《教学论》，8 页，北京，教育科学出版社，2007。

② 叶澜：《二十世纪中国社会科学·教育学卷》，295～297 页，上海，上海人民出版社，2005。

这些关于教学过程本质的不同观点均有其认识上的思想理论基础及其合理性，从不同角度深化和丰富了人们对于教学、教学过程本质的认识。总体而言，人们考察教学过程本质的三个基本维度在于过程、功能和关系。其中，特殊认识说和认识实践说侧重于教学过程，认识发展说侧重于教学价值和功能，交往说侧重于教学关系，多本质说则对不同观察维度进行了组合。

（二）中学教学过程的规律

中学教学过程内部的各种因素相互依存、相互作用，形成了一些稳定的、必然的客观联系。只有充分认识教学过程的客观性与规律性，中学生才有可能在教师的启发引导下，掌握一定的知识与技能，形成必要的能力、态度与品格，个体身心与个性才能获得自由而充分的发展。

1. 直接经验与间接经验相统一的规律

一切人类知识来自两个方面：个体的直接经验（即直接知识）和他人的间接经验（即间接知识）。直接经验与间接经验相统一的规律也是学生认识的特殊性规律。直接经验具有生动活泼、牢固持续的优点，但需要个人花费较多的时间与精力。某些知识领域如历史学、地理学、生物学等，要通过直接获得知识通常是不可能的或没有必要的。由于时空的局限，只有通过艺术的或语言的表现，间接地获取知识。人类的知识是经历了漫长的历史过程才获得的产物，要每一个个体都重复人类所经历的认识过程，以达到现代人的知识状态，是不可能的。因此，正确处理直接经验与间接经验的关系是极其重要的。学生应通过直接经验理解间接经验的意义，凭借间接经验去获取更广阔、更深层的直接经验。[1] 在波兰教育学家奥根（Vincenty Okon）看来，小学低年级学生应尽可能多地拥有获取直接经验的机会；随着经验的增长，学生应获得越来越多的间接知识；但是，即使在这种情形下，也不应放弃引导学生展开自主的"探究活动"的一切可能性。[2]

2. 掌握知识与发展能力相统一的规律

掌握知识与发展能力相互依赖，相互促进，二者统一在同一教学活动中。教学不仅要让学生掌握知识与技能，而且要发展学生认识客观事物的

———————

① ［日］佐藤正夫：《教学原理》，钟启泉译，247～249页，北京，教育科学出版社，2001。

② ［日］佐藤正夫：《教学原理》，钟启泉译，249页，北京，教育科学出版社，2001。

基本能力。

首先，掌握知识是发展能力的基础。学生的能力发展有赖于知识的掌握。例如，如果我们不具备微积分方面的知识，我们就无法也不可能理解微积分或开展与微积分相关的思维活动。同时，知识中也蕴含着方法论的启示。例如，中学教师向中学生介绍关于归纳、演绎、解决问题等思维方法的知识，就是把心智操作的方式教给学生。掌握知识的过程必然要求学生积极进行认识、思考和判断等心智活动。

其次，能力发展是掌握知识的重要条件。学生掌握知识的速度与质量，取决于学生原有智力水平的高低。智力具有普遍的迁移价值，它不但能有效地提高学生的学习效率和知识质量，推动学生进一步掌握知识，而且有利于促使学生将知识应用于社会实践活动，从而获得完整的知识。

最后，知识不等于能力，把握知识与能力相互转化的内在机制极其重要。学生掌握知识的多少，并不完全表明其能力的高低。同时，学生能力的发展也不是一个自发的过程，必须全面把握二者之间的差异，以及相互转化的过程和条件，在引导学生掌握知识的同时，有效地发展他们的能力。为了促进知识和能力的相互转化，传授给学生的知识应当是具有普遍性、规律性的科学知识，教师在教学过程中须恰当地组织教学过程，注重启发、引导学生分析问题、解决问题，让学生在解决问题的过程中学会思考、学会质疑、学会探究、学会学习，并促进知识的积极迁移。此外，还应重视学生的实践操作与活动，注意培养学生的参与意识与动手能力，为学生参与实践活动提供多样化的机会，以及注重培养学生良好的个性品质。

3. 教师的主导作用与学生的主体作用相统一的规律

中学教师在教学过程中起着主导的、关键性的作用，但这种作用并非一种单向式或直线式的影响。中学生对中学教师的教育和教学不断地进行着判断、评价和选择，并做出各不相同的教学反馈和教学回应。从这个意义上说，学生个体的主观能动性对自身的学习效能、学习过程和学习质量起决定作用。事实上，中学教学过程正是在中学教师的主导作用和中学生的能动性这一辩证统一的关系中不断演进的。

4. 传授知识与思想教育相统一的规律

中学教学的首要任务是引导中学生掌握科学文化基础知识和基本技能。中学教学的其他任务只有在引导学生掌握知识和技能的基础上才能实现。但是，中学教学过程不是纯粹的知识与技能的教学过程，它是陶冶中学生高尚情操、锻炼中学生坚强意志的教育过程。在教育发展史上，"教学具有教育性"这一观点是德国著名教育家赫尔巴特率先提出的。他明确提出了教学的教育性规律，并把它当作教育的基本原则（即"教育性教学原则"）。他指出"不存在'无教学的教育'这个概念，正如反过来，我不承认有任何'无教育的教学'一样"①，强调并重视教学对教育（道德教育）的重要作用。要在教学过程中充分遵循教学的教育性规律，需要注意以下几点：第一，必须发挥教学本身所拥有的教育可能性。基础知识与基本技能的掌握是教学的基本任务，教学内容及掌握这些内容的学习活动本身实际上会产生教育的效果。教学中的教育与教学本身是有机的统一体，它们统一于五彩斑斓的教学活动之中。第二，不能把教学与教育完全等同。不能以为教学成效必然产生教育成效，教育结果必然导致教学的成果。教学与教育各具特色，各有其固有的逻辑。形成知识、技能的方法论，与形成人的意志、态度、性格的方法论是有差异的，不能按照教学的逻辑进行教育，也不能按照教育的逻辑进行教学。②

三、中学教学的基本原则及要求

教学原则是根据一定的教学目的和对教学过程规律的认识而制定的指导教学工作的基本准则。记录我国古代儒家教育理论与思想的教育著作《学记》，提出了"教学相长""启发诱导""藏息相辅""长善救失""学不躐等""道而弗牵，强而弗抑，开而弗达""君子之教，喻也"等许多重要的教学原则。灵活多样地运用教学原则是教师取得良好教学质量的重要保证。

（一）直观性原则

直观性原则是指教师在教学中根据教学内容的需要，为学生提供有关的事实、实物和形象，以丰富学生的感性认识和直接经验，为学生学习新知识、形成新概念、发展智力和思想品德等奠定基础。直观性原则是直接经验与间接经验相统一规律的反映。它能给学生提供鲜明、生动的具体形象，有助于学生对课程内容的理解。直观一般包括：实物直观（包括各种实物、标本、实验、参观等）；模象直观（包括各种图片、图表、模型、幻

① ［德］赫尔巴特：《赫尔巴特文集（3）》，李其龙等译，12页，杭州，浙江教育出版社，2002。

② ［日］佐藤正夫：《教学原理》，钟启泉译，241～243页，北京，教育科学出版社，2001。

灯、录像、电视、电影、录音等）；语言直观（即教师通过生动、形象的语言描述，使学生产生所描绘事物的表象）。贯彻直观性原则的基本要求如下。

第一，要根据中学学科的特点和实际，恰当地选择直观手段。不同学科、不同教材和不同年龄的教学对象，选择的直观时机和手段都不一样。一般情况下，较低年级的教学选择直观教学较多，较抽象的学科选择直观教学也较多，不同学科采用的直观手段也不尽相同，教师应结合以上要求，选择最恰当的直观时机和直观手段。

第二，直观教具要有代表性和典型性。直观教具要能显示出事物生动、清晰的形象及其内在联系、运动和发展的过程，要能突出学生应观察的重点。特别是教师在制作或运用直观教具时，要注意放大所学部分，用较易吸引学生注意力的色彩和动态来突出所要观察的部位，解释事物的运动、变化，使教学获得最佳的直观效果。

第三，运用直观教具要和语言讲解结合起来。直观教具呈现给学生后，如果没有教师的讲解，让学生自发地观察教具，学生就极易被非本质的东西吸引，忽略对本质事物的观察，从而使直观教学流于形式。为此，直观教学必须在教师的指导下，通过提问或讲解的方式引导学生仔细观察、深入思考，把握事物的本质特征，从而达到直观教学的最好效果，让学生真正理解知识。

第四，要防止为了直观而直观的偏向。直观教学是手段，不是目的。教学中，直观要服从明确的教学目的。教师不能为直观而直观，从而失去直观教学的意义。

（二）启发性原则

启发性原则是指教师在教学中承认学生是学习的主体，注重激发学生的思维活动，使其掌握课程内容的本质，增强分析问题、解决问题的能力，使学生善于积极主动地思考，学会独立地获取知识和运用知识。启发性原则是教师的主导作用与学生的主体作用相统一规律和掌握知识与发展能力相统一规律的反映。学生是学习的主体，掌握知识、发展智力、培养思想品德要靠他们自己的观察、思考和操作，任何教师的教学都不可能代替学生的学习，否则必然造成学生学习的依赖性，或者抑制学生智力等方面的发展。孔子说："不愤不启，不悱不发。"这是我国古代启发诱导教学原则的核心所在。《学记》中也提出"道而弗牵，强而弗抑，开而弗达"的教学要求。在西方，苏格拉底在教学中善于用"产婆术"激发和引导学生自己寻求正确答案。在现代社会，启发性原则备受推崇，它在发展学生智力，培养学生开拓精神、创造才能等方面起着重要作用。贯彻启发性原则的基本要求如下。

第一，激发学生的求知欲、学习兴趣和责任感。学生的积极性受学生的兴趣、愿望、情绪、态度等内在心理因素的支配，教师要善于激发学生的求知欲望和学习兴趣，使学生形成正确的学习动机，培养学生具有明确的学习目的和认真的学习态度，充分调动学生的主动性、积极性，使学生爱学、想学、用功学，对学习有高度的责任感。

第二，启发学生积极思考，指导学生的思维方法，培养学生自学和独立工作的能力。教师在教学中要"有扶有放"，"扶"就是启发引导，"放"就是让学生独立学习、探索问题。教学中教师通过恰当的点拨来引导学生学会学习。

第三，发扬教学民主。尊师、爱生，民主、平等，是社会主义新型的师生关系。教师在教学中要尊重学生，尤其要尊重学业不良的学生、有过错和缺陷的学生、和自己意见不一致的学生，不伤害学生的自尊心。

（三）巩固性原则

巩固性原则是指教学中教师应使学生牢固地掌握所学的基础知识，并在掌握技能、技巧方面达到熟练的程度，当需要时能很快地再现出来，并能熟练地运用于实际问题。巩固性原则是由学生认识活动的特点决定的。学生在教学的短时间内通过学习间接经验的方式获取大量的知识，极易遗忘，为此，教学过程必须及时巩固知识和技能，防止遗忘，为今后的学习打好坚实的基础。孔子要求"学而时习之""温故而知新"。贯彻巩固性原则的基本要求如下。

第一，要使学生在理解的基础上巩固。心理学研究表明，意义记忆的效果优于机械记忆，尽管教学中有一些知识，比如，年代、人名、单词等本身需要机械记忆，但是教学中的大部分内容本身具有一定的意义，教师系统而重点突出地讲解，使学生理解课程内容，最终有助于学生牢固地掌握知识和技能。可以说，理解是巩固知识和技能的基础。

第二，要及时组织学生进行系统的复习和练习。从生理学上看，知识的获得是大脑皮质建立暂时的神经联系的牢固保持。如果不及时复习，已经形成的暂时神经联系得不到强化，就出现遗忘，所以，及时复习能巩固和深化所学的知识。复习的方式、方法和内容应不断变换，使不同形式和内容的复习交替进行，以减少大脑皮质的疲劳，给学生创造一个最佳的记忆状态。

第三，要指导学生掌握记忆的方法。例如，以运用意义记忆为主，机械记忆中可以通过"记忆术"等人为方式建立联系，通过整理、编排知识，写成提纲、口诀等促进记忆。

（四）循序渐进原则

循序渐进原则是指教师按照科学知识内在的逻辑顺序和学生认知能力发展的顺序进行教学，使学生逐步地、系统地掌握基础知识和基本技能，并在此基础上促进发展。循序渐进原则是科学知识本身的特点和学生身心发展规律的反映。《学记》中有"不陵节而施""学不躐等"的思想；朱熹也提出"循序而渐进，熟读而精思""未得乎前，则不敢求其后；未通乎此，则不敢志乎彼"的思想。贯彻循序渐进原则的基本要求如下。

第一，教师应按照中学课程内容的逻辑体系进行教学。讲授时要掌握由近及远、由浅入深、由易到难、由简到繁、由具体到抽象、由已知到未知的规律。讲授时还应注意新旧知识之间的联系，使教学内容既有重点又前后连贯。

第二，教师应根据中学生发展的"序"抓好教学。学生身心发展具有阶段性和顺序性，教学中，教师应根据学生身心发展的顺序性，采取较适宜的方法教学，这样才能使学生打下良好的基础，并为进一步学习做好准备。教师既要循序，使教材内容和教学进度适合学生的接受能力，又要使教学内容有一定的难度，使学生"跳一跳，够得着"，这样才能使他们有所提高，促进他们的发展。如果不顾教材的系统性和学生认识的顺序性，一味地赶进度、拔高、跳跃前进，最终必定是"欲速则不达"，以教学失败而告终。

（五）因材施教原则

因材施教原则是指在教学中，教师应根据学生的不同特点进行教学，既要注意学生的共同特点，又要照顾个别差异，从实际出发，有的放矢地进行教学，使每个学生都能得到良好的发展。因材施教原则是学生身心发展规律的反映。学生的身心发展具有个别差异性，无论是身体还是智力、个性，均存在差异。教学中只有因材施教，才能扬长避短，使教育有针对性，使每个学生都得到发展。孔子分析了学生的不同特点，如"柴也愚，参也鲁，师也辟，由也喭"，在具体教学中根据各人的不同特点有针对性地进行教育，朱熹将孔子的思想和教育行为总结为"孔子教人，各因其材"，后人便概括为"因材施教"。贯彻因材施教原则的基本要求如下。

第一，教学中教师首先要考虑中学生的年龄特征，根据不同年龄阶段学生的特点进行教学。不同年级的学生，年龄特征各不相同，其智力特点和知识经验等方面均存在差异，教师必须了解中学生的发展水平，选择适合其发展水平的内容和方法教学。

第二，教学中教师还应了解每个中学生的特点，有针对性地进行教学。学生的身心发展本身具有个别差异性，他们所处的环境又各不相同，这些差异都会反映到教学中，表现为学习成绩不同、反应速度不同、思维方式不同、兴趣爱好不同等。教师只有根据学生的不同情况，提出不同要求，加强个别指导，区别对待不同特点的学生，才能使每个学生都有所发展和提高。

第三，正确对待"先进生""中等生"和"后进生"。教师应当平等、公平地对待"先进生""中等生"和"后进生"，一视同仁。教师要有高度的责任感，对"先进生"，可以适当增加学习内容，适当加快速度，满足他们的求知欲，但不能抢进度、不适当地增加内容，使学生负担过重，影响健康；对"中等生"，要引导他们树立理想，学先进，争上游；对"后进生"，要热情接近，关怀、信任，发现闪光点，并耐心讲解，适当补课，绝不能掉以轻心，甚至将其视为班级的包袱。

（六）理论联系实际原则

理论联系实际原则是指教师在教学中密切结合实际，讲清基础理论，并指导学生运用所掌握的理论知识去解决实际中的具体问题，引导学生把读书与实践、思想与行动统一起来。理论联系实际原则是直接经验与间接经验相统一规律的反映。贯彻理论联系实际原则的基本要求如下。

第一，正确处理感知与理解的关系。抽象的、理性的认识依赖于感性认识，而具体的感性认识又有待于发展到抽象的理性认识。在教学中，教师一方面要重视联系实际，使学生在感性认识的基础上向理性飞跃；另一方面要重视学生从抽象到具体的思维发展过程，指导学生善于在已经形成的概念基础上认识新的具体事物，促使概念向更高水平发展。

第二，处理好理论与实际的关系。在教学中应以讲清基础知识、基本概念为主，适当地联系实际。加强基础知识教学绝不意味着脱离实际，因为基础知识反映了自然和社会各种运动的基本规律，所以，加强基础知识教学有利于中学生在比较宽广的基础上适应实践的需要，也有利于培养他们解决问题的能力。

第三，教学中应注意联系三个方面的实际。教学中的实际一般指以下三个方面：一是教学实践，这是学生主要的实践活动，如实验、练习、实习、参观等；二是中学生本身的实际，如年龄特征、知识水平、认识能力、思想状况和生活经验等；三是社会实际，即联系社会上存在的实际情况，并适当地组织学生参加一些力所能及的社会活动。学生参加社会实践活动应服从并服务于教学需要。

此外，还有"科学性与思想性相统一"等教学原则。这些原则虽各有侧重，但并非彼此孤立，而是紧密联系、互为补充，构成一个完整的体系。教师应根据中学教学的目的任务、教材内容的特点、中学生的年龄特征、班级的具体情况，灵活掌握和综合运用教学原则。

第二节　中学教学环节、方法及组织形式

一、中学教学的基本环节及要求

中学教学的基本环节包括备课、上课、作业检查与批改、课外辅导、学业成绩考查与评定等。顺利开展这些基本教学环节是有效实现中学教学的基本前提。

（一）备课

备课即教师课前的准备，是教师在课前对教学的策划工作。备课是中学教师教学工作的起始环节，是上好课的先决条件。教师备课主要是围绕钻研中学学科课程标准、教材和其他参考书，了解学生和制订教学进度计划（包括学期教学进度计划、课题计划和课时计划）等活动开展的。

（二）上课

上课是教学工作的中心环节。首先，中学教师需要了解和确定课的类型。课的类型是指根据教学任务划分课的种类。从不同维度加以理解，课的类型具有多样形态。根据教学的任务，课的类型可以分为新授课、巩固课、技能课、检查课；根据教学任务的数量，课的类型可以分为单一课和综合课；根据使用的主要教学方法，课的类型可以分为讲授课、演示课、练习课、实验课、复习课等。其次，中学教师需要适当把握课的结构。一般来说，构成一节课的基本组成部分有：组织教学（不限于上课开始时进行），检查复习，讲授新教材（最基本的部分），巩固新教材，布置课外作业等。最后，中学教师需要明确一节好课或优质课的具体要求。一节好课不一定要面面俱到，但一般来说，目标明确、重点突出、内容正确、方法

得当、表达清晰、组织严密、课堂气氛热烈等可以作为评价一节好课的标准。

（三）作业检查与批改

为巩固课堂所学内容，除了上课之外，中学教师还需要为中学生布置作业。在当前中学生课业负担繁重、大力倡导为中学生"减负"的情况下，中学教师在给学生布置作业时，首先，需要明确作业的目的与分量，既要通过一定量的作业巩固和复习课堂所学内容，又要避免因作业太多而造成学生学业负担过重的问题；其次，教师需要及时批改作业，为学生提供及时的学习反馈。

（四）课外辅导

中学课堂教学的时间是有限的，而且中学生的学习状况也存在个体差异，因此，课外辅导就成了中学课堂教学的必要延伸和有益补充。中学教师在课外辅导时，应敏锐地洞察中学生学习的独特性和个体差异，力争为学生提供有针对性的课外辅导，切实为学生排忧解难。

（五）学业成绩考查与评定

学业成绩的考查与评定，是指教师为中学生的学业或学习提供有效的反馈信息。中学教师在考查和评定中学生的学业成绩时，应注重为中学生提供客观、全面、及时、准确的反馈信息，贯穿以学业评价激励和促进学生取得进步、以发展的眼光评价学生、突出对学生的个性化指导等教育教学评价原则。

二、中学教学的基本方法

在中学教学过程中，教师必须适当选择运用一系列手段或方法，才能完成特定的教学任务，实现教学目的。中学教学方法是指中学教师在一定的教育理论指导下，为实现课程所规划的教学目标，完成一定的教学任务，引导中学生掌握知识技能、获得身心发展而采用的方法或方法体系。"教学有法，但无定法，贵在得法。"中学教师应根据中学课程性质与教材特点、中学课程与教学的目的、任务与要求、中学生特点、教学时间、设备、条件和教师个人素养等综合因素，灵活选用教学方法。

（一）中学教学方法的基本类型

中学教学方法主要有讲授法、谈话法（问答法）、讨论法、演示法、练习法和实验法等。我们可以依据不同的标准，对教学方法进行分类。从教师、学生、教材的相互关系角度，可将教学方法归纳为以下三种基本形态。

第一，讲授法与演示法。讲授法是教师通过口头语言系统、连贯地向学生传授知识的方法，可分为讲述、讲解和讲演三种方式。演示法是教师通过展示实物、直观教具、进行示范性实验或采取现代化视听手段等，指导学生获得知识或巩固知识的方法。从表面上看，讲授法与演示法的特点是教师非常主动，而学生是被动的，即教师提示，学生接受教师提示的内容。这一认识似乎过于简单化。教师讲授或演示的内容只有在能够激励、鼓舞学生积极思考、自我活动时，才能被学生接受。演示法的优势在于教学的直观性，而且有利于吸引学生主动参与教学过程。而讲授法的优势也十分明显：教师可在短时间内系统地传授大量知识，这是一种极为省时、高效的方法。即使是在信息技术高度发展的当今时代，讲授法也依然拥有教学法上的固有特定价值。

第二，谈话法与讨论法。谈话法也叫问答法，是指教师按照一定的教学要求向学生提出问题，要求学生回答，并通过问答形式引导学生获得或巩固知识的教学方法。讨论法是学生在教师的指导下，为解决某个问题而进行探讨，辨明是非真伪，以获取知识的方法。其优势在于能够更好地发挥学生的主动性、积极性和创造性，有利于培养学生的口头表达能力、思维能力、批判意识和质疑精神。这两种方法都是通过师生之间的交谈、对话、讨论，师生一起思考、共同探讨、合作解决问题、共同发现新知。它们既不同于讲授法，也不同于实验法。在谈话法与讨论法中，活动的焦点在师生双方，特别有利于发展学生的创造性能力、社会交往能力与自主性，有利于其形成社会态度。但它们也存在着局限性：假如学生不具备基础知识这一前提条件，教学中就无法引起学生的共鸣。因此，只有当学生具备了一定的事实素材及要素性知识时，共同解决教学问题才能奏效。①

第三，实验法与练习法。实验法是学生在中学教师的指导下，利用一定的教学仪器设备，通过条件控制引起实验对象的某些变化，从观察这些变化中获得知识的方法。实验法一般在物理、化学、生物等自然科学的教学中运用得较多。其优势在于：不仅有利于学生掌握知识，而且有利于培养学生的实践能力、动手能力和严谨的学习态度。练习法是学生在中学教师的指导下，运用知识去完成一定的操作，并形成技能、技巧的方法。其特点在于：可以通过多样化的练习，培养学生坚忍顽强、刻苦训练的精神

---

① ［日］佐藤正夫：《教学原理》，钟启泉译，304～305 页，北京，教育科学出版社，2001。

毅力和认真细致、精益求精的学习态度。学生的自主学习活动总是相对的。这两种方法都是学生自主活动探究的方式，但需要注意的是，完全没有中学教师指导的学生自主学习活动不可能存在，单纯地运用实验法、练习法未必能收到良好的学习效果，它们只有在方法论上得到正确指导时才会有效果。正确地运用这两种方法可以提高掌握知识的效果，促进学生对客体更自觉、更深刻、更持续地掌握；促进学生良好的学习态度与学习心态的形成，使学生游移不定的心态转变为踏踏实实学习的态度；使学生之间的成绩差距缩小；提高学生自主学习的能力。

自主学习活动不是只在教学法的范畴内才重要。自主学习活动之所以必要，是因为它反映了当代社会的现实要求。现代人类的知识发展迅速，在学校求学阶段想要掌握人类全部的知识已经不可能了。即使在学校里学到了最新的知识，这种知识也会很快过时，不起作用。因此，在现代，人们必须在学校阶段掌握自主学习的能力，才能在自己的一生中不断获得新知识。在实施自主学习活动时，需要考虑下列几点：第一，区分何种教学时间或单元的课题适合自主学习；第二，应当准备哪些学习手段；第三，如何确定课题与分配课题；第四，设想在学习过程中将会碰到什么困难，要给学生哪些帮助；第五，如何评价所得出的结论，如何做事后处置。①

（二）中学教学方法的复杂性

迄今为止，世界各国教师还没有发现哪一种教学方法是"包治百病"的"灵丹妙药"。过于单纯地依赖某一种教学方法不会取得良好的教学效果。中学教师需要在每日每时的课堂教学实践中不断变革，教师依据自身特点、课程内容、教学任务、学生和教学环境等相关因素采取适宜的教学方法，创造性地开展教学。

1978 年，美国学者盖奇（Gage）在考察了那些试图将教学风格与儿童学习联系起来的研究后指出，在学校教育的起始阶段，某些教师行为的确显示出与儿童读写、算术学习存在着持续的关联性。他由此推演出"教师应当如何做（teacher should）"的一系列教学指令，例如，"教师在提问时应当准确无误地说出学生的姓名""教师至少应当一直延续指导、组织课堂之类的活动""在进行小组阅读教学时，教师应当提供大量的简短反馈和快节奏的'操练'之类的活动"。一些批评者在评论这一类教学指令时认为，

---

① ［日］佐藤正夫：《教学原理》，钟启泉译，299～301 页，北京，教育科学出版社，2001。

在美国开展的大量研究是建立在短时记忆测验基础之上的，传统的教学风格看上去更为成功，易于成为最佳的教学形式而被固定化。其严重后果是，教师可能持有的更加长久的教育教学目标几乎没有得到测量和关注。①

美国密歇根大学一项有趣的教学实验揭示了在界定何种教学形式最为有效时所遭遇的两难困境。盖茨科（Guetzkow）等人把第一年学习普通心理学的学生分成讲授组、辅导组和讨论组。对讲授组学生采取讲授式教学，辅之以定期测试。对辅导组和讨论组学生则采取辅导和讨论的教学方式。课程结束时，单从期末考试成绩来看，讲授组学生不仅超过了辅导组和讨论组，而且学生对教师教学的评价也较好。这表明，若仅以测试成绩和学生评价两条标准来衡量，讲授法（外加测试）的教学方式取得了成功。然而，调查还显示：在学科兴趣上，讨论组学生的得分明显高于讲授组。研究者推测认为：讲授组的学生对教师的教学方式做出了较好的评价，很可能出于这一事实，即由于每周有成绩反馈，学生对课程考试分数的焦虑程度较低。于是，研究者决定对三组学生的后期发展进行跟踪研究。三年后，研究者发现，在讲授组，没有一位学生选择继续学习心理学课程，但在辅导组和讨论组，有14位学生已选择将心理学作为自己的专业。至此，似乎可以断定，就短期标准来看，讲授法是优越的，但从较长远的目标来看，讨论法对学生的激励性更强。②

教学是一件复杂的事情。教学的不确定性，或许可以部分地由教学方法的不确定性解释。准确无误地按下磁带录音机的按键，或者在黑板上清晰地板书，这些都只需人们具备中等的能力，多数人只要稍加练习即可学会。而在成功地教育、应对一名问题儿童，懂得如何选择和使用适当的语言、恰当的例证和类比，向处于不同年龄阶段、不同能力的儿童解释某一繁难的概念，能够觉察表征学生理解或困惑的种种表情等，则需要多年的实践、非凡的智力和洞察力。尽管在英语世界，"interpersonal skills（沟通技能）"这一术语当下十分流行，但仍然有人不愿意以这种方式澄清人际关系。实际上，儿童学会了某一事物后，经常会产生独特的魅力特质，比如，

---

① E. C. Wragg, "What is a teaching skill?" in *The Art and Science of Teaching and Learning*, *The Selected Works of Ted Wragg*, Oxfordshire, Routledge, 2005, pp. 128-131.

② E. C. Wragg, "What is a teaching skill?" in *The Art and Science of Teaching and Learning*, *The Selected Works of Ted Wragg*, Oxfordshire, Routledge, 2005, pp. 128-131.

一种探究与发现的兴奋感、师生间的温暖与尊敬、学生对正在发生着的一切的新奇感等。因此，如果教学被看作太过于深思熟虑、精打细算、过多操控的活动，或者分析过多，那么教学中的浪漫主义色彩就会丧失殆尽。由此，就产生了关于学会教学的争论，如教学行为是否应被视为一个整体，或者它究竟能否被分割为相互独立且相关的技能等。在课堂教学中，教师的"微笑"有时的确可以在教学上产生神奇的功效，但是，专门教授和研究诸如"微笑"之类的微观教师行为，往往会变得荒唐可笑，而且很可能会脱离教学实际。如果由此而走向另一极端，认为世界上只存在某一种特定的"教学"概念，并不存在其他的教学概念，并且固执地认为某种教学概念是神圣不可侵犯、丝毫不容探察的，这种说法也是无法成立的。由此来看，教学及其方法是复杂的，这要求中学教师不仅掌握一系列教学技能，更需要具备教学智慧和敏感的意识。

三、中学教学的组织形式及其要求

教学组织形式是指为完成特定的教学任务，教师和学生按一定要求组合起来进行活动的结构。教学组织形式不是固定不变的，变化的根本原因在于生产力水平和社会需求的不断发展，这是制约教学组织形式的客观因素。教学组织形式的发展经历了从个别教学到集体教学，再到个别与集体相结合的综合化、多样化的形式。我国当代中小学教学的基本组织形式是班级授课制，辅助形式有分组教学、个别指导、现场教学，特殊形式则有复式教学。

（一）班级授课制

随着近代资本主义的兴起，生产力的不断发展，以及科学文化的繁荣进步，社会对劳动者质量的要求不断提高，对学校也提出了新的要求，要求学校扩大教育对象，增加教育内容，提高教育效率和质量，班级授课制应运而生。在班级授课制中，同一个班的每一个学生的学习内容与进度必须一致，开设的各门课程，特别是高年级课程，通常由具有不同专业知识的教师担任。最早采用班级授课制的是16世纪欧洲国家的一些学校，如法国的居也纳学院、德国的斯特拉斯堡中学。17世纪捷克教育家夸美纽斯在其所著的《大教学论》中对班级授课制进行理论阐述和论证后，这种教学组织形式在许多国家逐步推广。我国最早采用班级授课制的是1862年清政府在北京开办的京师同文馆。1904年"癸卯学制"的颁布，使得这种班级授课制逐渐在我国普及。

班级授课制能够极大地提高教学效率，但最大的缺陷在于难以顾及每一位学生的个别差异，不利于培养学生的特长和发展他们的个性。

（二）分组教学

20 世纪初期，随着科技的迅猛发展和对创造性人才需求的日益迫切，许多教育家致力于教学组织形式的改革，试图寻找一种既能保留班级授课制的优势，又能弥补班级授课制不足的一种教学组织形式，如道尔顿制①、分组教学等。

分组教学是按学生的能力或学习成绩等，把学生分为水平不同的组，以组为单位进行教学。19 世纪末 20 世纪初，分组教学在一些国家出现。最开始的分组教学的类型主要有能力分组和作业分组。能力分组是根据学生的能力发展水平来分组教学，各组课程相同，学习年限不同。作业分组是根据学生的特点和意愿来分组教学，各组学习年限相同，课程则有所不同。每组学生独立学习教师指定的材料，教师不讲解，只辅导。由于降低了教师的作用，学生对学习成绩又缺乏责任感，导致教学秩序混乱，从而使分组教学组织形式遭到批评而趋向衰败。

当前，欧美一些国家出现一种新的分组教学，即在保留班级授课的前提下探讨改进的问题。分组根据智力和学习成绩。它有两种：一种是校内分组，即在一所学校内按学生不同的智力或学习成绩，或者分设年限长短不同、内容也不同的几种课程；或者分设年限长短不同，但内容相同的几种课程；或者分设年限长短相同，但内容不同的几种课程。另一种是班内分组，即在一个班内，经过一段时间的教学，根据学生在学习成绩和学习能力上所表现的差异，或者分设课程内容有深有浅的几个小组；或者分设课程进度有快有慢的若干小组，以此适应不同层次学生的要求。我国在 20

---

① 道尔顿制是美国海伦·帕克赫斯特（H. Parkhurst）于 1920 年在马萨诸塞州道尔顿中学创建的一种新的教学组织形式，其特点是将教室改为作业室，教师将学生所学内容分为若干个学月的任务，然后先向学生布置第一个学月的任务，学生自学和独立作业，有疑难时请教教师，完成一个阶段的学习任务后向教师汇报学习情况并接受检查，教师认为符合要求，则将下一个学月的任务再布置下去。在道尔顿制中，教师不强求学生学习进度的一致，学生可根据自己的情况提前或延后完成任务，教师根据每个学生的具体情况布置新的任务。道尔顿制的显著特点是重视学生自学和独立作业，有利于培养学生的独立性，照顾学生的个别特点，因此一度在美国流行。但由于大多数学生尚不具备独立学习与作业的能力，又没有教师的系统讲解，往往将时间浪费在摸索之中，没多大收获。道尔顿制实施的时间不长，其失败的主要原因是忽略了教师在教学中的主导作用。

世纪 70 年代末以来的快慢班就属于分组教学。分组教学比班级上课更切合学生个人的水平和特点，便于因材施教，但是它仍存在一些问题，比如，科学地甄别学生的能力和水平很难，学生、家长和教师的意愿常常与学校的要求相矛盾，分班后的副作用也很大。

受杜威以儿童活动为主的思想影响，一些教育家还实行了以学生活动为主的教学组织形式，如设计教学法等。他们以学生的活动为主，尊重学生的个性和兴趣，强调教学和生活的关系，采用弹性的教学管理，一定程度上克服了班级授课制的不足，但他们忽视了教师的主导作用，不利于大面积提高学生的学习质量。这些教学组织形式有的只是昙花一现。探寻既能教师起主导作用且效率高，又能照顾每个学生特点的理想教学组织形式，一直是世界各国教育改革的目标。当代国外教学组织形式改革的特点是以班级授课制为基本形式，向多样化、综合化、个别化发展，出现了"小队教学""特朗普制""开放教学"等形式。

（三）个别指导

个别指导是教师在面向全班学生集体教学的前提下，照顾不同学生的情况，因人施教。它是对课堂教学的一种补充。班级授课制下，课堂教学较多的是从学生的年龄、程度等方面的共性出发进行教学，但每个学生在学习上都有他的特殊情况和需要照顾的地方，为了适应学生的个别差异，无论是学习上优秀的、一般的还是较落后的学生，教师都应对他们进行个别指导，因材施教，这是课堂教学的延伸和继续。通过个别指导，各种程度的学生都能有所得，有提高。

个别指导可以在课堂上进行，也可以在课外开展辅导工作。辅导的内容包括：对学生进行必要的启发、诱导、示范；解答学生的疑难，使知识深化、系统化；使学生明确作业的目的、要求和方法；发现学生学习中存在的问题和原因，帮助解决等。个别指导的方式、方法是多种多样的，要视学生的具体情况而定。

（四）现场教学

现场教学是在有关人员的支持和帮助下，将学生带到实践现场开展教学活动的一种教学组织形式。它可以以班级为单位，也可以把班级划分为若干小组进行。现场教学是对课堂教学的充实和完善，一般通过参观、实习等方式来进行，可以突破课堂教学的某些局限。任何一门学科的教学都可以从周围现实生活中找到它和实际的结合点，现场教学适用于各门学科的教学，但一般作为教学的一种辅助形式。

（五）复式教学

复式教学是我国特定历史时期出现的一种特殊的教学组织形式，由一位教师在同一教室、同一节课内，用不同的教学内容，对两个或两个以上年级的学生进行教学。它的主要特点是教师直接教学和学生自动作业交替进行。复式教学是由于一些地区的教育条件和经济条件落后或不平衡而产生的，一般出现在学生少、教师少、校舍和教学设备差的地区。我国地域辽阔，各地区的经济发展不平衡，为了普及义务教育，在人口居住分散、交通不便的山区、牧区和农村采用复式教学，可以节约师资力量、教室和教学设备等。这种形式成为我国相当一段时期内不可缺少的教学组织形式。

复式教学是课堂教学的一种特殊形式，它保持了课堂教学的一切本质特征。学生固定在复式班上，教师有目的、有计划地在同一个时间里，按规定的教学内容进行教学。不同的是，教师在一节课的时间内要巧妙地安排几个年级学生的活动。当教师给一个年级上课时，其他年级的学生根据教师的要求进行预习、复习、练习或做其他作业。一般把前者叫作直接教学，把后者叫作自动作业。复式教学主要利用这两者巧妙地交替和配合进行。复式教学学科头绪多，讲课时间少，教学任务重，组织教学难度高，不同年级的学生在一个教室干扰多。因此，复式教学备课复杂，对教学过程的组织、教学时间的分配和教学秩序的处理等有更高的要求，如合理编班、合理编排课表、合理安排座次、培养小助手等。理论上讲，复式教学会降低教学的质量，但事实上，复式教学如安排得当，反而有利于启发学生独立思考，培养学生的自学、自立、自控等能力。这些能力的获得，有助于教学质量的提高，能够弥补复式教学本身的不足。

第三节　学会中学教学

一、中学教师教学知识的形成与发展

学科教学知识（Pedagogical Content Knowledge，PCK）是教师专业工作者所特有的知识类型，它体现了教师专业的内在规定性，是确立教师职业成其为专业的基础。自 1986 年美国斯坦福大学教授李·S. 舒尔曼（Lee S. Shulman）提出这一概念以来，其内涵与结构不断发生变化。当前，关于教师学科教学知识的研究已成为教师研究的一个热点。

(一) 学科教学知识的概念及其演进

学科教学知识是关于教师将自己所掌握的学科知识转化成学生易于理解的方式的知识，它具体表现为教师知道使用怎样的演示、举例、类比等来呈现学科内容，懂得学生的理解难点。舒尔曼认为，学科教学知识不同于学科知识和一般教学法知识，是综合这两种类型的知识而形成的。学科教学知识是区分教师与学科专家的一种知识体系，是教师必备的 7 种"教学知识基础"的核心。①

学科教学知识的内涵一直在不断地演变与发展。通过对中学英语教师的实证研究，格罗斯曼（Grossman）提出了学科教学知识的 4 个主要成分，即关于学生思维的知识、有关课程的知识、关于教学策略与教学目的等方面的知识。在科学教学中，研究者对学科教学知识的成分进行了修改与补充，例如，包括科学教学的定义，有关科学课程的知识与观念，学生对某科学主题的理解，科学教学评价，教学策略，诊断学生的错误，与学生交流，教学组织与学生学习特点。② 这些研究进一步拓展和丰富了舒尔曼最初的学科教学知识的内涵。

如果说舒尔曼和格罗斯曼更多的是从静态的角度界定学科教学知识的话，那么科克伦（Cochran）等学者则更倾向于从动态建构的视角来阐述学科教学知识的内涵。从建构主义的观点出发，科克伦等学者对舒尔曼提出的 PCK 概念进行了修正，提出了"学科教学认识（Pedagogical Content Knowing，PCKg）"的概念，以替代"学科教学知识"这一概念，并认为，学科教学认识是教师对教学法知识、学科知识、学生知识与情境知识 4 种

---

① 舒尔曼认为，教师的知识基础至少应涵盖以下 7 种知识：①内容知识（content knowledge）。②一般教学法知识（general pedagogical knowledge），它还涉及超越了学科内容知识的课堂管理的广泛原理与策略。③课程知识（curricular knowledge），教师尤其要掌握教学材料与内容。④学科教学知识（pedagogical content knowledge），它是内容知识与教学法知识的特殊合成，是教师职业的专属领地，是教师专业理解的特殊形式。⑤关于学习者及其特征的知识（knowledge of learners and their characteristics）。⑥关于教育情境的知识（knowledge of educational contexts），它涵盖班级或小组的运行机制、学区的治理与财政，以及社区和多元文化的特征。⑦关于教育目的、教育目标、价值观及其哲学与历史基础的知识（knowledge of educational ends, purposes, and va-lues, and their philosophical and historical grounds）。详见 Lee S. Shulman, "Knowledge and Teaching: Foundations of the New Reform", *Harvard Educational Review*, 1987, 57 (1)。

② 李琼：《教师专业发展的知识基础——教学专长研究》，43 页，北京，北京师范大学出版社，2009。

知识成分的一种整合性理解，如图 9-1① 所示。由此，学科教学知识的内涵不断发展、深化与演变，从静态的描述走向了动态的建构。在图 9-1 所示的模型中，向外不断扩张的 4 个圆圈分别表示教师 4 种知识成分的发展，而圆圈之间的交汇处则代表知识成分间不可分离的部分。图中，中心部分及黑色加粗箭头表示教师 PCKg 的发展，即教师不断整合学科知识、教学法知识、学生知识、情境知识 4 种类型知识而形成学科教学认识的过程。图中心的 3 个由小到大的椭圆则表示 PCKg 不断由小到大地发展与变化的过程。不过，在 PCKg 的获得与发展过程中，它是伴随着 4 种知识成分的变化而变化的。因此，在教师教育中，应注意同时促进教师 4 种知识的发展，以及 PCKg 对 4 种知识的有效整合。② 而且，学科教学认识的 4 种成分没有先后次序，教师教育的准备课程应让学习者同时经历 4 种成分，并设法促进 4 种成分的整合。正是这种整合，促进了学科教学认识的发展。③ 从结构上看，学科教学认识比学科教学知识多了两个成分：一是教师关于学生及其特征的知识；二是教师关于教育情境的知识，即教师对社会、政治、

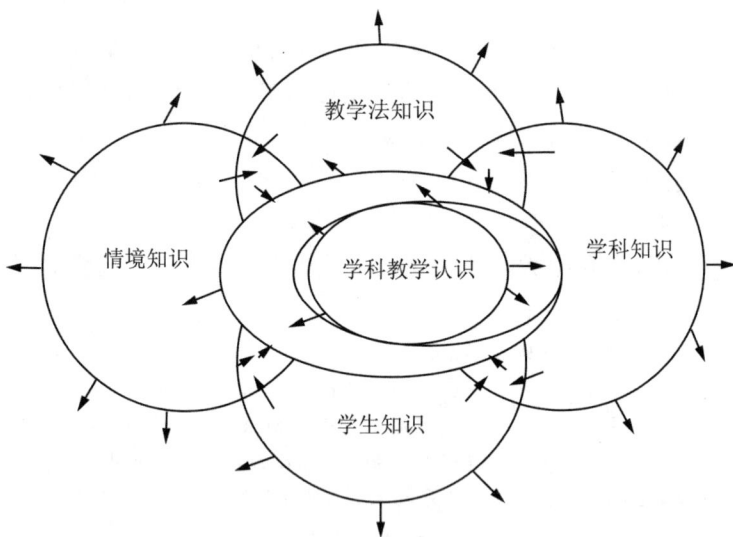

图 9-1　学科教学认识的发展综合模型

① 杨彩霞：《教师学科教学知识：本质、特征与结构》，载《教育科学》，2006 (1)。
② 杨彩霞：《教师学科教学知识：本质、特征与结构》，载《教育科学》，2006 (1)。
③ 李琼：《教师专业发展的知识基础——教学专长研究》，42～43 页，北京，北京师范大学出版社，2009。

文化等外在环境因素的认识与理解。尽管 PCKg 比 PCK 多了两种成分，但实质上二者并不矛盾。可以说，学科教学认识是一种特殊形态的学科教学知识，即一种多要素动态生成的学科教学知识，或者说是学科教学知识的一种衍生与衍化形式。因此，学科教学认识本质上仍是一种学科教学知识。

（二）学科教学知识的本质与特征

尽管一些研究者对学科教学知识的概念和内涵尚存质疑和争论，[①] 但在教师专业知识分类中，存在学科知识与学科教学知识两种不同的成分已日渐成为共识。[②] 而且，学者们在学科教学知识的本质上达成了一些共识。[③]

第一，学科教学知识的核心是向特定学生有效呈现和阐释特定内容的知识，它是教师独有的知识类型，是教学专家与学科专家的最大区别。

第二，学科教学知识是与特定主题相联系的知识，所以它不同于一般教学法知识，以及一般意义上的关于教育目的、学生特征方面的知识。

第三，学科教学知识也是关于某一主题的教学知识，因此，本质上它不同于学科知识。

据此，学科教学知识的特征似可以归结为如下几个方面。[④]

第一，学科教学知识与学科知识密切相关。教师学科教学知识虽不同

---

① 舒尔曼指出，教师需要运用多种不同的方式来表征学科知识，需要考虑学科知识的表征是否具有教学性，而某一学科的学术领域中的研究者就不需要。对此，McEwan（麦克伊万）与 Bull（布尔）从知识论的角度出发，认为舒尔曼对教的学科知识与学术领域内的学者的学科知识的区分是没有理论依据的。他们认为，无论是对学术性的研究者还是对教师而言，学科知识都包含了教育学的成分。在学术领域，学者在提出与论证自己的断言时，必须向同行解释其意义，因而学者也需要考虑其解释是否具有理解性和可教性，即学术知识的论证性。可见，无论是在教学领域还是在学术领域，所有的学科知识都以不同的方式表现出教育学的成分，也就是说，学科教学知识的成分已经包含于学科知识之中了，在学科知识之外再提出学科教学知识是多余的。（详见李琼：《教师专业发展的知识基础——教学专长研究》，42 页，北京，北京师范大学出版社，2009。）不过，我们认为，学者之间的交流、探讨行为与师生之间在教学内容上的授受行为确实存在根本的差异，由于师生之间在知识结构和个体经验上的某种差距，教学行为更需要考虑学科知识的表征是否具有可理解性。显然，学科教学知识的提法是十分有价值的。

② 李琼：《教师专业发展的知识基础——教学专长研究》，47～48 页，北京，北京师范大学出版社，2009。

③ 杨彩霞：《教师学科教学知识：本质、特征与结构》，载《教育科学》，2006（1）。

④ 杨彩霞：《教师学科教学知识：本质、特征与结构》，载《教育科学》，2006（1）。

于学科内容，但其指向特定学科及其内容的加工、转化、表达与传授，与特定内容（如英语语法、物质的溶解、电路等）紧密联系，所以，它与学科知识及其内容息息相关。

第二，学科教学知识具有实践性。教师学科教学知识是关于如何教的知识，是教师基于课堂实践，以及在生活与学习中所获得的经验，并对其进行反思、归纳与总结，经过综合、转化而不断获得与丰富的。学科教学知识离不开教师在实际的教学实践环境中所获得的经验及其基于经验的有目的、有重点的反思。正是在"实践—经验积累—反思—再实践—再经验积累—再反思"的不断往复的知识结构重组与学习的过程中，教师获得了成长与发展。因此，教师的学科教学知识具有实践性。教师的学科教学知识既是在实践中建构的（in practice），又是关于实践的（on practice），还是指向实践的（for practice）。

第三，学科教学知识具有个体性。在很大程度上，学科教学知识是教师个人在自己所任学科和所在班级的特定范围内，不断将自己诸方面知识综合、创新的探究过程。因此，学科教学知识的形成是个体不断建构与完善的过程。

第四，学科教学知识具有情境性。教师学科教学知识的核心是向特定学生有效呈现和阐释特定的学科内容，离不开教师与学生互动的教育教学情境。教师学科教学知识是涉及教师如何教的知识，而教学是不能脱离具体的情境的，情境是整个教学与学习中重要而有意义的组成成分。情境不同，所产生的教学与学习也不同，教学与学习受到具体的情境特征的影响。教师学科教学知识正是这样一种反映教师所处教学现场的特点，与学科内容紧密相关的"视情形而定"的知识。也正是由于学科教学知识的情境性，以及与内容相关的特点，它才显著地不同于适用于任何内容的一般教学法知识，如关于激发学生动机、组织管理课堂的知识。

二、我国中学教学改革的深化

课堂教学改革是基础教育课程改革的重头戏。新课改以来，在声势浩大的课堂教学变革热潮中，各种理念、模式、方法、手段等随着课程改革的深入探索而不断涌现，对提高课堂教学质量、提升教师专业水平发挥着重要作用。但是，各种"热潮"的背后亦不乏问题，我国中学教学改革依然"在路上"，需要在教学理念、模式、评价方式等多方面继续深化改革。

（一）树立正确的课堂教学理念

教学理念反映着对教学活动的理想追求，是指导教师在教学活动过程中组织和实施教学的思想基础。随着社会的发展与时代的进步，教师需要在厘清教学理念变革内在动力的基础上，建构符合时代精神的教学理念。

有研究者分析指出，过度工具取向的教学理念极大地压缩了师生的精神空间，具体表现为对教学理念的唯一主导性、对师生个性的束缚、对教学内容的垄断、对师生关系的师道情怀强调等问题。建构符合时代进步，以及与教育发展规律的精神相遇的教学理念，成为教育发展的大趋势。精神相遇的教学理念是以教学主体的精神世界为核心开展教学活动的理念，主要体现在精神相遇的教学本质、精神解放的教学应然追求、精神实体的教学主体状态、精神商谈的教学方法及精神认同的教学评价等方面。[①]

（二）追求多元的课堂教学模式

教学模式"是一种特定的系统性教学理论的应用形态，是一种应用化的具有特定程序的、可以在实践中操作的教学理论"[②]。新课改以来，变革"机械性学习""应答性学习""接受性学习"的传统学习方式，反对"课堂中心""教师中心""教材中心"的传统教学模式，倡导"学生中心""自主活动""注重探究"的"个性化教学""探究性教学"模式的呼声不断高涨。然而，要深化中小学课堂教学改革还任重道远。有研究者指出，课堂教学模式变革中存在"决策主体热推而行动主体冷淡""价值取向热衷于移植模仿而疏于自主建构""变革内容上热心于程序改变而冷漠于理念解读""变革路径上多强求划一少灵活变通"等问题。具体表现如下。[③]

其一，由校长、各部门管理者构成的决策与指导团队，作为学校变革的决策主体，为了学校教学质量的迅速提高，对当下备受关注与追捧的教学模式，兴致勃勃地学习与模仿，并热情甚至强力推行，表现出高昂的变革热情与决心；作为学校变革决策核心执行者的教师，或者由于无法觉察变革的真正价值与实际好处，或者出于对变革成效不确定性的规避，而对模式改革常常表现出消极执行或敷衍应付的态度。

其二，面对积极引进的"先进经验"，学校教学模式变革在价值选择

---

① 李德全、胡守敏：《论精神相遇的教学理念》，载《教育研究与实验》，2014（1）。

② 段作章：《课程改革与教学模式转变》，载《教育研究》，2004（6）。

③ 张菁：《教学模式变革的"热"与"冷"：变革理论视角的分析》，载《河北师范大学学报（教育科学版）》，2015（1）。

上，以近乎全盘接受的心态与方式运用于自己学校课堂的教与学过程，期望借助于外显的教学程序与步骤的改变，立竿见影地提高教学质量，解决学校的教学问题，呈现出热衷于移植模仿的价值取向，却很可能导致教学过程的"水土不服"，也忽视了根据本校师生的实际需求与可能做适度调整与改造。

其三，由于教学模式的操作程序、活动范式等应用形态，具有典型性、相对稳定性及直观易学性，通过观摩教学活动过程与模仿实施策略，变革主体只需付出较少的时间精力，就相对容易且快捷地在自己的课堂上呈现出某种教学模式的活动流程、高度相似的一招一式。这种高效的"投入产出比"与"立竿见影"的表现效果，导致变革主体更倾向于效仿、移植教学模式中最易学易做的操作程序与教学步骤，即变革内容集中于教学程序、步骤的改变；而对需要实实在在付出较多精力去深入解读与理解方能透彻把握的模式蕴含的教育理念，则表现出敬而远之、漠然置之的态度，逐渐忽视并淡忘了模式所服务的教学任务与价值追求。

其四，当前教学模式的变革路径设计主要表现为：有的为了谋求变革时效，要求所有教师同时执行模式变革，讲究"齐步走""一刀切"，忽略不同教师专业发展水平与发展需求的差异；有的要求各个学科采用统一固定的模式操作程序与实施策略，缺少针对不同学科育人价值差异的灵活变通，如师生共同依托被称为"讲学稿""导学案"或"学习单"的教学文本，作为沟通学与教之间的载体；还有的几乎每堂课都离不开"先学后教"的教学活动流程、"小组合作学习"组织形式等。即使在同一所学校，无论学科间教学任务差异有多大，但课堂教学模式的基本环节、操作程序等表现出高度趋同特质，忽略了模式变革推进路径的因地制宜、灵活变通性。

随着基础教育课程改革和中小学课堂教学改革的日益深入，各种课堂教学模式（如"洋思模式""杜郎口模式""东庐模式""翻转课堂"等）的改革、探索确实取得一定的成效，但任何一所学校或地区在应用教学模式指导教学实践时，其教学模式、方法都不能是机械的、教条的，其经验也并非完美无瑕，[①] 必须根据学校条件、教师状况、教学内容，更重要的是根据学情，合理地选择适合学生的方法，形成适合学生发展需要的，具有独特教学风格和教学特色的灵活多变、富有个性、充满灵性和多元创新的

---

① 时晓玲、于维涛：《中小学课堂教学模式改革的省思与多元创新——基于洋思、杜郎口、东庐等校课堂教学实践的思考》，载《教育研究》，2013（5）。

教学模式。

（三）探索"以学生为主体"的课堂教学评价

课堂教学评价是调控教师课堂教学行为的主渠道之一，基础教育新课程改革的稳步实施给教师课堂教学评价既带来机遇也提出挑战，当前我国中学课堂教学评价的变革并不尽如人意。新课程改革提出要发挥教学评价的发展性功能，重视评价中的"人"，做到评价方式多元化，而现实中，我国基础教育课堂教学评价仍然存在"评价目的异化""评价方式单一""评价主体迷失"等状况，使得教学评价变革陷入"瓶颈"。

"评价目的异化"是指教学评价的导向、诊断、反馈、激励、反思等功能体现得远远不够，仅仅体现出对学生进行所谓"分等"的甄别功能。"评价方式单一"是指教学评价仍以传统标准化纸笔测试为主要方式，虽然这种方式能够直观地量化出学生的学习结果，但这种评测方式仅仅停留在对知识概念的记忆与抽象运用层面，无法全面评估学生的学习状态（包括学习动机、态度、情绪等）和学习效果。教学评价不应该仅仅"评价学生学了什么"，教学评价的最根本目的应该是帮助学生更好地学习。为此，需要深化多元教学评价改革，彻底改变死记硬背、突击考试等考评方法，在"学生中心"原则的基础上，关注学生的发展性评价与过程性评价，建立学业考核全程化、评价标准多元化、考核方式多样化的学业考评新体系，注重考核学生运用知识分析问题和解决问题的能力，努力实现考核结果符合学习效果的目标。"评价主体迷失"是指"学生"这一教学评价中一贯的被评价者，因教学评价理念的提升和课改的推动，正逐渐地以评价者的身份参与教学评价（如时下的档案袋评价方式和课堂教学中学生互评的方式，就是学生作为评价者的一种体现）。然而，实践中教学评价理应达成的功能没有很好地实现，原因在于学生只是在被"当作"主体而不是"作为"主体来参与教学评价。学生成为教学评价主体，面临诸如教学评价权受限等现实困境，需要从调整课程内容、完善评价制度等方面来达成学生成为评价主体的身份转变，更好地发挥教学评价促进学生发展的功能。

总之，当前我国教学改革的主要趋势表现为：教学观念（知识观、学习观、学生观、教学观等）的转变与更新；学习方式（自主学习、探究学习、合作学习等）的多元与优化；教学评价的改进与完善（功能上强调诊断、提高，主体上注重多元参与，内容上关注学生学习状态及其发展）。实施素质教育依然是我国当前教学改革的主题，并且围绕这一主题，注重学生核心素养（包括学科核心素养）的发展与培养。

[复习与思考]

1. 完整地观摩一节中学课堂教学，尝试运用本章所学，分析其优点与不足。

2. 访问一位你遇到过的最优秀的中学教师，结合访谈，阐述自己对中学教师学科教学知识的体会和认识。

[推荐阅读]

1. ［捷］夸美纽斯：《大教学论·教学法解析》，任钟印译，北京，人民教育出版社，2006。

2. 叶澜：《让课堂焕发出生命活力——论中小学教学改革的深化》，载《教育研究》，1997 (9)。

3. ［日］佐藤正夫：《教学原理》，钟启泉译，北京，教育科学出版社，2001。

4. ［美］理查德·I. 阿兰兹：《学会教学》（第 6 版），丛立新等译，上海，华东师范大学出版社，2007。

5. 张熊飞：《对教师"主导作用"的再批判——再论教师的引导作用》，载《中国教育学刊》，2015 (6)。

6. 张新平、李国伟：《欣赏型探究及其对中小学教学改革的启示》，载《教育科学研究》，2014 (3)。

第十章
中学课堂管理

[本章重点]

1. 理解课堂结构和课堂管理的内涵、基本原则，影响课堂管理的因素，以及课堂管理的有效策略，能有效管理课堂。

2. 理解课堂气氛的内涵，了解课堂气氛的类型，理解影响课堂气氛的因素，掌握创设良好课堂气氛的条件。

3. 理解课堂互动的含义、类型及策略，了解课堂问答的环节及其要义、技巧等，能够对中小学课堂教学各环节做出分析和评价。

4. 理解课堂纪律的含义，了解课堂纪律的类型和课堂问题行为的性质、类型，能够结合实例分析中学课堂问题行为产生的原因，掌握处置与矫正课堂问题行为的方法。

案例导入：如何评价教师的课堂理答行为？①

表 10-1 是一节课中对任课教师的课堂理答行为所做的记录。

表 10-1　任课教师的课堂理答记录

学生回答问题的情况	教师的理答行为方式及次数
①学生回答出标准答案时	教师表扬学生后，示意学生坐下，3 次； 教师直接示意学生坐下，5 次
②学生回答错误时	教师自己指正，8 次； 教师叫其他学生评价，4 次
③学生回答不出问题时	教师启发、引导学生继续回答，2 次； 教师示意学生坐下，喊其他学生回答，5 次
④学生回答不全面时	教师换其他学生回答，6 次
⑤学生不肯站起来回答时	教师命令其一定要站起来回答，1 次
⑥一学生回答，其他学生插话时	教师示意其他人安静，让该学生说完整，2 次； 教师对插话学生讥讽说"你真聪明"，1 次
⑦学生回答所说的内容为下一教学环节的内容时	教师直接打断学生发言，2 次
⑧对学生回答所说的内容，教师无法直接判断正误时	教师直接回避，示意学生坐下，喊其他学生回答，1 次

根据表 10-1 的记录，你认为这位任课教师的课堂理答行为存在哪些不足？哪些方面需要改进？

---

① 资料来源于某地区教师招聘考试的参加者对某道测试题的回忆。

　　中学教学的实施效果能否最终达成教育目的和课程目标，需要教学各要素之间在一定时空内彼此充分互动、有效促生。新课程改革强调培养学生的主动性、创新性，强调教师智慧地栖身于教学过程，于是，课堂气氛、课堂结构、课堂互动、课堂时间管理、课堂纪律管理与问题行为管理等成为当前课堂教学特别关注的焦点。

第一节　课堂管理概述

一、课堂的核心特征

　　"课堂"不同于"教室"，它是教师、学生及环境之间形成的一种互动情境，是教师教学（teaching）与学生学习（learning）的主要阵地。课堂对教师而言，主要是一个工作的地方，"教师走进课堂，满脑子都是完成教学任务，教师一般不会想在这里交友或游戏"[①]；但课堂对学生而言，则并非如此单纯，"课堂对于学生，就是一个生活的地方，过日子的地方。他们不但想在这里学习知识，而且要交朋友，要游戏，要打架，要了解他人、了解自我"[②]。

　　学生、学习过程和学习情境是课堂的三大要素，这三大要素的相对稳定的组合模式就是课堂结构。课堂结构包括课堂情境结构和课堂教学结构。课堂情境结构表现为班级规模的控制、课堂常规的建立、学生座位的编排等。课堂教学结构表现为课程表的编排、教学时间的合理利用、教学过程的规划等。

　　正因为课堂是学生学习和生活的地方，所以，课堂又是一个奇特而充满矛盾的地方。课堂不同于工厂、公司、军队等地方，是因为学生作为未成年人，他们在课堂的活动是在教师指导下进行的，并且旨在通过课堂活动促进学生发展，这是课堂的核心特点。因此，课堂管理与公共交通管理、工厂管理、公司管理、军队管理等有着本质的不同。

二、课堂管理的内涵

　　现代管理理论指出，管理的目的是实现预定目的，管理的本质是协调，

---

① 王晓春：《课堂管理，会者不难》，7 页，北京，中国轻工业出版社，2010。
② 王晓春：《课堂管理，会者不难》，7 页，北京，中国轻工业出版社，2010。

协调的中心是人，协调的方法是多样的。课堂管理是指为顺利开展课堂活动所进行的计划、组织、控制、监督过程。它包括课堂物质环境的安排，课堂秩序的建立和维护，对学生行为的监督，对违反课堂纪律行为的处理，指导学生学习等。[①] 课堂管理是教师通过协调课堂教学中的各种因素，保证教学活动的顺利实施，高效实现预定教学目标的活动，是有效教学的先决条件。其主要任务是协调课堂中的人际关系，创设良好的课堂气氛，激发学生的学习积极性，促进学生主动学习，帮助学生在积极的情感体验中开展有效学习，减少问题行为的出现。

（一）课堂管理需要交流，而不只是外部控制

课堂管理不同于交通管理，固然也需要建立课堂秩序，但根本目的并不在于"没有规矩，不成方圆"；目的不是控制，而是有效交流。"如果说交通管理的核心是秩序，那么课堂管理的核心则是交流和发展，秩序只是为交流发展服务的第二位的东西，秩序要为发展服务。"[②] 课堂管理需要更多的人情味、灵活性，"课堂规则如果真的变得像落实交通规则那样，师生之间、生生之间的关系也就真的'形同路人'了。这绝对不是教育努力的方向"[③]。

（二）课堂管理需要质的管理，而不只是量化考评

课堂管理不同于工厂管理的地方在于：工厂的生产任务可以拆解和组装，因此也就可以对整个生产流程进行有效的量化管理。课堂则完全不同：课堂要完成的任务难以拆分，"课堂是一种拆不开的东西，课堂要完成的任务是学生的发展，而学生不是死的机器零件，学生时刻都在变化"[④]，最重要的是，教师能够对课堂出现的各种情况进行质的分析并加以区别对待。

（三）课堂管理需要柔性管理，而不只是刚性管理

学校课堂管理不同于军队管理，学校教育要促进学生全面发展，这个根本目标和方向具体落实到每一位学生身上时，则必然会出现个别差异。"教育教学不是打仗。教育必须因材施教，每个学生应该有各自的具体发展方向和目标。"[⑤] "学校就是学校，学生就是学生，孩子就是孩子。学校的

---

① 顾明远：《教育大辞典（简编本）》，282 页，上海，上海教育出版社，1999。
② 王晓春：《课堂管理，会者不难》，24 页，北京，中国轻工业出版社，2010。
③ 王晓春：《课堂管理，会者不难》，24 页，北京，中国轻工业出版社，2010。
④ 王晓春：《课堂管理，会者不难》，30 页，北京，中国轻工业出版社，2010。
⑤ 王晓春：《课堂管理，会者不难》，35 页，北京，中国轻工业出版社，2010。

管理，课堂的管理，必须是柔性的、弹性的，比较宽松，讲究妥协，而绝不能像军队那样硬邦邦的。这是显而易见的道理"①。

（四）课堂管理主要是为了学生的发展，而不是为了管理者的业绩

课堂管理不同于公司管理，"学校管理是一种很特殊的管理，在学校，各种管理的目标首先不应该是为了达到管理者的目标，而应该是为了学生的发展"②。"教育者必须认识到，教育是一种公益事业，而不是一个产业，学校绝对不是一个公司"③，学校管理、课堂管理的宗旨只有一个，那就是为了学生的发展，而不是为了完成上级布置的任务。

三、课堂管理的基本原则

（一）了解学生的需要

学生对课堂教学活动的心理需要是其课堂行为的动力基础，学生的需要是内因，教学活动只有通过内因才能取得预期学习效果，因此，在课堂管理中应高度重视学生的需要。无视学生的需要进行课堂管理，只会事倍功半，甚至极有可能导致学生身心受到伤害。

（二）创造积极的课堂人际关系

和谐、融洽的师生关系使师生双方在心理上有很大的相容性，学生就乐于接受教师所传授的知识和技能，对教师采取的教育措施也能够给予配合，并且能够受到教师榜样示范作用的影响；教师也容易对学生产生移情，能从学生的角度考虑问题，从而采取更有针对性的教育措施。

良好的学生同伴关系能使学生互相帮助、共同进步。在合作的学习情境中，学生间关系融洽、取长补短；在竞争的学习情境中，学生的学习积极性能够得到激发，获得学习成就感。教师应鼓励学生在合作中竞争、在竞争中合作，创造有利于学习的同伴关系。

（三）采取有效的教学措施

教师应熟练掌握教学过程中的每个环节，实施有创造性的教学，减少外部因素干扰，帮助和促进学生将精力集中到学习上来，保证教学任务的完成。教师要根据学生的心理需要、身心特征等确定教学目标，合理选择和安排教学内容，既考虑到学科内在的逻辑体系，又考虑到学生的实际接

---

① 王晓春：《课堂管理，会者不难》，36页，北京，中国轻工业出版社，2010。
② 王晓春：《课堂管理，会者不难》，43页，北京，中国轻工业出版社，2010。
③ 王晓春：《课堂管理，会者不难》，43页，北京，中国轻工业出版社，2010。

受能力和水平。

在课堂管理中，除了要保证课堂秩序良好，还应采取有效的教学方法激发学生的学习兴趣，向学生提供学法指导，教会学生高效学习。

（四）建立相对稳定的课堂规范

课堂规范是课堂管理的依据，制定规范时应考虑学生的实际，以免课堂规范形同虚设。课堂规范一旦形成，就对学生产生约束力，但学生只有在清楚地了解并理解这些规范的基础上，才会自觉地遵守规范。因此，教师应帮助学生了解规范及其必要性，在正确认识的基础上逐渐形成符合课堂规范的行为习惯。

四、影响课堂管理的因素

影响课堂管理的因素很多，社会和学生对教师的期望、班集体的特点、学校领导的管理类型、教师自身的素质等，都会不同程度地影响教师的课堂管理。

（一）社会和学生对教师的期望

社会对教师的行为表现、意向、动机等往往表现出特定的期望（如教师应认真负责，对学生循循善诱；教师是社会规范的代言人，教师的言行应符合社会道德规范等），教师也会不断感受到这种社会期望，并在实践中转化为行为，在课堂管理中受到社会期望的影响。

学生集体对教师的课堂管理也会产生期望，并且在师生互动过程中通过各种方式传递给教师，教师就会努力使自己的课堂管理与学生的期望保持协调，使课堂管理有效进行。例如，学生希望教师和蔼可亲、与学生平等相处，教师如果无视学生的这种期望，对学生发出的示好信息无动于衷，逐渐地，学生也会以冷漠甚至敌视的态度对待教师，导致专制型的课堂管理。相反，如果教师了解学生对自己的期望，并以更大的热情回报学生，就会逐渐形成和谐、民主的师生关系，教师也会采取民主型的课堂管理。

（二）班集体的特点

首先，班集体的规模会影响课堂管理方式。对规模较大的集体，学生内部之间交往频率较小，课堂规范不容易被很好地遵守。其次，班级性质也会影响教师的课堂管理。不同性质的班级有不同的群体规范和不同的凝聚方式，教师应根据不同的班级性质决定其管理方式。在凝聚力本已比较强的班级，教师应充分发挥学生的自觉性和主动性，侧重让学生自控自理；而对纪律相对涣散的班级，教师则需树立权威，充分地监督和指导学生。

（三）学校领导的管理类型

教师是课堂管理的主体，同时又是学校领导的管理对象，领导的管理方式必然会潜移默化地影响教师。教师在不同的领导方式（如专制型、民主型、放任型）下，课堂管理也往往会表现出差别。受专制型领导方式的影响，教师在课堂上的管理也容易比较专制，气氛压抑，并常因领导的专制产生焦虑，然后在与学生交往中又把这种消极情绪传递给学生，从而影响课堂气氛。在民主型的领导方式下，教师有什么问题能得到及时解决，从而放开手脚，创造性地进行课堂管理。而在放任型的领导方式下，教师往往容易感到不被重视，进而产生教师放任自流的风气，他们的课堂管理也常常处于失控状态，秩序混乱。

（四）教师自身的素质

教师素质是课堂管理的决定因素。课堂管理成效在很大程度上依赖于教师自身素质。教学活动的开展、良好课堂气氛的营造、课堂纪律的维持等，都离不开教师自身的行为。教师的政治思想与道德品质、专业情意（特别是对教育事业的热爱和对学生的热爱）、专业知识能力（特别是课堂教学能力）及个性等，都影响着教师的课堂管理。很难想象，一名平常不苟言笑的教师会在课堂内把气氛营造得很活跃，一名优柔寡断的教师会使用专制型的管理方式。

五、课堂管理策略

在影响课堂管理的诸多因素中，教师的特质（如教师的领导风格、教师的教学设计等）、学生的特点（如学生的学习状态、心理特征、自我控制力、对教师的期望等）及环境特征（如班级规模、班级性质、班级中的人际关系、学生座位形式等）都直接影响课堂管理的成效。课堂管理策略是指教师在课堂教学过程中为实现预定教学目标，实现预期效果，通过协调课堂内各种教学因素，而采取的有用的教学行为和活动。

（一）课堂空间管理策略

课堂空间管理策略包括合理布置课堂空间环境、选择合适的课堂互动模式、巧用师生间身体距离等。

1. 合理布置课堂空间环境

课堂空间环境主要指教室的物质环境及其布置等。教室的物质环境包括教室的通风条件、光线与亮度及课堂座位的布局等；教室的布置则包括张贴各种标语、名言警句、名人画像、学生作品等。课堂空间环境不仅会影响课堂内的人际交往和学生的心理感受，而且能够通过传递特有的物质文化意蕴，熏染和塑造着置身其中的每一个人的思想和行为。

2. 选择合适的课堂互动模式

在课堂空间内发生的人际互动是教学活动的载体，课堂交互模式既受课堂空间的限制，也会影响和改变课堂的空间形态。课堂互动模式和课堂空间形态共同决定学生的课堂参与程度。教师应根据教学目的与内容，精心选择互动模式。比如，展示型的教学活动可以全班互动的形式开展；复述、对话等练习活动可以采取配对的形式进行；游戏、小品表演、项目作业、访谈等可以采取小组活动形式等。

3. 巧用师生间身体距离

课堂教学中，教师所处位置不同，与学生的距离远近不一，会给学生带来不同的心理感受，产生不同的效应。课堂教学中，教师可以巧妙地利用与学生身体之间的距离变化，给予学生不同的心理暗示。

（二）课堂时间管理策略

课堂时间管理是教师的基本教学技能之一，也是学生提高学习成效的必然要求，其关键在于教师如何依据学生的个体差异，促进每位学生都能够顺利完成学习任务。课堂时间管理是对课堂教学中单位时间的管理，包括时间的分配、时间的利用等，其本质是教师对教学时间的管理。课堂时间管理的要旨有以下三点。[①]

1. 保障并适度增加学生的"用功时间"

学生专注于学习并努力完成具有一定难度的学习任务的时间，是学生集中注意力进行认知建构的重要时间段。教师保障并适度增加"用功时间"，要注意以下几个方面。

一是把握最佳教学时间。课堂 45 分钟内，学生的身心状态一般呈波谷—波峰—波谷—波峰—波谷……起伏发展，教师可根据这一节律完成不同的课堂教学任务。

二是管理好学生的活动时间。在以学生为中心的课堂中，分组活动和讨论极为常见，这就要求教师注意活动时间的管理。一旦时间失去控制，便会扰乱课堂节奏，影响整节课的教学效果。

三是择机处理问题学生。对课堂上捣乱的极个别学生，如果教师多次采取措施却无效，而其行为不足以扰乱课堂秩序的话，教师可以暂时搁置，

继续自己的讲课，课后再与其单独谈话。教师切忌在课堂上花大量时间纠正个别学生的问题行为而耽误其他学生的课堂时间。

四是有效衔接课内外时间。学生的课内时间有限，可以将课堂时间管理延伸到课外。为了节省课堂时间，教师可以把任务细化，让学生在课外讨论、合作完成，然后课堂展示，这样更能促进学生有目的、有计划地学习。

2. 保证学生足够的自由支配时间

课堂内学生拥有自由支配的时间，可以使其更好地制订和执行适合自己的学习计划，提高自学能力，培养兴趣和爱好；也可以使其获得相对独处的时间，进行自我教育和自我发展；学生也能更多地与他人交往，提高人际沟通和交往能力。教师可以在课堂制度上保证学生一定的自由支配时间，课前充分备课，课堂精讲、少讲，依靠优质、高效的教学吸引学生，减少维持课堂纪律的时间。

3. 给予适当、明确的课堂指令

学生许多课堂无效行为往往是由于教师指令不当或学生没能准确理解教师的指令而引起的。课堂上教师给予学生的活动指令应清晰、简短，交代指令前必须保证学生已将注意力集中到教师身上。教师可以通过变化语音、语调、语速、节奏、眼神、表情等引起学生的注意。交代指令时应明确活动的时间、目的、方式、操作步骤等，注意检查学生对指令的理解，终止指令也要清晰并留有学生提问的时间。

总之，教师在课堂教学中需要具备课堂时间管理的理念，合理分配有限的课堂教学时间，充分、有效地利用学生的"用功时间"。教师还需熟知学生的个人能力倾向，做到因材施教，减少在同步教学中因学生的个体差异而造成的无谓时间消耗。一般而言，同样的教学内容和同样的教学时间，个人能力强的学生会感到时间多余，而个人能力弱的学生则感到时间不足。教师还应努力提高自身的教学水平，延长学生乐于学习的时间。

第二节　课堂气氛

课堂管理首先要通过营造融洽的课堂气氛来保证教学活动的顺利进行。

一、课堂气氛的含义

课堂气氛（classroom atmosphere）是指师生在课堂上共同创造的心

理、情感和社会氛围。课堂气氛是班集体在课堂上表现出来的某些占优势的态度与情感的综合状态，是教师与学生在课堂教学过程中相互作用所呈现的心理状态及所构成的心理环境，是在课堂活动中师生相互交往时所表现出来的相对稳定的知觉、注意、情感、意志、定式和思维等心理状态，是班级气氛的重要组成部分，是影响课堂上师生思想、行为、教学效果和教学质量的重要因素。课堂气氛一经形成，就会形成一种社会压力（social pressure），使置身其中的教师和学生不由自主地受其影响。

二、课堂气氛的类型

从不同的角度可以将课堂气氛分为不同的类型，一般而言，课堂气氛可分为以下三类：积极的课堂气氛、消极的课堂气氛、对抗的课堂气氛。

（一）积极的课堂气氛

积极的课堂气氛往往表现出以下基本特征：课堂情境符合学生的求知欲和心理特点，师生之间、生生之间关系和谐，学生在课堂上能够产生满意、愉快、羡慕、互谅、互助等积极的态度和情感体验，是恬静与活跃、热烈与深沉、宽松与严谨的有机统一。

（二）消极的课堂气氛

消极的课堂气氛的基本特征是：课堂情境不能满足学生的学习需要，脱离学生的心理特点，师生之间、生生之间关系不融洽、不友好，学生往往产生不满意、烦闷、厌恶、恐惧、紧张、高焦虑等消极的态度和情感体验，大多紧张、拘谨、心不在焉、反应迟钝等。

（三）对抗的课堂气氛

对抗的课堂气氛的基本特征是：容易出现学生过度兴奋、各行其是、随便插嘴、故意捣乱等现象，课堂教学基本上处于失控状态。

相关链接 10-1：不同气氛下的课堂

有学者从学生思维活动状态及情感体验的角度，将课堂气氛分为智力紧张、情绪轻松型，智力紧张、情绪紧张型，智力轻松、情绪紧张型和智力轻松、情绪轻松型 4 类，[①] 具体见表 10-2。

---

① 宋广文等：《课堂教学心理气氛及其教育作用》，载《教育科学》，1999（2）。

表 10-2　课堂气氛类型及其主要特征

序号	课堂气氛类型	课堂气氛的主要特征
1	智力紧张、情绪轻松型	学生注意力集中，思维积极，反应迅速，师生关系融洽，课堂形成积极的双向交流，学生既紧跟教师的教学思路思考问题，又不担心因未学会或答错题而受批评
2	智力紧张、情绪紧张型	学生注意力集中，思考积极，积极回答问题，情绪紧张且有压迫感。教学效果较好，但不宜时间过长
3	智力轻松、情绪紧张型	学生情绪处于高度紧张状态，胆怯、害羞、虚荣、缺乏自信等，很难将注意力集中于智力内容。通常由教师过分严厉或教学内容难度较大，学生难以接受造成
4	智力轻松、情绪轻松型	学生注意力不集中，走神、打瞌睡或东张西望、做小动作等，不积极思考。教学效果较差，尤其当学习难度较大时

　　从教学效果与学生身心健康的角度看，最理想的课堂气氛是智力紧张、情绪轻松型。智力紧张、情绪紧张型，智力轻松、情绪紧张型，以及智力轻松、情绪轻松型都是不足取的。

　　也有学者依据课堂的纪律情况和听讲注意力的集中程度，归纳出表 10-3 中的 4 种类型课堂。[①]

表 10-3　课堂类型及主要特征和主要影响因素

序号	课堂类型	课堂形态的主要特征	课堂形态的主要影响因素
1	方形课堂	传统型，规矩型，学生守纪律但不够活跃	师生性格，班主任工作风格，教师的教学创造性等
2	水形课堂	可变性强	学生心理特点，教师的教学差异等
3	锯齿形课堂	像锯齿一样会刺伤教师	"智力尖刺""纪律尖刺"等
4	散沙形课堂	学生各自为政，干自己喜欢的事	班级风气，教师的教学倾向等

---

①　王晓春：《课堂管理，会者不难》，70～74 页，北京，中国轻工业出版社，2010。

三、影响课堂气氛的因素

课堂物理环境会影响课堂气氛，课堂人文环境（如教师的领导方式、教师威信、班级风气）、教师的教学能力、教师对学生的期望水平及教师的自我情绪调控能力等，也都是影响课堂气氛的重要因素。无论如何，教师在课堂教学中起着主导作用。

（一）课堂物理环境

课堂中的物理环境是指班级人数、座位安排、教学设施、光线、色彩、室内空气等。青少年大部分时间在学校中、教室里度过。课堂物理环境对学生身心的影响应引起关注。

班级人数太多，让人感到拥挤、烦躁，学生彼此干扰因素增加，教师注意力分配难度加大，易产生课堂问题。一般来说，班级人数控制在 20 人左右为宜。当前我国被家长们追捧的"名校"远远达不到这个标准，其平均班级人数甚至高达 60 人。经验表明，坐在教室前中部的学生与教师的互动较多，而与教师频繁的目光接触对学生来说是一种无言的鼓励，促使他们更积极地参与教学。

此外，不同的光线、色彩及空气新鲜与否都给学生不同的感受，影响学生的情绪与思维敏捷性。

（二）课堂人文环境

课堂气氛不是自然生成的，虽然与课堂的物理环境有密切关系，但是与课堂人文环境关系更加密切。课堂人文环境包括教师的领导方式、教师威信及班级风气等。

1. 教师的领导方式塑造课堂气氛

在不同的教师领导方式下，学生的学习状态往往有很大差异。20 世纪三四十年代，库尔特·勒温（Kurt Lewin）等提出了民主型、专制型及放任型三种领导方式。经验和大量调查都表明，学生普遍欢迎民主型领导方式，专制型和放任型领导方式都不为学生所接受；学生随着年龄增长，对专制型领导方式会愈加厌恶。教师应充分尊重学生在学习中的主体地位，调整自己的领导方式，向民主型努力。

2. 教师威信影响课堂气氛

教师威信是指教师具有一种使学生感到有尊严而信服的精神感召力。实践证明：有威信的教师会让学生感到亲切而不失威严，对其所授知识及其思想观点深信不疑；会让学生感到安全，敢于提出问题，大胆表达自己的观点；教师的表扬能让学生感到骄傲和自豪，对学习产生更大的信心与激情；对教师的批评，学生也会欣然接受、心悦诚服。相反，对缺乏威信的教师，很多学生则自觉不自觉地会表现出轻视、不信任等情绪，有的学生甚至会在课堂上故意捣乱，破坏课堂纪律，干扰教师的教学。

3. 班级风气推动课堂气氛

班级风气（简称"班风"）是由班级成员之间及成员与各群体之间在情感、认识、行为、道德规范等方面相互影响而形成的一种集体氛围。班风反映着全班学生的精神面貌，影响着班级的整体学习氛围，在一定程度上对学生行为起着舆论和心理导向的作用，产生一种群体压力和活力。一个班级的班风往往最直接地体现在课堂气氛中。一般情况下，良好的班风会推动良好课堂气氛的形成；反之，不良班风会对不良课堂气氛的形成推波助澜。教师则对班风的形成起着最重要的渲染作用。教师应密切联系学生，尊重学生，培养积极向上、具有较强凝聚力的班集体。同时，教师要重视非正式群体对班风的影响。非正式群体是班级成员在交往过程中源于共同的兴趣、爱好、观点或某种利益而自发形成的，依靠心理、情感的力量来维持的集体。非正式群体对良好班风的形成可能起到促进、中立、阻碍，甚至破坏作用。教师要善于分析非正式群体，区别对待；主动与非正式群体成员（尤其是主要成员）多沟通，发现他们的长处，因势利导，有意帮助他们将优势方面的表现迁移到弱势方面；适当地多为他们提供课堂发言、为班级争光的机会，可以培养其中表现较好的学生成为班干部，引导其对班级产生浓厚的关注，使非正式群体对积极班风的形成与维护产生正面作用。对起破坏作用的非正式群体，要以情感沟通、真诚关心、积极鼓励为主，必要时辅以学校及班级规章制度的约束作用，最大限度地减少其对班风及课堂气氛的消极影响。

（三）教师的教学能力

教师的教学能力直接影响课堂气氛，具体可通过以下三方面衡量。

首先，教师的教学流程安排是否恰当。教学实施不必拘泥于形式，但都蕴含一定的逻辑主线，并外显于进程安排上，以引导学生紧跟教师的思路，循序渐进地学习。比如，在导入环节，教师要根据不同教学对象、教学任务、教学内容、教学时间及教学目的等选择不同的导入方式（如以名人逸闻趣事开头，设置悬念，或者创设问题情境，巧用"先行组织者"策略等，引起学生的注意、好奇心及学习兴趣，为进入正题做好心理铺垫），时间控制在 5 分钟以内为宜。时间太短，一些学生注意力可能还没有来得及完全从课外事物上转移到课堂上；时间太长，则易使学生摸不着头脑，弄不清教师所云何物，更抓不住问题的关键，不仅会导致注意力分散，甚至会使学生感到厌烦，结果适得其反。要注意导入内容的选择及分析视角。又如，在教学主体环节，教师讲课是否条理清晰、主次分明、重难点突出，以及能否做到讲解深入浅出，都将对学生的注意力、兴趣等产生显著影响。教师应有意识地针对不同年龄学生的注意稳定性特点，在学生稳定的注意期内完成重点、难点的教学等。

其次，教师的教学基本技能是否过硬。教师要对教材有深刻的把握，有扎实的教育教学艺术功力、教学技能，讲解、设疑、提问都要力求恰到好处。教师还应具有清晰的逻辑思维能力与良好的语言表达能力。在保证教学内容准确的前提下，教师还需重视知识的呈现方式。认知心理学研究表明，不太简单又不太复杂的刺激信息或相关事物最能引起人们的兴趣，也最能引起并保持注意。过于简单，会使人们感到厌烦；相反，过于复杂，则不易引起注意。因此，除了传统教学手段（粉笔、黑板、挂图等），教师还应根据不同的教学情境、教学内容和教学对象，正确选择现代多媒体手段，借助其声形并茂的特点，对学生进行多感官刺激，提高其兴奋度。教学接近尾声时，教师则需通过言简意赅的总结"画龙点睛"，并在此基础上提出难度适宜的课后思考任务，以帮助学生巩固所学知识、技能，满足学生学有所获的心理需求，激发其进一步学习的积极性和主动性。

最后，教师在课堂中是否具有教学机智。课堂教学是一个动态过程，要求教师能够眼观六路、耳听八方，需要教师随机应变，反应迅速。教师在讲课的同时还需随时观察学生的反应，善于从细节中捕捉学生对教学内容的理解状况、思维状态及情绪状态，全面掌控课堂局面，及时调节教学行为。比如，遇到突发事件，教师应力争通过智慧、幽默的方式，果断、及时地加以处理，避免使用冷言恶语加剧课堂的紧张气氛并激化矛盾。

（四）教师对学生的期望水平

教师的期望可以通过言语或非言语的方式传达给学生。言语式期望可以通过客观语言提示（指教师对学生明确表达的语言信息）和主观语言（或称"自我语言"）提示（指个体对自身的语言提示）。教师在课堂可以有意识地通过客观语言提示将自己的期望传递给学生，并鼓励学生发出自我语言提示，提高学生的学习信心和效率。非言语式期望可以通过对学生的期待、信任、赞许等眼神来实现。需要注意的是，教师对学生的期望值应适度，期望值过高易让学生感到"高不可及"；期望值过低则会使学生认为自己没用，易导致学生产生自卑倾向。同时，教师对学生的期望还应注意个体差异。

(五) 教师的自我情绪调控能力

情绪是融洽师生关系的纽带。教师的情绪对课堂气氛、教学效果有直接影响。教师不仅应善于机智、果断地处理突发事件，还需要学会在任何课堂情境中驾驭好自己的情绪状态。教师在良好心境下教学，往往思路开阔、思维敏捷，学生的紧张情绪能够缓和，对立情绪能够淡化，自卑情绪能够扭转，竞争情绪能够激发，极易出现生动、活泼的课堂气氛。教师在低沉、郁闷的心境下授课，则不仅自己思路狭窄，而且这种消极情绪会感染、传递给学生，造成课堂气氛沉闷、压抑。教师在发怒的情绪状态下，会使学生情绪紧张、恐惧、惊慌失措，容易产生师生冲突。教师需要学会适当调适情绪。

四、创设良好的课堂气氛

课堂气氛是课堂教学过程中师生相互作用而产生和发展起来的。教师是课堂教学的组织者、引导者，在营造良好课堂气氛中起着关键作用，教师应努力营造有安全感、有秩序的积极课堂气氛 (positive classroom atmosphere)。

(一) 有安全感的课堂

有安全感的课堂主要是指学生在课堂中有心理安全感（当然，有人身安全是课堂的最基本要求），学生在课堂上能做到不焦虑、不恐惧、不孤独。如果对很多学生来说，学校是一个让他们感到羞辱、威胁，受到嘲笑、折磨、取笑，让他们觉得无能为力的地方，那么，毫无疑问，学生置身其中是体验不到安全感的。"想一想什么时候学校对你是可怕的。如果你牢记这些时刻，并尽力保证它们永远也不会发生在你自己的学生身上，你已经开始创建一个更安全、更有爱心的集体。"① 建设有安全感的课堂，需要教师有意识地创设不威胁、不强迫的非胁迫性课堂气氛。一位美国中学教师在课堂上是这样创造"非胁迫性课堂气氛"的。②

---

① ［美］卡罗尔·西蒙·温斯坦:《中学课堂管理》(第 2 版)，田庆轩译，87 页，上海，华东师范大学出版社，2006。

② ［美］卡罗尔·西蒙·温斯坦:《中学课堂管理》(第 2 版)，田庆轩译，12 页，上海，华东师范大学出版社，2006。

桑迪努力在自己的班上创造出一种适当的非胁迫性气氛。比如，在开学的第一天，她给学生每人发了一张索引卡，要求他们回答四个问题：(1)你怎样才能学得更好？(2)你希望化学课上哪些东西让你激动？(3)你对什么感到紧张？以及(4)我可以怎样帮助你？

(二) 有秩序的课堂

有安全感的课堂并不意味着学生可以在课堂上为所欲为。事实上，就连学生都希望教师能够建立并执行规章制度。学生们用几种方式表达了这种意见："教师必须有很强的权威性""教师必须告诉孩子们他们有什么期待，不要三番两次地强调""教师要表现出力量""教师需要严格（但不是苛刻)""教师要成为有控制能力的人"①。

首先，制定课堂规则。要使课堂有秩序，就需要制定大家共同遵守的课堂规则。明确界定的课堂规则和秩序有助于创造一种可以预测和可以理解的环境，能够使学生有条不紊地、安心地学习。教师需要特别注意的是，教师对学生提出的课堂要求应合理、稳定，不能变来变去，而且要耐心地等待学生慢慢适应教师的课堂要求。美国学者卡罗尔·西蒙·温斯坦分析了制定课堂规则的 4 个原则和应考虑的问题，见表 10-4。②

表 10-4　制定课堂规则的 4 个原则和应考虑的问题

原则	应考虑的问题
规则应该是合情合理的、必要的	什么样的规则适合这个年级的水平？ 设立这个规则有什么适当的理由吗？
规则应该清晰、明了	规则对学生来讲是否太抽象、不易理解？ 我希望学生们在什么程度上参与决策的制定？
规则应该与教学目的、学习方法等相一致	规则将促进还是妨碍学生的学习？
课堂规则应该和学校的规章制度一致	学校的规章制度有哪些？在走廊、集会或者餐厅等场合，是否对行为有特殊要求？

① ［美］卡罗尔·西蒙·温斯坦：《中学课堂管理》（第 2 版），田庆轩译，19 页，上海，华东师范大学出版社，2006。

② ［美］卡罗尔·西蒙·温斯坦：《中学课堂管理》（第 2 版），田庆轩译，45 页，上海，华东师范大学出版社，2006。

其次，执行课堂规则。课堂规则当然是由教师来执行，但学生的自觉执行同样不可或缺，这有助于培养学生对自己的行为负责的责任意识；而且在课堂规则的执行中，教师应坚持"让规则为学生成长服务，而不是把学生变成执行规则的棋子。这样对待课堂规则，才能算名副其实的教育者"①。

最后，适当惩罚对规则的违反行为。没有惩罚的规则不成其为规则，而只是"做不做皆可"的建议。一位美国老师在开学第一天就发给学生一份列有"惩罚箱"的规定。②

惩罚箱

不听指导，不遵守补课规则的学生将为他们落下的课得到"双重 F"。晚交的作业不被接受。

上课铃响时没有在自己座位上的学生将被画迟到（三次迟到等于一次逃课）。

搅乱别人学习或拒绝听从老师安排的作业的学生会失去参与分数。如果捣乱和拒绝持续下去，学生会被请出教室，然后还要接受纪律惩罚。

总之，为创设良好的课堂气氛，教师应努力做到：以自己的积极情绪感染学生，热爱和信赖学生；公正、平等地对待和评价每一位学生；创造机会让学生积极参与教学，重视课堂教学中的多向交流，建立良好的班级人际关系。

第三节 课堂互动与课堂问答

课堂教学的实质是教师和学习者之间直接或间接地互动，从而走向共同发展的过程。师生之间、生生之间的课堂互动及课堂问答都是影响课堂教学效果的重要因素。

---

① 王晓春：《课堂管理，会者不难》，119 页，北京，中国轻工业出版社，2010。
② ［美］卡罗尔·西蒙·温斯坦：《中学课堂管理》（第 2 版），田庆轩译，56 页，上海，华东师范大学出版社，2006。

一、课堂互动的含义与类型

（一）课堂互动的含义

课堂教学是学校教育教学活动的基本组织形式，在日本教育学者佐藤学看来，课堂教学从根本上说是一种对话实践的过程，即"建构教育内容之意义的同客体对话的实践，是析出自身和反思自身的自我内的对话性实践。同时，是社会地建构这两种实践的同他人对话的实践。这三种实践体现了互为媒介的关系"①。课堂不仅是学生学习知识的场所，而且是学生交往和社会化的重要天地。"在课堂的时空背景下，借助构成教学的各个要素之间的积极的交互作用而形成'学习集体'，并在'学习集体'的人际关系之中产生认知活动的竞技状态，这就是'互动'。"② 可见，课堂互动是一种特殊的人际互动，是指师生之间、生生之间在课堂教学过程中发生的各种形式、各种性质和各种程度的相互作用和影响。课堂互动是调动参与课堂教学过程的各个要素，围绕教育教学目标的实现，形成彼此间良性的交互作用的整体性的动态生成过程。

（二）课堂互动的类型

课堂教学过程中存在多种多样的师生、生生互动行为，研究者从不同角度进行归类，得出不同的课堂互动类型，比如，合作型、对抗型、合作—对抗型等师生课堂互动类型。按照教师行为对象，可以归纳出师个互动、师组互动、师班互动三种课堂互动类型。

1. 师个互动

师个互动是指教师与学习者个体的互动。这种互动是我国中小学课堂教学中最常见的互动类型，直接表现为：师生之间的问答更多的是教师问、学生答；教师提要求，学生回应；学生做出反应，教师进行评价等。

2. 师组互动

师组互动是指教师与学生小组之间的互动。它是教师针对学生小组而进行的参与、指导与评价等，直接表现为：教师询问学生小组的进展情况、参与学生小组的活动、指导并评价学生小组的表现等。传统中小学课堂教学中，这种互动形式极其罕见。近年来，随着新课改倡导自主学习、合作

---

① ［日］佐藤学：《学习的快乐——走向对话》，钟启泉译，39～40 页，北京，教育科学出版社，2004。

② 钟启泉：《"课堂互动"研究：意蕴与课题》，载《教育研究》，2010（10）。

学习、探究学习等多种学习方式，这种状况有所改观。

3. 师班互动

师班互动是指教师与全班学生群体之间的互动。它通常表现为教师面向班级全体学生开展教学，如集体授课、统一要求、集中评价等形式。这种类型的课堂互动是我国中小学课堂教学中师生互动的最主要形式。

传统的课堂教学以教师讲授为主，教师讲、学生听，学生往往成为教师表演的观众，虽然师班互动占大多数，但实际上教师并没有真正地与全班进行有效的互动，往往是学生跟着教师亦步亦趋。新课改强调课堂教学根据教学目标、内容、环境等将上述三种课堂互动形式进行合理分配，呼唤高效的课堂师生互动。

二、课堂问答的环节及其技巧

课堂问答旨在促进学生掌握知识和发展智力。一般认为，接受学习的课堂问答包括提问、候答、叫答和理答等环节。各环节若处理不当，则都会影响问答目标的实现。

（一）提问

提问（又叫"发问"），即教师提出课题或有待讨论的问题。问题的难度、清晰度和次数对问答的效果都有影响。课堂提问是师生互动中，教师对学生进行间接影响的重要途径之一。要提高课堂师生互动的有效性，必须有效利用课堂提问。课堂所提问题应与教学目标、学习内容、学生的需要、特点等相适应，需要教师根据恰当的教学内容，在最恰当的时机，选择、运用最合适的教学方法，在没有疑问的地方创设疑问，促使学生思维中的矛盾激化，并能将学生思维的着眼点引至对与错、是与非的对立点上。

1. 保证所提问题的真实性、科学性和针对性

课堂提问应直接指向预期想要达到的教学目标，不能随意提问；所提问题应适合学生思维的发展水平，这要求教师对学生的水平有清楚的了解和正确的估计，问题的难易程度正好介于学生的"最近发展区"内，使学生对问题解决的努力有"跳一跳，摘桃子"的效应。

2. 考虑所提问题的多样性和辐射面

课堂所提问题一般有陈述性问题与比较性问题、聚合性问题与发散性问题，以及展示型问题、参阅型问题与评价型问题等之分。不同问题，提问对象的辐射面也会有所不同。

此外，提问的技巧有转移、启发、追问、等待等。提问应有助于激发

学生的学习动机，促进学生的课堂参与程度，提高学生思维的广度、深度并促进其批判性思维的发展。

（二）候答

候答时间包括教师发问后至学生回答前的时间（候答时间 A）和学生回答后至教师开始说话之间的时间（候答时间 B）。一般情况下，教师往往对学生的回答在 1～2 秒做出反应，但心理学研究发现，教师的候答时间 A 增加至 3 秒以上时，教学效果明显提高，其主要原因在于给学生提供了更多的思考机会，并且创造了有利于学生思考问题的更为宽松的课堂气氛；而当教师把候答时间 B 增至 3 秒以上时，师生之间的回答性质也会由质问式变成对话式，这种变化有利于学生集中注意，提高成绩。

更重要的是，教师应根据不同类型的问题和不同学生的认知水平，做出不同的候答行为。研究发现，新手型教师在课堂上的沉寂时间较多（课堂沉寂时间是指没有师生话语的候答时间，即介于教师发问、指名回答、学生回答之间的非教师话语和非学生话语的暂时停顿或短时间的安静），主要原因是无意义的课堂沉寂时间较多，讲解和理答语言过于简单，各教学活动间缺少话语衔接；而专家型教师给予参阅型问题的候答时间最多（学生在回答参阅型问题时需要进行分析、对比、归纳、概括等思维活动），给予展示型问题的候答时间最少（该类问题只需简单回忆或在文本中寻查信息）。① 可见，教师若不能很好地根据所提问题的类型来把握候答策略，不能根据问题类型预留合适的候答时间，则有可能导致候答时间错误分配，甚至出现思维层级低的问题候答时间反而多于思维层级高的现象，造成教学时间的浪费，或者因候答时间不够、教师代答而导致学生思维能力得不到有效发展。因此，教师要学会充分利用课堂教学时间，努力减少课堂沉寂时间，根据问题类型和学生回答问题的认知深度，合理分配候答时间，提高课堂教学时间的有效利用率。

（三）叫答

叫答分教师点学生答和学生自愿回答两种方式。教师点学生答又分规则叫答和随机叫答两种形式。研究表明，按一定形式（如座次、学号顺序、姓氏笔画等）依次请学生回答的、学生可预见的规则叫答方式要比随机叫答方式效果好。因为规则叫答方式可减轻学生的焦虑水平，有利于集中注

---

① 罗晓杰、王雪：《专家—熟手—新手教师高中英语阅读课课堂互动比较研究》，载《课程·教材·教法》，2011（12）。

意。随机叫答若多倾向于让优秀学生回答，则对能力较弱的学生不公平。所以，教师应适当控制对自愿回答者的叫答，保证其他学生回答问题的机会均等。叫答范围越广，教学效果越好。有研究发现，与叫答单个学生相比，在叫答所有学生的情况下，学生会表现出更多的专心行为，较少出现焦虑，学业成绩也较好。

（四）理答

理答是指教师在课堂教学中对学生正确或错误的回答做出积极或消极的反应，以及对错误或不确切的回答所做的进一步提问等。理答是教师对学生回答问题后的反应和处理，是课堂问答的重要组成部分。它既是一种教学行为，也是一种评价行为。理答有消极和积极之分。消极理答有三种表现形式：模糊理答，让人雾里看花；重复理答，课堂拖沓；简单理答，肤浅、寡淡。积极理答主要分为两大类：言语性理答和非言语性理答。言语性理答包括激励性理答、诊断性理答、发展性理答。教师积极、有效的理答可以激发学生学习兴趣，深化学生思维，提升师生对话的有效性。非言语性积极理答主要有两种表现形式：身体性理答和留白性理答。身体性理答指教师借助丰富的身体语言、面部表情等对学生的课堂回答给予反馈、评价，如竖起大拇指、微笑点头、拍拍学生的肩膀等。留白性理答指教师出于教学需要而有意识地不给予理答，和教师由于没有理答意识或者因学生的回答超出自己的预期而在短时间内无法做出恰当的理答不同。

1. 激励性理答

激励性理答是指教师对学生回答问题后的积极反应和处理，基本原则是多一些表扬，少一些雷同。表扬在一定程度上有利于学生的学习，但表扬的效果还取决于学生怎样理解受表扬的原因。表扬太频繁，则会失去其价值，尤其是对高年级学生。激励性理答要适量、适人并不断创新。适量是指在一定时间内，激励性评价的次数要合适。对学习主动性、积极性高的学生，激励性评价的次数不必太多，只有在其取得较大成功时才给予充分肯定，使其感受到获取激励性评价的不易，从而更加努力投入。而对那些平日学习少有主动积极参与的学生，教师则千万不要吝啬激励性评价。激励性理答还需关注学生的性格、性别、年龄等差异，讲究因人而异，不能千人一语。教师的激励性理答形式不仅有言语激励，更有动作激励、神情激励和物质激励等。每位教师也会慢慢地形成与自身性格密切相关的、自己偏爱的激励性理答方式，但若长期使用一种方式，则会淡化激励作用。教师要随时关注学生对某种激励的态度，适时变化激励性理答形式，推陈出新，激发学生的心理需求。

2. 诊断性理答

诊断性理答即对学生的回答给予肯定或否定的回答。通过接受、认可学生的观点或对学生的观点进行修正、比较或概括等方式，充分利用学生的回答继续后续教学，有利于学生成绩的提高和学生对教师采取更积极的态度。教师在课堂理答中不能重形式不重实效、重数量不重质量、重教师自身不重学生。教师不仅需要关注知识是否落实，而且需要关注学生的心理需求是否得到满足。

3. 发展性理答

发展性理答主要包括探问、追问、转问、反问及再组织等方式，属于较高水平的理答，基本原则是多一些施问、少一些重复。发展性理答旨在引导学生深入思考，促进学生思维发展，但需要教师针对学生的回答灵活生成，对教师的教学素质要求更高。下面对发展性理答的具体方式做简要介绍。

一是探问、追问、转问、反问。探问是对同一学生继续发问。如果学生回答不正确，教师就对原问题重新措辞后提出一个与原问题相关的问题；或将原问题分解，简化为几个小问题逐一发问；或提供回答线索；或问一个与原问题相关的新问题。如果学生回答正确，教师也可再提一个问题，就正确回答进行追问。转问是指教师就同一问题向另一学生发问。转问和探问都有助于学生说出一个可接受的回答或进一步改进回答，有利于学生专注于学习活动。教师都希望学生的回答能切中要害，但往往学生的回答并不能一下子答到关键点，这就需要教师通过追问或反问继续加以引导，帮助学生深入思考问题，逐渐明晰思路。

二是再组织。再组织是指教师在理答的最后阶段，对学生的回答重新组织或概括，给学生一个明确、清晰而完整的答案，基本原则是多一些引答、少一些代答。作为一种学业反馈，再组织的成效与学生学习成绩呈正相关。再组织需要教师准确、及时地归纳总结，并帮助学生理性提升。教学中，有时学生的回答看起来非常热闹，但是思路并不明晰，过于零散、细碎。这就需要教师对学生的回答进行归纳总结，给学生一个更加准确、完整的答案。有时，为了帮助学生对知识或文本理解得更透彻，还需要教师逐层推进，促使学生更专注于学习活动，用积极的思维参与课堂对话。更重要的是，再组织不能简单地停留在对学生答案的重复和堆砌上，需要教师对学生的回答进行理性提升。

总之，高效、优质的课堂理答应尊重学生，以鼓励性语言为主，为学生营造安全、积极探索、求知创造的氛围，建立愉快、和谐、心理相融的师生关系，促使学生以积极、良好的求知心态投入快乐的学习中；充分关注每一位学生，注重增加师生之间、生生之间的交往品质，使每一位学生都能得到教师的关怀和辅导，潜能得到充分发挥；教师在理答过程中还应尊重学生的已有认知，运用探问、追问、转问、反问等方式，引导学生向更高水平的思维递进。① 巧妙的课堂理答是教师彰显教学智慧的最佳诠释，教师应加强自身的知识储备，注重从教学行为中反思、研究和改进理答行为，运用理答的艺术力量彰显课堂的智慧品质。

第四节 课堂问题行为与课堂纪律管理

一、课堂问题行为

（一）课堂问题行为的内涵

问题行为又称"偏离行为"，是学生在成长过程中出现的有碍学习、品德和个性健康发展的不正常行为。我国心理学者根据学生行为表现的主要倾向，将学生的问题行为分为两类：一是外向性的攻击型问题行为（如活动过度、行为粗暴、上课不专心、逃学、欺骗、偷盗等）；二是内向性的退缩型问题行为（如沉默寡言、孤僻离群、烦躁不安、过度焦虑等）。

学生在课堂上也会出现问题行为。课堂问题行为是指课堂中发生的违反课堂规则，妨碍或干扰课堂教学的正常进行，影响教学效率的行为。就本质特征而言，课堂问题行为不同于一般的问题行为。比如，问题行为往往是不符合学生年龄特征的行为，课堂问题行为在大多情况下却恰恰是学生在特定年龄阶段的正常表现。又如，问题行为是那些学生行为中经常出现的、比较稳定的、扰乱性比较大、矫正起来又比较困难的行为，课堂问题行为则一般是学生在课堂中偶然出现的，甚至是无意识、不自觉地表现出来的一些行为。就范围而言，问题行为并不局限于课堂上，也延伸到课堂外；并不局限于学习上，不仅成绩较差的后进生会表现出课堂问题行为，成绩优秀的学生也会发生课堂问题行为。

---

① 储明岳、陈儿：《理答：提升课堂教学对话品质》，载《上海教育科研》，2012（6）。

(二) 课堂问题行为的类型

一般地，课堂问题行为可以分为显性课堂问题行为和隐性课堂问题行为两大类。

1. 显性课堂问题行为

显性课堂问题行为是指容易被察觉、直接干扰课堂正常活动进行的行为，如迟到、早退、随意离开课堂等抗拒行为，打骂、推搡、追逐、讪笑等侵犯他人的行为，交头接耳、窃窃私语、随意更换座位、传递纸条等过度亲密行为，高声谈笑、发出怪音、敲打作响、做滑稽表情、怪异动作等故意惹人注意的行为，故意不遵守规则、不服从指挥、反对班干部及教师等盲目反抗权威的行为，恶意指责、互相攻击、彼此争吵、打架斗殴等冲突纷争行为等。

2. 隐性课堂问题行为

隐性课堂问题行为是指不容易被察觉、对课堂教学活动的正常进行不构成直接威胁的行为，如上课时凝神发呆、胡思乱想、心不在焉等注意力涣散行为，乱涂乱写、抄袭作业等草率行为，胆小害羞、不与同学交往等退缩行为，寻求赞许、期待、帮助的依赖行为等。这些行为虽然不会直接干扰课堂秩序，但会危害学生的身心健康，影响教学效果。

二、课堂纪律管理

(一) 课堂纪律的内涵与类型

为了维持正常的教学秩序，协调学生的行为，以求课堂教学目标的最终实现，教师必然要求学生共同遵守课堂行为规范，从而形成课堂纪律。课堂纪律一般有四类：教师促成的纪律、集体促成的纪律、任务促成的纪律及自我促成的纪律。教师促成的纪律是依靠教师的指导、监督、规定限制、维护标准、奖励与惩罚，以及征求和采纳学生意见等而形成的；集体促成纪律是学生在同辈群体影响下形成的；任务促成的纪律是以个体对特定活动任务的充分理解为前提而形成的，学生卷入任务的过程即接受纪律约束的过程；自我促成的纪律则是当外部的纪律控制被个体内化之后，成为个体自觉的行为准则时形成的，即自律的出现。

(二) 有效课堂纪律管理的策略

课堂纪律管理是课堂管理的重要组成部分，树立"教育为学习服务"的观念是高效课堂管理的前提，设计、组织适合学生认知水平的课堂教学则是课堂纪律管理的重要保证。面对学生的课堂问题行为，教师需要寻找原因，准确判断，并且对症下药，采取有效措施。

1. 寻找原因，准确判断

妥善处理课堂问题行为的前提是正确分析产生课堂问题行为的原因。课堂问题行为虽然与学生的身心状况直接相关（如性别差异、生理障碍、适应不良、心理挫折、寻求注意等）且表现在学生身上，但实际上许多行为的产生与教师直接相关（如教师的教育教学思想失当、缺乏适当的管理、教学出现偏差、其他外部因素等），还可能与环境因素有关（如课堂内的温度、色彩、座位编排方式、课堂气氛等课堂环境因素，家庭教养方式、家庭结构等家庭因素，社会治安状况、大众传媒等社会因素等）。

一般而言，出现交头接耳、窃窃私语、传递纸条、擅自离开或调换座位、上课插嘴、打断教师讲课、迟到、早退、逃学等行为的学生，往往是由于没有养成良好的学习习惯，或对教学内容难于理解和接受而失去兴趣，或对教师的方法不接受。出现故意高声谈话、发怪音、敲打作响、做滑稽表情、怪异动作、不服从指挥、反对班干部或教师、课堂上请求去厕所等行为的学生，很有可能是哗众取宠，为了引起教师的注意，或者为了获得同学的赞赏，想在同伴中树立权威，甚至仅仅就是为了被逐出教室以逃避烦躁、挫折、乏味和不愉快的活动。这些属于外向性的攻击型问题行为会直接扰乱课堂秩序，但有些课堂问题行为（如学生在课堂上表现出焦虑不安、胡写乱画、写其他学科作业、睡觉等行为）则暂时不会干扰课堂秩序或引起其他直接后果，但会妨碍学生本人的学习，属于内向性退缩型问题行为，可以通过心理辅导改变学生的认知，并据此改变学生的外部行为。至于学生相互间因矛盾、冲突引起的恶意指责、彼此争吵、打架斗殴等行为则属于较为严重的违纪行为。

总之，学生在课堂中表现出来的问题行为与其学习、生活环境、社会风气等因素都可能存在关联，是各种问题的综合反映，需要教师及时、准确地把握。

2. 对症下药，采取有效措施

准确地分析原因后就需要对症下药。由于学生行为的复杂性，教师针对课堂中的纪律问题可以采取具体的预防性、支持性或矫正性管理策略。

第一，预防性管理策略。课堂管理的成功关键首先在于预防。在学生课堂问题行为发生之前，教师就应有意识地采取有效措施进行预防性管理，防患于未然，从而避免或减少课堂问题行为发生的可能性。这需要教师积极构建和谐的师生关系、温馨的课堂环境，并且明确课堂行为标准等。对不同管理效率教师的对比研究发现，高效管理的教师会尽可能地把学生的时间投入有益的学习活动中去。教师可以采取的措施如下。

一是与学生"同在"。即教师定时监控课堂，让学生意识到教师随时随地与他们同在，如此，教师能够捕捉到学生不恰当行为的微妙信息，并将其消灭在萌芽状态。

二是兼顾。高效率的教师能够同时做几件事情，例如，在巡查课堂作业时，能够用眼睛的余光注意到其他学生；在满足个别学生的需要时，不会干扰全班活动的进行等。

三是帮助学生连续保持学习兴致。这要求教师认真备课，上课时给学生提供连贯的"信号"，若需要解决个别学生的纪律问题，也不应影响全班学生的上课，以减少不良行为的传染性，避免引发更大的混乱而打断课堂教学的连续性。

四是提供具有多样性和挑战性的课堂作业。教师给学生提供难度适宜且具有一定挑战性的课堂作业，可有效地吸引学生的注意力，激发学生学习的兴趣。

教师的上述预防性措施能够有效地将鼓励学生恰当行为的管理与鼓励学生完成课堂目标结合起来，是将班级作为一个整体来维持良好的课堂秩序，而非单纯地管理个别学生的个别问题行为。

第二，支持性管理策略。支持性管理是教师鼓励和强化学生的良好行为，通过良好行为来控制已出现"苗头"的问题行为，从而及时地终止问题行为的继续"蔓延"。在处理学生课堂问题行为时，支持性管理策略遵循"最少干预原则"，即用最简短的干预纠正学生的行为。当学生在课堂上出现问题行为时，教师应及时通过各种方式和途径，传达对学生的要求，力争终止或改变学生的行为。教师要尽量做到既有效又无须打断上课，因为教师过多的干预会强化学生的不良行为。许多研究表明，花在保证学生纪律上的时间与学生的成绩呈负相关。

支持性管理策略是教师处理课堂问题的传统策略，其效果往往与教师的权威有高度的相关性。通常采用的方法有：信号暗示、使用幽默、有意忽视、转移注意、正面批评等，但惩罚必须慎用。教师可以采取的措施如下。

一是忽略细小而且转瞬即逝的不良行为。

二是言语提示。课堂上及时、简单的言语提示有助于把学生拉回到学习上来，延缓的提示通常无效。提示应尽量使用积极的语言，给予正确提示,避免消极语言,目的是让学生做其应该做的事,而不是纠缠于其正在做的错事。正面提示表达出教师对学生未来行为的更积极的愿望,让学生知道:尽管自己的表现令人无法容忍,但自己仍然是受老师、同学接纳和欢迎的。课堂上教师常用的积极语言和消极语言如表 10-5 所示。

表 10-5 课堂上教师常用的积极语言和消极语言

积极语言	消极语言
身子要坐正	不要瘫坐在你的椅子上
关门要轻点	不要"砰"地一下关门
学习时应保持安静	不要发出这么多嘈杂声
自己努力把这些题做出来	不要抄邻桌同学的作业来骗人
如果你认为自己知道答案就举手	不要吼叫出答案
你做完时把剪刀放进盒子里,把纸屑扔进废纸筐里	不要弄得一团糟
注意实验指南中的警告说明,在做下一步前要确认你检查了上面提到的事情	做实验时要小心谨慎,否则会弄得乱七八糟
你必须做这事,因为这才是你应该做的	你必须做这事,因为是我说的
你这样做是错的	我告诉过你多少次了,叫你不要这样做

三是表扬与不良行为相反的行为。对学生来说,表扬是强有力的激励。要想减少学生的问题行为,不妨表扬学生的正确活动和行为。比如,对那些容易擅自离开座位的学生,教师可以在他们坐在座位上认真学习的时刻表扬他们;对喜欢交头接耳的学生,教师可以表扬其他学生的专心致志。

四是运用非言语线索。教师可以通过运用非言语线索(包括目光接触、手势、身体靠近、触摸等)传递这样一个信息:"我看见你正在做什么,你不应该这样,赶紧回到学习上来。"而教师的口头批评往往会使其他学生停止学习。

五是要求答问。教师所提问题应恰当,即使学生没有听到前一个问题也要能够回答,这样他们就不会觉得尴尬,并自觉地停止对上课的干扰,千万不要使学生将此看作对他们的惩罚。

六是反复提示。当学生拒绝听从简单提示时,教师需要反复给予提示,无视任何无关的请求和争吵。这是对学生问题行为做出的明确、坚定而友好的反应。为了使这种坚定性反应更有效,教师可以看着学生的眼睛、叫着他们的名字、碰一碰学生的肩膀等。教师不要指责甚至愤怒地威胁学生："你为什么要那样做？""你是不是要扰乱班级秩序？""你应当为你的行为感到羞耻！""你会后悔的！"这样大多是解决不了问题的，不仅影响全班学生的学习，而且会造成师生关系紧张。

教师的上述支持性措施能够有效地使学生意识到自身行为的不当，鼓励学生自觉做出恰当的行为。

第三，矫正性管理策略。矫正性管理即利用多种方法帮助学生认识和改正问题行为，养成良好行为。矫正性管理策略遵循行为矫正原则。在有些课堂情境下，是需要更为系统的行为矫正的。所谓"行为矫正"，是指系统地应用先前刺激和行为后果来改变行为。课堂教学中，常常会有少数学生出现顽固的行为问题，对他们采用个别行为纠正将更有效；有些学生的行为问题是受到同伴支持的行为问题，这就需要施予全班行为矫正（或称"集体连坐"）。例如，教师对全班同学说："如果所有同学都安静下来，我就讲故事。"这就是一个简单的集体连坐。集体连坐的理论基础是：当集体根据每个成员的行为而受到奖励，集体成员将彼此鼓励，以使集体获得奖励。它能使同伴支持不良行为转变为集体反对不良行为。

总之，如何及时、恰当地解决学生的课堂问题行为是每一位教师必须面对的职业挑战。高效的课堂纪律管理需要科学理论的指导和科学的方法、技巧。对学生的课堂问题行为，教师既不能不闻不问，也不能急躁、武断，而应具体分析不同行为的成因及后果，选择适宜方法，并在实践中不断反思和创造性地再运用。教师更需要始终牢记课堂教学、课堂管理的目标及教育的终极目的。

[复习与思考]

通过观摩中学的一节教学课，对任课教师的课堂管理做出分析和评价。

[推荐阅读]

1. 罗晓杰、王雪：《专家—熟手—新手教师高中英语阅读课课堂互动比较研究》，载《课程·教材·教法》，2011（12）。

2. 赵国忠：《透视名师课堂管理——名师课堂管理的66个经典细节》，南京，江苏人民出版社，2007。

3. ［美］F. 戴维：《课堂管理技巧》，李彦译，上海，华东师范大学出版社，2002。

　　4.［美］雷内·罗森布拉姆-洛登：《你必须去学校，因为你是教师——250条使你的工作变得轻松愉悦的课堂管理策略》，郑丹丹译，北京，中国轻工业出版社，2008。

　　5.［美］Raymond M. Nakamura：《健康课堂管理：激发、交流和纪律》，王建平等译，北京，中国轻工业出版社，2002。

　　6.黄伟、凌佳：《焦点重聚与价值更新：课堂教学管理变革刍论》，载《教育发展研究》，2016（8）。

　　7.董鹏、王珏：《基于数字化视频课例的课堂教学诊断实践研究》，载《上海教育科研》，2016（6）。

第十一章
中学班级管理

[**本章重点**]

1. 熟悉班集体的发展阶段。

2. 了解中学班主任工作的内容和方法，掌握培养中学班集体的方法。

3. 了解中学课外活动组织和管理的有关知识，包括课外活动的意义、主要内容、特点、组织形式，以及课外活动组织管理的要求。

4. 理解协调学校与家庭联系的基本内容和方式，了解协调学校与社会教育机构联系的方式等。

案例导入：结果同质

　　学生都很重视老师对自己的评价，所以，在拿到成绩报告单后会认真看班主任给自己写的评语，逐字逐句地细细品味、琢磨班主任的意思。

　　有一次，小郑和小肖两个同学互相看班主任老师给对方的评语，发现老师给他们的评语几乎是一样的："该生思想上要求进步，尊敬老师，团结同学，积极参加班级组织的各项活动……希望今后进一步发扬优点，克服缺点，争取更大进步。"看到这两份几乎一样的评语，两人不由面面相觑。

　　你如何看待这位班主任的做法呢？班主任该具有怎样的素质，该如何管理好班级，让青少年健康快乐地成长呢？

　　班级是学校的基本单元，是学校教育教学与管理工作开展的基层组织；班集体是学生在校学习、生活的"家园"，对学生发展具有重要价值。班主任作为对学生发展具有深远影响力的人生导师，既是学生健康人格的全面影响者、班集体学习与生活的组织领导者，也是学生课外活动的组织者、学生各种教育影响的协调者。良好的中学班级管理工作对促进学生健康成长、提升学校教育教学质量具有重要意义。

第一节　班级与班集体

　　班级是指按照一定年龄、学业程度、师生比例所分编而成的相对稳定的学生群体，是学校进行教育教学工作的基本单位。班集体是以集体主义思想为导向，以班主任为主导的各种教育力量共同形成的班级群体。班级与班集体并非完全相同的两个概念，两者既有联系又有区别。

一、班级

　　班级是随着 17 世纪班级授课制这一教学组织形式的产生而出现的一个概念。班级是一个行政单位，是学校的细胞性组织，更是学生生活与发展的空间。[①] 班的划分往往与学年、学级相联系，因而通常称为班级。在当代中国学校变革中，班级的育人价值日益凸显。从教育的角度看，班级是学生实现成长和社会化的重要基地。提高学生班级生活的质量和建设班集体历来是学校工作的重要任务。[②] 班级既是一种社会群体，也是一种社会组织。作为社会群体，班级存在群体成员之间的交往与互动，存在一定的群体角色、人际关系和群体氛围；作为社会组织，班级具有作为教育基本单位的组织目标、组织体系、制度规范等。

（一）班级的产生及其发展

　　近代以来，资本主义在各个方面获得了空前发展，社会经济基础和上层建筑相继发生着广泛而深刻的变革。社会的大发展客观上需要大量各方面的人才，包括从事资本主义生产的劳动者、技术人员、研究人员、社会事务的管理者等多类型、多学科的人才。在这种形势下，学校教育的内

---

　　①　李家成：《班级日常生活重建中的学生发展》，2 页，福州，福建教育出版社，2015。
　　②　叶澜：《"新基础教育"探索性研究报告集》，42～43 页，上海，上海三联书店，1999。

容、形式及内在结构都发生了变革，其中非常重要的方面就是班级制度的产生。欧洲宗教改革后，在封建社会向资本主义社会过渡期间，世界教育史上第一次班级制度的实践首先诞生在教会学校，当时在欧洲的一些教会学校率先实行了分年级教学制度和分班授课制。其后，捷克教育家夸美纽斯在1632年出版了《大教学论》一书。夸美纽斯在书中分析、阐述了许多教育问题，其中关于学校实行班级制的问题，他首次从理论上做了比较全面的论述。很快，班级授课制就盛行于世界各国学校。

中国直至19世纪中叶鸦片战争之后，闭关锁国状态被迫改变，资本主义的影响开始波及落后的清王朝社会。包括班级授课制在内的西方现代教育制度开始进入中国，清政府1862年创办的京师同文馆就采用了分级编班授课的制度。中国第一次出现了班级授课制，并在全国各地逐渐普及。

班级授课制在世界各国学校普遍实施后得到了长足发展。建立在班级制基础上的学校，其教学体系、行政机构设置及管理制度都发展到相当完备的程度。班级授课制的基本特点是根据学生的年龄特点和知识水准划分阶段，进行分级编班，以教师进行课堂讲授为主，有目的、有计划地安排教学内容及进程。这种传统的体制一直持续到20世纪初期才受到一定程度的挑战：一方面，由于传统的班级授课制过于注重教育的共性而忽视了个性的发展；另一方面，现代科技的飞速发展，使利用现代化视听技术手段从事教学成为可能和现实，于是对传统班级教学方式进行改革的探索逐渐增多，但是，人们相信，在相当长的一个时期内，班级授课制将依然是学校教育教学的主导方式。

相关链接 11-1：班级授课制[①]

班级授课制是把一定数量的学生按年龄特征和学习特征编成班组，使每一班组有固定的学生和课程，由教师根据固定的授课时间和授课顺序（课程表），依据教学目的和任务，对全班学生进行连续上课的教学制度。教育史学研究者们认为，班级授课制的思想萌芽可以追溯到古罗马的教育家、演说家昆体良（约35—95）。昆体良由演说联想到教学，他说："大多数的教学可以用同样大小的声音传达给全体学生，更不必说那些修辞学家的论证和演说，无论多少听众，每个人一定能全部听清楚。"率先使用"班级"一词的是文艺复兴时期的著名教育家伊拉斯谟（Erasmus）。他在1519

---

① 何万国等：《现代班主任工作研究》，1～2页，成都，西南交通大学出版社，2009。

年的一份书简中描述了大教堂的学校情形:在一间圆形的教室里,教师将学生分成几个部分,分别安排在阶梯式座位上。不过,真正给班级授课制奠基的是 17 世纪捷克教育家夸美纽斯,他对班级教学做了系统的总结和归纳,并对班级教学的特点、功能、应用等问题,第一次从理论上做了概括性的阐述和论证。

(二)班级的功能

班级作为一个正式组织,有其特定的愿景、价值、目标、文化、人际交往等方面的不同功能。班级不仅是一种基本的社会组织,而且是一个微观的社会体系。班级作为一个社会化的机构,包含着诸多功能。

首先,社会化功能。青少年时期是个人发展的重要时期,也是个体社会化的重要时期。学校教育通过传递人类历史文化精华,帮助青少年掌握必需的知识、经验、技能及社会道德行为规范,使其成为一个社会人。学校教育的基本职能就是促进人的社会化。学生在学校班级活动中,通过班级教育教学活动和学生之间的人际交往、课内外活动实践等,借助课堂教学、班级规章制度、班级文化等载体,让班级所有学生接受来自社会、同龄伙伴、社区、家庭等广泛而深刻的影响,从而确立正确的社会价值观与生活目标。学生获得社会生活基本知识和基本技能,学会遵从社会规范,培养社会行为和社会角色。

其次,个性化功能。班级按照青少年身心发展的特点和规律,以社会情境和教育社会化影响为媒介,通过儿童主体性的"内化"机制,形成和发展健康的个性。青少年学生健全的个性是在班级学习、交往、游戏、集体自治等各种活动中形成、发展的。班级的个性化功能主要表现在通过丰富多彩的集体活动培养学生不同的兴趣、爱好,发展学生各具特色的能力,给性格各异的学生提供较多的选择机会,从而强化学生的个性差异;通过性质和内容各异的集体活动和人际交往,塑造学生良好的性格;通过同班学生间的相互比较和评价,促进学生自我意识的发展,形成个人的独特个性品质。

再次,交往功能。良好的班级具有相互尊重的人际关系,每个学生在班级中都有自己的好朋友,他们可以通过沟通排解不良情绪,理解他人和被人理解,进而调整自己的不良心理和行为。同学之间的交流不仅能满足学生求知的需求,而且可以使学生在相互理解中获得心理上的支持。在现实的班级活动中,教师与学生之间、学生与学生之间的交往不是单一的、片面的，而是全面的和多层次的，既有知识传递与接受的交往，也有情感方面的交流与分享。

最后，发展功能。良好的班级是学生个性和谐发展的平台。第一，班级是教育教学的社会组织，各种教育教学任务都在班级活动中进行。在集体活动中，每一个学生都有展示自己才能、发挥个性、获得集体成员肯定的机会。第二，班级的自主管理为学生提供了不同的责任岗位，让学生担任不同的角色。学生在承担集体责任和角色时，产生对自我的积极期望，并在努力完成自身任务的过程中，促进情感、能力、行为等方面发生积极变化。第三，集体生活中展开的各种评价，有利于形成学生积极、客观的自我意识，唤起积极的自我价值追求，从而促使其个性和谐、健康地发展。

班级的以上四个功能是相互影响、相互制约的。社会化功能与发展功能主要表现为按社会要求对个体进行教化、定向和控制；而个性化功能与交往功能则是班级社会化过程的一种结果和反馈。班级作为成人世界与儿童世界之间相互作用的特殊桥梁，是一个相对独立并具有稳定性、适应性的社会系统。

二、班集体

班集体是以集体主义为价值导向，经过以班主任为主的各种教育力量培养而形成的。班集体具有正确的奋斗目标，较强的核心与骨干力量，良好的纪律、班风和人际关系。班集体的组织目标、规范、机构是班集体存在和发展的基础。

班集体是班级的最高形式，是班级群体发展到一定水平的结果。班级作为一种教学的组织形式，是班集体形成的组织基础，但并不是每一个班级都称得上是班集体，它需要经过大量组织教育和管理工作。简言之，班级侧重于组织名称，而班集体是一种价值判断，反映组织的性质和水平。[①]正如马卡连柯指出的：集体是活生生的社会有机体，它之所以是一个有机体，就是因为它那里有机构，有职能，有责任，有各部分之间的相互关系和相互依赖。如果这样的因素一点也没有的话，也就没有集体了，所有的只是随随便便的一群人罢了。[②]

---

① 朱仁宝：《做一个创新型班主任》，164页，南京，江苏教育出版社，2006。
② ［苏联］马卡连柯：《马卡连柯全集》第5卷，刘长松译，226～227页，北京，人民教育出版社，1956。

（一）班集体发展的基本阶段

班集体不是自然形成的，建立一个健全的班集体需要一定的时间，从其初步形成到巩固成熟是一个连续的、动态的过程。班集体的形成一般要经历组建、形核、巩固和成熟几个阶段。

第一，组建阶段。刚成立的新班级均属初级阶段，此时班级成员多数彼此之间还不熟悉，学生在形式上同属一个班级，但实际上都是一个个孤立的个体，缺乏班级认同感，行动缺乏组织协调。因此，班主任要根据教育要求和学生发展情况，确定班集体的发展目标，通过组织指挥，靠行政手段组织班级。班级活动的目标主要靠教师拟定，班干部主要靠教师指定和培养。班集体的学生群体核心力尚待形成。

第二，形核阶段。班集体积极组织形式多样的教育活动，通过丰富的教育活动与教学交往，学生之间开始相互了解，班级成员的地位、作用产生分化。在班主任的引导培养下，集体活动中涌现出一批积极分子，班集体有了得力的核心人物，开始协助班主任开展各项工作，集体舆论也逐渐形成。通过这一阶段，集体有了自我教育和自我管理的能力。但是，班级里正确的舆论与良好班风尚未形成。

第三，巩固阶段。班集体的正常秩序建立起来，而且良性运转，此时班集体已成为教育主体。不仅学生干部，而且大多数学生能自我严格要求、互相严格要求。教育要求已转化为集体成员的自觉需要，无须太多的外在监督，学生已能自己管理和教育自己。学生勤奋学习、团结友爱，各项活动表现良好，形成了正确的班级舆论与良好的班级学风。巩固阶段的班集体，集体成员具有强烈的集体意识，能自觉维护集体荣誉和利益。同时，集体也不断为每个成员的多方面发展和自我实现创造各种条件。

第四，成熟阶段。这一阶段是班集体趋向成熟的时期，集体的特征得到充分体现，并为集体成员所内化。全班已成为一个组织制度健全的有机整体，整个班级洋溢着平等、和谐、上进的心理氛围，学生积极参与班级活动，并使自己的个性特长得到发展。

（二）班集体的基本特征

班集体是一个以课堂教学为中介，整合学校、社会、家庭的教育影响，以学生亚文化为特征的社会群体；也是一个以直接交往为特征的人际关系系统，交往和人际关系动态反映了集体与个体、个体与个体、集体与环境的相互作用，呈现了集体的形成过程。逐步建设和培养良好的班集体是班级管理的核心工作，一个成熟的班集体一般具备以下基本特征。

第一，共同的奋斗目标和为实现这一目标而组成的共同活动。共同的奋斗目标是班集体发展的方向和动力，是班集体形成的基础条件。当班级成员具有共同的目标时，群体成员在实现目标的活动过程中便会保持认识上、行动上的一致。

第二，健全的组织机构和坚强的领导核心。班级中的每个成员都是通过一定的班级机构组织起来的，这一机构维持和控制着班级成员之间的关系，从而完成共同的任务和实现共同的目标。班级领导集体包括班委会、小组长和各学科代表，以及班级团队组织等。团结、有力的班干部是组织实施班级活动的重要保证力量。

第三，严格的组织纪律和健全的规章制度。健全的集体还受到相应的规章制度的约束，并把取得集体成员认同的、为大家自觉遵守的行为准则，作为完成共同任务和实现共同目标的保证。

第四，健康的舆论和良好的班风。集体舆论是集体中形成的为大多数成员赞同的意见和思维取向。健康的舆论是影响学生发展的巨大精神力量，对学生有潜移默化的作用。健康的舆论通过感染与熏陶的方式，使学生明辨是非、美丑与善恶，对集体成员具有约束力。班风是班级中多数成员所表现出的共同思想和行为倾向，包含情绪状态、言行习惯、道德面貌等，它是经过一定时间的相互影响而逐渐形成的，是班集体形成的重要标志。

第五，学生个性的充分发展。班集体的形成虽然强调共同的奋斗目标和集体的规章制度，但并非以压制学生的个性为代价。一个班级几十个学生一定会有不同的兴趣爱好，也会有不同的学习方式和审美情趣，必然也有不同的人生目标与理想追求。

第二节　中学班主任及其素养

班主任是班级工作的组织者、班集体建设的指导者、中小学生健康成长的引领者，是中小学思想道德教育的骨干，是沟通家长和社区的桥梁，是实施素质教育的重要力量。中学班主任工作是中学教育中极其重要的育人工作，既是一门科学，也是一门艺术。

一、班主任工作的意义

班主任是"在学生心灵上耕耘的人"，是班集体的核心，是学生成长的领路人。班主任以自己的高尚人格、创新能力、无私奉献精神，全身心地投入班集体的建设和促进学生全面发展的活动中，发挥着任何人都不能替代的特殊作用。有什么样的将领就会带出什么样的兵，有什么样的班主任就会教出什么样的学生。

（一）班主任是班集体的组织者和教育管理者

一个班级的学生，虽然年龄相仿，身心发展水平也比较接近，但由于来自不同的成长环境，学生的思想、品德、智力、兴趣和性格有各自的特点。班主任担负着一个班级学生的全面教育和管理工作，班主任需经常深入学生，比较全面地了解学生的思想情况和身心特点，并能够结合班级的情况和学生的实际进行有针对性的教育和引导，有效地促进学生的全面发展。正是由于精心组织，班主任才能完成各项教育教学和管理任务。实践证明，许多所谓"差班""乱班"，经过优秀班主任深入细致的工作，最终能够变成"先进班集体""优秀班集体"。可见，班主任在班集体的组织和教育管理上发挥了积极作用。

（二）班主任是学校实施教育教学计划的骨干力量

班级是学校的基层组织，是学校教育教学网络系统的"终端"。国家有关教育方针政策的贯彻落实，学校行政领导对于教育教学工作改革的决策和计划，学校各部门对学生教育和生活方面的要求，团、队、学生组织开展的各项活动，以及组织学生参加公益劳动、清洁卫生工作，举办学校运动会、科技文化节等，都要通过班级这个基层组织来落实完成。而班级所有这些任务的完成，都是在班主任的精心教育和指导下实现的。毫无疑问，班主任是学校实施教育教学计划的骨干力量。

（三）班主任是协调校内各种教育力量的纽带

学校的根本任务是教育人、培养人。实现学校教育目标，要靠学校领导、全体教师的共同努力、相互配合。班主任为了协调学校各方面的关系，形成教书育人的氛围，需要协调好与领导、任课教师、有关部门的各种关系，尤其是要协调好与本班任课教师的关系，把各学科的教师组织起来，合理安排好各课程的教学时间、作业负担和课外活动等，使各方面的教育力量拧成一股绳，以更好地发挥教育的整体效应。

（四）班主任是沟通学校与家庭、社会的桥梁

学校是对学生进行全面教育、促进学生全面发展的重要场所，同时，学生的成长还离不开家庭教育和社会环境的影响。因此，在发挥学校对学生教育主导作用的同时，还必须争取家庭和社会的配合。班主任是学校与家庭、社会联系的直接代表，是沟通学校与家庭、社会的桥梁。班主任以自己特殊的凝聚力，把学校、家庭与社会三种教育力量汇集成一股强大的教育合力，使学生在德、智、体诸方面得到发展。

（五）班主任是学生健康成长、全面发展的指导者、促进者

中学生正处于身心发展的重要时期，他们缺少生活的知识和经验，独立生活能力较弱，行为判断、选择能力存在模糊性和矛盾冲突性，其人生发展也存在许多不确定因素。这就需要班主任这样的教育角色来全面关心学生的成长，对学生的思想品德、专业学习和身心健康进行具体指导。班主任以自己的人格魅力影响学生，以自己的博大爱心感染学生，把自己精湛的专业知识和技能传授给学生。学生人生观的确立、思想品德的完善、智能的开发、学识的进步，甚至将来人生道路的选择，都离不开班集体环境的陶冶和班主任正确的引导与帮助。

二、班主任工作的内容

教育部 2006 年颁发的《教育部关于进一步加强中小学班主任工作的意见》和 2009 年印发的《中小学班主任工作规定》都对班主任的具体工作职责做了明确规定。班主任工作的内容可以归纳为以下几个方面。

（一）做好中小学生的教育引导工作

班主任应认真落实学校德育工作的要求，积极主动地与其他任课教师一道，利用各种机会开展思想道德教育，引导学生明辨是非、善恶、美丑，从身边的小事做起，逐步树立社会主义荣辱观，确立远大志向，增强爱国情感，明确学习目的，端正生活态度，养成良好的行为习惯。

（二）做好班级的管理工作

班主任应加强班级的日常管理，维护班级良好的教学和生活秩序。培养学生的规则意识、责任意识和集体荣誉感，营造民主、和谐、团结、互助、健康向上的集体氛围。坚持正面教育为主，对学生的点滴进步及时给予表扬、鼓励；对有缺点、错误的学生要晓之以理、动之以情，进行耐心、诚恳的批评教育。做好学生的综合素质评价工作，科学、公正地评价学生的操行，向学校提出奖惩建议。努力营造互助友爱、民主和健康向上的集体氛围，形成有特色的、充满活力的班级和团（队）文化。加强安全教育，增强学生的自护意识和能力。

（三）组织好班集体活动

班主任要指导班委会、少先队中队、团支部开展工作，担任好少先队

中队辅导员，组织开展丰富多彩的团队活动；积极组织开展班集体的社会实践活动、课外兴趣小组、社团活动和其他各种文体活动，充分发挥学生的积极性和主动性，培养学生的组织纪律观念和集体荣誉感。

（四）关注每一位学生的全面发展

班主任要关心、爱护全体学生，平等对待每一位学生，尊重学生人格。教育学生明确学习目的，端正学习态度，掌握正确的学习方法，养成良好的学习习惯，增强创新意识和学习能力。了解和熟悉每一位学生的特点和潜能，善于分析和把握每一位学生的思想、学习、身体、心理的发展状况，科学、综合地看待学生的全面发展，及时发现并妥善处理可能出现不良后果的问题。注意倾听学生的声音，关注他们的烦恼，满足他们的合理需求，有针对性地进行教育和引导，为每一位学生的全面发展创造公平的发展机会。

（五）综合利用各种教育资源

班主任是学校教育第一线的骨干力量，是学校教育工作中最基层的组织者和协调者。要履行好班主任的职责，班主任必须树立正确的教育理念，遵循中小学生身心发展的规律，运用科学的教育方法，善于利用各种教育资源。班主任不仅应该努力协调好各任课教师之间的关系，做好班级的管理和建设工作、学生的教育和引导工作，积极支持少先队、共青团、班委会开展班级活动，而且应该成为沟通学校、家庭、社会的纽带，及时了解学生在家庭和社区的表现，引导家长和社区配合学校共同做好学生的教育工作。

相关链接 11-2：中小学班主任工作规定（节选）①

第三章 职责与任务

第八条 全面了解班级内每一个学生，深入分析学生思想、心理、学习、生活状况。关心爱护全体学生，平等对待每一个学生，尊重学生人格。采取多种方式与学生沟通，有针对性地进行思想道德教育，促进学生德智体美全面发展。

第九条 认真做好班级的日常管理工作，维护班级良好秩序，培养学生的规则意识、责任意识和集体荣誉感，营造民主和谐、团结互助、健康向上的集体氛围。指导班委会和团队工作。

---

① 教育部：《中小学班主任工作规定》，http://www.moe.edu.cn/srcsite/A06/s3325/200908/t20090812_81878.html，2018-04-25。

第十条　组织、指导开展班会、团队会（日）、文体娱乐、社会实践、春（秋）游等形式多样的班级活动，注重调动学生的积极性和主动性，并做好安全防护工作。

第十一条　组织做好学生的综合素质评价工作，指导学生认真记载成长记录，实事求是地评定学生操行，向学校提出奖惩建议。

第十二条　经常与任课教师和其他教职员工沟通，主动与学生家长、学生所在社区联系，努力形成教育合力。

三、班主任的工作方法

班主任的工作方法主要是指班主任为完成和实施班主任工作任务所采用的具体手段。它是班主任为进行班级教育而采取的各种影响方式的总和。良好的教育方法是科学和艺术的结合，是育人的有效保证。由于班主任工作的复杂性、班级教育对象的多元性和班主任工作方法的多因素性，班主任的工作方法多种多样，并且随着环境的变迁、时间的变化而不断变更。

（一）说服教育法

说服教育法是通过摆事实、讲道理，循循善诱，使学生弄清是非、提高思想认识的方法。它是最经常、最广泛运用的方法，对于班集体或个别学生均可采用。说服教育的具体方式很多，如讲解报告、谈话、讨论、辩论、参观访同、调查等。这些方法如何具体运用，一要看教育内容，二要看学生心理和生理特点，三要看当时当地的具体条件。

相关链接 11-3：巧借寓言说理，学生心悦诚服[1]

刘涛是王老师班上的一名"尖子生"，平时考试成绩优异，然而，他在一次区级语文知识竞赛中"名落孙山"。刘涛大受打击，上课无精打采，整日心事重重，郁郁寡欢。王老师看到这一状况，于是对他讲了一个故事："一个旅行者在行进途中，决定改变路线，抄近路前往目的地。在穿越看似平坦的草地时，他被什么东西绊了一下，摔了个跟头。他没太在意，爬起来继续前行。走出几十米，他又摔了一跤。这次他没急着站起来，一边揉着受伤的腿，一边仔细打量绊倒他的草丛。他发现周围有很多这样的草丛，行人稍不留意，就会绊倒。他站起来再往前一看，不由得大吃一惊——不

---

① 陈松信：《优秀班主任的六项修炼》，179～180 页，福州，福建教育出版社，2012。

远处，掩藏在繁茂绿草之间的，竟是一片可怕的沼泽。他暗自庆幸刚才跌了跟头，更庆幸没有像第一次那样，漫不经心地爬起来赶路。事后，他心有余悸，还听说那片沼泽不久前吞噬了两个粗心的过路人。"刘涛听了王老师讲的故事，深受启发，开始冷静下来寻找自己失败的原因，逐渐从竞赛失败的阴影中走出来，又恢复到原来的学习状态，并且在后来的各项竞赛活动中屡创佳绩，为自己和学校夺得多项荣誉。

(二) 榜样示范法

榜样示范法是运用模范和典型的思想行为影响、教育学生的方法。学生学习的榜样大致分为两类：一类是先进人物、思想家、科学家、哲学家和艺术家等；另一类是学生接触最多、了解最深的同学、教师和家长。运用这一方法，班主任要根据本班的情况和学生的思想倾向、认识水平，选择示范典型，有针对性地为学生树立各方面学习的榜样，并引导学生把对榜样的学习自觉地落实到行动上。同时，班主任要以身作则，为人师表。

相关链接 11-4：学生因教师而改变[①]

这学期，我接了学校有名的一个"乱班"。第一天走进教室，教室的情形让我目不忍睹：桌仰椅翻，纸片飞舞，污物满地。看到这种情况，我一声不吭地拿起扫帚把地面打扫干净，然后把桌椅重新摆好。一切整理好了，我才请学生们进教室上课。坐在老师亲手打扫过的教室里，全班学生一个个都出奇地规矩。第二天，我依旧如此。一些学生说话了："张老师，让我们扫吧。"我微笑着说："不，这一周张老师值日。"一周后，我安排了值日表，每天值日的学生都非常认真负责，就连屋角也打扫得干干净净。

(三) 实际锻炼法

实际锻炼法是让学生在实际活动中经受教育和锻炼，培养良好的思想品质和行为习惯的方法。这一方法可以较好地将学生的思想认识转化为信念，并落实在行动上，做到知行统一、言行一致。实际锻炼法的范围广、方式多。参加学习活动、社会活动、生产劳动和其他课外活动，以及要求学生遵守各种规章制度等，都是实际锻炼法。班主任在运用这一方法时，首先，要有明确的目的和严格的要求，选择好锻炼的内容；其次，要在锻

---

① 人民教育编辑部：《新世纪班主任必读》，161 页，北京，高等教育出版社，2005。

炼的方法上加以指导，鼓励学生克服困难，坚持锻炼；再次，要进行督促、检查；最后，要做好组织领导工作。

（四）情感陶冶法

情感陶冶法是利用教师的爱和设置各种富有教育因素的情境，对学生进行潜移默化的影响的一种方法。这种方法可以使学生在充满爱心的、富有情感色彩的情境中受到教育、感染。对学生进行情感陶冶的方式很多：第一，人格感化。教育者以自己的高尚品德、人格，对学生真挚的爱和深切的期望来触动和感化学生积极进取。正如优秀班主任戴凤雷所言："我在工作中始终把这两句话作为我教育活动的出发点——'假如我是孩子''假如是我的孩子'，努力以一名教师的真诚尊重学生的人格，热心服务学生，把全部爱心倾注到学生身上。"① 第二，环境陶冶。即尽可能地为学生创造良好的环境和氛围，包括校园和班级环境、班风、集体舆论和人际关系等。第三，艺术陶冶。即用音乐、美术、诗歌、舞蹈、戏剧、影视等教育和影响学生。

（五）评比奖惩法

评比奖惩法是班主任通过对学生思想行为的比较、评价，以激励先进、鞭策后进的一种方法。它是整个教育方法中的一种辅助性方法，但又是不可缺少的方法。正确地运用这种方法，可以帮助学生明确努力的方向，促使学生积极进取，调节学生的认识和行为。奖励的方式有赞许、表扬和奖赏；惩罚的方式有批评、谴责和处分。运用这种方法要做到公平、合理，实事求是；要能抓住教育时机，从爱护学生出发，讲求实效；要考虑学生的年龄特点和个性特征，使他们懂得评比奖惩的目的和意义，并以严肃的态度对待。重大的奖惩要在教师和学生中进行讨论，使奖惩得到学生集体和教师集体的支持；对受处分的学生，还应做好家长的工作，取得家长的支持和配合，使奖惩具有更好的教育效果。

---

① 戴凤雷，南京市六合区雄州镇紫霞街中心小学教师。高中毕业后，她毅然选择了做一名乡村小学教师。这些年来，她兢兢业业，默默地做着一个教师该做的一切，慢慢地体味到：教师不仅是一门职业，更是她一生为之魂牵梦绕的事业——神圣而崇高的教育事业。她曾获得江苏省"优秀少先队大队辅导员"、南京市"行知德育奖"、南京市"优秀班主任"、南京市六合区"十佳师德标兵"、南京市六合区"十佳少先队辅导员"等荣誉。

四、班主任素养

班主任素养是指班主任在思想政治、道德品质、学识能力等方面所进行的修炼，从而逐渐养成的正确态度和教育机智，以及在情感、意志、性格等方面所形成的特有心理品质和符合班主任角色需要的特有的审美观和独到的气质、风度等。苏联教育家苏霍姆林斯基指出："人只能由人来建树。"要想成为一名德高望重、技艺高超的班主任，班主任必须经过长期的学习、修养和心领神会，加强修养，提高素质。

(一) 品德素养

教育是一种影响心灵的活动，学生心理活动具有模仿性，班主任的言行直接作用于学生的灵魂，影响学生的内心世界，对学生的思想品德具有耳濡目染、潜移默化的作用。班主任应该具有崇高的理想、高尚的品德、高雅的举止，并以此来影响和感染学生，促进学生良好品德的形成，使学生树立正确的人生观、世界观和价值观，成为德才兼备的社会成员。心理学揭示学生具有"向师性"和模仿的心理特征，班主任的言行举止都是学生模仿的对象，都对学生产生潜移默化的影响。因此，班主任应有高尚的思想品德，严于律己，以身作则，在仪表、思想、情感、言语、行为等方面成为学生的楷模。

(二) 学识素养

学识素养是从事教育工作的前提条件。班主任为了适应工作的需要，应该像加里宁说的那样："一方面要献出自己的东西，另一方面还要像海绵一样，从人民中、生活中和科学中吸收一切优良的东西，然后再把这些优良的东西贡献给学生。"[1] 中学生处于身心迅速发展的时期，有强烈的好奇心和求知欲，他们往往把班主任看成是无所不知的学识渊博的长者。因此，班主任要有比较系统的政治与思想修养、所教学科的知识技能、广博的知识面与开阔的视野、教育科学知识和班主任工作知识。班主任要科学地分析和掌握学生的生理、心理、社会适应性等方面的特点和规律，引导其健康成长。这些都要求班主任比一般的教师更有创造性，敢于摒弃陈旧的教育思想和习惯性的思维方式，具有开拓创新的勇气和魄力，以丰富的知识、勇于创新的品质去要求和培养学生。

---

[1] 转引自吴秀娟、陈子良：《学生心理与班级管理》，221 页，北京，中国科学技术出版社，1991。

（三）能力素养

班主任的工作能力是直接影响班主任工作效果的要素之一。一个人的能力是由许多心理品质组成的。班主任的能力结构主要包括以下要素。

第一，敏锐的观察能力。具有敏锐的观察能力是班主任的基本功，是班主任进行工作决策、发挥教育艺术、提高教育质量的重要因素和先决条件。赞科夫说："对一个有观察力的教师来说，学生的乐、兴奋、惊奇、疑惑、受窘和其他内心活动的细微的表现，都逃不过他的眼睛。一个教师如果对这些表现熟视无睹，他就很难成为学生的良师益友。"[1] 具有这一能力的班主任善于从学生的外部行为的微妙变化中了解其心理活动，走入其内心世界，采取有针对性的教育措施。

第二，良好的组织管理能力。班主任应该善于开展班级组织管理工作，善于发动全体学生制定班级发展方向和活动目标，拟订具体计划和措施，坚决贯彻实施，严格检察监督，及时反馈调控。

第三，较好的语言修养能力。班主任的语言要以真实为基础，以准确为原则，体现科学性；班主任的语言应鲜明、生动和形象，要恰当地应用语言艺术。此外，班主任还要善于运用体态语言。

第四，较强的自治能力。这主要表现在班主任对社会、教师集体和自我三者的平衡调节，以及与教育对象动态平衡的调节上。

第五，灵活的教育应变能力。灵活、机智的教育应变能力是班主任成熟、老练的重要标志。班主任工作的艺术性集中地通过两个方面反映出来：一是班主任通过自己的语言、声调、动作、姿态、形象和心灵，乃至教育环境的气氛去影响、感染和同化学生；二是班主任在教育实践中临场应变的技巧，即"教育机智"。

第六，适度的交往、协调能力。为使班内外与校内外教育影响的方向、步调一致，班主任需有交往、协调能力。班主任要善于与社会、学校、家长、学生协同合作，调动他们的积极性，增强教育力量的强度，调控学生的发展方向。

（四）心理素养

班主任应具备的良好心理修养具体包括：良好、持久的注意力，敏锐的观察能力，良好的记忆力，严密的思维能力，坚强的意志力和忍耐力，丰富的想象力和创造力，丰富、高尚的情感，激昂振奋的精神，平静、幽

---

[1]　转引自李涛：《班主任工作新论》，120 页，杭州，浙江大学出版社，2008。

默的情绪，豁达、开朗的心胸和至善至美的性格。班主任要充分认识心理教育的作用，深刻理解班主任的心理特征对学生心理特征所起的巨大影响作用。为了学生的健康成长，班主任必须培养自己积极健康的心理素养；要善于解剖自己，认识自己心理发展方面的不足；虚心听取他人的意见，特别是学生的意见，在班主任工作实践中锻炼自己。

第三节　中学课外活动的组织与管理

中学课外活动的组织与开展是中学班级管理工作的重要内容之一。我国古代先贤早已意识到课外活动的教育价值。"大学之教也，时教必有正业，退息必有居学。"所谓"正业"，主要是指课程教学；"居学"则是指课程教学之外的课外活动。受教育者在课程学习之外，还要进行与课程学习有关的课外活动，如此才能"安学亲师""乐友信道"，从而达到"虽离师辅而不反"的"大成"目的。① 随着科学技术的迅猛发展，社会知识的急剧增加，课外活动日益显示出其多方面丰富的教育价值。

一、中学课外活动的意义

中学课外活动是指在中学课程教学计划和教学大纲之外，由学校组织指导或由校外教育机关组织、指导、发动学生开展的各种有计划的教育活动。它是整个教育体系中重要的组成部分，是用以补充课程教学，实现教育目的、要求的一种教育活动，与课堂教学具有同等重要的意义。

（一）实施中学课外活动有利于进行理想教育和开创思想教育工作的新局面

在当今新形势下，对学生进行思想教育，单靠课堂教学的灌输是远远不够的，而是要创造出多种多样的，为学生乐意接受而又行之有效的方法，以开创学校思想教育工作的新局面。广泛多样的课外活动正可以适应这一客观需要。在课外活动中，学生可以接触社会，了解社会各阶层的人们，接受新知识，开阔眼界。教师可以抓住新鲜的事实，对学生进行实际的、有说服力的思想教育。这样才能使传统的思想教育工作摆脱封闭的、说教的、从概念到概念的老框框，获得新的生命。

（二）实施中学课外活动有利于增强课堂教学效果

组织与开展课外活动可以保证学生的课外体育文娱和科技活动的时间，

---

① 孟宪承：《中国古代教育文选》，98 页，北京，人民教育出版社，1983。

努力改进教学并尽量减轻学生的课业负担，让学生有充分的时间和精力参加各种课外活动。课堂教学重在让学生学习基础知识和基本技能，为学生参加课外活动打下基础；而在课外活动中，学生既可以充分运用并巩固在课堂内学得的基础知识和基本技能，又能从书本之外吸收更多的知识，获得更多的技能训练，有利于深入领会与掌握课堂内学得的基础知识与基本技能。

（三）实施中学课外活动有利于学生个性的全面、和谐发展

课外活动是建立在承认学生身心发展的个别差异基础之上的。苏霍姆林斯基认为，即使是学习成绩最差的学生，也会有他自己的兴趣、爱好和特长，也能培养成才。我们应当适应信息化的现代社会对学生政治素质、思想素质、智力素质和身体素质高度发展的要求，积极地创造条件，开展多种内容、多种形式和多种要求的课外活动，并最大限度地扩大活动的覆盖面，以适应各类学生发展个性的需要，使每一个学生都能按照自己的兴趣、性格、气质、能力和爱好，自由地获得进一步发展的机会。

（四）实施中学课外活动有利于学生接受新的知识和技能

课堂教学由于课程与教材相对稳定，很难及时引进新知识。况且知识与技能丰富多样，也无法全然放入中学课程与教材之中。然而，古今中外，我们有着丰富的文化艺术和数不清的知识技能需要继承和发展。在课外活动中，学生可以根据自己的条件，自由、自主地涉猎新知识，学习新技能。

二、中学课外活动的内容

中学课外活动的内容是根据中学教育的培养目标、课外活动的具体要求、中学生身心发展特点及校内外实际安排的。中学课外活动内容广泛，按其性质可分为以下几大类。

（一）学科活动

这是一种学科性的课外学习和研究活动，一般按学科分别组织活动。学科小组活动与课堂教学联系紧密，它以课堂讲授的知识为基础，但不是课堂教学的重复，也不局限于教学大纲范围之内。活动的内容主要是各学科的知识性作业和对某一学科领域中的某些专题进行比较深入的讨论与研究，如阅读有关的书籍和资料、调查、实验、听专题报告、组织协会等。

（二）科技活动

安排一系列的科技活动，可以培养学生们的现代科技意识，增强他们的动手能力，以适应现代科学技术发展的需要。例如，学校可结合"天宫二号"空间实验室发射成功，邀请科学家做专题报告；结合"保护母亲河"行动，邀请环境专家讲人类活动与生态环境的关系；举办多种形式的科技知识竞赛，成立各种各样的科技兴趣小组，如计算机小组、家电小组、航模小组、天文小组等。

（三）社会实践活动

社会实践活动是让学生走出学校，接触社会，了解科学技术的发展，了解社会生活、经济建设实际的教育活动。著名心理学家皮亚杰指出，在情感发展中，社会因素的作用尤为重要。因此，近几年来，中学生社会实践活动被提到了十分重要的位置。学校可组织学生进行社会调查、参观、考察、访问、社会服务（社会公益活动），以及远足、游览等。这是课外活动的新进展，应引起重视。

（四）文学艺术活动

文学艺术活动以发展学生对文学艺术的兴趣爱好、培养审美情趣、发展文艺方面的才能为主要目的。文艺活动种类多种多样，以培养学生的兴趣爱好和发展他们鉴赏美、表现美、创造美的能力为主要目的。同时，调剂他们的身心，保证他们精神饱满地投入学习和生活。中学文艺活动主要有辩论赛、诗歌会、文艺会演、乐器演奏、音乐欣赏、舞蹈、观看影视剧等，还可以成立文学沙龙、写作小组、评论小组，以及出黑板报、壁报等。

（五）体育活动

体育活动是深受学生欢迎的课外活动，主要是各种形式的身体锻炼活动，如各类球赛、体操比赛等。体育活动的主要目的是增加学生的体质，培养学生坚强的意志和拼搏精神，同时还可以增加集体主义精神。这是最广泛的群众性活动，这些活动可使学生身心愉快，增加生活的乐趣，增强体质，能够满足体育爱好者的需要，及早发现和培养体育专业人才。

（六）劳动技术活动

劳动是最有效的教育手段。课外活动中必须开展劳动性活动，它包括几类：一是自我服务性劳动，它的任务是对学生自理能力和良好生活习惯的培养。对中学生而言，自我服务性劳动就是要他们学会买菜、做饭、收拾房间、管理财务等。二是社会公益性劳动，如到敬老院为老人服务、义务为群众写春联、定期清扫街道、组成护树小组等。通过劳动技术活动，可增强学生的劳动观念，培养他们的社会责任感。

三、中学课外活动的特点

课外活动是有目的的教育活动的组成部分，是学生自愿参加的，但又是有组织管理、有教师指导的课外教育活动。具体而言，课外活动有如下五个特点。

（一）参加的自愿性

课外活动是学生自愿选择、自愿参加的活动。它能比较充分地照顾学生的兴趣和爱好，有利于发展学生的爱好、特长。因为符合学生的特点，所以学生具有参加活动的积极性。课外活动基本上是个别化、个性化的，这与课堂教学的标准化、同步化相比，有显著的不同。教师可以向学生介绍各种课外活动，诱发学生的动机，给予指导，但参加与否，不具有强制性。自愿性是课外活动优越性的重要体现。

（二）内容的广泛性

课外活动的内容不受教学大纲的限制，它是由组织者根据教育目的、学校的培养目标、学校的具体条件和学生的愿望确定的。它可以从各种书籍、报纸、杂志，以及广播、电视、电脑、智能手机等现代大众传播媒介中获得新知识、新信息。内容的广泛性能最大限度地确保活动贴近学习、贴近生活、贴近实际。

（三）活动的自主性

在课外活动的任务、内容、组织形式、方法、时间、地点、进度等方面，学生均具有独立自主性。课外活动一般是在教师或辅导员的启发指导下，由学生独立自主进行。学生自己组织、自己设计、自己动手，如学生自己读书、汲取信息、找资料做实验、搞活动，遇到困难自己动脑筋思考分析。因此，课外活动充分体现了学生的主体作用，体现了学生的自主性；教师应处于指导、辅助的地位，使学生的主观能动性得到充分发挥。

（四）组织的灵活性

课外活动的形式应是多种多样的，只要是适应内容的形式，都有助于达到活动的目的。参加某一活动的人数可多可少；活动的时间可长可短；活动者可动可静；活动场地可以在室内，也可以在室外，可以在校内，也可以在校外。总之，可以根据活动的内容、学生的年龄特征、知识水平和设备等具体条件，灵活确定。

（五）活动的实践性

让学生直接参与各种形式的实践活动无疑是课外活动的特点。正是这一特点，原本接触实际不多、感性知识欠缺的学生，能在实践活动中获得丰富的感性知识，在此基础上获得理性知识，掌握比较全面的知识，并锻炼和形成较强的进行各种社会活动的实践能力。

四、课外活动的组织形式

课外活动的组织形式是多种多样的，按活动人数和规模，可分为群体性活动、小组活动和个人活动三类。

（一）群体性活动

群体性活动是由多数或全体学生参加的一种带有普及性质的活动，是课外教育活动中较普遍的一种形式。它的优点是可以在较短的时间内使较多的学生受到教育，对丰富学生的学校生活有较大的帮助。这种活动有一定的声势，适合学生的特点，能激发学生的参与热情，有利于活动的开展。群体性活动的方式主要包括报告、讲座、各种集会、各种比赛、参观、访问、调查、社会公益活动等。

（二）小组活动

小组活动是学校课外活动的基本组织形式。课外活动小组是在教师或辅导员的指导下，以自愿结合原则为主，根据学生的兴趣爱好和学校的具体条件而组成的小组，以某一课题为内容，进行有目的、有计划的经常性活动。小组活动的主要特点是小型、分散，灵活多样，便于开展多种多样的活动，满足学生不同的兴趣、爱好，发展学生的才能，使学生得到更多的学习和锻炼的机会；有利于因材施教的具体实施和培养专门人才。因此，小组活动的开展状况已成为衡量学校课外活动的开展状况及其水平的一个重要标志。在开展小组活动时，学生可以选择参加学科小组、技术小组、艺术小组、体育小组等。

（三）个人活动

个人活动是学生在课外进行单独活动的形式。它往往与小组活动或群众性活动相结合，由小组或班级分配任务，根据个人的兴趣、才能单独进行。个人活动的主要内容有：阅读各种书籍，写读书心得，记日记，进行某种观察或小实验，采集制作标本，唱歌，体育锻炼，开展小发明、小制作、小改革活动等。其作用在于充分发挥每个学生的积极性和创造性，丰富学生的个人生活，培养他们独立工作的能力，扩大和加深他们的知识，养成读书的兴趣和习惯，提高独立从事艺术创作和体育锻炼的习惯。

五、课外活动组织管理的要求

课外活动的内容和形式都具有灵活性，除上课外，时间、空间也不受限制，但这并不等于课外活动就是随意而为，不需要管理的任意性质的活动。课外活动要进行正确的管理和引导，使活动开展有明确的目的性，活动过程有计划性，活动内容具有知识性和趣味性，活动形式坚持多样性和灵活性。参与者要具有自愿性和自主性，教师的引导要做到因地制宜、因材施教，坚持实践。对课外活动的组织与管理还要注意以下几点要求。

（一）活动应丰富多彩，富有吸引力

课外活动是学生自愿参加的，不是教学计划规定的必修课。要吸引广大学生参加课外活动，就要使活动符合学生的兴趣和需要。不同年龄的学生，由于积累的知识与经验多少不同，他们的兴趣与需要也不相同。因此，选择课外活动的内容、形式和方法就要考虑学生的年龄特点。一般来说，中学低年级学生的课外活动，学习和模仿的因素应占主要地位，随着年级的升高，可以逐渐增加创造的因素。到了高年级，设计实验、比较复杂的技术操作、文学创作等就可以成为课外活动的重要内容了。同一年龄阶段的学生，由于个性特点、发展水平不同，以及其他多种原因，他们对各活动项目所表现的兴趣也各式各样，所以课外活动要尽可能开展得丰富多彩，以便适应多种不同的兴趣爱好。

（二）充分发挥学生的积极主动性

开展课外活动要充分依靠和发挥学生的积极性和主动性，让学生成为活动的主人，这是课外活动能否有效的关键之一。由于课外活动的特殊作用就是使学生在自己的实践活动中学习知识、增长才干、锻炼意志、陶冶情操，如果没有学生在实践中的主体地位和主动精神，实际上也就没有课外活动了。让学生成为课外活动的主人应体现在课外活动全过程。学校要创造条件开展多种多样的活动，供学生选择。社团、小组的领导成员由学生选举，学校推荐的辅导员也由他们聘请。在活动中，教师要注意发挥学生的独立性、主动性，让他们动手动脑，猎取知识并运用知识开展小实验、小制作、小发明、小创作。中学生可自己筹办演出会、汇报会、成果展览会等。

（三）面向全体学生，因材施教

活动要面向全体，就要坚持统一性与多样性相结合。学校应教育全体师生重视课外活动的作用，统一思想，统筹安排辅导力量，制订全校的活

动计划。有些活动可由学校统一组织领导。如学校可以把每年5月定为
"爱祖国爱科学活动月"，全校统一计划活动，提出在活动月中每人要了解
我国一项科技成就、一位科学家的故事，阅读一本科技书刊，做一个小实
验等要求，让学生人人参加，以取得较好效果。除由学校统一举办的活动
外，各年级、班级或各社团组织应根据各自特点组织活动。这些活动项目
应当是多层次、多形式的，有校级的（社、团、个人）、教研组的（学科小
组）、班级的和个人的，有长期的（兴趣小组）、短期的（训练班）和临时
的（讲座、竞赛、展览等），有模仿型的、创作型的等。在面向全体学生的
基础上，课外活动的开展还应考虑每个学生的兴趣点和优点，因材施教。
例如，对各学科文娱、体育或其他方面才华出众者，可采取特殊措施，由
专人悉心培育，使他们的才华得到最充分的发展。

（四）因地、因校制宜

我国幅员辽阔，各地情况千差万别。发达地区和边远地区、城市和农
村、重点学校与一般学校，在经济文化背景、学校物质条件和师资水平等
方面相差很大，因此，开展课外活动要因地制宜、因校制宜。条件较好的
城市中学可以开展各种课外活动，包括一些含先进科学技术的活动。条件
较差的农村中学和边远山区的中学，可以根据当地的需要和条件，因陋就
简地开展气象观测、种植养殖，以及木工、泥瓦工、电工、缝纫编织、刺
绣等小组活动。各校应根据自己的师资、设备、传统等实际，发扬自己的
优势，着意开展活动，以取得突出的成就。

第四节　促进多元教育力量的协调

教育不仅是学校的事情，一个人的成长、发育和发展过程是由家庭教
育、学校教育和社会教育三方面构成的，教育成效往往是这三方面合力的
结果。如果三方面教育步调统一，互相促进，合力就大，教育效果就好；
反之，教育效果就会较差。

一、学校与家庭联系的内容和方式

家庭教育是学校教育的基础，又是学校教育的重要补充。它在学生德、
智、体的健康发展中起着极为重要的作用，是对青少年进行教育的一块重
要阵地。家庭教育是学校教育的基础，这是因为家庭是学生接受教育最早
的地方，父母是他们的第一任老师。学生从小就生活在家庭中，在父母周

围活动，从他们能够接受客观影响开始，就在接受家庭的各种影响和教育。学校与家庭联系的基本方式有以下六类。

（一）互访

互访包括教师访问家长和家长访问教师。内容主要包括：第一，了解孩子所在学校、班级和家庭的基本情况。教师要了解学生在家庭中的生活和学习的环境条件，家庭主要成员的职业、文化水平、有何特长，以及学生在家庭中的成长的基本过程、学生在家庭中所表现出来的个性特征和兴趣爱好等。家长要了解学校、班级的环境和学习条件，了解教师对孩子所提的种种要求，以及学校要求家长为孩子提供哪些学习和活动条件等。第二，互相通报孩子在学校、家庭近期发生的重要情况，以及孩子在家庭、学校中的主要活动、表现和进步状况。第三，共同协商今后教育孩子的步骤和方法，做到互相协调和配合，防止不一致现象的发生。

（二）书面联系

书面联系是学校或班主任用书面形式与学生家长进行联系的一种常用方式，有定期联系和不定期联系两种。定期联系主要是每学期结束时，将学生手册或成绩单送交家长，让家长了解学生的在校表现和学习成绩，并请家长签署意见。不定期联系一般是在学校、班级准备开展重大教育活动时，或学生获得突出成绩或出现较大问题时，教师书面报告家长。

（三）召开家长会

家长会是学校领导、班主任及各科教师与家长沟通，对学生进行教育工作的一种有效方式。召开家长会可以使教师在比较短的时间内与绝大多数家长取得联系，联系面广，效率高。因此，召开家长会是目前学校与家长保持联系的主要方式之一。

（四）成立家长委员会

家长委员会是近十几年出现的社会、家庭和学校配合的重要形式。家长委员会是指学生家长以一定的组织形式参与学校教育工作。一般有学校家长委员会和班级家长委员会两种形式。人选主要由家长相互推荐，并与学校方面共同协商产生。家长委员会对学校教育工作的参与性很强，表现出家长对学校工作和教育学生的责任感和高度热情，有利于争取社会各方面对学校工作的支持。

（五）举办家长学校

家长学校也是近十几年来出现的社会、家庭和学校配合的重要形式，是为适应社会发展的现实状况和搞好家庭教育而提出来的。举办家长学校，充分利用学校的师资（有一些是从社会聘请的）和教学条件，向家长们普及家庭教育的知识，可提高家长的教育水平，促进家庭教育和学校教育的有机结合。

（六）举办学校开放日

一次成功的学校开放日，可使家长对教师加深了解，在一定程度上消除家长和教师之间的隔阂，为和谐交流打下基础，让家长对学校、教师充满信心。家庭和学校双方在协作中进步，在调整中发展，从而产生较强的合力，达成教育目标上的共识，使教育卓有成效。

二、学校与社会教育力量的合作

社会环境直接影响着青少年健康成长，学校应积极开发并合理利用校内外各种课程资源，充分发挥图书馆、实验室、专用教室及各类教学设施和实践基地的作用；广泛利用校外的图书馆、博物馆、展览馆、科技馆、工厂、农村、部队和科研院所等各种社会资源，以及丰富的自然资源，开展丰富多彩的教育活动。学校与社会教育力量共同建设、共同享有。

（一）协调社会教育力量

街道办事处、居委会、派出所、共青团、妇联、图书馆、科技馆、博物馆、少年宫、业余体校等组织机构与学生有着千丝万缕的联系。教师要主动与其沟通，形成教育合力，共同促进学生健康成长。协调的办法：一是协助学校建立联席会议制度，形成长效机制；二是及时通报教育信息，使各方面"知情明政"；三是征求活动意见，争取各方全力支持；四是针对教育问题，商讨应对策略；五是消除误解，协调分歧，统一行动。

（二）合理使用社会资源

教师充分利用图书馆、科技馆、博物馆、风景区、烈士陵园、革命纪念馆等自然资源和人文资源，组织学生参观学习，发挥这些资源的知识性、教育性作用。组织活动时，教师应明确目的，精心策划，安全实施。

（三）发挥社区人才优势

社区人才资源丰富，教育影响力巨大，班主任要发掘人才，充分发挥社区人才优势，为班级建设服务。英雄人物、模范代表、教育科技专家等就在社区，就在我们身边，班主任要将他们请进班级，或聘请为校外辅导员，或为学生举办讲座，或承办各种兴趣班、辅导班，做到校内外人才资源共享。

（四）服务文明社区活动

学校应组织学生深入社区，服务社区文明创建活动。学校可组织学生担任"青年志愿者""义务宣传员""文明使者"等，也可以组织学生参加社区义务劳动，净化社区自然环境。

（五）排除社会不利影响

违法开设的网吧、低级下流的娱乐场所，以及打架斗殴、偷盗抢劫等违法乱纪行为对中学生的影响巨大。学校应力排不利影响，坚决捍卫学生的利益，促进学生健康成长。

[复习与思考]

1. 班主任应该如何培养与形成一个班集体？

2. 简要阐述课外活动的主要内容、组织形式及其意义。

3. 如何真正做到学校教育、家庭教育和社会教育的有机结合？

[推荐阅读]

1. 李涛：《班主任工作新论》，杭州，浙江大学出版社，2008。

2. 陈松信：《优秀班主任的六项修炼》，福州，福建教育出版社，2012。

3. 李家成：《班级日常生活重建中的学生发展》，福州，福建教育出版社，2015。

4. 魏书生：《班主任工作漫谈》，桂林，漓江出版社，2014。

5. 周晓静：《中学班主任》，南京，南京师范大学出版社，2008。

第十二章
教育研究基本方法

[**本章重点**]

1. 理解教育研究的内涵与特点，明确研究方法的重要性。

2. 了解教育研究的基本方法，包括观察法、问卷调查法、访谈调查法、实验法、历史法和行动研究法。

3. 初步形成运用研究方法开展教育教学研究的意识，并自觉提高研究能力。

案例导入：经验型教师与科研型教师①

教师有经验型的，也有科研型的，两者的差别表现在许多方面。

经验型教师给学生的是知识和技巧；科研型教师给学生的是眼光和境界。

经验型教师凭经验所做的是知识的传递；科研型教师根据社会发展和学生成长需要，进行的是研究和创造。

经验型教师常问的一句话是"你们听明白了吗？"；科研型教师常反思的问题是"学生为什么会这样想？"。

经验型教师常为学生听懂且没有疑问而感欣慰；科研型教师时时为学生提不出问题而不安。

经验型教师处心积虑于积累和模仿；科研型教师在创新中感悟和发展。

经验型教师安于几十年如一日；科研型教师感动于太阳每天都是新的。

…………

---

① 翟召博：《科研型教师什么样？》，载《山东教育科研》，2002（3）。

苏霍姆林斯基在《给教师的建议》中这样说过："如果你想让教师的劳动给自己带来乐趣，使天天上课不至于成为一种单调乏味的义务，那你就应当让自己走上从事一些研究的幸福的道路。"这句话为广大教师指出了一条宽广的幸福之路，这就是教育研究之路。

第一节　教育研究概述

在《现代汉语词典》中，"研究"的解释为"探求事物的真相、性质、规律等"①；"研究"的英文是"research"，其中，前缀"re-"是"反复"的意思，"search"是"搜索、探求"的意思，"研究"就是"反复搜索、探求"。

教育研究，与自然科学等领域中的科学研究一样，是一种系统的探究活动，以解决重要的教育理论及实践问题为导向，旨在探索教育的规律性。② 作为科学研究的一个分支，教育研究必须运用一定的科学方法，遵循一定的科学程序，对教育活动进行有目的、有计划的认识和探索。中小学教师只有"反复搜索、探求"，认识并不断掌握教育教学的"真相、性质、规律等"，才能够按照教育规律解决教育教学中出现的问题，实现预期的教育教学目标。

一、教育研究的分类

根据不同的分类标准，教育研究可以划分为不同的类型，这些类型常常是相互交叉的，并不相互排斥。随着教育科学研究的发展，人们已很难设计出一种单一的分类方案来囊括全部方法，而一项研究又往往是多方面的、综合的，可以归入好几种教育研究类型。

（一）基础研究（basic research）和应用研究（applied research）

根据研究的内容，教育研究可分为基础研究和应用研究。

基础研究，又称"基础理论研究"，侧重于探索教育发展的客观规律，主要目的在于探索和创新基本知识，扩展和完善基本理论，研究的兴趣并不是实际问题，不以任何专门或特定的应用或使用为目的。应用研究则侧重于实用性，是为获得新知识而进行的创造性研究，并应用基础理论研究

---

① 　中国社会科学院语言研究所词典编辑室：《现代汉语词典》（第7版），1507页，北京，商务印书院，2016。

② 　裴娣娜：《教育研究方法导论》，5页，合肥，安徽教育出版社，1995。

的成果来解决教育教学中的实际问题。

在教育研究中，基础研究借助心理学、社会学、认知科学等领域的理论和方法，研究成果又进一步丰富这些学科的理论。应用研究则利用基础研究的成果解决教育教学中的现实问题。中小学教师所从事的教育研究多为应用研究，如"小学生课业负担的研究""中小学语文教学衔接的实证研究"，研究成果有助于解决教育教学问题，并可直接为同行所借鉴。

（二）文献研究（library-based research）和实证研究（empirical research）

根据研究数据的来源，教育研究可分为文献研究和实证研究。

文献研究，又称"第二手研究"，研究资料主要来源于文件、著作、期刊中的文章，或已经发表的、由别人收集的数据，其特点是理论性、思辨性、综述性或介绍性。实证研究，又称"第一手研究"，所有研究资料和数据一般来自现实生活，是由研究者亲自收集的。

中小学教师从事教育研究活动所采用的数据既可以来自他人（第二手），如阅读学术期刊，获得与研究课题相关的信息，也可以从学生或其他教师那里直接收集（第一手），如通过观察、问卷调查、访谈调查等研究方法来了解学生某种学习策略的使用情况。

（三）探索性研究（exploratory research）、描述性研究（descriptive research）和解释性研究（explanatory research）

根据研究的目的，教育研究可分为探索性研究、描述性研究和解释性研究。

探索性研究是指对研究对象或问题进行初步了解，以获得初步印象和感性认识，并为日后更为周密的、深入的研究提供基础和方向，常为小规模的研究活动。描述性研究，又称"叙述性研究"，其研究目的是正确描述事物或现象的全貌和具体特征，主要任务是收集资料、发现情况、提供信息，并从错综复杂的现象中概括出事物或现象的本质和规律。描述性研究与探索性研究的区别在于描述性研究更具有系统性、结构性和全面性，以及研究的样本规模大。解释性研究，又称"因果性研究"，主要探索某种假设与条件因素之间的因果关系，即在认识现象及其状况的基础上，进一步探寻现象背后的原因，揭示现象发生或变化的内在规律。这种因果关系的研究又可分为实验与非实验两种方式。

在实践中，中小学教师从事的教育研究往往带有双重或多重目的，兼顾探索、描述和解释三个方面，但在具体研究课题中会有所侧重。

（四）量化研究（quantitative research）和质性研究（qualitative research）

根据研究数据性质和类型的不同，教育研究可分为量化研究和质性研究。

量化研究是对用数字表示的资料或信息进行量化处理、检验和分析，力图从一个样本中概括出总体特征，并寻求相关关系或因果关系，获得有意义的结论。质性研究的种类很多，各不相同，但它们的共同特点是更像人类学研究，强调在自然的、不受干预的环境中研究当事人自己的规则、信念，研究者亲自参与进去，进行观察、询问、记录等数据收集活动。从研究的逻辑上看，质性研究是基于描述性的研究，本质上是一个归纳的过程，即从特殊情境中归纳出一般的结论。

量化研究和质性研究在教育研究中经常同时使用、相互补充。中小学教师只有将两者有机结合，才能达到更好的研究效果，使研究更具有说服力。

二、教育研究的特点

（一）规范性

教育研究的规范性主要表现为研究过程、研究方法及研究成果的规范性。

无论哪种类型的教育研究，都有一个基本的、规范化的过程。开展教育研究，第一步就是发现、选择和确定研究课题。研究课题一般来自教育教学实践，也可来自对他人教育研究成果的研究分析。研究者若想了解所确定的课题是否值得研究，是否适合自己研究，他人的相关研究开展得如何，还存在什么未解问题等，都需要相应的文献材料来佐证，因此就进入活动的第二步——查阅文献，收集与自己研究课题有关的各种资料，以备后用。第三步，研究者要设计出一个研究方案。一般来说，研究方案包括课题名称、目的和意义、研究方法及步骤、成果形式、研究条件等内容。在根据方案开展研究的过程中，研究者会收集大量数据资料，这就是第四步——收集研究数据。收集来的各种数据资料，反映着与所研究课题相关的各种现象，研究者必须透过现象找出本质和规律。因此，收集到的数据资料需要进行必不可少的整理和分析，这就是第五步——整理和分析数据。之后得出相关的结论，这便是教育研究的第六步——推导结论。第七步，研究者通过报告或论文等形式汇报研究结论，展示研究成果。

教育研究所采用的是一套适合社会科学领域的研究方法，每一种方法的名称、适用范围、数据资料的性质、方法的使用程序都已形成较为规范的体系。随着科学技术的发展，针对研究过程中获得的不同性质的数据资料，教育研究也已形成规范的分析方法，辅以相应的各种软件工具，例如，教育研究者常用的量化数据分析软件 SPSS。

作为研究成果的研究报告及研究论文，也均有其格式要求及写作规范。

(二) 科学性

教育研究的科学性主要表现为研究方法的科学性。研究就是用系统方法探求问题的答案，系统的研究方法是解决问题的手段，最终得到的结果是问题的答案。有了适当的问题，并不能自动产生系统的研究方法，没有系统的方法自然不会得到有效的答案。只有采用了科学的方法，才能实现科学的过程，获得科学的结果。教育现象、教与学的过程错综复杂，如果不能运用适当的科学方法进行系统的研究，往往无法得到有信度、有效度、有价值的发现。

系统的研究方法是一种科学的、公认的、可操作的、可重复的研究方法。它需要一整套明确、合理的研究步骤。这些步骤的合理性决定了研究结果的可信度。如果采用量化研究设计，这些步骤必须在收集数据之前确定，并要通过先导性试验，对不完善的地方进行调整，再进行正式研究，以确保设计步骤的可行性。如果采用质性研究设计，具体步骤通常在研究过程中逐步确定。这两种情况，不管哪一种，选择研究对象的步骤、收集数据的过程和分析数据的方法都应该有理有据，清清楚楚地记录在案。换句话说，研究过程中的所有步骤都是公开、透明、可表述的，每个步骤都应该有科学的依据和合理的解释。

运用系统的研究方法从事研究也是社会科学中进行重复研究的必要条件。如果一项研究设计的步骤含混不清，别人就无法重复，无法验证，缺乏可比性。自然科学实验结果的发表一般是经过多次实验得出的结果。而社会科学研究的对象是千差万别的人，我们不可能在同一批受试者身上多次重复某一项实验，因此，社会科学的研究结果必须由其他研究者进行重复检验。只有在多次重复研究的基础上，我们才能建立比较可信的理论。

此外，教育研究还具有与其他研究活动共同的一些基本特点，如组织性与自觉性、继承性与创新性、探索性与长期性等。教育的复杂特性也使得教育研究往往具有难控性的特点，研究的周期也较长，并且必须遵从一定的道德规范。

三、教育研究的效度和信度

教育研究具有效度是指"研究是有效的"。如果一项研究是基于事实或证据的，那么它就具有可证明性，它就是有效的。研究的内在有效性是指"结果可以被精确解释的范围"；外在有效性则是指"结果能被推广的人、情境和条件"[①]。例如，比较两种教学方法哪种更好，若学生的学习基础、智商水平、身心健康、年龄、性别等条件相当，在同一个教室执教，使用相同教材，在教学环境、教学所在地一样的前提下，只是两个班使用不同的教学方法，而最后的教学效果具有明显差异的话，得出一种教学方法优于另一种教学方法的研究结论就是有依据的，可以认为这项关于教学方法的研究具有一定程度的内在效度。若将这个教学效果好的教学方法推广到其他年级、学校、地区，也同样具有好的教学效果的话，就可以认为这个关于教学方法的比较研究具有良好的外在效度。

教育研究的信度是指"研究是可靠的"，即"研究的方法、条件和结果是否可重复，是否具有前后一贯性"[②]。仍以上述教学方法比较研究为例。若该研究在甲教师主持教学下，得出了一种教学方法优于另一种教学方法的结论，换为乙教师来主持教学，却得出了相反的结果，那么说一种教学方法优于另一种教学方法，无论如何是难以让人信服的，即不具有可信度。但若由其他人来主持教学，均得出相同的结果，则可以认为结论是可信的、可靠的。

四、如何使研究具有规范性、科学性、效度和信度

第一，中小学教师研究者应该具有科学的态度。科学研究的基础是研究者对客观现象进行相当全面的探究及相当充分的证据积累，或者对相关研究进行全面总结和拓展。科学的态度是指由科学性质所决定并贯穿于科学活动和科研工作之中的基本精神状态和思维方式。研究者应当具备务实求真、脚踏实地的精神，严谨治学、一丝不苟的态度，尊重人格、发扬民主的作风，以及批判继承、大胆创新的科研品质。

---

① ［美］威廉·维尔斯曼：《教育研究方法导论》，5 页，袁振国主译，北京，教育科学出版社，1997。

② ［美］威廉·维尔斯曼：《教育研究方法导论》，11 页，袁振国主译，北京，教育科学出版社，1997。

第二，中小学教师研究者应该掌握科学的方法。中小学教师研究者应该按照科学的程序和规范来开展研究活动。科学研究需要事实证据来支持所提出的论点，研究者需要通过设计、实施和分析，才能得出科学的研究结论。中小学教师在整个研究过程中需要经常反思自己采用的方法是否能够较好地回答研究的问题，使用的研究工具是否具备足够的信度与效度，收集的数据或证据是否支持获得的结论，别人为什么要相信自己的研究成果。如果研究者有意识地根据研究目的设计了适当的、有效的方法，那么结论可能正确，即效度增加；如果研究者采用了不适当的研究方法或者根本就没有使用系统化的研究方法，那么结论正确的可能性必然很低，即效度降低。因此，研究方法是进行研究要考虑的首要问题，它贯穿研究的始终；方法的取舍取决于它能否实现研究的目的及其在实际研究情境中的可行性。

第二节 教育研究的基本方法

中小学教师做教育研究，经常使用的研究方法有观察法、问卷调查法、访谈调查法、实验法和历史法。

一、观察法

观察法是教育研究的一种基本方法，它既可以单独使用，也可以与其他方法（如问卷调查法等）结合起来使用。观察法具有操作简单、应用方便、一般无须特别设施和场所等优点，有助于教师收集教育研究的第一手材料，在中小学教育研究活动中应用较广泛。

（一）观察法的含义

运用观察法做研究，即研究者按照一定的目的和计划，对研究对象进行系统、连续的观察，并做出准确、具体和详尽的记录，以便全面、正确地掌握所要研究的情况。观察法不限于肉眼观察、耳听手记，还可以利用视听工具（如录音机、录像机等）作为手段。所谓"一定的目的和计划"，是指根据科学研究的任务，对观察对象、观察范围、观察条件和观察方法做了明确的选择，而不是观察一切事物。例如，研究者可以采用观察法，对学生在课堂上的自主学习、合作学习、探究学习行为进行观察，从而开展"有效的自主学习、合作学习、探究学习"的课题研究。

（二）观察法的分类

根据有无人为干预和控制，观察法可分为自然观察法和控制观察法。自然观察法是指在自然情境中，对观察对象不加干预和控制的状态下，研究者考察人的各种心理活动和行为表现，收集研究资料。控制观察法是指通过人为地改变和控制一定的条件，有目的地引起被研究对象的某些心理现象，在最有利的条件下对他们进行观察，收集有关研究资料。在自然观察法中，研究者只能被动地等待观察目标行为自发地出现；而采用控制观察法时，研究者可以人为地创造一些条件，根据需要改变和控制被观察对象。

按照观察中研究者所处的位置或所采用的角色，观察法可分为参与观察和非参与观察。参与观察是研究者深入观察对象的活动情境之中，在实际参与观察对象的活动过程中进行观察。例如，教师一边在课堂上讲课，一边带着研究目的观察自己课堂上学生的学习行为，课后将观察到的情况记录下来，就是一种参与观察。非参与观察则是研究者处在观察对象之外，完全不参与其活动，尽可能地不对观察对象产生影响。

根据观察方式的结构程度，观察法可分为结构性观察和非结构性观察。结构性观察是指按照一定的程序、采用明确的观察提纲或观察记录表格对观察对象进行观察。结构性观察通常采用非参与观察的方式进行，事先设计好相对固定的观察内容。非结构性观察则是指没有统一的观察内容，没有固定不变的观察提纲或观察记录表格，完全依据现象发生、发展和变化的过程所进行的观察。非结构性观察一般采用参与观察，观察所得资料只能进行定性分析。

（三）观察法的作用

观察是教育研究收集资料的基本途径，在教育研究中有着重要的作用。它是发现问题、提出问题的前提，是产生理论假设的手段。具体来说，观察法具有以下作用：首先，观察可以收集、积累教育资料，是获取原始资料的最基本方法。其次，观察可以发现问题，是研究初始阶段课题选择的重要来源。最后，教育观察可以验证假说，是检验教育科学理论的重要依据之一。

（四）观察法的优点与局限性

观察法的优点主要有：首先，可以在自然状态下获取教育事实资料，如果使用得当，可以避免问卷调查法自我报告数据的一些误差与偏见。其次，观察研究强调在"自然状态"下观察，对观察对象不加任何干预和控制，可以获得客观、真实的资料，适用范围广。花费相对少也是观察法的一大优点。

观察法的局限性则主要有：第一，主观性强。研究者的知识经验、情感因素不同，在研究过程中会对同一观察现象具有不同的看法，产生偏差，从而影响观察结果解释的客观性。第二，所获材料有一定的表面性。教育观察大多只能观察到表面现象，不能反映事物的本质；只能观察到对象的外在行为，观察不到对象的内隐行为、态度、信念等。因此，观察法只适用于研究外在的行为，不适用于研究内在态度和信念等。第三，观察者会在无意中改变被观察的情境。中小学教师都有体会：当一位观察者进入教室后，师生都会有意无意地改变他们的日常行为模式，也就是说，观察者的在场，打破了教室常规。这个问题可以这样解决：观察者在记录观察数据之前多去几次教室，当他真正收集观察数据时，师生已经习惯他的存在，从而能够表现出日常的行为。①

（五）观察法的设计与实施

运用观察法开展教育研究，一般需要完成以下工作。

第一，做初步调查和试探性观察。事先做好充分的准备，对观察的现象做一般的了解。

第二，确定观察目的和内容。根据研究的任务和研究对象的特点，事先确定观察的目的、内容和重点。

第三，选择观察途径和方式。如果情况复杂或内容多，可采取小组分工观察方式。

第四，确定观察对象。教育研究中的观察对象，有时是个人或团体，有时是事件或现象，有时是实物或环境。观察对象应当具有典型性，必须与研究问题和研究目的相吻合。

第五，拟定详细观察提纲，设计观察表格及记录方法。观察提纲是观察对象及内容的具体化，是由观察目的和有关理论假设来确定的。在制定观察提纲时，最好事先查阅与研究课题有关的文献资料，弄清有关变量的内涵，掌握一定的理论框架，并结合实际进行分析，然后制定出观察提纲。观察提纲一般应回答如下 6 个方面的问题：①谁？（有谁在场？他们是什么人？）②什么？（发生了什么事情？在场的人都有什么行为表现？）③何时？

---

① Gall, M. D., Gall, J. P. & Borg, W. R., *Educational Research：An Introduction*，7th Ed.，Pearson Education, Inc.，2003，p. 264.

（是什么时候发生的？持续了多长时间？）④何地？（在哪里发生的？这个地方有什么特点？）⑤如何？（这件事是如何发生的？事情诸方面关系如何？）⑥为什么？（为什么这些事情会发生？促使事情发生的原因是什么？）

第六，制订观察计划。制订整个观察计划，确定观察全过程所需的次数、时间、记录用纸、表格，以及所采用的仪器等，并考虑如何保持被观察对象的常态。

第七，准备观察工具（如印制观察记录表、准备录像仪器等），挑选和培训观察人员。

第八，按计划进行观察并做记录。在严格按照计划进行观察的过程中，必要时也可对计划做出调整。

第九，及时整理观察结果。观察结束后，要尽快对观察记录进行整理，以免时间久了因记忆模糊而造成资料混乱。对大量分散材料，可利用统计技术进行汇总加工，删去一切错误材料，然后对典型材料进行分析。

第十，分析资料并撰写观察报告。对观察获得的资料，要分门别类，认真分析，归纳出结论。以结构性观察方式获得的资料，一般要做定量分析；以非结构性观察方式获得的资料，一般采用定性分析的方式。在分析研究观察资料的基础上，研究者进行理论上的论证，最终写成报告。

二、问卷调查法

问卷调查法是教育研究中最常用的资料收集方法。美国学者曾分析过581篇教育研究论文或报告，发现其中有143篇（几乎占总数的1/4）全部或局部地采用了问卷调查法来收集资料。[①] 美国社会学家艾尔·巴比称问卷"是社会调查的支柱"；而英国社会学家莫泽则说"十项社会调查中就有九项是采用问卷进行的"[②]。

（一）问卷调查法的含义及其适用性

问卷调查法是研究者通过事先严格设计的统一的问题来获取有关信息和资料的一种方法。研究者以书面形式提出一系列与研究目的有关的问题，让被调查者做出回答，通过对问题答案的回收、整理、分析，获取有关信息。

从被调查的内容看，问卷调查法适用于对现时问题的调查。从被调查

① 施铁如：《学校教育科学研究》，52页，广州，广东高等教育出版社，1998。
② 袁方：《社会研究方法教程》，231页，北京，北京大学出版社，1997。

的样本看，问卷调查法适用于较大样本的调查。从调查的过程看，问卷调查法适用于较短时期的调查。从被调查对象所在的地域看，问卷调查法在城市比在农村适用。从被调查对象的文化程度看，问卷调查法适用于初中以上文化程度的对象。

（二）问卷调查法的优点与局限性

问卷调查法的优点主要有：第一，高效。问卷调查法的最大优点是具有很高的效率。问卷的格式统一，回答格式也统一，适用于计算机处理，在节省分析时间与费用的同时，也便于统计分析。第二，匿名。问卷调查一般不要求调查对象在问卷上署名，调查对象消除了心理方面的顾虑和障碍，更有利于调查对象无所顾忌地表达自己的真实情况和想法，使获得的数据更加可信。第三，客观。问卷调查中，每个参与者都拿到相同的问卷，受到的刺激和影响相同。与访谈调查法相比，问卷调查法能够很好地避免由于人为原因造成的各种偏误，减少调查资料的误差，从而更真实地反映出不同被调查者的不同情况。

问卷调查法的局限性表现为：第一，缺乏弹性。问卷的调查对象限于具有一定文化水平的参与者，调查对象必须能够正确地阅读和理解问卷内容；问卷调查的具体内容大部分是封闭性问题，缺乏弹性，这使得调查对象的作答受到限制，从而可能遗漏一些更深层、细致的信息。第二，回收率低。问卷的回收率和有效率比访谈调查法低。在问卷调查法中，要保证一定的问卷回收率和有效率，否则，会影响调查资料的代表性和价值。第三，真实性难以检验。问卷所得回答的真实性难以检验，收集到的事实或意见真假难以分辨或核实。

（三）问卷调查法的设计与实施

运用问卷调查法开展教育研究，一般需要完成以下工作。

第一，确定问卷调查的目的与对象。当要进行问卷调查时，调查目的是首先要考虑的问题，因为调查目的是问卷设计的灵魂，[①] 是问卷调查的出发点和中心。它决定着调查的一切方面，如调查对象的选择、调查范围的确定、调查内容的设计、调查结果的分析。调查目的一经确立，就要确定目标人群，并从中抽选调查样本。首先，调查对象必须是能够为实现调查目的提供最可靠信息的人群。例如，如果研究者要调查中小学教师的阅读状况，最好的调查对象是教师而不是校长；而如果研究者要调查中小学

---

① 袁方等：《社会调查的原理与方法》，200 页，北京，高等教育出版社，1990。

生的课外阅读状况，那么最好的调查对象就是学生而不是教师。其次，如果调查内容对调查对象而言是重要的，那么就能获得更高的问卷回收率和信息的准确率。

第二，编制问卷。调查问卷的主体常常由三部分组成，即个人基本资料（事实问题）、行为问题及态度问题。

第三，试用与修改问卷。设计好的问卷，一般要经过反复多次的修改才能完成初稿。由于问卷调查一旦正式实施，即使发现错误也无法弥补，所以，设计好问卷初稿以后，还必须经过试用和修改两个环节，才能用于正式调查。

第四，发放与回收问卷。问卷发放有邮寄、当面填答、网络等不同形式，各有利弊。无论采取哪种形式发放问卷，都应有利于提高问卷的填答质量和问卷的回收率。

第五，整理分析资料并撰写调查报告。

三、访谈调查法

（一）访谈调查法的含义

访谈调查法是指通过与研究对象交谈，收集所需资料的调查方法，是两个人（或更多人）之间有目的、有计划、有准备的谈话。它的针对性很强，由访谈者一方通过询问来引导被访者回答，谈话的过程紧紧围绕着研究的主题展开，以此了解被调查对象的行为或态度，最终达到调查目的。

从本质上说，访谈和问卷都是沟通的过程，沟通的目的都在于获取研究所需的第一手资料，不同的是访谈是以口头语言形式的问答来收集信息，被访者是先听后说，问卷则是以书面语言的问答来收集信息，被访者是先读后写；访谈通常是面对面的直接言语接触，问卷则是纸与笔的间接言语接触。[①]

（二）访谈调查法的分类

根据访谈员对访谈的控制程度，访谈调查法有结构性访谈、非结构性访谈和半结构性访谈三种。结构性访谈也称"标准式访谈"，要求有一定的步骤，由访谈员按事先设计好的访谈调查提纲，依次向被访者提问，并要求被访者按规定标准回答。非结构性访谈也称"自由式访谈"或"开放式访谈"，研究者事先不制定详细的访谈提纲，也不规定标准的访谈程序，而

---

① 郑金洲等：《学校教育科研方法》，167 页，北京，教育科学出版社，2003。

是由访谈员按一个粗线条的访谈提纲或某一个主题，与被访者交谈。半结构性访谈则介于结构性访谈和非结构性访谈之间，也称作"半开放性访谈"。

根据访谈对象的数量，访谈调查法有个别访谈和集体访谈两种。个别访谈是访谈员对每一个被访者逐一进行的单独访谈。集体访谈也称为"团体访谈"，是由一名或数名访谈员亲自召集一些调查对象，就研究者需要调查的内容征求意见的调查方式。教育调查研究中，集体访谈有助于集思广益、互相启发和探讨，而且能在较短的时间里收集到较广泛和全面的信息。

根据访谈员与被访者的接触情况，访谈调查法有面对面访谈、电话访谈和网络访谈三种。面对面访谈又称"直接访谈"，电话访谈和网络访谈则属于间接访谈。

（三）访谈调查法的优点与局限性

访谈调查法的优点主要有：第一，灵活。访谈调查是访谈员与被访者双方交流、双向沟通的过程，访谈员可以根据具体的情境与被访者的情况，灵活处理所提问题的内容、表述和顺序，这种方式具有较大的弹性。第二，真实。访谈调查是访谈员与被访者直接进行交流，访谈员可以通过自身的努力，使被访者消除顾虑，放松心情，做周密思考后再回答问题，这样就提高了调查材料的真实性和可靠性。第三，深入。访谈员与被访者直接交往或通过电话、网络间接交往，有适当解说、引导和追问的机会，因此可探讨较为复杂的问题，可获取新的、深层次的信息。

访谈调查法的局限性主要表现为：第一，成本较高。访谈常采用面对面的个别访问。寻找被访者的往返时间往往超过访谈时间。调查中还会遇到数访不遇或拒访，因此，耗费的时间和精力较多。第二，缺乏隐秘性。由于很多访谈要求被访者当面作答，这会使被访者觉得缺乏隐秘性而产生顾虑，尤其对一些敏感的问题，往往会使被访者回避或不做真实的回答。第三，受访谈员的影响大。由于访谈由访谈员独立开展，不同的访谈员的个人特征可能引起被访者不同的心理反应，从而影响回答内容。另外，访谈员的价值观、态度、交流技巧和水平都会影响被访者，造成访谈结果的偏差。第四，记录困难。访谈是访谈参与双方进行的语言交流，若被访者不同意现场录音，对访谈员的笔录速度的要求就很高，没有接受过专门速记训练的访谈员往往难以完整地记录谈话内容，追记和补记常常会遗漏很多信息。

（四）访谈调查法的设计与实施

运用访谈调查法开展教育研究，一般需要完成以下工作。

第一，确定访谈调查的目的与对象。与问卷调查一样，调查目的是研究者首先要考虑的问题。在访谈调查开始阶段，首先应该明确调查目的与对象。选择访谈对象应该考虑调查研究的目的，然后确定访谈调查的总体范围，再在总体范围中采用随机抽样的方法，选取有代表性的样本。

第二，确定访谈调查的问题。一般有三类访谈内容：①事实调查，由被访者提供自己确实知道的一般情况。②意见征询，征求被访者对某些问题的意见、观点。③个人的基本情况，包括个人经历、兴趣、爱好、动机、信仰、思想特点、个性特征、心理品质、家庭情况、社会关系等。

第三，编制访谈问卷或提纲。在结构性访谈中，必须事先编制访谈问卷。访谈问卷的形式大体上与问卷调查法的书面问卷相似。由于这份问卷不是被访者书面填写，而是由访谈员以口头提问的方式提出，所以问题的设计要注重表述的口语化。

第四，培训访谈员。访谈调查要由访谈员与被访者沟通和互动才能完成，尽管研究所需要的信息资料是由被访者提供的，但在访谈中，调查者本人的素质如何，与访谈工作能否成功关系更大。因此，访谈员应该具备访谈调查的基本素质。

第五，试谈与修改问卷或提纲。在拟定了访谈调查问卷或访谈提纲后，正式访谈之前一般要安排一次试谈。试谈的目的是检查设计的问题和提问的方式是否恰当，被访者的回答能否与希望获取的信息资料比较吻合；试谈的对象不应与正式访谈是同一个人，但两者的情况应该尽可能相似；试谈要做详尽的记录，以便发现设计问题的不足。

第六，预约访谈对象。在进行正式访谈调查前，一般要事先与被访者约定访谈的时间、地点和场合。

第七，进入访谈现场，开展访谈。尽快接近被访者，建立融洽的访谈气氛。访谈员要按照访谈计划中确定的访谈内容、方式、问题顺序进行访谈，以保证访谈获得成效。注意记录访谈调查内容，要做到客观和准确，要尽可能完整、全面地按被访者的回答记录。

第八，整理分析资料并撰写访谈报告。

四、实验法

（一）实验法的含义与分类

教育中的实验法是借鉴自然科学的实验方法，研究者根据研究目的和计划，在控制条件下，对教育对象施加可操纵的教育影响，然后观测教育对象的变化及教育效果，以此推断所加教育影响同教育效果之间是否存在因果关系的研究方法。教育实验是一种在教育实践中进行的"假设—求证"活动，常被用于学生发展状态研究、教学改革研究、新方法与新成果的验证，以及提供实验依据。例如，某教师进行"利用范文仿作，提高小学生写作水平"的实验研究，他希望通过实验结果验证他的研究假设，即"采用范文仿作的学生写作水平要高于不采用范文仿作的学生"。在此项研究中，有两组实验对象，一组是接受"范文仿作"教学策略的学生，叫"实验组（experimental group or treatment group）"，另一组是没有接受"范文仿作"教学策略的学生，叫"对照组"或"控制组（control group）"。如果要对这两组学生进行比较，他们之间除了实验处理不同之外，其他各方面都应该完全相同。换句话说，实验组接受了"范文仿作"实验处理，而对照组没有。一旦实验完毕，研究者必须对学生的写作水平进行测量。若两组之间存在差异，差异就来自是否接受了"范文仿作"实验处理。

实验方法源于自然科学，是收集研究数据最理想、最科学的方法，因为它控制变量，追求精细化和准确化。但是在教育研究中，使用真正的实验方法是很少见的，准实验的方法用得更多一些，因为强行控制某些教育教学活动是不可能，甚至是不道德的（比如，打乱正常的教学秩序、重新编班、重选教材等手段）。

实验法一般分探索性实验和验证性实验。为了探索一个新的教育规律或解决教育实践中的新问题，从事具有开创性的研究实验，称为"探索性实验"。探索性实验要揭示的规律是教育研究人员并不认识的。验证性实验是指以验证已取得的认识成果或实践活动方法为目的的实验。通过实验对已经揭示出的教育活动规律进行验证，检验其科学性程度，并对其进行修正和补充（如国外的成果应用到国内）。

（二）实验法的基本构成要素

从实验法的含义不难看出，教育实验涉及三个基本要素：实验要改变的教育要素或教育条件（自变量）；要观测的结果（因变量）；要控制的不被改变的相对稳定的要素和条件（无关变量），也就是说和实验假设无关，但能影响实验效果的因素。教育实验的基本结构就是由这三个具有逻辑联系的基本要素构成的，具体见图 12-1。

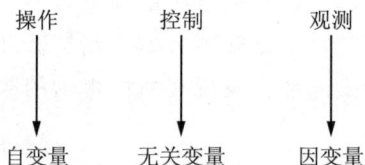

操作　　　　控制　　　　观测

↓　　　　　↓　　　　　↓

自变量　　无关变量　　因变量

图 12-1　教育实验的基本要素

如前例"利用范文仿作，提高小学生写作水平"的研究。教师的教学水平和能力是无关变量，但教师的教学水平和能力能影响实验效果。实验组教师和对照组教师的教学能力、业务水平应当是相当的，如果不一样，就无法准确地判断和说明学生作文成绩变化（因变量）是因为两种教学方法（自变量）不同造成的，而可能是教师的教学水平等其他因素影响的。也就是说，因变量改变可能是无关变量造成的，而不是研究者事先设计的自变量造成的，实验便失去意义。所以，控制好实验无关变量，对实验是否有效至关重要。如学生原有的知识、智力水平，教师的教学水平，师生关系，教学时间，课外辅导，师生对实验的态度等，都是该实验的无关变量。

使实验组与对照组相同的最好方法是对受试者进行随机抽样，即每个个体被抽中的机会完全相同。进一步说，为了避免有人说实验之前两个组就有差异，要用随机抽样的方式组成实验组和控制组，尽量消除其间的任何差别。

（三）实验法的优点与局限性

实验法的最大优点是对因果关系的预见性（在所有方法中，实验法是唯一能真正检验因果关系假设的研究），此外还有推理模式的完整性、对教育活动的主动性干预等其他优点。

实验法的局限性则表现为：第一，实验法通常只适合于自变量较少，且非常明确、可以操作的问题。由于教育研究的对象是人及与人有关的现象，所以很多因素无法进行有效控制，这就使教育实验难以精确量化，需要将定量方法与定性方法结合起来。第二，有实验人员与实验过程带来的正负效应。由于研究者和被研究者都是人，任何一方的态度、动机、价值观都会影响实验效果，如"期待效应""霍桑效应"等。

(四) 实验法的设计与实施

运用（准）实验法开展教育研究，一般需要完成以下工作。

第一，选定实验课题。教育教学中的课题很多，但不是所有的课题都适合通过教育实验来研究，所以既要考虑课题是否可以通过教育实验进行研究，又要考虑个人的实际能力及现实所能提供的客观条件，是否能真正开展所设想的教育实验。

第二，建立实验假设。假设是人们根据初步观察得到的有关课题的事实，以及收集到的有关文献资料，通过逻辑推理得出的关于研究课题的设想和推断。实验假设是有待检验证明的科学假设，也是一个教育实验的理论构思和起点。

第三，进行实验设计。教育实验设计的内容，一般地说，有以下几方面：动机、目的、班组、教师、时间、形式、材料，以及应注意的要点等。

第四，实施实验操作。实施实验操作是把实验方案变成实际行动，主要任务是操作实验因子，控制无关变量，实验验证假设所必需的观察资料等。

第五，处理实验结果，形成研究结论，撰写实验报告，总结评价教育实验。

五、历史法

(一) 历史法的含义及其适用

历史法即系统搜寻资料以回答有关过去现象的问题的过程，其目的是更好地理解当前的教育机构、教育实践、发展趋势及存在的问题。[1] 研究者通过获取历史资料、收集历史证据、探寻历史事件的发展轨迹，能够借鉴和比较不同时代、不同社会背景下的教育经验、教育措施和效果，认识和揭示教育现象之间的联系，寻求对教育规律的科学认识，从而了解教育现象的过去、现状及未来趋势。

中小学教师研究者在进行教育研究时，必须对研究课题进行纵向的历史研究，了解所研究的教育现象产生的历史条件和理论基础，为横向的现实研究打下基础。例如，研究者在课题研究的初期，就要进行文献回顾，收集与课题相关的文献史料，从而使自己的理论及研究有可靠的历史根源。

历史法主要适用于研究过去的教育实践和教育思想理论，例如，对各

---

[1] Gall，M. D.，Gall，J. P. & Borg，W. R.，*Educational Research：An Introduction*，7th Ed.，Pearson Education，Inc.，2003，p. 514.

个时期教育发展情况的研究；对历史上教育家们的教育思想理论观点的研究；对一个时期教育流派、教育思潮的分析研究，以及对不同教育流派理论的比较研究；对一定时期教育制度，如法令、计划、政策等的评判分析；对外国教育发展情况的分析；开拓新的研究领域和研究课题等。①

（二）历史法的优点与局限性

历史法区别于其他研究方法的独特之处在于：它探索资料而非生产资料。历史研究建立在丰富而具体的历史资料基础上，"有史可鉴"，有利于研究者把握事物的本质和规律。

历史法的局限性则表现为：史料往往零散、残缺，收集和考证工作难度较大，影响研究的可靠性。同时，史料本身受到加工者（研究者）主观认识的影响，史料的取舍和分析也受到研究者主观认识的影响，很容易造成错误的研究结果。

（三）历史法的设计与实施

运用历史法开展教育研究，一般需要完成以下工作。

第一，确定研究课题。选择研究课题的一个重要标准是想要研究的重要资料是不是能够找到，并且是否能够对其解读。

第二，搜寻历史资料。历史资料中的第一手资料包括文字文献或记载、定量记载、口述记载和遗迹，其中最常见的是文字或印刷材料。第二手资料包括记录、转述、后人的研究成果，间接反映了研究对象的情况。历史资料的收集要全面、准确，要注意收集不同观点及对有争论的史料进行甄选、辨别。史料收集的路径有多种：充分利用各种工具书；分类收集法；追踪搜寻法；通过平时读书与阅读报刊收集；通过调查、采访收集口述史料；利用网络资源等。

第三，考证和评价历史资料。收集到的历史资料只有经过考证才能成为可靠的研究证据。一般来说，对史料的考证和评价分为两种：一是外部评论。研究者通过外部评论，主要确定历史资料的真实性，例如，鉴别文献的外在形式（作用、成书年代、背景及版本情况）。二是内部评论。研究者对历史资料中描述的内容的准确性和客观性进行评估，主要确定历史资料的准确性和价值。

第四，分析和解释历史资料。

第五，对研究结果进行解读和描述，形成研究报告。

---

① 裴娣娜：《教育研究方法导论》，140 页，合肥，安徽教育出版社，1995。

第三节　教育行动研究

行动研究（action research）作为一种特殊的研究类型，是 20 世纪 40 年代在美国的社会科学研究中开始出现的，50 年代被应用于教育研究之中，70 年代以来越来越受到教育研究工作者的欢迎，目前已经成为广大中小学教师开展教育研究的重要形式。

一、教育行动研究的产生与发展

"行动研究"一词最早是约翰·柯勒（John Coller）在 1933 年至 1945 年任美国联邦政府印第安人事务局局长时提出的。他安排事务局内外人士共同合作研究如何改善印第安人与非印第安人之间的关系。他认为，研究的结果必须能为实践者付诸应用，并利用自己的经验进行检验，因而他鼓励实践者参与研究。他把这种实践者在行动中为解决自身问题而参与的研究，称为"行动研究"。20 世纪 40 年代，库尔特·勒温针对不同人种之间的人际关系，与黑人、犹太人合作进行研究。这些实践者以研究者的姿态参与到研究中，积极地对自己的境遇进行反思，并力图改变自己的现状。勒温将这种结合了实践者智慧和能力的研究称为"行动研究"。他将行动研究描述成一个螺旋状逐步行进的过程，其中包括计划、发现事实、监察、实施、评价等步骤。勒温被称为"行动研究之父"，其行动研究思想被后来者继承和发扬。

20 世纪 50 年代，在哥伦比亚大学师范学院前院长科里（S. M. Corry）等人的倡导下，行动研究进入教育研究领域，教师、学生、辅导人员、行政人员、家长及社区内支持教育的人都参与到了学校教育研究中。然而，到 20 世纪 60 年代中期，因实证主义在社会科学领域十分兴盛，技术性的"研究—开发—普及"（R-D-D）模式逐步占据统治地位，行动研究沉寂一时。20 世纪 70 年代，经埃利奥特（J. Elliot）等人的努力，教育行动研究再度崛起。

20 世纪 90 年代以来，由于人们越来越意识到实证研究已经不能解决社会问题，理论与实践的分离已经成为社会科学领域的一个重大危机，而行动研究可以提供一些变革社会的可行的途径，因此，行动研究的主张和方法日益受到人们的重视。

二、教育行动研究的含义与特点

凯米斯和麦克塔格特（Kemmis & McTaggart）将"行动研究"界定为："处于社会环境中的人为了提高生产力、行动的合理性、自身社会实践或教育实践的公平性，以及提高他们对这些实践和实践环境的理解而进行的一种自我反思与质询。"① 在行动研究中，被研究者不再是研究的客体或对象，他们成了研究的主体。通过"研究"和"行动"的双重活动，参与者将研究的发现直接运用于自己的社会实践，进而提高自己改变社会现实的行动能力。研究的目的是唤醒被研究者，使他们觉得更有力量，而不是觉得更加无力——在受到社会体制结构和其他势力的压迫之外，还受到研究者权威的进一步压制。在行动研究中，外部研究者只是合作者，帮助参与者确认和定义研究的问题，对分析和解决问题提供自己的思考角度。

由于行动研究的思想渊源非常广泛，甚至略显驳杂，而且各个国家行动研究者基于不同的历史文化和实践脉络开展了不同类型和性质的行动研究，因此，不仅在行动研究的界定方面存在差异，而且关于行动研究的特点也未达成共识。②

---

① 转引自 [澳] J. P. 基夫斯：《教育研究方法（上）》，石中英等译，263 页，重庆，西南师范大学出版社，2011。

② 比如，凯米斯和麦克塔格特认为行动研究具有 11 个特点：①行动研究是通过改变教育行为并从辩护的结果中不断学习的一种改进教育的方法。②行动研究通过"计划→行动（执行计划）→观察（系统全面的）→反思→重新计划→进一步执行计划→观察→反思"这一螺旋式循环的方式来逐步展开。③行动研究是参与性的。这种研究通过人们参与其中，从而使参与者自身的实践得到提高。④行动研究是合作性的。行动研究要使参与其中的人都为改进整个行动而对自己的行为负责，合作群体要从那些最直接涉及的人拓展到尽可能多的人，使更多的人都被相关的实践影响。⑤行动研究使参与者将自己的实践理论化。⑥行动研究需要参与者将他们关于制度方面的实践、观念和假设进行检验，找出是否存在有力的证据能够确定他们过去的实践、观念和假设是错误的或是前后不一致的（或两者皆有）。⑦行动研究对"什么可以视为证据（或数据）"持开放的态度，但它通常会包括"保存记录、收集和分析背景资料、评论、调查研究行动的实施与结果，以及两者间的相互作用"这几个步骤。⑧行动研究允许参与者建立反映他们进步的"成长记录"：行为和实践发生变化的记录；在对实践进行描述、解释和论证时所用语言和表达方面发生变化的记录；在社会关系、区分和约束实践的组织形式方面发生变化的记录；行动研究过程自身变化和发展的记录。⑨行动研究是以小步骤开始的。⑩行动研究使参与者们对他们工作的环境（教室、学校、教育系统）进行批判性分析，而这些环境是被社会、历史和制度建构成的。⑪行动研究是一个政治过程，因为它使那些组成和建构社会生活（社会实践）的人在行动中和相互作用中发生了变化。转引自 [澳] J. P. 基夫斯：《教育研究方法（上）》，石中英等译，265 页，重庆，西南师范大学出版社，2011。

我国教育研究者将行动研究的特点归纳为三个。

第一，为行动而研究。行动研究的目的不是构建系统的学术理论，而是解决教育实践工作者在所处的情境中遇到的问题。研究的目的具有实用性，问题的解决具有即时性。

第二，在行动中研究。行动研究的环境就是教育实践工作者所在的工作情境，并非经过特别安排或控制的场景。行动研究的过程就是教育实践工作者解决问题的过程，是一种行动的表现，也是教育实践工作者学会反省、提高探究与解决问题的能力的过程。

第三，由行动者研究。行动研究的主体是教育实践工作者，而不是外来的专家学者。专家学者参与研究，扮演的角色是提供意见与咨询，是协作者，而不是研究的主体。

三、教育行动研究的优点与局限性

（一）教育行动研究的优点

教育行动研究的优点如下。

第一，适应性和灵活性。行动研究简便易行，较适合于没有接受过严格教育测量和教育实验训练的中小学教师。行动研究允许一边行动一边调整方案，可以不断修改，经过实际诊断，可以增加或取消子目标。实验条件的控制比较松缓，注重实际的教育环境，较有利于在教育这样复杂的研究现象和领域内进行。

第二，评价的持续性和反馈的及时性。行动研究强调评价的持续性，诊断性评价、形成性评价、总结性评价贯穿于整个研究过程。反馈的及时性表现在两个方面：一是及时总结反馈，使教育实践与科学研究处于动态结合与反馈中；二是一旦发现较为肯定的结果，便立即反馈到教育实践中去。

第三，较强的实践性与参与性。教育研究与教育实践紧密联系，教育研究紧紧围绕着学校的实际问题进行。参与性体现在典型的行动研究中，研究人员由专职研究人员、行动领导和第一线教师联合构成，研究人员直接或间接参与方案的实施。

第四，多种研究方法的综合使用。较成功的行动研究中，一般可汇集多种研究方法。理想的行动研究法应是多种科学研究方法的灵活和合理使用。

（二）教育行动研究的局限性

由于行动研究的非正规性且缺少科学的严密性，在实际研究中，不可能严密控制条件，其结果的准确性、可靠性不够。其局限性主要表现如下。

第一，教师研究者一般难以同时兼顾教学与研究。虽然在行动中也可以进行研究，但一线教师的教学任务往往比较繁重，两者能否兼顾，既保证教学质量，又保证研究质量，是值得担忧的问题。

第二，行动研究结果的信度、效度可能不尽理想。由于教育行动研究是一种非正规性的研究活动，不讲究科学的严密性，因此在实际研究中，不可能严密控制条件，其结果的准确性、可靠性有限，在推广使用这些研究成果时会遇到很多问题，况且行动研究的结果常常不能够推广。

第三，在协调专家与教师的观点与行动中会遭遇冲突。一线教师研究的主要目标服务于改善行动，而专家研究的主要目标有时却倾向于发展知识或建构理论。即使观念一致，在研究中也会使双方遭遇时间冲突、衔接、成果归属等方面的问题。

四、教育行动研究的适用范围与分类

行动研究主要适用于教育实际问题而不是理论问题的研究，适用于中小规模而不是宏观的实际研究，单个教师的行动研究的特点是规模小，研究问题范围窄，具体且易于实施，但力量单薄，很难从事深入的、细致的、说服力强的研究。协作性行动研究的特点是可以发挥多个教师的集体智慧和力量，但可能在理论的指导方面较欠缺。

教育行动研究主要针对教育的实际情境进行，是从实际中来又回到实际中去的研究。其具体表现为：课堂教学研究在教学过程中实施改革措施；对课程进行中小规模的改革研究；为教师职业技能训练提供新的技术和方法；学校管理评价；对已确诊的问题施行改革措施，例如，对学业困难学生的教育措施，对学生不良行为的矫正，对环境因素的变革等。

根据不同的分类标准，教育行动研究可以分为不同的类型。

第一，问题研究。根据问题研究的水平，问题研究又有三种：直觉型问题研究、探索型问题研究和理论型问题研究。

第二，合作研究。根据合作的形式，合作研究的模式又有三种：教师与专家之间的合作研究、校内教师之间的合作研究和协作型的合作研究。

第三，叙事研究。根据教师参与和改进的程度，叙事研究又有三种：经验叙事、反思叙事和自传叙事。

第四，反思研究。根据教学的过程，反思研究又有三种：教学前反思、教学中反思和教学后反思。

五、行动研究的基本步骤

(一) 计划

第一，计划始于解决问题的需要，它要求研究者从现状调研、问题诊断入手，弄清楚以下问题：①现状如何？为什么如此？②存在哪些问题？从什么意义上讲有问题？③关键问题是什么？它的解决受哪些因素制约？④众多的制约因素中，哪些虽然重要但一时解决不了？哪些虽然可以改变，但不重要？哪些是重要的，而且可以创造条件改变？⑤创造怎样的条件，采用哪些方法才能改进？⑥什么样的设想是最佳的？

第二，计划包括总体计划和每一个具体行动步骤的行动方案，尤其是第一步、第二步行动计划。

第三，计划必须有充分的灵活性和开放性。

(二) 行动

行动即实施计划，或者说，按照目的和计划行动。这里的行动不是原先行动的简单重复，而是在计划指导下，在研究人员、行动人员的共同协助下，在对原行动计划加以干预、控制的基础上，代之以研究所形成的行动的过程。行动的执行不是为了检验某一设想或计划，而是为了解决实际问题。

第一，行动是在获得了关于背景和行动本身的反馈信息，经过思考并有一定程度的理解后的有目的、负责任、按计划采取的实际步骤。这样的行动，具有贯彻计划和逼近解决问题的性质。

第二，教育实践工作者和研究者一同行动，在教育研究中，家长、社会人士和学生均可作为合作的对象。要协调各方面的力量，保证实施到位。

第三，重视实际情况变化，随着对行动及背景认识的逐步加深，以及各方面参与者的监督观察和评价建议，可不断调整行动，所以它又是灵活的、能动的。

(三) 考察

教育活动受到实际环境中多种因素的影响和制约，许多因素不可能事先确定和预测，更不可能全部控制，因此，考察在行动研究中的地位就显得十分重要。考察是反思、修正行动计划，确定下一步行动的前提条件。

第一，考察的内容。考察的内容包括：①行动背景因素及其制约因素。

②行动过程，例如，什么样的人以什么样的方式参与了计划的实施，使用了哪些材料，安排了哪些主要活动，有无意外的变化、干扰，如何排除等。③行动结果，包括预期的结果与非预期的结果，积极的结果与消极的结果。

第二，考察的视角。为了全面、深刻地认识行动的过程，需要进行多视角的观察。考察对象既可以是行动者本人，也可以是实践对象或其他人。

第三，考察的手段。考察主要是指对行动过程、结果、背景及行动者特点进行考察。为了使考察系统、全面、客观，鼓励行动研究者使用各种有效的技术手段和方法，而不拘泥于特定的程序和技术。

（四）反思

反思是一个螺旋圈的终结，又是过渡到另一个螺旋圈的中介，此环节包括以下内容。

第一，整理和描述。即对观察和感受到的与制订和实施计划有关的各种现象进行归纳整理，描述出本循环的过程和结果，勾画出多侧面的、生动的行动过程。

第二，评价和解释。即对行动的过程和结果做出判断评价，对有关现象和原因做出分析、解释，找出计划与结果的不一致性，从而形成是否需要修正计划的判断和构想。

第三，写出研究报告。行动研究的报告有自己的特色，允许采取多种不同的写作形式。例如，让所有的参与者共同撰写叙述故事，让不同的声音在一起说话，也可以编制一系列个人的叙述、生活经验，让当事人直接向公众说话等。

［复习与思考］

1. 教师为什么要学习研究方法？
2. 定量研究与定性研究有什么异同？
3. 观察法与调查法各有什么优点和局限性？
4. 行动研究有什么特点？与传统研究有什么异同？

［推荐阅读］

1. 裴娣娜：《教育研究方法导论》，合肥，安徽教育出版社，1995。
2. 袁振国：《教育研究方法》，北京，高等教育出版社，2000。
3. ［美］威廉·维尔斯曼：《教育研究方法导论》，袁振国主译，北京，教育科学出版社，1997。

4. Gall，M. D. ，Gall，J. P. & Borg，W. R. ，*Educational Research*：*An Introduction*，7th Ed. ，Pearson Education，Inc. ，2003.

5. 网络学习资源：

(1) 新教师科研网，http://www. xjskyw. com。

(2) 中国教师·科研网，http://www. cncxedu. org/。

(3) 北京教育科研网，http://www. bjesr. cn。

(4) 中国教育科研网，http://www. cnjyky. com。